U0531430

笔记
插图版

三國全史

②

天下归一

南门太守 / 著

中国出版集团有限公司
华文出版社

图书在版编目（CIP）数据

三国全史：笔记插图版 . 2，天下归一 / 南门太守著 . -- 北京：华文出版社，2024.1
ISBN 978-7-5075-5915-6

Ⅰ . ①三… Ⅱ . ①南… Ⅲ . ①中国历史 – 三国时代 – 通俗读物 Ⅳ . ① K236.09

中国国家版本馆 CIP 数据核字 (2023) 第 250051 号

三国全史 笔记插图版 ❷ 天下归一

作　　　者：南门太守
责任编辑：王志标
出版发行：华文出版社
地　　　址：北京市西城区广外大街 305 号 8 区 2 号楼
邮政编码：100055
网　　　址：http://www.hwcbs.cn
电　　　话：总 编 室 010-58336239　发 行 部 010-58336202
责任编辑 010-58336238
经　　　销：新华书店
制　　　版：北京禾风雅艺文化发展有限公司
印　　　刷：三河市航远印刷有限公司
开　　　本：710mm×1000mm 1/16
印　　　张：23.5
字　　　数：394 千
版　　　次：2024 年 1 月第 1 版
印　　　次：2024 年 1 月第 1 次
标准书号：ISBN 978-7-5075-5915-6
定　　　价：68.00 元

版权所有，侵权必究

目 录

第十一章 汉中之战

一、张辽的逍遥津 / 02

二、益阳城外单刀会 / 05

三、"白地将军"夏侯渊 / 09

四、老对手的最后较量 / 14

五、称王汉水滨 / 18

六、最后的"保皇派" / 21

七、曹操的女儿当皇后 / 27

第十二章 魏宫夺嫡

一、还有一件大事没有解决 / 31

二、兄弟间的公平竞争 / 37

三、分裂成两大阵营 / 41

四、铜雀台上目睹叛乱 / 44

五、立嗣的风向标 / 48

六、几家欢乐几家愁 / 51

七、最后一个"鸽派" / 55

第十三章 荆州变局

一、关羽的傲慢 / 59

二、两场谋反事件 / 63

三、湘关抢米风波 / 66

四、关羽命丧临沮 / 70

五、有没有"借刀杀人" / 73

六、非常之人，随风而逝 / 77

第十四章　汉魏禅代

一、新魏王即位 / 85
二、曹丕的开局 / 86
三、对孙权还要敲打 / 90
四、谁是那个"涂高" / 93
五、给想做的事找理由 / 97
六、一代新人换旧人 / 101
七、孙权自有对策 / 105
八、刘备武担山称帝 / 110

第十五章　夷陵之战

一、刘备只想复仇 / 117
二、孙权摆下六道防线 / 121
三、刘备兵败夷陵 / 124
四、白帝城托孤 / 129
五、曹丕兴师问罪 / 137
六、孙权的长江防线 / 139
七、吴蜀间的使者往来 / 144

第十六章　任性皇帝

一、茫茫大江隔南北 / 149
二、曹丕发起舆论战 / 151
三、魏文帝治国 / 156
四、喜欢打猎的皇帝 / 161
五、文人带兵破先例 / 164
六、孙权的人事改革 / 168
七、兵分三路金沙江 / 172

八、"七擒七纵"的真相 / 176

九、曹丕的遗憾 / 184

第十七章 蜀汉北伐

一、孟达失去了靠山 / 190

二、诸葛亮上表出师 / 195

三、文人造反，三年不成 / 199

四、魏延的"子午谷计划" / 203

五、陇右争夺战 / 207

六、街亭发生了什么 / 211

七、有没有"空城计" / 215

八、马谡该不该杀 / 218

九、石亭之战 / 221

十、"王业不偏安" / 226

第十八章 巨星陨落

一、孙权武昌称帝 / 233

二、吴蜀"分天下" / 236

三、魏吴的秘密战 / 240

四、诸葛亮第三次北伐 / 245

五、秦岭山中的大雨 / 247

六、诸葛亮的新对手 / 251

七、李严被废事件 / 258

八、巨星陨落五丈原 / 261

九、魏延的悲剧 / 268

十、倔强的杨仪 / 272

第十九章 曹马之争

一、孙权的海上冒险 / 277

二、还得老将出马 / 279

三、司马懿平定辽东 / 282

四、曹魏第二次托孤 / 286

五、大将军曹爽 / 289

六、"台中有三狗" / 292

七、兵败傥骆道 / 297

八、真正的演技派 / 301

九、迎来决战时刻 / 303

十、一场无情清算 / 307

第二十章 淮南三叛

一、姜维北伐 / 311

二、第一次淮南之叛 / 315

三、孙吴"南鲁之争" / 321

四、孙权也死了 / 325

五、长夜里的反抗 / 328

六、选叔父还是侄子 / 332

七、第二次淮南之叛 / 336

八、第三次淮南之叛 / 340

第二十一章 三国归晋

一、司马昭之心 / 347

二、姜维坚持北伐 / 351

三、蜀汉灭亡 / 354

三、掀起一场内斗 / 358

四、三国归晋 / 362

主要参考书目 / 369

第十一章 汉中之战

一、张辽的逍遥津

曹操率主力深入汉中，孙权也没有浪费这次机会，他迅速在东线出击，试图一举夺取合肥。合肥是曹操东线战场的支撑点，拿下合肥就等于占领了整个扬州。建安二十年（215）八月，就在曹操攻破南郑的同时，孙权调集10万人马，进攻合肥。此战孙权志在必得，所以几乎带来了吴军的全部精锐，吕蒙、甘宁、蒋钦、凌统、陈武、徐盛、贺齐、潘璋等最能打的都来了。

曹操西征汉中前留下张辽、李典、乐进守合肥，但给他们留下的人马并不多，只有7000人，合肥看来凶多吉少。担任驻合肥各军护军的薛悌谨遵曹操的指示，一直没有打开曹操临走前留下的那个密函，现在孙权率10万人马杀来，时机到了。薛悌请来张辽、乐进、李典诸将，当着众人面打开那封密函。大家都以为丞相留下了什么"秘密武器"，期望挺高，谁知打开密函以后，只看到上面写了几句话："如果孙权来了，让张辽和李典二位将军出战，乐进将军留守，薛悌不得参战。"就是这些啊？大家有些失望。

再者，似乎也有问题，现在明显寡不敌众，只能死守以待援军，主动出击会正中敌人的下怀，在实力如此悬殊的情况下能否取胜实在没有多大希望。但张辽认为曹丞相的指示是正确的，说："曹公远征在外，如果我们坐等待援，敌人必然会击破我们。所以曹公命令我们趁敌人没有集齐之时发起攻击，挫伤他们的锐气，以安定军心，然后才能守住。"对张辽的看法大家还有些犹豫，包括乐进、李典在内，众人一时还下不了决心，张辽生气道："成败之机，在此一战。诸君如果还要怀疑，我张辽愿意单独一战！"李典深受触动，他跟张辽平时有矛盾，此时也慨然道："这是国家大事，我不能以私心而忘记公义，请让我跟随你前进！"

张辽连夜招募敢死队，共选800人，给他们杀牛飨食，饱餐一顿，到了天亮，张辽亲自披甲持戟，率领这800名勇士杀入敌营。对曹军这一手吴军没有任何思想准备，10万人对7000人，胜负几乎没有悬念，脑子只要还正常，就会选择死守待援，能多撑一天就多一分生的希望，主动发起挑战无异于自杀。哪知曹军不仅杀了出来，而且士气还很高昂，张辽一边杀一边大呼自己的名字，他们连杀数十名敌兵，其中还包括两员将领，他们冲锋的速度极快，转眼就杀到孙权的指挥部。孙权几乎来不及反应，跟前有一个土堆，可能是一处坟堆，孙权顾不了那么多，抱着一把长戟就上了土堆。

张辽站在土堆下，高喊让孙权下来一战，孙权不敢动，这时孙吴的众将杀了过来，将张辽围住。张辽率身边数十人又往外面杀，刚杀出重围，听见后面有人求救："将军，您要抛弃我们吗？"张辽回头一看，见是自己带来的人有被孙吴的士兵围住不能脱身的，张辽于是又往回杀，敌兵人马披靡，没人敢挡，张辽顺利将被围的士兵解救出来。

这一战从早晨一直打到中午，张辽就用这800人在孙权大营里连冲带杀，孙吴军队居然无奈，看着他们杀进杀出，孙吴士气大损。孙吴军队又攻了十多天，被士气高昂的曹军挡在城下无法得手，孙权决定撤兵。吴军接到命令陆续撤退，孙权和吕蒙、甘宁、凌统、蒋钦、陈武、潘璋等将领留在后面压阵。合肥城外有条淝水，淝水上有一个渡口叫逍遥津，孙权等人正在逍遥津以北等待过河，恰好被远眺敌情的张辽发现。

张辽再次率兵突然杀出，目标直指孙权。这一击实在太突然了，孙权等人毫无防备，吕蒙和甘宁拼死保护孙权，凌统指挥身边的人架着孙权就走，凌统把孙权转移到安全地带，返过来再与曹军交战，身边的人一个个战死，他也多处受伤，估计孙权已经脱险，这才撤离战场。吕蒙、甘宁、蒋钦等人死战张辽以掩护孙权，甘宁勇猛异常，不停地引弓射敌，负责鼓吹的士兵大概也伤亡得差不多了，甘宁发现自己一方的军乐队突然没了声响，还厉声询问，壮气毅然。凌统这时也过来，掩护孙权撤退后重新杀回，他跟甘宁配合默契，抵挡住了曹军的猛攻。

对江东来说此战打得很惨烈，偏将军陈武力战而死，宋谦、徐盛、甘宁等人负伤。徐盛受伤后长矛都弄丢了，贺齐过来救了徐盛一命，捡回徐盛的长矛。陈武自孙策时代便追随左右，孙权让他督五校，负责保卫孙权的安全，他力战而死，算是尽到了职守。对陈武的死孙权很伤心，后来亲自参加了陈武的安葬仪式。陈武有个爱妾，孙权下令让她给陈武殉葬，陈武的儿子陈修日后也成为孙吴的高级将领。陈武战死，徐盛等人受伤，他们手下不少士卒纷纷后退，潘璋赶到，斩杀了两名后退者，才稳住了阵脚。

张辽遇到一个紫色胡须的吴将，上身长、下身短，在马上很善射，张辽问孙吴的降卒这个人是谁，降卒回答是孙权，张辽懊悔不已，赶紧跟乐进急追。孙权骑马到了逍遥津渡口上的一座桥，这座桥年久失修，桥面已坏，有一丈多宽的地方没有桥板，此时只有他的亲近监谷利在身边，谷利让孙权握住马鞍稳住身体，他在后面挥鞭以助马势，马使劲腾越，最后跳过了断桥。谷利立下大功，后来被封为都亭侯。

孙权侥幸逃过淝水，遇上贺齐率3000人前来接应，孙权才得以脱险。贺齐把孙权迎入大船，摆上酒宴为孙权压惊，席间贺齐落下眼泪，他对孙权说："人主的安危是大事，今天我们几乎酿成大祸。群臣震怖，像没有天没有地了一样，我将把今天这件事作为终身之诫！"孙权也走下座席，过去替贺齐擦干眼泪。

甘宁等人随后突围而回，其中凌统受伤最重，到淝水边时，桥已被曹军破坏，凌统穿着甲胄潜水渡河，到了孙权的大船上，孙权见了又惊又喜，把凌统留在自己的船上。孙权亲自为凌统换了衣服，拿出珍藏的卓氏良药为凌统疗伤，凌统才得以不死。

逍遥津一役，曹军以7000余人打退孙吴10万人的进攻，两次陷孙权于危难，打得吴军损兵折将，创造了战场神话。张辽经过此战名气更大，自那时起，张辽的名字便与逍遥津联系在一起。此战也是孙权一生中最大的一次失败，人多势众，猛将如云，却被打得难以招架，士气大伤。后人评论此战的胜利，一方面，归功于张辽等人作战勇敢，面对强敌敢于主动出击，以不足十分之一的力量，打得敌人节节退败；另一方面，对于曹操知人善任也给予高度评价。

曹操在留下的封函里仿佛已经预知了一年后发生的情况，对于如何用兵给出了清楚的指示，他知道张辽、乐进、李典等人互相不服气，平时都不买对方的账，所以把拒敌方案暂时秘而不宣，他相信关键时候张辽等人能以大局为重，且互相激励，一定能出奇制胜。之所以让张辽担任主攻，让乐进守城，是因为曹操了解他们的性格，张辽作战勇猛，有狠劲；乐进打起仗来比较冷静，适合守城。

除这两方面原因外，还有一个重要原因被忽视了，孙吴军队中正流行瘟疫，削弱了战斗力，并迫使人马后退。根据史书记载，当时碰上了瘟疫，军队大部分撤出了发病区。瘟疫的威力在赤壁之战中表现得很突出，吴军此次在合肥失利，也与瘟疫有关。逍遥津旧址在今安徽省合肥市老城区的逍遥津公园内，园内还有张辽墓。张辽祖籍并州刺史部雁门郡，跟关羽是同乡，因而关系很好。张辽于七年后去世于江都，死后要么就地葬于江都，要么葬于家乡，不大可能葬在合肥，这个墓应该是后人为纪念他而修的衣冠冢吧。

二、益阳城外单刀会

孙权在合肥吃了大亏，心里有些烦，再看到刘备取了益州，心里就更不平衡了，再次向刘备提出归还荆州的事。按照"借多少还多少"的原则，所谓荆州其实只有半个南郡而已，虽然地盘不太大，但这半个南郡是刘备在荆州的精华部分，江陵、公安都在其内，如果把这些地方还给孙权，刘备等于退出了荆州。

对付孙权，刘备已经相当得心应手。刘备很正经地回复："先别急，等我取得了凉州，然后必将荆州归还。"这简直是在欺负孙权的智商，凉州在曹操手里，你什么时候能抢过来？即使抢来了凉州，你又该说关中了，干吗费这么大的劲，直接说等你生擒了曹操再把荆州相与算了。孙权觉得自己一再被刘备耍弄，大怒道："刘备这个狡猾的家伙，敢跟我玩阴的？"其实这才真正是没有道理，群雄相争，除了拼武力，剩下的可不就是玩阴的吗，有什么好惊讶的呢？但孙权不管，觉得这一次不能再不了了之，此时曹操的主力正在西线战场，他这边暂时没有压力，于是决定对刘备还以颜色。

孙权迅速组织起一支西进兵团，目标直指刘备在荆州的地盘，你不还，我就抢。这支人马有两万，主将是新任庐江郡太守吕蒙。不久前老将军程普去世了，孙权在荆州用兵，按说主将应该首推荆州地区的总负责人鲁肃，但孙权知道鲁肃一向主张与刘备联盟，担心他在关键时刻下不了决心，所以派来吕蒙。孙权对刘备有软硬两手，是软是硬根据需要来定，所以鲁肃、吕蒙他也都需要，什么时间派谁上场可以灵活掌握。

吕蒙一向主张对刘备强硬，在江东新一代将领中他成长很快，前不久他还只是个县长，当上郡太守没有几天。孙权重新夺回庐江郡后，郡里局势不稳，多次发生叛乱，孙权派人去剿，无法取胜，把吕蒙派去，几下就平息了。吕蒙很有头脑，只杀了带头叛乱的人，其他人不予追究，孙权很满意，夸赞吕蒙说："一百只鸷鸟都比不上一只大雕啊！"

其实说起来，发现吕蒙并向孙权竭力推荐他的还是鲁肃。鲁肃当初到陆口上任，吕蒙以偏将军的身份兼任寻阳县令，鲁肃路过吕蒙的防区，按说鲁肃是荆州方面的负责人，实际地位高于吕蒙，但论军职鲁肃刚刚由奋武校尉提拔为偏将军，资历没有吕蒙老，所以吕蒙没有主动来拜见。鲁肃倒没跟他一般见识，反而主动拜见了吕蒙，他之前对吕蒙并不是特别了解，加上吕蒙摆谱，所以只打算做个礼节性拜访，对吕蒙并不在意。两个人饮酒之间，吕蒙突然问："您接受重任，与关羽为邻，将采取什么战略以备不虞之需？"鲁肃没有多想，或者没打算跟吕蒙聊这个，顺口说："到时候再看吧。"

吕蒙显然不满意这样的回答，说："现如今跟刘备虽然名为一家，但关羽实乃熊虎之人，哪能不预先制定好应对的策略？"吕蒙于是向鲁肃提出了五项应急预案，鲁肃听罢吃惊不小，再也不敢轻视吕蒙，他激动得越过座席跳到吕蒙那边，拍着吕蒙的背说："子明，我还不知道自己的才略原来比你差得这么多！"鲁肃主动要求拜见吕蒙的母亲，这是一个很高的礼节，意思是除公务之外双方还建立了深厚的私交，鲁肃和吕蒙自此成为挚友。

现在，吕蒙突然率兵渡过湘水，来到零陵、长沙、桂阳三郡。刘备的主力都调往益州了，关羽防卫的重点在荆州的北部，江南各郡兵力较为薄弱，吕蒙轻松得手，长沙、桂阳两郡投降，只有零陵郡太守郝普坚守不降。刘备接到报告，既吃惊又愤怒，立即由成都赶到了公安。孙权也不相让，马上由建业来到了陆口。刘备命关羽率兵来救零陵郡，关羽率军到达益阳，距零陵郡不远了，但就在这时，传来了郝普投降的消息。

原来，吕蒙知道郝普有个好朋友叫邓玄，就把他找来，对他说："郝普这个人很讲忠义，但是对现在的局势可能有点不清楚。刘备在汉中被夏侯渊所困，关羽在南郡，他们都没有余力救援这里。我考虑不出几天，城必被攻破，城破之后落个身死的下场有什么益处？先生可以去见郝普，向他陈述利害。"邓玄进城向郝普游说，郝普感到刘备、关羽的主力离此都很远，再守只能做无谓的牺牲，于是出城投降。郝普后来听说刘备已到公安，关羽已距此不远，十分后悔和惭愧，恨不得找个地缝钻进去。

吕蒙留下孙河守零陵郡，之后率主力赶赴益阳，与关羽会战。益阳即今湖南省益阳市，当时是长沙郡所属的一个县，位于江南这几个郡的中心位置，如今成为孙刘两家角力的主战场。关羽带来的人马有三万，吕蒙兵力不足，鲁肃、甘宁等人赶到这里增援。益阳城外十里有一条急流浅滩，关羽有5000精兵在此驻扎，甘宁获得情报这支人马将在夜里发动进攻，甘宁决定先下手，只是他这次来得匆忙，只带来300人，甘宁对鲁肃说："请再给我500人，我去对付他，保证他不敢渡河！"

甘宁为什么要向鲁肃借人呢？这是江东特有的兵制造成的，江东的兵制一般是世袭领兵制，将领和士兵都是固定的。将领死后，也是由其子袭领其生前军队；没有儿子的，兄弟袭领；没有兄弟的，在部属里选一个，具有很强的稳定性。甘宁有自己的人马，但没能都带来，现在去执行任务，只能从别的将领那里临时借人。鲁肃立即选拔1000名精兵交给甘宁，甘宁连夜出发，关羽听说后果然不敢渡河，而是在河边筑起了营寨，这个地方后来就叫关羽濑。

双方剑拔弩张，这一仗眼看不可避免。有一个人忧心如焚，这就是鲁肃，作为孙刘联盟的开创者之一，他一生都坚定地支持联盟的存在，直到现在仍然没有放弃和平解决分歧的希望。鲁肃想面见关羽，当面陈述利害，甘宁等众将都认为太危险，劝他不要去，鲁肃认为即使有危险也得去："今日之事已到了关键时刻，刘备明显理亏，在是非未定之时，关羽也不敢轻举妄动吧！"

鲁肃邀请关羽见面，双方约定兵马都停在百步之外，只有鲁肃和关羽两人单刀上前相见。关羽是一流的猛将，但鲁肃也不是文弱书生，之前说过，鲁肃生得体貌魁奇，精通击剑骑射，有一次敌人的骑兵追击他，他厉声呵斥敌人，把盾牌立在地上，远远地弯弓怒射，每一箭都把盾牌射穿了，敌人被吓退。

关羽首先陈述了自己一方在当年赤壁之战中的功劳："乌林之役时刘将军亲临前线，寝不脱甲，勠力破曹，最后岂能只落得个徒劳，而无一块土地安身，足下是来收回土地的吗？"但这一不小心说到鲁肃的强项上，鲁肃反驳道："不对吧，开始我与刘将军相会于长坂坡，刘将军的人马不过千把人，走投无路，士气低落，还打算逃往远方。我们主上有感于刘将军无处安身，给了他土地和百姓，让他渡过难关。可刘将军隐藏自己的野心，违背道义和准则，破坏双方联盟。如今刘将军既已得到益州，却还想全部占有荆州，这是普通百姓都不会做的不义之事，更何况像刘将军这样的英雄呢？我听说祸患起自贪婪和背信弃义，关将军如今身负重任，难道不能辨别是非吗？反而要凭借弱旅与我们抗争，你们能不失败吗？"

鲁肃对那一段事更了解，有很多内情关羽恐怕都没他清楚，看见关羽的锐气被挫，鲁肃指责说："我们把土地借给你们，当初是因为你们败军远来，无所依托。现在已经得了益州，却没有奉还之意，只求三个郡，又不接受。"话还没说完，关羽身后有一人高声喊道："土地这个东西，谁有德谁占有，何人能永远拥有！"鲁肃又去厉声呵斥这个人，声色俱厉。关羽自知理亏，操起刀，对身后说话的那个人道："这是国家大事，不要随便议论！"关羽瞪了此人一眼，直到这个人离开。

最后，关羽与鲁肃当场达成和解协议，双方以湘水为界，湘水以东归孙吴，湘水以西归刘备，一场危机以和平手段化解。从结果看，孙权取得胜利，过去刘备实际控制着荆州在长江以南的地区，现在以湘水为界，几乎分出一半给了孙吴。当然，这么重大的决策不可能由鲁肃和关羽在"单刀会"上就确定，双方当时达成的可能只是个草案，还需要进一步协商，由孙权和刘备亲自拍板。

关羽来之前刘备大概已经给他交过底，刘备现在心里比孙权急，因为曹操在汉中得手，益州更加危险，不得不向孙权让步。"单刀会"后刘备赶紧返回了成都，准备对汉中作战事宜，孙权怕他再耍赖，就派诸葛瑾到成都商谈湘水分界的具体安排。在成都，诸葛瑾见到了离别20年的弟弟诸葛亮，但他们只谈公务，不谈私事，私下也没有见面。在诸葛瑾回访后双方达成正式协议，以

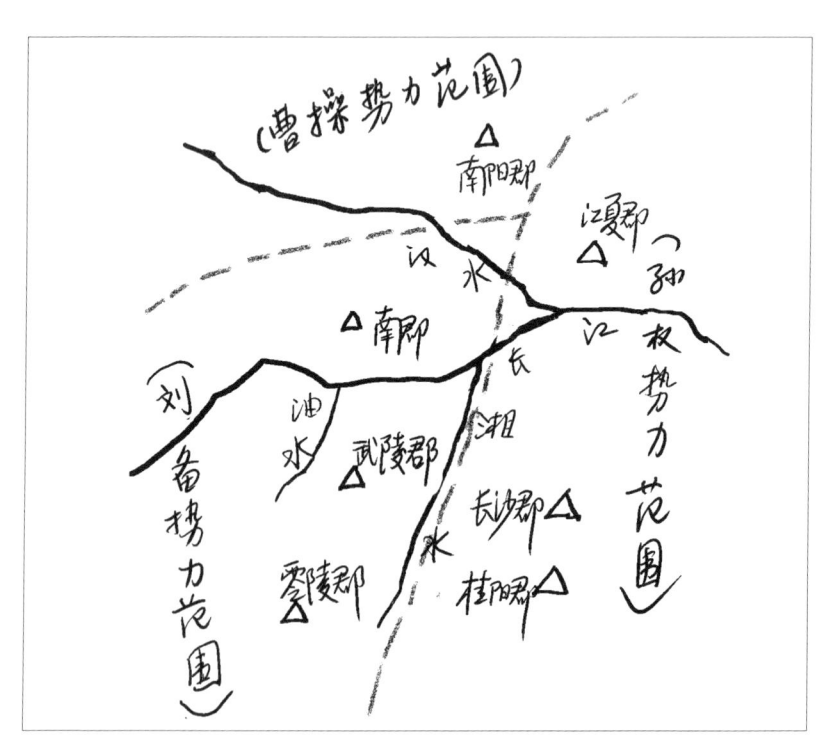

湘水分界后的荆州七郡示意图

湘水为界将荆州一分为二，湘水以东的长沙郡、江夏郡、桂阳郡归孙权，湘水以西的南郡、零陵郡、武陵郡归刘备。当初孙权让出的地盘仅是半个南郡而已，如今却拿回来差不多三个郡。

三、"白地将军"夏侯渊

刘备在荆州做出重大让步，这个损失要从别的地方找回来。对刘备来说，最近几年格外顺利，一切都是在按照诸葛亮在隆中设计的规划实施，在这份规划里，诸葛亮提出两路出击北方的设想，一路是荆州，一路是益州，只有这样才能取得成功，刘备对此越来越深信不疑。

要从益州进攻北方，汉中就是关键所在，现在曹操提前下手取了汉中，这是一个麻烦，所以汉中必须夺过来。除了诸葛亮，法正也建议夺取汉中，他进行了详细的分析："曹操一举收服张鲁，占有汉中，没有借此势头进图巴蜀，只是留下夏侯渊、张郃屯守，自己率军北还，这并不是他战略目光短浅，也不是他力量有所不及，必然是他的内部出现了问题。现在看，以夏侯渊、张郃的才略还无法胜任帅才，如果率大军前往征讨，必能攻克。攻克汉中后，在那里发展农业，积蓄粮谷，然后寻找机会，上可以彻底打败敌人，重振汉室；中可以蚕食曹魏的雍州、凉州，广泛开拓境土；下可以固守于要害，与敌人展开持久战。这正是机不可失，时不再来呀！"

这段时间诸葛亮的主要精力都放在协调内部事务上，又承担着左将军府的日常工作，具体用兵方略方面法正反倒考虑得比较多。法正认为汉中不仅要取，而且要快，现在正是出兵汉中的好机会。刘备虽然也认同这个意见，但出兵汉中毕竟是件大事，赤壁之战后他与曹操尽量避免直接冲突，因而获得了难得的发展机遇，如果出兵汉中的话，就要直接跟曹操过招，胜算有多少，刘备心里没底。但法正说得对，机不可失，时不再来，有情报显示曹操那边的确被一些内部的"忧偪"缠身，分不出更多精力来，这正是用兵的好时机。

建安二十三年（218）春天，经过准备，刘备正式出兵汉中。刘备命诸葛亮留守成都，负责后勤供应和补充兵员，自己率主力北上。刘备把大军分成东、西两路：东路由自己率领，包括法正、赵云、黄忠、魏延等部，由成都北上直取汉中；西路由张飞率领，包括吴兰、雷铜等部，向西攻击汉中的侧翼，目标是曹军在汉中以西的重镇下辩。

下辩在今甘肃省成县一带，是汉中郡的西邻，属曹魏雍州刺史部的武都郡，那一带有羌人聚居，考虑到马超在羌人中有很大影响力，刘备让马超随张飞行动。负责镇守汉中的夏侯渊得到消息后，赶紧向远在邺城的曹操报告，曹操派曹洪、曹休率一支人马增援。刘备的西路军抢先占领了下辩，曹洪、曹休率军赶到，把他们围了起来。

在"诸夏侯曹"里曹洪的资历比较老，早在官渡之战前他就已经是厉锋将军了，后升任都护将军，相当于兵团司令。曹休是曹家的下一代，之前长期在虎豹骑任职，资历差得多，此次才被曹操提拔为骑都尉，同时担任曹洪的参军。曹操对这个侄子很信任，对他说："你名义上是参军，实际上是统帅。"这是要越级指挥，是兵家大忌，怎么看这话都不像曹操说的。但分析一下也许是真的，曹操此时已经开始着手培养曹氏下一代，曹丕、曹植、曹彰、曹休、曹真等人大约都20岁，曹氏的基业要绵延常青还得靠他们。反观曹洪，近20年来基本没有太大作为，史书提到他都是说他如何富贵、如何有钱，现在的曹洪已经不是之前那个能打能拼的曹子廉了。

目前曹仁坐镇襄阳，夏侯渊就在汉中，夏侯惇身体不好，在东南战场的居巢坐镇，也抽不出身来，只有曹洪可以挂这个帅。曹操让曹洪当主将，实际却以曹休为主，并且有意把这件事透露了出去，曹洪得知后，干脆把指挥权交给了曹休。为保险起见，曹操派老成持重的辛毗前去辅助，临行前专门找辛毗谈了一次话，对他说："过去汉高祖刘邦贪财好色，所以张良、陈平匡正他的过失，现在你跟曹休的担子也不轻啊！"

对曹休来说，终于等来了露脸的机会，这一次得好好表现。曹洪、曹休把吴兰围在了下辩，刘备派张飞屯驻于固山，扬言要断曹军的后路，如何应对，大家有争论，有人认为应进攻固山，以防止大军的后路被切断，曹休反对："敌人如果真想断我方后路，肯定会悄悄进行，现在这么大张旗鼓地扬言要断我们的后路，中间肯定有文章。我们应该别管这个，趁他们人马没有集齐之际抓紧攻打吴兰，吴兰一破，张飞肯定会撤兵。"曹洪全听曹休的，下令全军猛攻下辩。

还真让曹休料对了，张飞屯兵固山的目的确实是想让曹军分兵，以解吴兰之围,曹军猛攻下辩,吴兰、雷铜被打败,部将任夔被杀,吴兰、雷铜逃出下辩后被氐人部落首领抓住也给杀了,将首级送到了曹营。

以上是汉中之战前发生的武都之战,刘备所部大败。为庆祝胜利,曹洪命令大摆酒宴,席间还让歌伎穿着暴露的衣服蹋鼓而舞,众将嘻嘻哈哈,很不严肃。曹操一向治军很严,曹军中怎么会有歌伎呢?曹洪这个人不仅贪财,而且好色,家里养有歌伎,仗着资格老没人敢管,外出打仗也带上,曹操也知道这些,所以给辛毗交代任务时专门提到了贪财好色的刘邦。

辛毗应该也在座,但他大概想了想没敢吱声。不过还是有人看不下去,这就是武都郡太守杨阜,本地的父母官,杨阜当众斥责道:"男女之别是国家的大节,怎么能在大庭广众之中暴露女人的身体?即使夏桀、商纣之乱,也不过于此!"杨太守一点都不给面子,一甩袍子,走了。曹洪倒也知趣,赶紧把歌伎们撤下,又让人把杨阜请回来。

虽然是个小插曲,却说明了一个大问题,曹军初创时的那种能吃苦、敢拼命的精神正在悄悄散去,随着事业越做越大,大部分人都升了官,不少将领还封了侯,有了食邑,享乐之风正在曹军将士中蔓延,这极大地削弱了曹军的战斗力,近年来曹军战绩不佳,这恐怕是一个重要原因。

初战不利,却没能动摇刘备夺取汉中的信心。刘备率主力很快到达阳平关前,随行的有法正、黄忠、赵云、魏延等,张飞、马超随后也赶来会合,曹操只好决定亲自率军来支援。

建安二十三年(218)七月,曹操率军从邺县出发。前方已经十分吃紧了,但曹操似乎并没那么紧张,路过弘农郡时,听说汉献帝刘协的哥哥、弘农王刘辩死后埋在这里,他还想到坟前吊唁,弘农郡本地人、担任黄门侍郎的董遇进谏道:"根据《春秋》大义,即位不满一年就死去的国君还不能称为君,弘农王在位时间很短,又被暴臣董卓挟持,最后降位为藩王,不应该拜谒。"曹操认为说得有理,才作罢。

九月,曹操率大军到了长安,路上走了两个月,太慢了。这时从合肥方面传来消息,右将军乐进因病去世,曹操听后十分难过。乐进从曹操己吾起兵时就跟随他,算是曹家军的创始人之一。这个小个子从曹操身边的帐下吏干起,最终成长为曹军的高级将领,他作战勇敢,有谋略,是一个难得的素质全面的大将。曹操下令追赠乐进谥号为威侯，爵位由其子乐綝继承，乐綝后来官至扬州刺史。曹操又在长安停留了一段时间，大概有两三个月时间，原因不详，但对前方的战局却产生了重要影响。

阳平关外，刘备率部多次发起进攻。在夏侯渊的指挥下，曹军展开阻击，依托有利地势打退了敌人的进攻。但到了次年的正月，刘备所部终于有了收获，前锋越过了阳平关。

汉中的核心地带是一块由汉水河谷扩展开的盆地，四周都是高山，重要的城镇几乎都在汉水两岸。阳平关是这块盆地的西大门，坐落于汉水之上，从阳平关沿着汉中往前，可以到达汉中郡的中心城市南郑，但在到达那里之前还会遇到一处屏障，就是定军山。

定军山位于汉水之南，今陕西省勉县城南十多里处，属大巴山脉，与汉中盆地周边的深山大川相比，它海拔并不是很高，主脉是由十二座东西绵延的山峰组成，总长二十多里，其最高处海拔不过800多米，由此再往东，就是平川了。也就是说，定军山虽然是一道屏障，但并不是特别险要，刘备率军攻到这里，曹军就危险了。夏侯渊急忙来抢，双方展开激战。刘备发动夜袭，烧了曹军营垒的鹿角，这时候夏侯渊驻守在西边的营寨，张郃驻守东边的营寨，刘备集中力量攻击张郃，张郃有点顶不住了，夏侯渊把自己这边的守军分出一半增援张郃，可这样一来就出大事了。

夏侯渊是亲自率兵来增援张郃的，法正看到后，觉得机不可失，建议刘备猛攻，不惜一切代价直取夏侯渊。刘备命黄忠担任主攻，咬住夏侯渊的增援部队不放，一阵猛打猛冲，曹军大败，征西将军、博昌侯夏侯渊居然战死沙场，一同战死的还有曹操任命的益州刺史赵颙。

定军山之战，一代名将夏侯渊丧命，但也成就了另一位名将黄忠的大名，同时让刘备的军师法正名扬天下。曹操后来听说定军山之战的全过程后就记住了法正的名字，曹操认为刘备没有这两下子，一定是有高手在旁边辅助。看来在曹操的心目中刘备还是那个在走投无路时投靠在他的门下、又多次被他打得落荒而逃的人，但那是老眼光了，刘备显然已今非昔比，他已经从寄人篱下、看人眼色的流浪者，迅速成长为足以与自己并驾齐驱的猛角色。

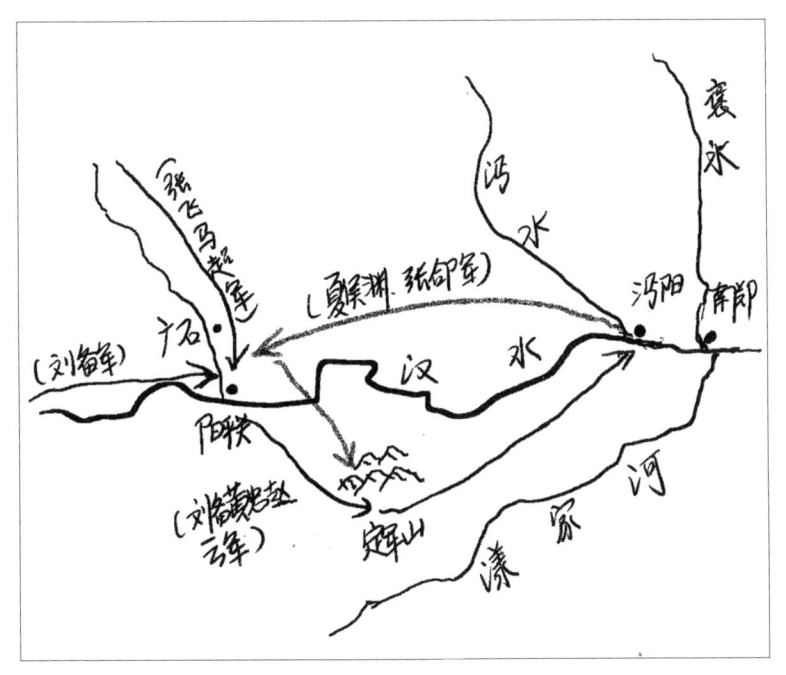

定军山之战示意图

曹操以前告诫夏侯渊说"做大将的也有示弱的时候，不能一味恃强斗狠。为将者应该以勇为本，以智取胜，有勇无谋只不过是一介匹夫罢了"，夏侯渊战死印证了曹操的话。对这场战斗，曹操后来专门颁布了一篇军令，其中说："敌人烧毁了曹军的鹿角，但这些鹿角离大营有15里，夏侯渊居然独自带着400名士兵去修补鹿角，敌人在山上看到了，于是从山谷中杀出，夏侯渊亲自参加战斗，最后战死。"

曹操认为夏侯渊在此战中犯了指挥上的错误，像夏侯渊这样担负整个战场指挥重任的大将不应该亲自参与战斗，更何况是修补鹿角这样的小事。在这篇军令里，曹操甚至说出了重话，称夏侯渊本来不擅长带兵，军中呼之为"白地将军"。古时把那些没有种植开垦的土地叫作"白地"，也把像沙漠一类不能长植物的土地叫作"白地"，拿这个作为夏侯渊的外号，是说他作为大将连最基本的作战常识都没有。但回顾夏侯渊一生的战绩，也打过很多胜仗，这个评价未免太偏颇，这说明曹操对定军山一战特别耿耿于怀，夏侯渊虽然战死，曹操仍不能原谅他。夏侯渊与曹操关系密切，他的妻子是曹操的"内妹"，也就是曹操妻子的妹妹，这个妻子不大可能是卞氏，有可能是曹操之前的妻子丁氏或刘氏。夏侯渊有七个儿子，依次是夏侯衡、夏侯霸、夏侯称、夏侯威、夏侯荣、夏侯惠、夏侯和，其中长子夏侯衡娶了曹操的侄女，这兄弟几个在今后曹魏政坛上仍然是活跃人物。

四、老对手的最后较量

夏侯渊是曹军西线战场的总指挥，相当于元帅级的人物，他猝然战死，曹军上下无不震怖。惶恐之下，大家都不知道该怎么办。原丞相府长史杜袭此时在汉中任督军，曾在曹丕五官中郎将府担任过门下贼曹的郭淮此时在夏侯渊军中当司马，他们二人收敛散卒，号令全军说："张郃将军是国之名将，刘备也有所忌惮。现在事情很紧急，非张将军不能主持大事。"

杜袭和郭淮共推张郃为临时统帅，张郃重新调整部署，安好营寨，大家才稍稍安定下来。刘备指挥人马渡过汉水来攻营，大家都认为此时敌众我寡，士气也不如对手，不如在汉水边修筑工事抵挡，不让敌人渡河。郭淮不同意这种看法，他认为："这是向敌人示弱的做法，无法挫败敌人。不如在离汉水远一点的地方列阵，诱使敌兵渡河，等他们渡过一半时再突然发起攻击，刘备必然可破。"

张郃采纳郭淮的建议，远远地列阵于汉水北侧，刘备看到果然生疑，不敢渡河。在张郃的主持下曹军暂时稳住了阵脚，避免全线溃败。他们坚守在汉水北岸，等待援军的到来。

曹操意识到汉中已危在旦夕，立即从长安出发赶往汉中。为节省时间，这次他改走褒斜道，这是他第二次走这条路，上次由汉中返回长安时曹操走的就是这里，可能是他想亲自体会一下这著名通道的实际情况，曹操得出的结论是"南郑为天狱"，褒斜道是"五百里石穴耳"，说明这条道路在当时狭窄、深险并且路程漫长。

建安二十四年（219）三月，曹操终于出了褒斜道，到达汉中。老对手来了，刘备采取先不与其争锋的对策，新获定军山大捷，刘备信心十足，对左右说："曹操虽然亲自前来，必然会无功而返，我一定能拿下汉中！"在阳平关以东、南郑以西的汉水谷地，双方展开了对攻。

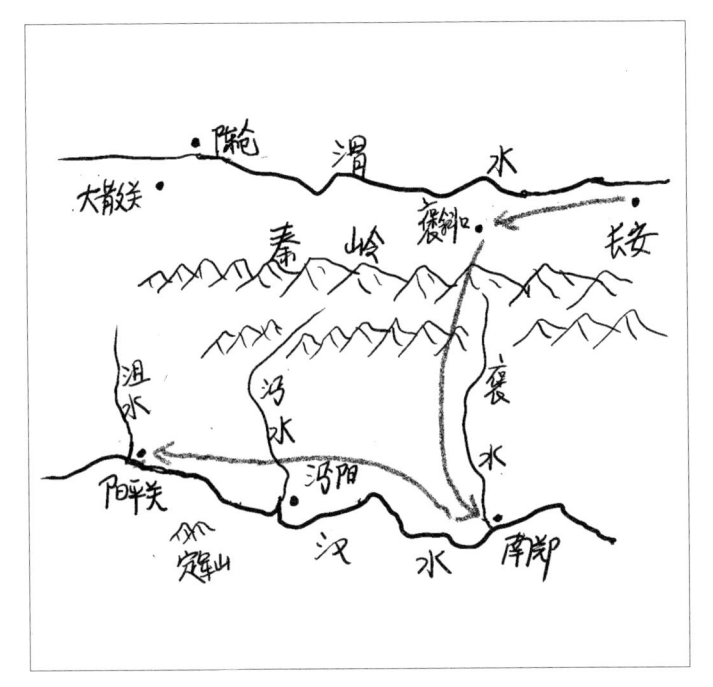

曹操引兵进入汉中路线示意图

一次，曹军的运粮队从北山下经过，队伍很长，黄忠认为可以袭击一下，把粮食劫过来。汉中是个不大的地方，突然间云集了双方这么多军队，军粮供应将会是个大问题，如果能把对方的军粮劫过来，那对敌人将是双重打击。刘备派牙门将军赵云跟随黄忠一块儿劫粮，黄忠先出发，赵云在后，但到了约定时间黄忠仍然未归，赵云率几十名骑兵出了营寨，去接应黄忠。赵云刚一出来就遇到曹军主力，双方展开激战，赵云身边只有几十个人，且战且退，奋力杀出重围。这时赵云发现部将张著负伤被围，赵云又折返回去，杀入重围把张著救了出来，之后杀回自己的营寨。

赵云的营寨已被曹操手下沔阳县长张翼带人占领，张翼闭门拒守，赵云杀了进去，将营寨重新占领，之后把营门打开，偃旗息鼓。曹军到后，看到这种情况怀疑营内有伏兵，不敢攻营，于是撤退。赵云不干，雷鼓震天，用弓弩射击曹军，曹军惊骇不已，自相践踏，还有不少坠入汉水中淹死。这可以称为赵云版的"空营计"，第二天刘备亲自到赵云营中视察，看到前一天的战场，不禁赞叹说"子龙一身都是胆啊"，当天刘备下令在营中摆酒庆贺，一直喝到晚上，刘备军中称赵云为"虎威将军"。

还有一次，双方交战，形势对刘备不利，应该赶紧撤退，可刘备不肯，没有人敢劝。看到矢如雨下，法正急了，一下子挡在刘备身前，刘备喊道："孝直避箭！"法正不避，对刘备说："主公您都在亲自用身体挡箭矢，何况小人我呢？"刘备这才冷静下来，下令撤退。刘备屯兵于栖于山上，派养子刘封下来挑战。曹操大怒，骂道："一个卖鞋子的小儿，居然用养子抗拒你家主人！待唤我家黄须儿来收拾你！"黄须儿就是曹彰，曹操从邺县出发前，派曹彰领兵征服代郡乌桓，当时代郡的乌桓人造反，曹操让曹彰以北中郎将的身份代理骁骑将军，领兵镇压叛乱，现在代郡建边的事已经完结了，曹操还真的让人去唤曹彰来汉中前线，曹彰接到命令后昼夜西行往这里赶来。

双方相持了一个多月，刘备看到无法立即取胜，干脆来了个拒险死守，跟曹操拼消耗。曹军连失重地，只能在南郑等据点坚守，时间长了，后勤供应果然成了问题，由于吃不饱饭，曹军士兵有不少人逃跑开小差，还有些投降到敌人那里，这让曹操很苦恼。蜀汉后来有一个挺有名的将领叫王平，多次随诸葛亮北伐，他原来是曹军的将领，就是在这个时候投降刘备的。王平字子均，巴西郡宕渠县人，当时巴中部族首领杜濩、朴胡等人投降了曹操，到洛阳拜谒，王平是跟着他们一块儿去的，被曹操提拔为校尉。曹操此次再征汉中，王平随军，但是又投降了刘备，被刘备提拔为裨将军。

眼看短时间内无法取胜，曹操萌生了放弃汉中的打算。一天，有人请示当夜的口令，曹操说了一个"鸡肋"，大家不知道是什么意思，随征的丞相府主簿杨修听到后就开始收拾行李，大家很惊讶，问他何故，杨修说："鸡肋这个东西，扔了怪可惜，吃吧又没什么味道，这就好像是现在的汉中，我因此知道魏王想撤军了。"

杨修的理解是正确的，曹操实在不想把主力部队长期集中在汉中这个大山中的小盆地里，合肥一线的孙权，襄阳一线的关羽，还有北方的公孙氏和乌桓人，哪一个都不让他省心。近一两年来，各地又频频发生叛乱活动，曹操已经有了心力交瘁之感，于是曹操下令从汉中全线撤退。

很多人认为曹操在撤离汉中前下令杀了杨修。其实，曹操杀杨修并不是春天时在汉中，而是在这一年的秋天，地点应该在邺县。《魏略》记载："至二十四年秋，公以修前后漏泄言教，交关诸侯，乃收杀之。"这里明确两点：一是杀杨修的时间是建安二十四年（219）秋天，不仅有明确记载，而且曹操是建安二十五年（220）正月去世的，与杨修"死后百余日"的时间点也相吻合；二是杀杨修的原因是

"漏泄言教"和"交关诸侯"。除此之外,《资治通鉴》还提到:"操亦以修袁术之甥,恶之。"汉末汝南郡袁氏、弘农郡杨氏都是天下知名的大族,双方通婚,杨修的母亲袁氏是司徒袁安的曾孙女,算下来杨修就是袁绍的外甥。

杨修很有才,有时还有些恃才傲物,但这并不是曹操杀他的主要原因。曹操杀杨修,主要是因为他卷入了曹植、曹丕的夺嫡之争,当曹操下定决心扶持后者时,便全力以赴为其扫清未来接班之路上的障碍,不仅杨修,丁仪、丁廙等人也都被曹操找个借口杀了。关于这一点,后面还将作详细介绍。所以,"漏泄言教"不是重点,"交关诸侯"才是。至于杨修是袁绍外甥这一点更是一种借口了,袁绍已经死了十几年,几乎没有什么影响力了,这时候已没必要再提旧事,曹操如果真的因为这一点而讨厌杨修的话,就不会让杨修接近曹植,也不会让杨修担任自己的主簿了。

这场汉中之战是曹操与刘备这两个老对手最后一次直接交手。曹操和刘备都是汉末三国时代的杰出人物,比较起来,二人互有优劣。曹操的军事才能很突出,被誉为当时的孙膑、吴起,他一生征战三十多年,"机变无方,略不世出",尽管也打过不少败仗,但以胜仗居多,打过一些苦仗、漂亮的仗,除官渡之战外,潼关之战也是他最经典的战例。曹操善于出奇兵,经常身先士卒,是将才也是帅才,本身也是一流的谋士,其在军事上的综合成就是汉末三国时代无人能比的。曹操在外交方面做得总体上也不错,源于他心胸较为开阔,能兼容并收,除了用武力消灭群雄外,也注意用和平手段解决问题,在处理关中、辽东、泰山、汉中等边缘地带方面,他采取了柔性的、更为灵活的手法,成为军事手段的补充。相比较而言,曹操在政治方面显得有些被动,始终没能处理好与士大夫集团的关系。一方面缘于他的出身,尽管他努力撇清与宦官家庭的关系,但毕竟不如世族出身的袁绍、宗亲出身的刘表和刘焉等人能占到政治上的便宜;另一方面,曹操"奉天子以令不臣",这既有有利的一面,但也有不利之处,那就是与汉室之间的关系难以处理,容易遭受诟病,所以曹操在政治上一直很被动,不仅生前如此,身后也一样。

与曹操相比,刘备最大的长处是会打"政治牌",很早的时候就重仁义,后来又注重推崇汉室,在滞留许县期间,尽管政治环境极为恶劣,但刘备仍不愿意阿谀曹操,而是秘密参加了董承等人谋划的政变,虽然没有成功,但表明他是站在汉室一边的。占领成都后刘备仍尊汉室为正统,这些政治手段比曹操强硬称魏公、魏王来得高明。刘备也是出色的军事家，虽然一生打的败仗更多，但那多是情势使然，是势不如人的情况下只得奔命的结果，不能反映他真实的军事水平。刘备军事生涯的顶峰是这次汉中之战，先是一战夺汉中，后来老对手曹操亲自率兵来救，刘备打得不慌不忙，信心十足，迫使曹操不得不撤军。刘备最大的问题在外交上，赤壁之战前迫于形势而不得不联合孙权，后在诸葛亮的竭力维护下孙刘联盟得以保持，但刘备对此似乎没有给予足够重视，结果埋下了祸根，这些隐患在后面将不断暴露出来。

五、称王汉水滨

建安二十四年（219）五月，曹军正式撤往关中，汉中再次易手，这块战略要地在曹操手里前后才不到三年。曹操和刘备几乎打了一辈子仗，在以往的交锋中总是曹操占上风，汉中之战是他们直接面对面的最后一次交手，这一次刘备却赢了，而且赢得很彻底，不仅拿下了汉中郡，其东边的房陵郡、西城郡和上庸郡三个郡也都被收入刘备的囊中。刘备占领汉中后要派人取这三郡，法正推荐了孟达，刘备于是任命孟达为宜都郡太守，让他率部从秭归出发，进攻房陵郡。孟达是个能干的人，一鼓作气拿下了房陵郡，顺便把郡太守蒯祺杀了。蒯祺是诸葛亮的姐夫。

刘备派养子刘封从汉中出发，沿汉水南下与孟达会合，刘备特别明确，刘封到了房陵后可以领导孟达。这项决定看来很有问题，因为刘封此时的军职不过是副军中郎将，孟达作为郡太守无论年龄、地位还是功劳都远高于刘封，所以孟达对刘封很不服气，为日后的矛盾爆发埋下了伏笔。有的史书认为，刘备担心对孟达难以控制，才派刘封与他会合，刘备一定是把此去的真正意图告诉了刘封，所以刘封才一直不把孟达当回事。

刘封指挥孟达继续攻打上庸郡，上庸郡太守申耽投降，为笼络申耽，刘备拜他为征北将军，这一军职甚至超过了马超，同时还让他兼任上庸郡太守，拜申耽的弟弟申仪为建信将军，兼任西城郡太守。曹操辛苦经营的汉中、房陵、上庸、西城一线全部落入刘备手中。

此时，刘备的个人声望达到了空前高度。不仅声望，一下子得到了汉中等四郡，使刘备的势力版图也空前扩张，论地盘和实力刘备已丝毫不逊色于孙权了。

至此，说"天下三分"才实至名归。

汉中之战发生在建安二十四年（219），早在三年前曹操就进行了一次重大的政治改革，自称魏王。围绕着这场政治改革有许多复杂的过程，出于条理性的考虑，将其放在后面集中叙述。现在，刘备手下很多人认为曹操可以称魏王，刘备也应该称王，与曹操平起平坐。按照汉朝的政治制度，天子只有一个，姓刘。下面是"王"，虽然可以有很多，但也必须姓刘。本朝奠基之初，高祖刘邦领着大家杀白马盟誓，异姓不得称王，否则天下人可共诛之。曹操有实力直接称帝，但他没有那么做，只是把高祖定下的规矩改了，当上了"异姓王"。

汉朝的"王"都有封地，称"王国"，在行政规划上一般等同于郡，所以汉朝在州的下面是郡或者国，称"郡国"。曹操称魏王后，也相应地设立了一个"魏国"，只是范围比一般的刘氏王国大得多，包括十个郡，比普通的州都大。刘备的手里现在大概有30多个"郡国"，虽然比不上曹操，但比孙权多。再者，曹操姓曹，刘备却姓刘，刘备一向打着"兴复汉室"的旗号，所以他要称王反弹小得多。

刘备综合了各种考虑后，决定称王。曹操从汉中撤走两个月后，即建安二十四年（219）七月，刘备在汉中称汉中王。这项新职务不同于之前的益州牧，既不能表奏，也不能遥拜，刘备使用的方法是"劝进"。在汉中，刘备手下120名重要官员联名向远在许县的汉献帝刘协上了一份奏表，报告汉献帝大家一致推举刘备为汉中王，仍兼任大司马。之后刘备下令在汉中郡沔阳县做坛，该地属今陕西省勉县。坛成，陈兵列阵，举办了称王仪式，刘备手下重要人物大部分都在汉中，共同见证了这一重要时刻。

仪式上，宣读了准备送呈汉献帝的表奏，之后刘备登坛，拜受汉中王玺绶，戴上王冠。随后，刘备又以汉中王的身份再向汉献帝上了一份奏表，在后面这篇表文里，刘备重申了群下奏表中的内容，强调自己忧国效忠的想法。两篇奏表都派人送往许县，一同送去的还有当年曹操以汉献帝名义拜刘备为左将军、宜亭侯的印绶。

刘备称王后，立穆夫人为王后，立刘禅为王太子。穆夫人即吴氏，刘焉的前儿媳、吴懿的妹妹。穆夫人与刘备成婚时间虽不长，却很快为刘备生下了一个儿子，取名刘永。刘备深知立嗣问题异常重大，稍有不慎就有灭国之灾，前车之鉴已多不可数，所以直接明确了长子刘禅的接班人地位。刘禅这时12岁，他的母亲甘氏已去世多年。刘备任命董允为太子舍人，负责辅导和辅佐刘禅，这个官职虽然品秩不高，但地位重要。

刘备还可以任命"汉中国"的文武百官，包括三公九卿及侍中、尚书令等。曹操称魏王后没设三公，只设了一个相国，相当于王国的丞相。刘备既没有恢复三公，也没有设置丞相或相国，而是设立了一个太傅，这是一个荣誉性职务，刘备任命的是许靖，论名望和资历也只有他能胜任此职了。下面的九卿，能考证的只有太常卿赖恭、光禄勋卿黄柱和少府卿王谋，除王谋外他们的事迹都很少，应该跟许靖类似，都是一些有名望却不掌实权的人。侍中与九卿品秩相同，担任此职务能考证的只有廖立。尚书令品秩虽低于九卿和侍中，但权力很大，相当于"汉中国"的秘书长，刘备任命了法正。

刘备以汉中王的身份任命关羽为前将军，张飞为右将军，马超为左将军，黄忠为后将军。前、后、左、右所谓四方将军在军中地位很高，仅次于大将军、车骑将军、骠骑将军和卫将军，高于四征、四镇将军，相当于大军区司令。在酝酿这项人事安排时诸葛亮曾有不同意见，他对刘备说："黄忠的名望一向不如关羽、马超，现在和他们同列，马超、张飞在跟前还好办，目睹了黄忠的功绩，尚可以理解；而关羽不在跟前，他听说了，恐怕不会高兴，是不是再慎重考虑一下？"刘备一向尊重诸葛亮的建议，但这次他坚持自己的看法，对诸葛亮说："关羽那边，我自会去做他的工作。"

完成称王仪式，刘备将率主力回成都。汉中虽是一个郡，但在众人心目中此时跟荆州的重要性不相上下，所以必须挑选一个与关羽旗鼓相当的人镇守这里。众人议论较多的人选是张飞，就连张飞自己都这么认为。但当刘备把留守汉中的正式人选公布后所有人都大吃一惊，刘备选的人不是张飞，也不是黄忠或赵云，他选的是魏延，这个任命太出人意料，军中上下一片惊讶。魏延此前是牙门将军，虽然升得够快的了，但在军中的地位并不算太高。

刘备下令提拔魏延为镇远将军，兼任汉中郡太守，负责汉中一带的军政事务。曹操用人一向讲究程序，越级提拔是孙权常干的事，现在刘备也出人意料地干了一回。对于刘备做出这个重要决定的深意，历来备受猜测，有人认为这表明刘备的防范心理很重，提拔新人，是在培养和强化绝对听从于自己的势力。但也许没有这么复杂，刘备善识人，他了解每个部下的优点和缺点，张飞虽然资历老、威望高，对自己的忠诚更没有问题，但现在要的不是将而是帅，有的人永远是将才而非帅才，同样都很勇敢，同样能打硬仗，张飞或许显得头脑有些简单，而魏延就灵活得多。

刘备也知道提拔魏延有的人心里肯定不服，所以有意力挺。行前，刘备特意召集群下大会，故意当着大家的面问魏延："如今委你重任，你有什么打算？"魏延很有信心，他气壮山河地回答："如果曹操倾天下之兵而来，我替大王挡住他；如果曹操只派一般将领带10万人马前来，我替大王吞了他！"魏延的回答让刘备很满意，立即表示赞许，众人也被魏延的豪言壮语折服。

六、最后的"保皇派"

形成于赤壁之战的孙刘联盟，战后虽然也经历了一些波折，但总体来说联盟没有破裂，并在双方需要的时候得到了加强，曹操在三方势力中虽然最强大，但也经常被打败。汉中失手、扬州受攻、襄阳一线也不断受到挤压，在三大战场上近年来曹操都乏善可陈。有人说曹操老了，这或许是一个原因，但比这个还重要的原因，发生在曹氏阵营的内部。

这是一个政治问题，对于搞政治并不拿手的曹操来说，一遇到此类问题总要失分，某种程度上拖了军事的后腿。当年董昭提出恢复九州制的建议时，立即招来了反对，反对最激烈的竟然是荀彧，另一位是孔融，他们明知董昭的背后是曹操，也毫不留情地予以抨击，让这件事只得作罢。虽然已经过去很多年，但曹操一直耿耿于怀，后来他杀了孔融，算是出了口气，但想推进的政治改革却毫无进展。一直到建安十七年（212），曹操率军西征，取得潼关大捷，赤壁之战的阴霾一扫而空，曹操又想起了这件事。

为表彰曹操讨伐马超和关中诸将的业绩，汉献帝刘协在许县下诏赐给曹操三项特权——赞拜不名、入朝不趋、剑履上殿，它们的具体内容之前已做过介绍，都是一些形式主义的东西。但曹操要的不是这个，他更看中实际。不久，汉献帝又下诏，割河内郡的荡阴、朝歌、林虑三个县，东郡的卫国、顿丘、东武阳、发干4个县，钜鹿郡的廮陶、曲周、南和三县，广平国的任城县，赵郡的襄国、邯郸、易阳三个县，以上共14个县，都归划魏郡管辖。魏郡属冀州刺史部，邺县就在该郡，它原来辖有15个县，已经是大郡了，现在又从附近几个郡国划出14个县归魏郡，让魏郡成了一个"超级郡"。熟悉政治的人都知道，这绝不是一次普通的行政区划改革，后面必然有文章。

果然，这一年十月，董昭再次提出建议恢复古代五等爵制。所谓五等爵，指的是公、侯、伯、子、男这五种爵位，其中公爵最高，男爵最低。五等爵制盛行于奴隶社会时代，最大的特点是世袭，有爵位的人就是贵族，世世代代都可享受特权。董昭提出恢复五等爵制，等于推翻高祖刘邦定下的"白马盟誓"，这是一件政治生活中的大事，让人想起了王莽。西汉末年，王莽当上了"一人之下，万人之上"的大司马，他也想在政治上有所突破，面对爵位上的限制，王莽提出的也是恢复古制，当上了所谓的"安汉公"，继而废除了刘氏皇帝，自己当了皇帝。

所以，在许多人看来，所谓恢复古制只是一个幌子，篡汉自立才是实质，这与董昭早年提出的恢复九州制还有所不同，所以相当敏感。除此之外，董昭还提出恢复另一套制度——九锡制，更让人把曹操与王莽联系在了一起。"锡"通"赐"，所谓"九锡"就是指天子赏赐给臣下的九种物品。根据《周礼》的解释，这些物品包括：车马，含金车大辂和兵车戎辂，分别由八匹黑马驾驶；衣服，含衮冕之服以及配套的赤舄鞋；乐县，是一些定音、校音的乐器；朱户，红漆的大门；纳陛，登殿时特凿的陛级，使登升者不露身，犹如走在贵宾通道；虎贲，天子专用的卫士，通常赏赐300人；弓矢，含天子专用的彤弓矢100副、玄弓矢1000副，可讨伐不义；斧钺，用以诛伐有罪之人；秬鬯，一种祭礼上用的香酒，以黑黍和郁金草酿成。上面这些东西都是天子的御用之物，拥有它不仅是一种荣誉，更是一种特别授权，可以征讨叛逆，也可以诛杀不法之人，等于先斩后奏。

董昭提出恢复五等爵制、九锡制，加上他以前提出过的恢复九州制，这些重大改革主张都是以复古为旗号，至于复的是商周的古还是王莽的古，不同的人或许会有不同的解读。而且，董昭提出这些想法前似乎并没有向曹操汇报过，因为曹操知道后曾表示了反对："恢复五等爵制是大事，只有圣人才能完成，不是人臣可以办到的，这让我如何面对？"董昭坚持自己的想法，他劝曹操不要为眼前的所谓名节所拖累，应该放眼长远，尤其要为儿孙考虑，在政治上不能过于因循守旧，要根据形势的发展有所革新和突破。史书没有记载曹操听完这番话的反应，但董昭下面继续为这件事奔走，说明曹操被说服了，或者默许了董昭的做法。

但有人坚决反对，这个人是荀彧。董昭密访荀彧，想争取他的支持，却遭到了荀彧的反对。荀彧认为，曹操兴义兵的目的是匡扶朝政，怀持的是一颗对汉朝的忠贞之心，故而董昭等人的提议不合适。荀彧的观点很快被曹操知道，曹操相当不高兴。董昭还想做荀彧的工作，他给荀彧写了一封信，信中说："过去周公、吕望在世，正当姬氏强盛，有周文王、周武王开创的大业，辅助幼小的成王，功勋与曹公现在差不多，他们仍然接受了很高的爵位，赐土开疆。到田单在世时，率领强大齐国的军队，为报仇进攻燕国，攻下了七十座城，迎立齐襄王，齐襄王加赏田单，东边有掖邑的封地，西边有菑上的良田。前世对待功臣，都是如此厚赏。现在曹公面对海内倾覆，汉室宗庙焚灭，他亲自披坚执锐，四处征伐，栉风沐雨，已经有30年，他扫灭群凶，为百姓除害，使汉室复存，刘氏得以被天下人所奉祀。前面提到的那些人，与曹公相比就像高山与土丘，无法相提并论。可如今曹公只是与诸位将军同列，封侯也只能给一县的封邑，这难道是天下之所望吗？"

董昭说的也是实情，以曹操的地位和身份，在爵位上只能跟张辽、于禁这些人相等，这是制度设计上的缺陷，应该改一改。但荀彧就是不松口，仍然坚持己见。荀彧当然知道董昭代表的是曹操，也知道他的意见很快就会被曹操得知，但为了心中的信念，他不肯做出一点儿让步。不过，现在的形势已经变了。之前反对九州制时，荀彧的意见还能得到曹操的重视。而现在，一方面曹操的耐心被消耗得差不多了；另一方面曹操对时局的把控能力也与之前不太一样，当初他对汝颍士人的依赖度还很高，荀彧是汝颍士人的代表，曹操因而有所顾忌，而现在他不打算再那么做了。

就在董昭提出恢复五等爵制的同时，即建安十七年（212）十月，曹操亲自指挥大军远征孙权，这件事之前已经说过。需要补充的是，当参战的部队先后于谯县集结时，曹操专门请汉献帝派尚书令荀彧代表朝廷到谯县来慰问。

天子派大臣到前线劳军是惯例，但由主持朝廷日常工作的荀彧亲自前来，是以前没有过的。包括荀彧本人在内，许多人都注意到了这个细节，感觉将有什么事发生。果然，曹操随后就以汉献帝的名义发布诏令改任荀彧为光禄大夫，不再担任尚书令一职，以侍中、光禄大夫的名义持节继续留在军中，并担任曹操的军事顾问（参丞相军事）。

这一任命非同小可，光禄大夫的品秩是"比二千石"，品秩二千石可以看作九卿级，"比二千石"略低于二千石，可以视为副九卿级。荀彧担任了十多年的尚书令一职，品秩只有一千石，看来他升官了，可尚书台是朝廷的日常办事机构，实际权力要大得多，远远超过了一般九卿，尤其在当前的局势下，尚书令处理朝廷日常工作，是曹操在许县的代言人。在一部分士人的心目中荀彧就是他们的领袖，当个九卿都屈才，就连曹操都认为荀彧的地位应该更高，一度曾经想让他担任三公之一的太尉，被荀彧本人拒绝了。现在，再笨的人都明白荀彧的尚书令变成了光禄大夫绝不是升官，而意味着他失宠了，曹操让荀彧参丞相府军事，又把荀彧变成了自己直接的下级。

荀彧郁闷至极，病了。曹操率大军推进到长江边上的濡须口一带，随军行动的荀彧因病留在了寿春，在这里他的健康状况迅速恶化，最终病逝于寿春，这一年他正好50岁。有的史书说荀彧的死因主要是有病，而心情郁闷也是原因之一，也有史书说荀彧是自杀，说曹操这时馈赠给荀彧一些吃的东西，荀彧打开后发现里面是空的，荀彧感到这是曹操在暗示自己什么，于是喝毒药自杀了。还有史书记载，荀彧临死前曾把与自己有关保存的重要文件都烧了，因而他曾经提出过的许多奇策密谋都不为人知。

正值壮年的荀彧在没有任何征兆的情况下死于军中，又是在恢复五等爵制争论的关键时刻，不能不引起朝野内外和民间的广泛猜测。当时社会上什么传闻都有，其中有一种认为曹操逼荀彧杀伏皇后，荀彧不干，于是自杀。这种议论被寿春逃到江东的人告诉了孙权，孙权深信不疑，他以告示的形式广泛宣传。消息又传到了刘备那里，刘备知道后痛惜不已："曹操这个老东西如果不死，天下就没有安宁的时候了！"

荀彧死了，搬走了面前最大的政治障碍，曹操可以放心地推行他的政治改革了。曹操立即着手这些改革，第一步就是恢复酝酿已久的九州制，主要内容是：撤销幽州刺史部和并州刺史部的建制，将其所辖郡国并入冀州刺史部；撤销司隶校尉部、凉州刺史部，将其所辖郡国并入刚刚成立的雍州刺史部；撤销交州刺史部，将其所辖郡国分别并入荆州刺史部和益州刺史部。

东汉原有13个州刺史部，本次行政区划调整后只剩下兖州、豫州、青州、徐州、荆州、扬州、冀州、益州、雍州9个州刺史部，与"禹贡九州"相比差别只在益州刺史部一地，"禹贡九州"没有益州而有梁州，而这两个州指的是一个地方。按照新的行政区划，目前曹操控制区的范围包括冀州、兖州、豫州、青州的全部，以及雍州、徐州的大部，荆州、扬州的一小部，孙权拥有扬州的大部以及荆州的一小部，刘备拥有荆州的一部分，刘璋拥有益州，另外现属于冀州刺史部的辽东一带有公孙氏的割据势力，而原交州刺史部的大部分地区也处于割据状态。

完成这项工作，紧接着是爵位制改革。建安十八年（213）五月，汉献帝派御史中丞郗虑持节前来邺县，拜曹操为魏公，这是继王莽的安汉公之后两汉又一次有了"公"这一爵位。根据汉献帝的诏书，魏公曹操的食邑范围不仅包括已拥有的29个县的魏郡，还包括魏郡周边的其他九个郡国，即河东郡、河内郡、魏郡、赵国、中山国、常山国、钜鹿国、安平国、甘陵国和平原国，幽州和并州撤销后，它们都隶属于冀州刺史部。这10个郡其实就是国中之国，姑且称之为"魏公国"。

郗虑一行带来了汉献帝为册封曹操而发布的长篇诏令，这篇诏令文辞华美，相传为供职于尚书台的陈留郡中牟县人潘勖所作，他是有名的碑颂高手。诏令叙述了曹操的所有功绩，颁布了建立"魏公国"的命令，同时明确曹操以魏公的身份仍兼任丞相和冀州牧，又加九锡，具体内容与王莽的九锡大致相同，只是稍有区别。

恢复九州制、五等爵制，又加九锡，这一连串的政治举措密集推出，令人震撼，但由于前期做了大量铺垫工作，大家已经有了充分的思想准备，加上荀彧已死，所以这一次并没有听到什么反对之声。但曹操本人却表示辞让，他接到汉献帝的诏书后说："接受九锡，建立国家，这是周公这样的伟人才能完成的，汉初七个异姓王都跟汉高祖在当老百姓的时候就共同起事，建立王业，功劳巨大，我怎么有资格跟他们相比？"当然这只是客气客气，费了那么大的劲，又是改行政区划，又是四处做工作，哪有不接受的道理？

见曹操一味辞让，大家就搞了个劝进活动。这种活动虽然是自发的，但所有重要官员都参与其中，史书上记载着其中一份劝进者的名单，这份名单里有30来人，包括中军师陵树亭侯荀攸、前军师东武亭侯钟繇、左军师凉茂、右军师毛玠、平房将军华乡侯刘勋、建武将军清苑亭侯刘若、伏波将军高安侯夏侯惇、扬武将军都亭侯王忠、奋威将军乐乡侯刘展、建忠将军昌乡亭侯鲜于辅、奋武将军安国亭侯程昱、太中大夫都乡侯贾诩、军师祭酒千秋亭侯董昭、都亭侯薛洪、南乡亭侯董蒙、关内侯王粲、傅巽、祭酒王选、袁涣、王朗、张承、任藩、杜袭，中护军国明亭侯曹洪、中领军万岁亭侯韩浩、行骁骑将军安平亭侯曹仁、领护军将军王图，以及长史万潜、谢奂、袁霸等。这样的名单虽然冗长枯燥，但它更真实，尤其所提及的每个人的职务也更准确，可以作为对其他史料的补充。在上面这份名单上有刘若、刘展、董蒙、王图、袁霸这些人，他们在历史上的名气并不大，但能跻身于劝进者的行列，当年一定不是等闲之辈吧。

经过一番劝进，曹操终于接受了魏公和九锡，但他表示"魏公国"的范围只接受魏郡，不接受其他九个郡，众人于是再次劝进，言辞更加恳切："这次要建立魏国，朝廷先把想法向群臣征求过意见，之后才发的诏书。您违抗朝廷的诏令，长时间不肯接受，现在接受了又辞去多的，只接受少的，这样做仍然让朝廷的诏令无法施行。从前齐鲁受封拥有整个东海，有400万户赋税。基业广大才容易建立功勋，如今魏国虽然有十个郡，但仍然比当年的鲁国小，从户数看更是连一半都比不上。圣上看到秦朝因为没有辅佐拱卫而招致灭亡，所以才把这个重任托付给您，希望您接受圣上的诏命，不要再拒绝！"经过一番辞让和劝进，曹操最后接受了诏命，曹操上书拜谢受封，这篇文章也保存在史书里，虽然文字工整，文笔不错，但一看就是秘书们的代笔，跟《让县自明本志令》完全不是一回事。

建安十八年（213）七月，曹操在邺县修建魏公国的社稷、宗庙。九月，在铜雀台的边上修筑了金虎台。十一月，根据汉献帝的诏书并参考汉朝初年的制度，"魏公国"内设置了尚书、侍中、六卿等官职，曹操任命荀攸为"魏公国"的尚书令，凉茂为其尚书仆射，毛玠、崔琰、常林、徐奕、何夔为尚书，王粲、杜袭、卫觊、和洽为侍中，他们大都从丞相府转任而来，都是实干型人才，初步搭建起"魏公国"的管理架构。

次年正月，曹操按照旧时制度在"魏公国"耕种籍田。所谓籍田，就是在春耕之前天子率诸侯亲自耕田，有祈求丰收之意。其具体的仪式是，当天一大早，以太牢之礼祭祀先农神，之后来到国都南面专门辟出来的千亩田地里，天子亲自执犁，来回耕作三次。

三月，汉献帝下诏明确魏公的地位在所有刘姓诸侯王之上，改授金质印玺、红色绶带，授予远游冠，汉献帝派左中郎将杨宣、亭侯裴茂专程送来这些东西。这一年，"铜雀三台"中的最后一座竣工，取名"冰井台"，上面不仅有米窖和盐窖，还修了数口冰井，从台上垂直伸向地下，利用井内的低温储藏冰块和煤炭（石墨），让台上的人即使在天气较热的时候也能喝上冰镇的饮料，吃上冰镇的瓜果。

七、曹操的女儿当皇后

建安十九年（214）还发生了一件大事，就是伏皇后事件。早在荀彧去世前伏皇后事件已经暴露，但曹操一直引而不发。一直到建安十九年（214）的十一月，各项政治改革完成后，曹操才把这件事公布出来。汉献帝刘协的正妻伏皇后多年前写的一封信被公布，在这封信里伏皇后以激烈的语言表达了对曹操的不满，并请自己的父亲、时任屯骑校尉的伏完设法除掉曹操。绝大多数人对此事并不知情，这封信一公布就在政坛上激起了巨大波澜，十多年前董承事件让人记忆犹新，而伏皇后的地位和影响远大于董承的女儿董贵人。

伏皇后名叫伏寿，时年35岁，比天子大一岁，她是豫州刺史部琅邪郡东武县人。东武县即今山东省诸城市，本地的伏氏是汉代著名的经学世家，名门望族，历代多有显官达宦。伏寿的父亲伏完是前大司徒伏湛的八世孙，世袭不其侯的爵位，后来娶了桓帝刘志的女儿阳安公主刘华为妻，是桓帝的女婿。

早在初平元年（190）伏寿就被选进皇宫，开始是贵人，兴平二年（195）被立为皇后，那一年她才16岁。她陪伴汉献帝度过了在长安那段最痛苦难熬的时光，又在东归途中吃尽了苦头。有一次，汉献帝东归的队伍被李傕的军队追击，身边的人四处逃散，只有伏皇后等少数几个人，他们被逼到一条河边，汉献帝受到惊吓不敢过河，伏皇后背着汉献帝蹚水过河，才到了河对岸。过了河又碰到乱兵，这帮人举刀就要乱砍，关键时刻伏皇后趴到汉献帝身上大喊："这是万岁陛下！"正是伏皇后的勇敢才让汉献帝免于一死，汉献帝的脚受了伤，伏皇后把衣服撕了为他擦血、包扎伤口。所以伏皇后和汉献帝算是一对患难夫妻，他们历经了兵乱、饥荒和逃亡，到了许县才慢慢稳定下来。

伏皇后的父亲伏完开始被拜为辅国将军，享受三公的待遇，但与董贵人的父亲董承相比，他手中并没有什么实权，因而也避免了董承的下场。伏完对自己的处境很清楚，于是主动提出辞去军职，被改任为中散大夫，后来又改任屯骑校尉，这是北军五营之一的指挥官，原来也是一个举足轻重的角色，但此时许县的防卫工作都由曹操派来的嫡系部队掌管，伏完的这个职务也只能是挂名。伏皇后可能目睹了董承事件，尤其是董贵人在怀有身孕的情况下仍然被杀，使她深受刺激，恐惧、愤懑之下她给父亲写了那封密信。建安十四年（209）伏完去世了，他世袭的不其侯爵位由儿子伏典继承。按说伏完一死这件事也就被带到坟墓里去了，只要伏皇后自己不说，也就不会有人知道。

但是，建安十九年（214）十一月，曹操却神秘地拿出了伏皇后写的那封信，把这桩旧事端了出来。之前说过，这件事曾把荀彧牵涉了进去，曹操之所以能得到这封信，与伏完的妻弟樊普告密有关。樊普其人不详，伏完的妻子是桓帝的女儿，那樊普有可能是桓帝的另一个女婿。曹操翻出这件旧案，目的是打击汉献帝，他强迫汉献帝下诏废除皇后，汉献帝不得已，只得违心下诏："皇后伏寿出身卑贱，登显尊之位身处后宫，既没有贤良美德，又没有美好才华，却私下里怀有妒忌之想，包藏祸心，不能承天命，奉祖宗。"曹操命令御史大夫郗虑拿着皇帝的信物以及诏书到后宫向伏寿宣布决定，收缴伏寿的印绶，强行将她迁出中宫，移到别的宫室居住。

荀彧被免去朝廷尚书令一职后继任者是华歆，郗虑去抓伏皇后，华歆是副手，他带兵直接进入宫中搜捕，汉献帝把伏皇后藏在夹壁墙中，但被华歆发现，华歆命人把墙砸开，把伏皇后弄了出来。汉献帝正跟郗虑坐着说话，伏皇后披头散发、光着脚被人拉了过来，她拽着汉献帝的手说："就不能想办法让我不死吗？"汉献帝也悲愤难当，他对妻子说："我都不知道自己能活到什么时候。"汉献帝转过头来对郗虑说："郗公，天下难道有这样的事吗？"伏皇后被关进宫廷里的监狱，最后幽禁至死。伏皇后与汉献帝所生的两个皇子也都被鸩杀，受此株连，伏氏一族男性中有100多人被杀，女性中有19人被流放到幽州刺史部涿郡。

一向比较能容人的曹操在处理董贵人、伏皇后事件上表现得十分严厉，这是他对此类事件的一贯态度所决定的，十多年前处理董承事件中他也是如此果断，甚至更为残酷，就连怀有身孕的董贵人也没有放过。在曹操看来，可以接受战场上的降将，可以原谅背叛过自己的人，但不能容忍有人在身边搞阴谋。通过伏皇后事件，曹操再次向世人表达了他在政治上的诉求，那就是凡涉及政治问题、政权问题他都不会有半点让步，无论是天子还是皇后，凡在政治上向他发起挑战的，都将受到无情打击。

还有一种解读，认为曹操此举是为自己的女儿当皇后扫清障碍。建安十八年（213）七月，曹操有3个女儿同时被聘为贵人，她们的名字分别是曹宪、曹节和曹华。曹操有25个儿子，如果按照男女出生比例大致相当的算法，他的女儿也为数不少，但留下名字的只有这3个，其他知道名号的还有清河公主、金乡公主、安阳公主、高城公主等少数几个，其中清河公主是曹操的长女，嫁给了夏侯惇之子夏侯楙，安阳公主嫁给了荀彧之子荀恽，金乡公主嫁给了曹操自己的养子何晏。

在这3个女儿中，除曹宪年龄较长外，曹节和曹华年龄还小，暂时留在家中。第二年春天，汉献帝派太常卿王邑、宗正卿刘艾持节前往魏公国迎接其余二女入宫。仪式相当隆重，王邑、刘艾带着五位副手，以及黄门侍郎、掖庭丞、中常侍各二人，携带"束帛驷马"等聘礼前来"魏公国"迎接，在魏公宗庙前授给两位贵人印绶，随后两位贵人到邺县城内的延秋门拜别父亲曹操，并在此登车。曹操派魏公国的郎中令、少府、博士、御府乘、黄厩令以及丞相府的有关人员侍送贵人。两位贵人到达许县附近的洧仓，暂时在此下榻。汉献帝派人迎接入宫，御史大夫郗虑及以下全体高级官员在宫中集会，招待魏公国使者在殿中饮宴。到伏皇后事件发生前许县宫里刚刚有曹操的3个女儿当贵人，所以伏皇后被废不由得不让人产生联想，这是不是一场策划好的阴谋？关于这样的说法在当时一定会议论纷纷。

对于这些议论，曹操干脆用行动直接给予还击。伏皇后被废的第二年，即建安二十年（215）正月，曹操让汉献帝下诏册立曹节为新皇后。曹节是曹操进宫的3个女儿中年龄排在中间的一个，有史书说曹操的爷爷曹腾的父亲叫曹节，对此很多人表示怀疑，因为曹操的这个女儿也叫曹节，曹操总不可能会给女儿起个与她曾祖父相同的名字吧？所以有人解释，曹腾的父亲名叫曹萌，"节"的繁体字"節"与"萌"很相近，造成了传抄的错误。

董承事件后曹操对汉献帝的后宫一直不放心，30多岁的汉献帝也不是个肯于安分的人，如果再出一个董承那样的人，不知道会弄出什么事来。现在不管怎么说，女儿成了皇后，曹操对天子的控制更进了一步，他再也不用担心后宫里有人搞阴谋诡计了。

# 第十二章 魏宫夺嫡

一、还有一件大事没有解决

但是，还有一件大事没有解决，这就是继承人问题。晋爵为魏公，地位还在刘氏宗王之上，按说应该明确继承人了，但曹操似乎还没有这方面的意思。这一年曹丕27岁，曹植22岁，作为曹操在世最年长的儿子，情况对曹丕来说有些不妙。

就在这一年，曹植由平原侯被改封为临菑侯，平原指的不是平原国，而是平原国下面的平原县，即今山东省平原县，曹植改封后爵位仍然是县侯，但临菑是古代齐国国都，是目前青州刺史部的重镇，不是平原县可以比的。这次改封只涉及曹植一人，背后有没有其他更深的用意，让大家不由得要进行一番猜测。

曹植的平原侯是建安十六年（211）受封的，这一年汉献帝从曹操辞让的三万户食邑中拿出了15000户分别转封给曹操的三个儿子，每人食邑5000户。这是曹操的儿子们第一次受封爵位，这三个儿子分别是曹植、曹据和曹豹，其中曹植为平原侯，曹据为范阳侯，曹豹为饶阳侯。这里面，没有曹丕。

在曹操的25个儿子中，卞氏生的有4个，建安十六年（211）曹丕25岁，年龄最大；其次是曹彰，年龄不详，介于21岁到24岁之间；曹植20岁，排第三；还有一个名叫曹熊，死得比较早。曹丕并不是曹操的长子，之前说过曹操的长子名叫曹昂，是刘氏所生，在征讨张绣时战死于南阳郡。曹操之前最喜欢的儿子是曹冲，是环氏所生，他因病死于赤壁之战那年。

除了以上这6个儿子，曹操其他19个儿子分别是：刘氏所生的曹铄，环氏所生的曹据、曹宇，杜氏所生的曹林、曹衮，秦氏所生的曹玹、曹峻，尹氏所生的曹矩，王氏所生的曹幹，孙氏所生的曹上、曹彪、曹勤，李氏所生的曹乘、曹整、曹京，周氏所生的曹均，宋氏所生的曹徽，赵氏所生的曹茂，刘氏所生的曹棘，他们的年龄大都不详。最后的这个刘氏，不是曹昂的母亲，是另一个刘氏。此外，曹操至少还有两位养子，一个是何晏，一个是秦朗。

曹熊、曹铄、曹上、曹勤、曹乘、曹京等几个儿子早殇，比较活跃的儿子除曹丕、曹彰、曹植外还有曹据、曹宇、曹林、曹玹等几个。曹操对他们都很重视，尤其是对他们早期的教育，抓得很紧。据史书的记载，曹丕八岁时就能写文章，博览经传典籍及诸子百家，而且体育方面也很突出，善于骑射，尤其喜欢击剑运动。曹丕自己在文章中也写过，他五岁时父亲就教他射箭，学习一年就掌握了射箭的基本要领，六岁开始学骑术，八岁的时候就能自己骑马了，以后曹操征

曹操二十五子

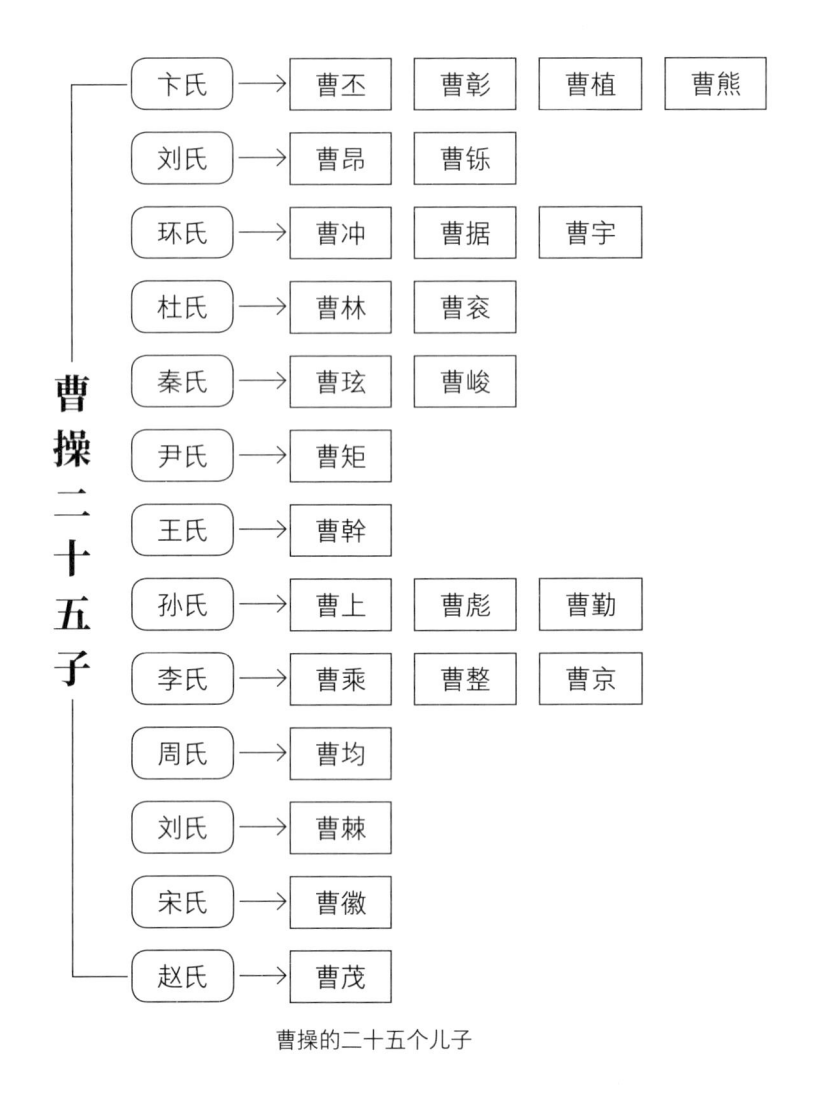

- 卞氏 → 曹丕、曹彰、曹植、曹熊
- 刘氏 → 曹昂、曹铄
- 环氏 → 曹冲、曹据、曹宇
- 杜氏 → 曹林、曹衮
- 秦氏 → 曹玹、曹峻
- 尹氏 → 曹矩
- 王氏 → 曹幹
- 孙氏 → 曹上、曹彪、曹勤
- 李氏 → 曹乘、曹整、曹京
- 周氏 → 曹均
- 刘氏 → 曹棘
- 宋氏 → 曹徽
- 赵氏 → 曹茂

曹操的二十五个儿子

战，他常常跟随。从中可以看出曹操对儿子们的教育不仅重学问，而且重体能和军事素质，希望他们日后都能成为文武全才。

到许县后，生活逐渐安定下来，加上四方才学之士会集而来，曹操有条件给儿子们提供最好的教育条件，除了曹氏兄弟外，夏侯渊、夏侯惇的儿子们也跟他们一块儿学习和生活，他们之中，夏侯楙和夏侯尚最为突出。

夏侯楙是夏侯惇的儿子、曹操大女儿清河公主的丈夫，清河公主跟曹昂都是刘氏所生，年龄不详，很可能比曹丕、曹植都要大，所以夏侯楙应该是曹丕和曹植的姐夫。夏侯尚是夏侯渊的侄子，曹丕对他很欣赏，跟他关系也最好，以后也对他十分信任和倚重。曹冲的去世对曹操是个重大打击，曹冲天资聪慧，曹操对他表现出毫不掩饰的偏爱。曹操的正妻丁氏没有孩子，后来因为感情不和又被曹操休了，丁氏之后进入曹家的是刘氏，所生的儿子曹昂是曹操的长子，本来早有希望成为继承人，却战死于沙场。刘氏还有一个儿子叫曹铄，未成年就死了，后来刘氏也死了。

丁氏被休、刘氏去世后，卞氏成为曹操事实上的"正室"，如果要选继承人，应该从她的几个儿子里选，作为她的长子，曹丕无疑最有资格和希望。但曹操一直没有明确曹丕的继承人地位，一种可能是曹操觉得自己儿子众多，可以再观察一下，看看有没有像曹冲那样更出色的；另一种可能是曹操不大喜欢曹丕。曹操真的不喜欢曹丕吗？理由又是什么呢？这个问题不好回答，成为一个谜，有很多猜测，但都无法形成定论。不过，在立嗣的问题上前面已有袁绍、刘表留下的惨痛教训，曹操仍然表现出迟疑和不决，除了说明他对曹丕还不是很满意，也没有更多的解释了。

曹冲之后，曹操也试图在其他儿子中找出最满意的，比如曹衮。曹衮是杜氏所生，这个杜氏就是吕布部下秦宜禄的妻子、秦朗的母亲。曹衮从小喜欢学习，十来岁就能写出好文章，特别知道用功，一学习起来就忘了吃饭睡觉，跟前的人常怕把他累病了，得不断提醒、制止，但曹衮就是喜欢学习，谁都劝不住。兄弟们在一起玩时他也常常走神，因为脑子里还想着刚刚看过的典籍。

爱学习、用功的孩子家长都喜欢，所以对曹衮刻意地有所观察，不过后来曹操发现这个孩子生性胆小怕事，身边的工作人员有感于他的良好品行，联名写了封表扬信，曹衮听了害怕得不得了，把工作人员责备了半天。曹衮的性格可能与他的出身有关，他是个听话懂事的好孩子，但干不了大事。曹衮"同母异父"的哥哥秦朗深受曹操的喜爱，但因为是养子，也不大可能被立为继承人。

曹操的另一位养子何晏倒是很突出，日后成为大哲学家、玄学的开创者之一。何晏还是个美少年，从小喜欢学问，并通晓一些兵法，曹操非常喜欢他，曾经想让他改姓曹，但何晏坚决不干。有人揣测过，曹操让何晏改姓是动了传位于他的念头。但这种可能性极小，因为从血缘关系上说，何晏是何进的孙子，喜欢归喜欢，但曹操绝不可能把费了几十年劲开创的事业再交给前外戚。

所以，在立嗣之路上对曹丕构成威胁的只有两个人：一个是曹彰，另一个是曹植，都是同母同父的兄弟。曹彰是一员猛将，军事才能在诸兄弟中最突出，但作为曹氏霸业的继承人他也有明显的不足之处，那就是他有武略却没有文韬，他是一员猛将，当此天下未定之时，他也不乏有成长为卫青、霍去病那样的一代名将的机会，但让他统领四方，驾驭全局，能力就差了不少。

相比较而言，曹植的素质要全面得多，对曹丕最有竞争力，这个比曹丕小五岁的弟弟从小就表现出文学方面的天赋，十多岁时，就能背诵诗论以及辞赋数十万言，擅长写文章。曹操看到他写的文章，觉得不太像出自这个年龄的孩子之笔，曾经问过他："你这是请人代写的吧？"曹植回答："我能出言为论，下笔成章，父亲可以当面考我，就知道不是请人代写的了。"铜雀台刚落成时举办现场征文比赛，曹植一篇《铜雀台赋》让人击节称叹，也让曹操大为惊异。但选继承人毕竟不是评文学奖，曹植有没有治国安邦的才干，曹操也需要观察。曹植性情随和，为人坦率，没有架子，坐的车子、穿的衣服都不讲究，每次遇到曹操提出问题，他反应很快，都能立即答对，这让曹操很喜欢。

而曹丕最大的长处是情商高，最突出的表现是他能跟很多人处理好关系，在他的身边总活跃着大大小小不同的圈子。作为一名出色的诗人和文学理论家，曹丕与"建安七子"等邺下文人们关系处得都很好，不仅有工作关系，而且私交也相当不错。应玚去世得较早，曹丕既感伤应玚之死，也担忧应玚的妻儿今后的生活，他写了《寡妇》《送应氏》等诗，还命王粲等人同题唱和。有情有义，关怀体贴，是个好领导。曹丕与王粲的关系更亲密，王粲有个特殊爱好，喜欢听驴叫。王粲死后曹丕亲自前往墓前祭拜，为了怀念王粲，曹丕让大家都学驴叫。这份情谊，不到一定份儿上做不出来。

在同辈的"诸夏侯曹"兄弟里，与曹丕关系密切的人有不少，除了上面提到的夏侯楙、夏侯尚，还有曹真、曹休、夏侯威等人。曹真由于特殊的出身，曹操对他一直比较怜爱，把他其实也当成了养子看，让他从小跟曹丕一块儿生活和学习，二人结下了深厚的友情。曹休是曹操的子侄辈，长大后也加入虎豹骑，作战英勇，屡立战功，在曹操生前他凭借战功已经升任中领军，这是一个很重要的军职，他跟曹丕的关系也相当好。夏侯威是夏侯渊的儿子，一身侠气，自己不是文人但喜欢读书人，他发现了泰山郡人羊祜，觉得羊祜博学多才，善于谈论，于是做主将他二哥夏侯霸的一个女儿嫁给羊祜为妻，后来羊祜成为一代名将，夏侯威跟曹丕的关系也很好。

总之，曹丕特别善于跟人打交道，群众基础很不错。不过，要论起与曹丕关系亲密的程度，上面这些人都还不够，曹丕身边还有几个人，他们才真正与曹丕无话不谈，他们后来被称为"太子四友"。所谓"太子四友"，指的是曹丕被立为太子前后特别信赖倚重的四个人，分别是司马懿、陈群、吴质和朱铄。司马懿出身于河内郡温县司马氏家族，他的父亲司马防是曹操在洛阳时代的老领导，他们一家也是英才辈出，他的大哥司马朗、三弟司马孚都在曹操手下任职。按照史书的说法，司马懿开始到曹操身边工作还有点不太情愿，但他绝对不是一个淡泊名利的人，他有很深的城府和很强的上进心，他也绝顶聪明，当时军权被曹氏、夏侯氏所掌握，世家大族在政权格局里只能充当配角，司马懿敏锐地观察到这一点，觉得要想真正进入权力核心必须忍耐，做长远打算。司马懿后来主动靠近曹丕，忠心耿耿地帮曹丕出谋划策，受到曹丕重视。陈群跟司马懿的出身差不多，也出身于一个大家族，不过陈群的身份有点特殊，他当过刘备的下属，刘备战败后作为俘虏被曹操发掘和任用，他担任过基层行政官员，也担任过人事、司法、监察方面的工作，有相当的才干。在曹操生前，司马懿和陈群还不是核心层成员，也没有兵权，但他们看准了曹丕日后必能继承大位，所以倾心攀附，深得曹丕的信任，为日后飞黄腾达铺好了路。

吴质追随曹操的时间相当早，大概在曹操担任兖州牧时期就投身曹营，只是他的地位一直不高，一方面他并非像司马懿、陈群那样出身名门大族；另一方面是他的脾气不好，人品又差，前途较为渺茫。吴质比曹丕大了整整十岁，他是一个喜欢结交权势的人，经过努力他终于引起了曹丕的重视，被引以为智囊，曹丕遇到难事不知道如何办，经常找他出主意。"太子四友"中只有朱铄的情况所知最少，他是曹操老家沛国人，长得比较瘦，性子比较急，跟曹丕等人关系很好，在曹操征袁谭占领南皮后有名的"南皮之游"里就有他。

拉帮结派，这是组织生活中的大忌，现在如此，过去也一样。曹丕跟司马懿等人并没有太多工作上的隶属关系，平时形影不离，谈的不可能都是工作，他们之间的交往也不可能瞒得住曹操，这或许也犯了曹操的忌，迟迟不立嗣，大概这是一个重要原因。曹丕跟曹家、夏侯家兄弟们怎么来往曹操都不会反对，但对于他结交司马懿、陈群这些人，曹操心有顾忌，这得从曹操与世家大族之间的关系说起。东汉是世家大族进一步崛起的时代，朝政和各地政权都被若干世家大族所掌控，刘表之所以能在荆州立足，刘焉之所以能在益州站住脚，以及孙氏在江东之所以能快速打开局面，背后都是当地豪族们在撑腰。某种程度上，刘表也罢，刘焉、孙权也罢，都是豪族势力的代言人。

曹操非常明白这一点，所以在他开创基业的过程中始终注意与豪门士族的合作，这一点在他倚重荀彧上最能看得出来，与其说他欣赏荀彧的个人才能，不如说他更需要通过荀彧与以颍川郡荀氏、陈氏、钟氏等为代表的整个士族集团建立良好的合作关系。然而曹操自身不是士族，他出身于宦官家庭，从自己算起富贵也不过才三代，以他为中心的核心利益集团成员，如曹洪、曹仁以及夏侯氏兄弟等人，也都不是士族，但他们现在掌握着最大的权力。

由此就出现了一对矛盾，过去常把它归纳为士族和庶族的矛盾，也就是老牌的大地主阶层与新的暴发户之间的矛盾，不管这样分有没有道理，但至少这种矛盾是存在的。曹操依靠士族阶层，但又提防和抑制他们，比如，占领冀州后就颁布了抑制士族豪强进一步兼并的法令，他与荀彧之间越来越深的矛盾，表面上看是某些政治理念的不同，深层次的问题仍然是两种不同阶层之间的矛盾。

在建安十六年（211）受封的诸子中没有曹丕，到这一年的晚些时候，环氏所生的曹宇、秦氏所生的曹玹、杜氏所生的曹林也都被封了侯爵，其中曹宇被封为都乡侯，曹林被封为饶阳侯，曹玹被封为西乡侯，都乡和西乡不是乡而是县，这几个都是县侯，其中都乡县在常山郡，饶阳县在涿郡，西乡县在汉中郡。受封的食邑不详，如果跟曹植他们一样，那也应该是 5000 户。

至此，曹丕已有 6 个兄弟被封侯，而他还没有。如果只从这个情况来看，似乎意味着曹丕已经失宠了。但就在此时，曹丕又突然被任命为五官中郎将，让情况变得扑朔迷离起来。五官中郎将本不是一个显要的职位，它属九卿之一的光禄勋卿，品秩是比二千石，较真正的二千石要低。汉代的中郎将比较多，带兵的中郎将一般来说比偏将、裨将还低，但比都尉高，相当于准将。但中郎将也并非都带兵，五官中郎将就是不带兵的中郎将，他带的是郎官。

汉代的郎官是指宫内的低层级办事人员，通常担任天子的护卫陪从、在宫内官署值班等任务，宫里的郎官大都归光禄勋卿管理，分为五官郎、左中郎、右中郎，也称为"三署郎"。东汉规定 50 岁以上的郎官属五官中郎将管理，五官中郎将下还有五官中郎、五官侍郎、五官郎中等，品秩从三百石到六百石不等。所以，一般情况下五官中郎将就是光禄勋卿属下负责管理一些杂务的助手，管理一大群年龄50岁以上的办事员。

曹丕担任这个职务只是个名义而已，他不用到许县朝廷上班，下面也没有五六十岁甚至年龄更高的老干部们让他管，他干的活儿与这项职务原来的职责完全不挨边。曹丕担任的这个职务权力很重，天子在他的任命诏书上给做了两项特别说明：允许他组建办事机构，同时明确他是副丞相。汉代允许官员组建办事机构叫"开府"，这个府一般称为"幕府"，一旦有资格开府，就能自行聘用属吏，但这项特权通常只有三公、大将军这样的高级官员才享有，其他人也要享受这个特权，就叫"开府仪同三司"。到汉末，开府的条件逐渐放宽，李傕、郭汜、樊稠等人身为各种名号的将军，也有开府的特权。

五官中郎将这种"九卿级"官员也开府，曹丕肯定开了先河，尤其把五官中郎将定位为副丞相，更是前无古人。与丞相同为三公之一的御史大夫一度被认为是副丞相，协助丞相处理有关事务，权限很大。把五官中郎将作为副丞相完全没有先例可循，而且双方品秩上的差距巨大，但这并没有出乎大家的意料，因为担任五官中郎将的是曹丕。

此举似乎可以解读为曹操在继承权确立方面的一种暗示，但曹丕还没有来得及高兴，紧接着曹操又颁布了另一项命令。曹操在让曹丕设置自己官署的同时，也允许其他被封侯的儿子设置官署，为此他还颁布了《高选诸子掾属令》，这项命令如今只保存有"遂以邢颙为平原侯家丞，侯家吏，宜得渊深法度如邢颙辈"一句话，是选邢颙为曹植家丞的，其中可以看出曹操对给儿子们选属吏十分重视，要求的标准很严。设置官署也等于"开府"，以前五官中郎将没有这个特权，诸侯也没有，曹操让几个儿子都"开府"，不是想替儿子揽权，明眼人一看就知道这是锻炼他们的才干，同时对他们进行考查。曹丕的心，不由得又悬了起来。

二、兄弟间的公平竞争

在"魏公国"建立的同时，曹操又让儿子们大量"开府"，曹魏的阵营还从来没有出现过这么多的办事机构。曹丕设置的官署称为五官中郎将府，曹植等人设置的官署称为某某侯府，他们不可能替代现有的行政机构，但也不会是只挂牌子不干事的地方，曹操应该分别交付给他们一定的职责，只是具体情况已不得而知。综合各种史料，先后在五官中郎将府任职的有凉茂、邴原、苏林、徐幹、卢毓、刘廙、郭淮等人，先后在平原侯府任职的有上面提到的邢颙以及刘桢、应玚、毌丘俭、司马孚等人，其他侯府的情况不详。

曹操不仅让儿子们"开府"，而且选调的多是品才兼优之士，真正做到了"高选"，看来这次"开府"确实用意深远，就连一般人恐怕都能看出来他旨在锻炼和选拔接班人。曹丕的儿子曹叡日后当了皇帝，在回忆爷爷曹操为叔父们设官署、选贤任能之事时说："自太祖受命创业以来，他深刻地感受到治乱之源，明察存亡之机，所以初封诸侯时，训诫大家要恭敬、谨慎，并安排天下正直之士辅佐他们，常常拿马援的遗诫提醒大家，严格限制诸侯与宾客们的交往，如果犯了错误与一般人同样处罚。这难道是不重骨肉之情吗？只是不想让子弟们犯过失呀。"

一下子新增了那么多机构，意味着也增加了很多职位，这吸引了各路人才，许多人都向往着到曹公子的府里任职，曹丕兄弟们的府第前一时间热闹起来。其实人才是最稀缺的资源，况且那段时间魏国正在初创之中，也需要大量人才，曹操一再发布"求才令"，但仍然满足不了对人才的需求，尤其是那种各方面都比较突出的优秀人才，更是大家争抢的对象。对人才的明争暗抢主要发生在五官中郎将府和平原侯府之间，也就是曹丕、曹植兄弟之间，尤其对有一定影响力的那些人，曹丕和曹植都想把他们拉到自己身边来。对人才来说，这一段真是黄金时期，求才若渴的领导，到处挖人的说客，足可以让自己待价而沽，当然前提是必须有真才实学。

在人才争夺战中，二人互有胜负。司马懿的三弟司马孚本来被先派到平原侯府担任文学掾，但是司马孚觉得曹植年轻气盛、不把别人放在眼里，多次向他提出劝谏，曹植不听，司马孚一气之下转到曹丕那里。这件事确实是真的，但过程有问题。关于曹植"负才陵物"的记载似乎只有这一处，在其他史料中曹植倒是一个为人通脱、不拘小节的人，应该没这么差劲，况且因为对领导不满意就想换单位，放到现在可能不是件太大的事，但在那时是绝对很难办到的，背后必须有强有力的支持才能成功。史书之所以这么说，只是给晋朝奠基者司马懿的弟弟司马孚的跳槽行为找个借口而已。

事实上，司马孚不安心在平原侯府工作应该与曹丕方面挖墙脚有关，司马孚的二哥司马懿虽然没有进入五官中郎将府任职，但他此时已经是曹丕绝对的心腹，司马孚的行为应该受司马懿的影响。同样的情况还发生在应场身上，他开始也在平原侯府供职，后来转到五官中郎将府。

但曹丕也不是想要谁就能得到谁，他也有不如意的时候。曹丕听说书法家邯郸淳很有名气，想把他延揽到自己门下，但曹植也想得到邯郸淳，二人互不相让，最后惊动了曹操，曹操出面协调，让邯郸淳到曹植那里工作。曹丕对荀彧一向很恭敬，但荀彧的儿子荀恽却看不上曹丕，反而与曹植关系很好，惹得曹丕很不高兴。荀恽代表了相当一部分人的看法，这些人要么真的不喜欢曹丕而喜欢曹植，要么对他们兄弟二人无所谓喜欢与不喜欢，只不过更看好曹植的前途，于是站在了曹植的一边，也算是一种政治上的投机。在这部分人里，最典型的是丁仪、丁廙和杨修。

丁仪和丁廙是兄弟俩，他们出身于沛国谯县的丁氏家族，不仅跟曹操是地道的老乡，而且两家素有渊源。曹操的母亲姓丁，第一任妻子也姓丁，都是这个家族的成员，丁氏家族出过丁宫、丁冲这些人，丁冲就是丁仪和丁廙的父亲。曹操跟丁冲年轻时就很要好，后来丁冲在朝廷任职，汉献帝东迁过程中丁冲一路相随，回到洛阳后丁冲给曹操写信，让他前来迎驾，丁冲是迎接汉献帝迁都许县的功臣之一。后来曹操任命丁冲为司隶校尉，对他很重用，但丁冲有个爱好，特别喜欢喝酒，一见美酒就控制不住，结果酒醉烂肠而死。曹操念及旧情，对丁仪、丁廙很照顾。

曹操早就听说丁仪很有才，但一直没见过，不知道丁仪长得怎么样，他想把大女儿清河公主嫁给丁仪，就此征求曹丕的意见。曹丕却不喜欢丁仪，原因或许是丁仪已经跟曹植走得太近，也许有其他原因，总之不想促进这件事，他对曹操说："女人很在意男人的相貌，丁仪眼睛不好，我怕姐姐不会喜欢他，不如选伏波将军之子夏侯楙。"曹操听了曹丕的意见把清河公主嫁给了夏侯楙，后来曹操让丁仪在自己身边当丞相掾，与丁仪交谈后对他的才能很欣赏，曹操有些遗憾地说："丁仪真是个人才啊！即使双目失明也应该把女儿嫁给他，更何况只是一只眼睛有问题，都是我儿子误了事。"丁仪没当上曹操的女婿，一定对曹丕很有意见，所以更加跟曹植亲近起来。丁仪的弟弟丁廙也很有才学，同样得到曹操的欣赏，他们兄弟俩成为能在曹操面前说上话的人，一有机会就夸赞曹植，成为曹植的拥护者。

杨修的情况之前已提到过一些，他与二丁不尽相同，曹丕没得罪过他，反而想方设法跟他结交，但他始终坚定不移地站在曹植一边。杨修字德祖，前太尉杨彪的儿子。华山脚下的弘家郡杨氏是汉末著名的政治世家，从杨震到杨秉、杨赐、杨彪，几代人一直活跃在政坛。杨修也很有才干，被选调进丞相府任职，他处理各类事务得体周到，曹操十分满意。杨修出身名门，又有才气，所以名气很大，自曹丕以下都争着与他交好，包括一向什么都看不惯的孔融和一向恃才傲物的祢衡都给杨修面子，但在曹丕和曹植之间，杨修却不假掩饰地喜欢曹植，曹植也相当尊崇杨修。

连曹操都很欣赏丁仪、丁廙和杨修，说明他们真的有才干，不是光会忽悠人、动动嘴皮子，有他们帮忙，曹植的势头慢慢盖过了曹丕，曹丕对此很忧心。

一次，曹丕想找吴质商议对策，吴质因与曹丕走得太近为曹操所忌，此时已被打发到朝歌县当县长去了，根据制度，在外地任职的官员不经批准不得随意离开，曹丕召吴质来只能偷偷行动，具体办法是把吴质装在一个竹筐里，用车运进五官中郎将府。但这件事让杨修知道了，可见杨修这帮人不仅是智囊，而且还搞情报工作，有自己的特务组织，杨修得到这个情报后就报告给了曹操，但是他没有料到曹丕也会搞情报，知道杨修在曹操面前把他黑了，但曹丕还不够老辣，一下子被吓住了。

曹丕问吴质怎么办，吴质说："这有什么呀，明天还用车装上竹筐，里面塞些绵帛来迷惑他，如果查验，与杨修说的不符，他必然获罪。"曹丕照办，第二天果然有人检查，但没有发现什么异常。经过这件事，曹操便对杨修有了怀疑。

杨修没有在平原侯府任职，他的正式职务是丞相府主簿，几乎天天在曹操身边工作，对曹操的行动及所思所想一清二楚。他揣摩曹操的心思，事先准备了几十条曹操有可能提出的问题以及如何回答交给曹植，有点像准备好的答记者问，等曹操的问题刚一提出，曹植那边就有对策了，不仅反应迅捷，而且回答得恰到好处。这让曹操惊奇不已，后来追查下来，发现原因出在杨修那里。

还有一次，曹操派曹丕和曹植从邺县不同的城门出城，但事先告诉守门人员不予放行，以此观察曹丕和曹植有何反应。杨修知道曹操的用意，悄悄告诉曹植："如果有人不让你出城，你就把他杀了，因为你执行的是王命。"曹植照做了，而曹丕被人阻挡后就老老实实回来了。

曹操某次带兵出征，曹丕、曹植兄弟及众人送行，曹植说了不少歌功颂德的话，辞藻华美，很有感染力，吸引了大家的注意，曹丕口才不如弟弟好，有点郁闷，吴质看出来了，悄悄对曹丕说："不用渲染自己，只要装出悲伤的样子就行。"曹丕依计而行，大家一看，原来还是曹丕做事得体，曹植有点太矫情。

上面这几件事有的可能是真的，有的可能出自后人的附会和演义。曹操的几次出征，要么曹丕留守、曹植随征，要么曹植留守、曹丕随征，兄弟俩都留守的似乎没有，而吴质大部分时间都被曹操发落到外地任职，能随时出现在曹丕身边的机会也并不多。但是，这些故事反映出来的情况却是真实的，曹丕和曹植之间的明争暗斗逐渐升级，他们身边各有一帮人暗中相助，非要较量出个结果来。无数血的事实告诉他们，最后的胜利者只有一个，作为失败者往往连一条活路都没有，所以这场斗争一旦拉开就无法再让它停止，直到决出胜负的那一刻。

三、分裂成两大阵营

建安十九年（214）曹操远征孙权时有个细节，那就是在留守邺县的人选上曹操做出了一项令人意外的安排：曹植负责留守，曹丕随征。这打破了以往的惯例，更容易让人展开联想。曹植此时23岁，曹操在这个年龄刚好担任顿丘县令，临行前曹操专门告诫曹植："我当年担任顿丘县令，年龄也是23岁。现在回想那时的所作所为，至今没有什么值得后悔的。现在你也23岁了，希望你自勉！"

对曹丕来说这次随征一定心事重重，之前他就感觉到了一些对自己不利的信号，现在这个信号更加明显了。曹操的确在犹豫，他不那么喜欢曹丕，否则就不会纠结了。至于原因，除了性格还有曹丕密切交往的那些人，让曹操心里感到不踏实。自开启政治革新的进程以来，曹操觉得始终有一股无形的力量正慢慢浮出水面，反对他的人，其实曾经也拥护过他，由于政治立场的不同，双方很难妥协和调和，荀彧的死或许是一个标志性事件，但曹操知道事情还没有完。

世家大族曾是本朝政坛版图的中坚力量，近几十年来虽然备受宦官和外戚的挤压和迫害，但对汉室的忠诚一直矢志不改，而曹操严格说来并没有出身在这个集体中，头上反而贴着宦官后人的标签，世家大族肯与曹操合作，拥护他、支持他，缘于曹操坚决与宦官阵营划清界限的种种努力，缘于世家大族们想借助曹操的力量实现复兴汉室的期待，但这一路且行且走，双方发现各自的心里其实都有着落差，眼看汉献帝的年龄一天天增长，而曹操并无还政的任何表示，一部分士族出身的人心中的不满便与日俱增。

曹操当然洞悉这一切，只是不能挑开明说而已。他最担心的是儿子们也卷进这场纷争中，那将是曹氏试图建立万世基业的噩梦，现在曹丕跟司马懿、陈群这样的人过从甚密，让曹操不由得不警惕。至于曹植，虽然不够城府，但率直、才思敏捷的特点又让曹操觉得很像自己。不过，废长立幼是一个大忌，对嫡长子世袭制是一种挑战，后果如何曹操也有些吃不准。

这段时间，曹操为立王太子的事一直纠结着。曹操就此事私下里征询了很多人的意见，想听听大家对这个问题的看法，但结果仍然分歧严重。丁仪、丁廙兄弟俩这段时间很受曹操的重用，丁仪多次在曹操面前称赞曹植有奇才，当他看出来曹操也有立曹植为太子的意思后，不断给曹植出谋划策。

丁廙也在曹操的面前使劲捧曹植："临菑侯天性仁孝，为人坦荡，而且聪明过人，将来一定能成为杰出人物。他还博学渊识，文章绝伦，当今天下的贤才君子，不问少长，都愿意跟随他甚至为他而死，这实在是天佑我大魏，所以才赐给大魏这么好的接班人！"

经丁氏兄弟的一唱一和，曹操也有些心动。曹操问丁廙："我确实很喜欢曹植，这个不用你来说。我想立他为嗣，你看怎么样？"丁廙自然毫不掩饰地支持曹植，甚至表明自己愿意以死来保荐曹植，丁氏兄弟的话对曹操产生了很大影响。除丁氏兄弟，力挺曹植的还有杨俊、邯郸淳、孔桂等人。

杨俊是边让的学生，跟司马懿等河内郡名士关系密切，他担任丞相掾，在外地当过郡太守，职务不算太高，但素来以善于品识人物著称，他曾经在奴仆之中提携了王象这样的人才。曹操为选嗣问题秘密征求大家的意见时，也问到了杨俊。杨俊虽然分别讲了曹丕和曹植的优点，没有明确说谁是继承人，但称赞曹植更多。

书法家邯郸淳也支持曹植，他初次见到曹植就惊呼他为"天人"，成为曹植的忠实粉丝。邯郸淳多次在曹操面前夸奖曹植，消息传到曹丕那里，让曹丕很不高兴。

在曹魏阵营里孔桂似乎不是一个重要人物，但他一度是曹操身边的红人，说话很有分量。孔桂字叔林，凉州人，原是关中军阀杨秋的手下，杨秋投降后孔桂有机会多次来邺县公干，曹操见到孔桂，觉得他是个人才，就把他留了下来，给了一个骑都尉的头衔，让他平时随侍在自己左右。孔桂确实有些才能，不然曹操也不会欣赏他，但他最大的专长还在于会逢迎拍马，他善于观察曹操的意图，专门挑曹操高兴的时候委婉地陈述自己的建议，很多事情都被曹操采纳了，这让众人对孔桂刮目相看。曹操是一个头脑比较清醒的领导，孔桂能把曹操奉承好，确实有些手段，他之所以受到曹操的宠信，除了有些本事、会察言观色，还与他的业余爱好有关，他通晓围棋，又踢得一脚好球，而曹操是著名的围棋高手，工作之余孔桂可以陪曹操下下棋，这种"密切联系领导"的方式是常人不具备的。

曹操对孔桂很满意，多次给他赏赐，由于孔桂在曹操面前说话"好使"，很多人都争相巴结，也送给他不少财物，孔桂虽客居邺县，但日子过得很滋润，生活十分奢侈。曹丕对孔桂很重视，想方设法接近他，但孔桂感到曹植的胜算更大，所以把宝押在了曹植一边，平时跟曹植走得很近，对曹丕有所怠慢。

支持曹丕的，主要有桓阶、毛玠、邢颙、卫臻等人。担任过丞相掾、赵郡太守的桓阶劝曹操不要打破长幼顺序，应该立曹丕为太子，桓阶不仅秘密劝谏，还多次公开发表自己的意见。一些支持曹丕的人被丁氏兄弟视为眼中钉，多次在曹操面前说他们的坏话，全赖桓阶竭力劝解周旋才得以保全。长期在曹操身边负责人事工作、魏国建立后担任尚书仆射的毛玠也劝曹操立曹丕，看到曹植受宠，毛玠密谏曹操说："袁绍因为没有处理好儿子的事，以至于国破家亡，废立这样的大事，还是要慎之又慎。"毛玠是迎天子、屯田等重大决策的始倡者，他的话在曹操心中一向很有分量。毛玠一向为人正直，清正廉洁，曹操曾把他比喻为自己身边的周昌。

邢颙本来担任平原侯府的属官，但他处处以礼法严格约束曹植，又得理不饶人，于是跟曹植发生了矛盾。后来邢颙转到丞相府工作，参丞相军事。曹操就立嗣问题征求邢颙的意见时，邢颙说："废长立幼是前世所忌讳的事，希望您能慎重处理。"

卫臻是曹操老战友卫兹的儿子，卫兹为支持曹操早年的事业而牺牲，后来曹操每次路过陈留郡都会派使者前去祭扫他的陵墓。夏侯惇当陈留郡太守时举荐卫臻担任本郡的计吏。一次，夏侯惇命卫臻带夫人出席宴会，卫臻认为这与礼法不合，拒绝了，夏侯惇大怒，一气之下把卫臻抓了起来，但马上又后悔了，赶紧把他放了。东郡发生了朱越谋反事件，朱越供认卫臻参与其中，后来证明是假的，曹操为此专门下令明示卫臻的忠诚。后来曹操征卫臻为参军，又追念其父的功勋，赐封卫臻为关内侯，转任户曹掾。丁仪跑过去做卫臻的工作，要他支持曹植，被卫臻严词拒绝。崔琰也反对立曹植，说起来曹植还是崔琰的侄女婿，崔琰长期代曹操主持冀州的工作，魏国建立后担任尚书，曹操用密函向大家询问该立曹丕还是立曹植，崔琰则用公开信的形式回答说："按照《春秋》之义，立子应该以长，五官中郎将仁孝聪明，应该继承正统，我愿以死坚持这样的看法！"

除了上面这些人的支持，曹丕还有两个秘密外援，这是曹植不具备的。曹操有很多妻妾，他比较宠爱的除卞氏外还有曹幹的母亲王氏，王氏暗中帮曹丕说了不少好话。曹丕有一个妾姓郭，比较有谋略，曹丕争太子时她帮忙出了不少主意，这个郭氏后来继甄宓之后成为曹丕的皇后，史称文德皇后。

以上这些事都见之于正史，完全可以想见还有很多没有写到正史里来。这场斗争从一开始就把很多人牵扯进来，从双方的形势判断可以说势均力敌，如果仔细分析，曹丕一方略微占些上风。

看到下面的意见这么不统一，曹操有点拿不定主意了，他最后问到了一向足智多谋的贾诩。曹操屏退左右问贾诩的看法，贾诩却不作声，曹操急了："我有事问你呢，你不说话是什么意思呀？"贾诩装着在沉思，半天才说："属下刚好想起一些事，所以没有立即回答。"曹操问他想到了什么，贾诩回答："想到了袁绍父子和刘表父子。"曹操一下子明白了贾诩的意思。

四、铜雀台上目睹叛乱

曹操当上魏公以后，享受"赞拜不名""九锡"这些殊荣，女儿又当上了皇后，大家觉得再往前一步就要改朝换代了。但大多数人都不相信曹操真的会当皇帝，因为那样将违背《让县自明本志令》里做出的承诺。不过，到了建安二十一年（216）四月，曹操又向前迈出了一步，晋爵为魏王，史书在记载这件事时用了一句"曹操自进号魏王"的话，有些耐人寻味。

曹操晋爵为魏王，程序肯定与晋爵魏公一样都是由汉献帝下诏，而不会是自封的。这样说不是揣测，汉献帝确实下过一份这样的诏书，这份诏书照例篇幅不短，前面的大部分内容都是废话，只有最后几句颇为重要："现在晋您的爵位为魏王，特派御史大夫、宗正刘艾奉上册玺、玄土、白茅，以及金虎符第一至第五、竹使符第一至第十前来请您就王位，同时请您以丞相的身份继续兼任冀州牧。"

汉献帝派到邺县的使者是御史大夫和宗正卿刘艾，刘艾也是刘氏宗亲，由他来当使者增加了这项册封的合法性，刘艾带来的不仅有诏书，还有两份重要礼物，即金虎符和竹使符。调动军队历来都是一件大事，必须有皇帝颁发的信物，否则就是谋反。汉代用于调兵的信物大致有虎符、节、羽檄、诏书等，其中最郑重的是虎符，有铜质的也有金质的，从诏书中得知，这次送来的金虎符是金质的，一共有5枚。竹使符与虎符作用大约类似，不同的是它是竹质的，根据应劭的记载，其形似箭，每枚长五寸，上面用篆书写有"一、二、三、四、五"等字样，它在使用上与虎符有何区别以及如何使用由于史料欠缺，已经不得而知。推测起来，也许跟调兵的规模有关，小规模的调兵用竹使符，较大规模的调兵用金虎符吧。竹使符没有出土过，但陕西省凤翔县曾出土过金虎符，这让我们能直观地了解这件神秘东西的面貌。它体型很小，高2厘米多，长不到5厘米，呈卧虎状，中间一分为二，一半在天子手里，一半在带兵的将领手里，使用时要看这两件东西能否完全合上。

汉献帝颁发这两件东西给曹操，是因为曹操作为魏王在名义上也拥有调兵的权力，即魏国拥有独立的军事权，这一点又在刘氏诸侯王之上，汉武帝刘彻之后，刘氏藩国已经不再掌兵了。当然，现在就连汉室朝廷其实也不掌握任何军队，曹操每次调兵也不大可能先到许县申请虎符，那样既不现实也耽误事，汉献帝颁发金虎符和竹使符给曹操也只是一种象征意义。

汉献帝的诏书传达出来另一个信息是，曹操担任魏王以后，原来担任的丞相、冀州牧两个职务不变，这样曹操身边就有三套班子同时运行：魏王府、丞相府和冀州的州政府。三套班子都很重要，现在曹操身边不缺少职位，只缺人才。

魏王府是由魏公府直接转化而来的，但魏王府升格之后，内设机构不断增加，人员也大量增加，成为曹操掌握权力最重要的部门。曹操受封为魏公时开始设置尚书、侍中和六卿，可能因为是公国，所以没有像汉室朝廷那样设置九卿而只设了六卿。这是哪六卿目前已无法确知，清人赵一清认为，与汉室相比，这六卿里没有廷尉卿、宗正卿、少府卿，有太常卿、光禄勋卿、卫尉、太仆卿、大鸿胪卿、大司农卿，都相当于魏公国政府的部长。但从史书记载看，魏公国曾出现了郎中令、中尉、大理等九卿级官职，说明魏公国建国时进行过一次机构改革，没有完全因袭汉室制度，王脩、王朗、袁涣、国渊、钟繇等人分别担任过魏公国九卿级官员。

以上这些人加上在魏公国尚书台供职的荀攸、凉茂、毛玠、崔琰、杜袭、和洽、王粲等人，组成了强大的工作班子，这说明曹操没有把魏公国的内设机构当成摆设，它担负着重要的职能。

魏公国升格为魏王国后，把六卿增加为九卿，并任命钟繇为相国，类似于丞相，魏王国下设的办事机构进一步加强。此时魏王国的范围至少有北方的十个郡，仅行政管理的任务就很繁重，而从魏王国下设机构的人员配备看，曹操不仅让他们管理魏王国，还把整个曹操控制区都纳入管理范围中。如此一来，它与丞相府的职能便出现了交叉。从大批原丞相府人员已转入魏王府任职的情况看，此时丞相府的规模在不断缩小，但与军事有关的部门没有削弱反而在加强。

魏王府和丞相府逐渐明确了自己的职能范围，魏王府偏重于行政管理，包括王室事务，而丞相府重点负责军事，包括军队将领的选拔任用、军队调动、军事后勤以及战略谋划、战役参谋等。至于冀州的州政府主要定位于管理冀州的事务，幽州、并州撤销后，冀州的管辖范围增加了一倍以上，人口和实力都居九州之首，管理这么大的一个州，想必人员也有所加强。这段时间行政区划大调整、魏公府和魏王府设立，都需要大量人才，曹魏阵营出现了人才大流动现象，人才不够用是一个很重要的问题，这也是曹操多次发布求才令广集人才的背景之一。

再次晋爵也产生了政治上的震荡。一些原来相信曹操在《让县自明本志令》中表白的人也有了怀疑，在拥护和同情汉室的人看来，曹操的作为分明是步步紧逼，汉室已经退无可退。曹操称魏王后，这种猜疑、不安和担忧的心理更加强烈，少数有极端想法的人不甘于被动承受，他们试图铤而走险，联络那些因为其他原因对曹操不满的人向曹操发难。建安二十一年（216），即曹操登上王位的当年就发生了一次叛乱事件，叛乱的主角名叫严才。

关于严才的情况知之甚少，他担任什么样的职务？联络了哪些人？他有多大的把握取胜？这些都不得而知。只知道他当时在邺县突然起事，率领徒属数十人攻击位于邺县城内的魏王宫门。徒属指门徒和部下，说明严才既教有学生还担任着某种职务，但仅以区区数十人的力量就直接攻击魏王宫门无异于自杀，没有某种坚定的政治信念不可能做出这样的事。严才的行为可能就是为了表明一种政治态度，为了操守死而无憾，这正是一部分儒学之士的最高追求，而还有那么多的人追随他，说明他们的政治信念并非没有影从者。

严才突然发难，直取魏王宫，也不能说完全不具有威胁性。事件发生时曹操本人正在铜雀台上，他居高临下地看到了整个过程，曹操发现有一些人迅速赶过来与叛乱分子展开了搏斗，虽然离得太远看不清楚，但曹操对身边的人说那一定是王脩。长期担任司金中郎将的王脩此时任郎中令，他最先得到消息，来不及调动人马，就率领正在官署值班的属下步行赶到宫门，保卫王宫的安全。郎中令是秦朝官名，汉代改为光禄勋卿，魏国建立后又改回郎中令，宫室的安全保卫是其主要职责之一。

这场叛乱很快被平息了，事后检讨功过得失，担任魏国相国的钟繇认为，虽然王脩有功，但其行为于制度不符："过去京城一旦发生变故，九卿应各居其府不得出来。"在没有任何预警的情况下发生叛乱，外面的情况不明，闭门不出首先是一项制度要求，到处乱哄哄的，弄不清谁跟谁，你跑出来究竟给谁帮忙？而无论以后谁得手，你都容易引起猜疑，所以闭门不出也是自保的做法。

钟繇是王脩的上级，他的话也不完全是责难，更多的是一种提醒，对此，王脩回答说："食其禄怎能避其难？待在府里不出虽然符合制度，却不符合共赴国难的大义！"这叛乱的平息，王脩立了大功，刚刚落成的铜雀台在安全防卫方面的功能也凸显出来，随着铜雀三台的相继完工，邺县大规模城市建设也暂告一段落，现在呈现在世人面前的是一个较几年前更新也更壮观的大都市。

邺县城内被一条东西走向的大街分成两个部分，宫室和官署都集中在北边，王宫的大殿叫文昌殿，是魏国举行重大活动、典礼的地方，而魏王曹操处理日常公务多是在其右侧不远处的听政殿，听政殿门外是一条长长的甬道，其上列置有听政门、升贤门、宣明门、显阳门、司马门等。听政殿门前分布着尚书台以及丞相府下的各个机构，属于机要部门，再向外，一直到东西大街的北侧，分布着魏王府下的部分九卿等办事机构。铜雀台在邺县城西北角上，与其对应的城东地区是一个叫"戚里"的地方，这是贵族集中居住区，九卿中的郎中令府、大理寺、太仆寺、中尉寺分别在戚里南北两边，如果在这些部门办公在戚里居住，那是相当方便的。

与千里之外的许县冷清场面相比，邺县处处呈现出生机勃勃的景象。曹操成为魏王后，乌桓单于普富卢率领其下的各位侯王，南匈奴单于呼厨泉率领其下的各名王，先后来到邺县朝贺，魏王曹操以礼相待，最后把呼厨泉留下来长住邺县，让他手下的右贤王去卑回国主持工作。

五、立嗣的风向标

曹操晋爵为魏王，也经历了一次"劝进"过程，很多人都抓住这个机会，上表对曹操竭力赞美。有个名叫杨训的人，可能因为职级较低没有出现在史书记载的劝进者名单中，但他也像许多人一样上过劝进表，写的大概有点过，有人讥笑他肉麻。

杨训其人不详，只知道他是钜鹿郡人，虽然才能一般，但品行不错，崔琰主持冀州政府工作期间把他作为人才向曹操推荐，曹操对杨训进行了礼辟。外面议论的人多了，引起了崔琰的注意，虽然他已不在冀州刺史府任职而改任魏国的尚书，但杨训是他举荐的，如果这个人有问题，他也要受牵连。为此，他专门找来杨训写的奏表看了看，发现并不像大家说的那么严重。崔琰于是给杨训写了封信，信中有一句"省表，事佳耳！时乎时乎，会当有变时"的话，这句话说得很含糊，可以做不同解读，这一下给崔琰招来了杀身之祸。

从字面上看，"省表"的意思是"看过了所上的表"，"事佳耳"的意思是"这是个好事呀"，"时乎时乎"的意思是"时势啊时势"。关键是最后一句"会当有变时"，字面理解是"应当有变化的时候"。史书认为，崔琰的本意是说讥讽杨训的人没有看到时势的变化有点吹毛求疵，"时乎时乎"以及"会当有变时"可以理解为要与时俱进。

但崔琰这几句话说得也太简约了，尤其是"会当有变时"给人感觉他盼着变天。有人拿着崔琰的这封信向曹操报告，曹操果然对"会当有变时"很敏感，认为崔琰用意险恶。曹操盛怒之下罚崔琰做苦工，这是一种刑罚，却不必关在监狱里，有点像罚做义工的意思。过了几天曹操派人前去探视，看看崔琰是什么反应，回来报告说崔琰在家里仍然每天待客，门庭若市，还看到他待客的时候用手卷着胡须，怒目而视，好像愤愤不平的样子。曹操更生气了，下令将崔琰赐死。

还有一种记载，认为崔琰不是被赐死而是自杀。据这项记载，杨训兄果然是个书呆子，一点政治敏锐性都没有，崔琰写给他的信让他顺手就当垃圾扔了，结果被什么人得到，拿它当废纸用来包裹笼盖。有一个跟崔琰有矛盾的人，恰巧在路上看到外面有崔琰信的笼盖,于是跟踪上去,得到了崔琰的信,并报告了曹操。曹操认为崔琰这是心存不满,于是将崔琰下狱,下令剃光他的头发和胡须,罚他到建筑工地做苦工。

前面那个举报崔琰的人后来又向曹操报告,说崔琰仍然心存不满,曹操大怒,想杀崔琰。崔琰是冀州名士,曹操不想公开杀他,就派人到狱中转达自己的意思,希望崔琰自己了断,可是崔琰并没有领会。过了几天,曹操得知崔琰还活着,怒道:"崔琰,一定让我动刀子吗?"曹操命令狱吏将这句话带给崔琰,崔琰说:"我真笨,不知道曹公原来是这个意思啊!"崔琰于是在狱中自杀。

在曹魏政坛上崔琰绝不是一般人物,他的死是当时的一个重要事件。作为本地名士,又是大学者郑玄的学生,崔琰很有影响力,袁绍父子当年对他都礼遇有加,曹操得冀州后对崔琰加以重用,在曹魏的政治阵营里,冀州本土派显得并不重要,与其他州人才辈出相比,出身于冀州的只有崔琰、邢颙、崔林等少数几个人。

曹操因为一件小事就将崔琰杀了,并不是他对崔琰个人有什么成见;相反,长期以来曹操对崔琰的才干和人品都相当欣赏,在很多方面都对他很倚重。崔琰很熟悉冀州事务,曹操让他担任冀州别驾,曹操以后外出征伐,留下曹丕守邺县,都让崔琰辅佐曹丕。史书上说崔琰"清忠高亮""高格最优",说明他是一个正直敢言的人,他曾经厉色劝谏过曹操,也当面批评过曹丕,但曹操对他的欣赏一直不改。

一次,匈奴使者来拜见曹操,曹操这个人长得不好看,个子矮,长相没有威仪,而崔琰身材高大,浓眉重目,还有四尺长的胡须,很有气质,曹操就让崔琰假扮自己,而自己捉刀立于一旁。会见完毕,曹操派人问匈奴使者,让他谈谈对魏王的印象,使者回答:"魏王风度不一般,但旁边捉刀的那个人更有英雄气!"曹操听说后,赶紧派人追杀了这个匈奴使者,这就是"捉刀"典故的来历。这件事记载在史书里,虽然类似于民间故事一类,真实性不强,但可以得知崔琰生得的确仪表堂堂,很有威仪。魏国建立初期,曹操委派崔琰负责人事工作,他在这个岗位上工作了十多年,很多官吏都是经他之手选拔的,由于他清廉忠正,朝廷因而提高了声望,大家都称赞他的公平。

曹操怎么会听信一件捕风捉影的事就杀掉这样一位重臣呢?更何况他还是曹植的姨父,论起来两家还有亲戚关系。事情的确很蹊跷,但如果考察一下不久前刚刚发生过的另一件事，也许就能找出问题的答案。就在曹操晋爵魏王的前后，有一天曹操登上铜雀台远眺，看见曹植的崔氏穿得很华丽，而曹操一向要求身边的人勤俭节约，看到崔氏这样曹操很生气，就因为这个把她赐死了。

发现有人不遵守自己的指示，无论作为魏王还是作为家长，都可以把她叫过来批评一顿，但直接把她杀了，这确实有点不可思议。崔氏就是崔琰的侄女，她的死已经是个信号了，崔琰现在也被曹操杀了，这个信号更被放大，他们都不是因为个人原因被杀的，他们都与曹植有关。曹操已经决定立曹丕为太子，现在做的都是围绕着这件事进行。

崔琰虽然支持曹丕，但他犯了一个忌讳，不该把自己的意见公开。当崔琰以露板的形式表明自己的政治立场时，曹操的反应很有意思，一边说崔琰公正坦荡，一边又表示叹息，这其中便暗含了某种深意。崔琰把自己的政治立场公开，不仅让曹操感到尴尬，而且让曹操想到他不是真心，而是作秀。如果崔琰支持曹植，曹操也许不会多想，这是人之常情，他支持曹丕，并且把这个告诉给所有人，曹操认为他心里有想法。所以，曹操认为崔琰从内心里是支持曹植的，以崔琰的政治影响力，日后如果曹丕被选为接班人，这必然是一个负面因素，因此需要提前除掉。

既然是冤案，就有人出来抱不平，毛玠就是其中一位。毛玠也长期在曹操手下从事人事工作，由于工作关系，他跟崔琰来往比较多，史书对他的评价是"雅量公正，在官清格"，跟崔琰的评价差不多，都是清廉正直之人，所以互相敬重。毛玠见崔琰莫名其妙地被杀，心中不悦。有人到曹操跟前打毛玠的小报告，说毛玠外出看见被判了刑、妻子儿女被罚为官奴的人，借题发挥说"让天不下雨的就是这些事"，含沙射影给崔琰鸣不平。

曹操得报大怒，把毛玠关进监狱。毛玠下狱不是因为他支持曹植，相反，前面说过他支持的是曹丕，曹操处罚他是因为他对崔琰的事不满，曹操自己也知道崔琰事件很难服众，所以要采取高压，毛玠就这样稀里糊涂地被曹操当成反面教材抓了起来。后来，在桓阶、和洽等人营救下，曹操才免毛玠一死，但不再用他，毛玠后来死于家中。

在此前后，"建安七子"之一的刘桢也因一件小事被判刑。刘桢很有才华，深得曹氏兄弟的喜爱，他之前在平原侯府任职，后转到五官中郎将府，但在内心倾向上更靠近曹植。一次，曹丕请客，酒席宴前把妻子甄氏叫出来与大家相见，按照礼法，这时候大家都应该低下头，不能正视甄氏，可唯独刘桢"平视"，曹操知道后把刘桢下狱判刑，刑期满后重新安排工作。

当曹操内心里确定了继承人后马上就着手进行布局，崔琰以及曹植的妻子崔氏成为曹氏兄弟夺嫡斗争的第一批牺牲品，毛玠、刘桢等人也跟着受到了牵连。这些事一件接一件发生，打破了政坛的平静，所有人都能看出来，立嗣的风向标已经偏移了。

六、几家欢乐几家愁

做了一定的准备工作，曹操决定公开继承人的人选。建安二十二年（217）十月，曹操发布《立太子令》，明确以五官中郎将曹丕为魏国太子，正式确定为继承人，这篇令文只保留了几句话，像是说给曹植等兄弟的："当初你们都被封为侯爵，唯独子桓没有受封，而被任命为五官中郎将，这其实就暗示着他要被立为太子啊！"这么说当然很牵强，谁都知道近年来魏国的夺嫡之争一直存在，根源正是曹操自己没有拿定主意，如果他早有打算的话，也就不存在这场争斗了。况且曹操自己为此事还遍访群下，对他的犹豫不决大家早已心知肚明，曹操这么说只是给自己打个圆场罢了。

曹丕听到这个消息自然欣喜异常，直到现在，他仍然没有取胜的把握，不久前他还把著名相士高元吕叫过来给自己相面，算算能否如愿当上太子。高元吕是与朱建平齐名的相士，他认为曹丕的命相贵不可言，言下之意当太子不是问题。高元吕顺便也给曹丕算了算寿数，认为曹丕四十岁时命里有一道坎，这与朱建平的看法惊人的一致。不过曹丕此时正沉浸在极度的兴奋中，对于高元吕后面的话并没有在意。后来的事大家都知道了，曹丕正是四十岁那年死的。

现在曹丕心里充满了喜悦，他听到这个消息的时候刚好丞相长史辛毗在场，曹丕激动得抱住了辛毗，兴奋地说："辛先生，你知道不知道我好高兴啊！"有人把这个好消息迅速报告给了曹丕的母亲卞氏，并且向她讨赏钱，卞氏听后平静地说："魏王只不过因为曹丕年龄最长而把他立为继承人，我只要没教子无方就万幸了，怎么还能大发赏钱呢？"有人把这件事告诉了曹操，曹操相当满意，他对卞氏的评价是"怒不变容，喜不失节"。在两个儿子争夺继承权的斗争中卞氏没有发表自己的看法，因为不管谁最终胜利，都将意味着另一个人的失败，也意味着残酷的清算活动即将开始，作为母亲，她的心里又能好受到哪里去？

有个细节值得注意，那就是曹丕被册立为魏王太子时卞氏仍没有被册封为王后，也许她不是曹操的正妻，也许她的出身不好，曹操虽然对她十分宠信，但一直没有明确她正室的身份。

有人欢乐，就有人哀愁。曹植听到这个消息，无异于五雷轰顶，他知道自己失去的不仅仅是继承权，一旦父亲不在人世，他的这位哥哥登了基，他以及支持他的人都将面临灾难。夺嫡之争历来残酷，原因就在于这场竞争中不管有多少选手参与，最后的赢家只有一个，其他统统是输家，而且输得会很惨很惨。这是一场政治赌博，要么不参与，一旦参与就只能赢、不能输，输了的人没有任何退路，只能任由对手宰割，好一点儿的还给留条生路，差一点儿的想苟且都难。

争夺的道路多艰辛，复仇的欲望就有多强烈，这是人性和权争使然，超越了亲情和友情。曹操大概也意识到了这个问题，他选择曹丕，但并不想看到儿子们之间出现骨肉相残的事，为了安慰失败者，他为曹植增加了食邑5000户，连同之前的5000户，共一万户。但曹植却从此一蹶不振，这让曹操感到很失望，不久后发生的"司马门事件"，让曹操更加生气。

一天，有人报告说曹植在天子及魏王专用的驰道上纵车飞奔，又私自打开了一般人禁止通行的司马门。这不是小事，可以上升为大逆不道，曹操下令处死了负责王室及诸侯出行的公车令，并且对曹植等几个封了侯的儿子们严加管教，对曹植的宠爱日渐衰退。为了这件事，曹操竟然发布过两道公开命令，一道命令里有"自从临菑侯曹植私自出行，开司马门到金门，让我对此儿另眼相看了"这样的狠话；而另一篇命令里的话更狠："诸侯长史及帐下吏，知道我外出为什么把儿子们带在身边吗？自从子建私开司马门以后，我都不敢再相信他们了。我担心我刚刚离开，他们就私自外出，因此只好把他们都带在身边。"

"司马门事件"不仅让曹植彻底失去了信任，而且也连累了其他兄弟。然而，这件事的来龙去脉不详，曹植在什么情况下奔行于驰道又私开司马门的，缺少相关正面记载。只有一部史书从侧面提到一些，说曹植之所以干这样的荒唐事是因为那天他喝醉了，跟他在一起的还有杨修，他们不仅私自从司马门奔出，而且还在车上说着曹彰的坏话,所以曹操才如此生气。

曹植固然很率真,做事情喜欢洒脱、不拘小节,但事情的轻重还是能够把握住的,他之所以犯这样的低级错误,只能说没有被立为继承人这件事对他的刺激确实太大了,也说明曹植已经破罐子破摔了。印象中曹操还没有因为什么事跟一个人如此较劲,抓住别人的过错不依不饶,可能这件事出在自己曾经宠爱的儿子身上,又发生在刚刚确定了继承人的敏感时刻,曹操因而更在意吧。

曹植还好办,他失去的只是未来的王位,有父亲的看护,尤其有母亲卞氏在,他还是安全的,而对那些竭力拥护过他的人来说,情况就相当不妙了。曹丕缺少父亲那样的开阔心胸,对过去反对自己的人他都记在了心里,并找机会报复,暂时收拾不了弟弟,收拾几个他身边的马仔还是绰绰有余的,更何况这也是巩固未来执政地位的需要,父亲自然会睁一只眼闭一只眼。

最早遭到报复的是丁仪,曹丕想收拾他,就让他当右刺奸掾,这种工作很容易出差错,然后找个理由就可以治他的罪,而曹丕的意思是丁仪最好自己识相自裁,但丁仪还想活下去。丁仪跟夏侯尚关系不错,夏侯尚跟曹丕关系密切,丁仪找到夏侯尚,给他叩头求他救自己,夏侯尚到曹丕那里求情,恳切地流泪不止,但曹丕不能原谅丁仪,后来还是找借口把他杀了。丁仪的弟弟丁廙也同样死于曹丕之手,丁氏兄弟家中男子全部被杀。

杨修害怕曹丕报复,马上跟曹植疏远了关系,转而向曹丕靠近。杨修有一把由著名铸剑师王髦所铸造的宝剑,他把剑献给了曹丕,曹丕非常喜欢,经常佩带。在身边的这些人里曹植一直把杨修当真朋友看,跟他的关系最亲近,失宠后曹植仍像以前那样跟杨修来往,这让杨修倍感惊恐,但他也不能完全拒绝曹植。

曹丕没有对杨修动手,但杨修后来还是被曹操找个罪名给杀了。如前所述,杨修被杀的时间并不是一般认为的曹操自汉中撤军时,而是建安二十四年(219),当时曹操已不久于人世,他考虑生前要为曹丕接班扫除最后的一些障碍,杨修很有才学,又是袁术和袁绍的外甥,所以不得不杀他。曹丕称帝后有一次从洛阳宫殿里出来,刚好佩带着杨修送给他的那把剑,于是又想起了杨修,他听杨修说过这把剑的造剑师名叫王髦,就特意派人去寻找,居然找到了,曹丕亲自召见王髦,赏赐他不少东西。

荀恽、孔桂、杨俊、邯郸淳等人因为"站错了队",也受到牵连,有的也被曹丕找个借口杀了，有的仕途或多或少受到了影响。荀恽不仅不拥戴曹丕，而且最看不惯夏侯尚，曹丕很恨他，只不过荀恽死得比较早，加上他是荀彧的儿子，曹丕倒没怎么难为他。孔桂就没那么幸运了，由于他公开支持曹植，曹丕把他盯上了。曹操死后，孔桂任驸马都尉，这时候有人举报孔桂接受西域那边什么人的贿赂，答应帮人家跑官，曹丕下令彻查，后来把他杀了。杨俊后来到南阳郡当太守，曹丕称帝后的第三年到南阳郡视察，说当地市场不繁荣，就用这个借口把杨俊抓了起来，司马懿、王象、荀纬等人为他求情，杨俊叩头流血，曹丕都不答应。杨俊知道这是曹丕报复他，为了不连累家人，他在狱中自杀。大书法家邯郸淳因为支持曹植被曹丕所忌恨，尽管他很有才华，曾经得到曹操的推崇，但曹丕一直不用他，让他到太学当教授，他倒落得清闲，活到94岁才去世。

反观曹丕一党的吴质、陈群、司马懿、桓阶以及贾诩、卫臻等人，曹丕称帝后无不受到重用，吴质、陈群、司马懿逐渐掌握兵权，成为权倾一时的人物，贾诩、卫臻等位至三公，享受殊荣，两相对比，简直天上地下。还有更多没有被载入史籍的人和事，因为牵扯进这场斗争而受到影响，有的因为支持曹丕而升官发财，有的因为支持曹植而饱受株连，曹魏的政局因此而动荡不安。

魏宫夺嫡对曹魏政权产生了很大的杀伤力，面对不断崛起的孙权、刘备等人，曹魏却花如此大的精力和代价搞内耗，从而放慢了对外扩张的节奏。在生命中的最后几年，曹操多次领兵出征，但收获甚微，仅有的战绩也是靠运气和敌人的失误得来的，与建安初年纵横天下、所向披靡、战无不胜的情况完全不同，究其原因，内部不稳定是最重要的一方面。

曹操是个很精明的人，加上袁绍、刘表现成的教训摆在那边，本来不应该在继承人的问题上犯糊涂，但偏偏就出了问题。从某种意义上，这场斗争是由他引起的，如果一开始他的态度就旗帜鲜明，下面即使有人想兴风作浪，也形成不了气候。

曹操的另一个失误是在判断继承人的标准上，他喜欢曹植很大程度上缘于曹植的文采，以及反应敏捷，但选曹魏的接班人不是选作协主席，其标准应该更加全面，以曹植当时及以后的性格、才能和作为判断，他未必能成为曹魏帝国称职的领袖。

假如曹操从一开始就指定曹丕为接班人，曹植以及拥戴曹植的人也就没了想法，没有内部争斗，可以专心对外，无论对曹魏，对曹丕还是曹植，都是最好的结果。可惜历史就是无论你是否愿意，该发生的都发生了。经过这几年的折腾，曹魏帝国形成了严重的内伤，只不过现在还不是那么明显罢了。

七、最后一个"鸽派"

再回到群雄逐鹿的主战场，先说东线。东线的情况还要回过头来从建安二十年（215）的那场合肥战役说起，孙权在该战中吃了大亏，为恢复实力和士气，战略上不得不采取守势。次年十月曹操亲自率兵来到合肥，此行不仅把夫人卞氏和长子曹丕都带上了，还带上了曹丕12岁的长子曹叡和女儿东乡公主，当时曹丕太子的身份还未确立，这个举动耐人寻味。

到合肥后，曹操听取张辽等人关于逍遥津之战的汇报，又专程赴逍遥津进行实地察看，在此发出了叹息。之后给张辽所部增加人马，让他移屯居巢。居巢是曹操决定开辟的一处新基地，它位于今安徽省桐城市南，这里在濡须口的上游，距濡须口不到200里，距皖城也近在咫尺，有了这个基地，曹军在长江防线争夺中一定程度上改变了被动局面。

建安二十二年（217）正月，曹操到达居巢，但他的想法是先不急于攻打濡须口，而是夺回皖城，之后采取稳扎稳打的办法彻底拔掉濡须口这颗钉子。然而不巧的是此时发生了瘟疫，这场瘟疫来势凶猛，波及范围包括整个北方以及长江流域，重创了曹军。曹植在一篇文章中记述了这场瘟疫的有关情况，其中写道："建安二十二年瘟疫流行，家家都有失去亲人之痛，有的全家死光，有的整族灭绝。有人认为瘟疫是鬼神在兴风作浪，但是罹患此难的，多是穿粗布衣服、吃草食的人家的孩子，而身居高庭大院，整天锦衣肉食之家，死的却比较少。这是自然阴阳二气失调而发生的瘟疫，哪里是什么鬼神，愚昧的人插起桃符来驱鬼，真的可笑。"

曹丕在给吴质的一封信里透露，徐幹、陈琳、应场、刘桢都死于这场瘟疫，"建安七子"中的另一位重要人物王粲也死于这次行军途中，推测起来也与这场瘟疫有关，"建安七子"几乎同时死去了五人，这场大瘟疫也给文学事业造成了无法弥补的损失。曹操新任命的兖州刺史、司马懿的大哥司马朗亲自到军中慰问得病的士卒，问医送药，结果自己不幸染病，不治身亡。

因为有上次赤壁之战的教训，曹操深知军中流行疾病会对部队的战斗力造成很大伤害，所以不敢掉以轻心，有了撤兵的想法。孙权其实也不想打，曹操老这么折腾，他也烦了，这些年来他主要的精力都放在了合肥、濡须口方向，但实际上收获甚微。吕蒙多次提醒他，就目前形势看，关羽的威胁远远大于曹操，应该早有防范，不能把注意力只放在合肥方向。

经过一番思考，孙权突然做出了一个令人意想不到的决定，他派都尉徐详去曹操那里求和。因为荆州的事孙权跟刘备闹了一场，后来得了三个郡的地盘，算是跟刘备重修了旧好，现在又向曹操求和，孙权的战略调整未免幅度太大。此举也十分冒险，不仅会让刘备恼怒，而且曹操是否接受尚未可知，如果曹操不接受，自己一方士气势必受损。但孙权这么做是经过计算的，此时曹操刚占据了汉中，孙权知道刘备对此一直耿耿于怀，汉中这个地方，戴在益州的头上是顶钢盔，攥在曹操的手上就是把刺刀，刘备不想让人弄一把刺刀顶着后背睡觉，说什么也得把汉中抢到自己手中。

孙权得到情报，不久前刘备派张飞、马超攻占了汉中西面的武都郡治所下辩，这是全面攻击汉中的信号，孙权确信曹操听到这个消息后一定会如坐针毡，如果此时求和，曹操就有了撤退的台阶。果然曹操已无心在合肥恋战，接住孙权递过来的梯子，下令回师。此次南征与上次一样又是虎头蛇尾，不是孙权本事大，而是刘备帮了忙。对孙权来说，能不打就不打，不付出任何实质性代价，一句软话就把曹操哄得心情愉快地走了。都说吕布最善变、刘备最务实，但从这件事上可以看出，孙权其实比刘备还务实，孙权善于调整自己的姿态，在关键时刻往往干出许多出人意料的事来，所以有人总结说，曹操擅长玩军事，刘备擅长玩政治，孙权擅长玩外交。

曹操留下夏侯惇督各部共26个军屯扎在居巢一带，按一个军一万人左右计算，在此区域驻扎的部队达20多万人，这些部队由夏侯惇任总指挥，曹仁、张辽等协助。留下这么多精兵强将大概是为避免出现上次撤离时只留下7000人守合肥的惊险。接下来刘备与曹操争夺汉中，让孙权大大地喘了口气，但不幸的事也随之发生，鲁肃病逝了，年仅46岁，这让孙权悲伤不已。鲁肃为人方正，内外节俭，治军整顿禁令必行，善谈论，属文辞，思度弘远，有过人之明，大家都认为周瑜死后江东人物鲁肃是魁首，他主持荆州事务以来竭力维持与刘备的同盟关系，基本保证了江东的西边相安无事，他的去世是孙权的一大损失。孙权亲临鲁肃的葬礼，远在成都的诸葛亮也派人前来吊唁。

鲁肃临终前没有向孙权推荐继任者，这时候最合适的人当数吕蒙，但不知何故，孙权起初确定接替鲁肃的是一个叫严畯的人。严畯字曼才，徐州刺史部彭城人，喜欢学习，精于诗、书、礼，文章写得好，避乱于江东，和诸葛瑾、步骘这些一块儿来江东避难的北方人士关系很好。他的性格质直纯厚，是个老实人，被张昭推荐给孙权，先后在孙权手下担任骑都尉、从事中郎。听说孙权交给自己这么大一副担子，严畯傻眼了，他知道自己的能力和特长，根本带不了兵。

众人向严畯道喜，严畯急忙说："在下不过一介书生，根本不懂军事，没有这两下子勉强去，必然会后悔。"严畯说得很真诚，甚至流下了眼泪。但孙权的意志也很坚决，非选严畯不可，看到严畯竭力推辞，孙权想试试他，就让他骑马，也不知道严畯假装的还是真不会骑，一上马就掉了下来，孙权这才收回成命。严畯后来一直在孙权身边担任文职，孙权称帝后他当过孙吴朝廷的尚书令。孙权这才下令由吕蒙接任鲁肃的汉昌郡太守一职，屯驻于陆口，除吕蒙原来所部人马外，还有鲁肃这些年积攒下来的一万多人。鲁肃是孙刘联盟的坚定支持者，无论多么困难鲁肃都在维系着联盟不破裂，但吕蒙的想法截然相反。

如果鲁肃是"鸽派"，吕蒙就是"鹰派"，关于当前的战略问题吕蒙曾进行过思考，向孙权陈述过自己的见解："可以让征虏将军孙皎守南郡，潘璋守白帝城，蒋钦率一万人沿长江作为机动，我率兵占据襄阳，这样一来我们既不必忧虑于曹操，也不必看关羽的脸色了。刘备、关羽虚伪狡诈，反复无常，绝不能信任他们。现在关羽之所以没有进攻孙吴，只是因为陛下的英明，我们这些将领还在，如果不在我们强壮时谋取荆州，一旦我们死了，还有成功的可能吗？"

孙权认为吕蒙说得很对，但提出是不是可以先取徐州再取荆州，吕蒙认为不妥："现在曹操远在河北，被内部事务所牵制，暂时无力东顾，徐州的守兵虽然不足虑，可以一鼓作气拿下，但那一带地势开阔，交通方便，适合于骑兵作战，我们拿下徐州，曹操没几天就会杀来，还得派重兵去守。不如先取关羽，占据整个长江防线，到那时我们进退就自如了。"孙权觉得有道理，下定了先向西边用兵的决心，主动向曹操求和就是这个战略的第一步。但是，吕蒙到了陆口后却不露声色，反而跟关羽亲热。

第十三章 荆州变局

一、关羽的傲慢

替刘备坐镇在荆州的还是关羽。关羽最近心里有点儿不大痛快，大哥在汉中称了王，本来是件高兴的事，关羽随后被拜为前将军，成为武将之首，更值得庆贺。之前关羽只是个普通的将军，而马超是征西将军，比他的地位高，关羽心里特别不痛快，为此发过牢骚，现在自己的地位超过了马超，关羽还生什么气呢？

关羽这次生气不是因为马超，而是黄忠。正如诸葛亮预料的那样，当关羽听说就连黄忠都担任了后将军时，立刻就火了。刘备回到成都后心里也一直惦记着诸葛亮说过的话，觉得关羽那边确实需要安抚，所以专门派益州前部司马费诗前往公安授给关羽前将军的印绶，这个费诗向来以能言善辩著称，日后成为三国著名的外交家。

费诗到了公安，关羽还在气头上，不肯受拜："我不愿意跟一介老兵站在一起！"一般人大概也就傻眼了，但费诗很沉着，对关羽说："建立王业需要各种人才，不只要某一种。当年萧何、曹参跟刘邦从小相熟，而陈平、韩信是投降过来的人，但后来他们的地位，韩信最高，没有听说萧何、曹参为此发过牢骚。如今汉中王因为一时之功对黄忠将军给予厚遇，但他在汉中王心里真正的分量怎么能与君侯您相比呢？汉中王和君侯您早已结为一体，福祸同享，我认为君侯您不必计较官号的高低和爵禄的多少。在下只不过一介使臣，衔命之人，君侯您如果不肯受拜，我也就回去交差了，不过我替君侯着想，担心您会后悔呀！"

这番话充分展露出一名外交家的风采，面对关羽的无理耍横，费诗没有害怕，没有为讨好关羽而乱拍马屁，但也没有跟关羽叫板，而是通过不软不硬的一番话让关羽自己去掂量。由于话说得在理，关羽也不是听不明白话的人，所以赶紧受拜。

关羽确实有点小骄傲，因为他是有理由的，他不仅跟刘备关系深厚，自己也真有两下子，现在坐镇荆州，事业正如火如荼。尽管后世对关羽充满了争论，但他仍然是汉末三国时代一流的猛将，抛开民间传说、演义附会不说，历史上的关羽也深受包括敌方阵营在内的同时代人的高度评价，郭嘉、程昱曾说他是"万人敌"，周瑜说他是"熊虎之将"，刘晔说他"勇冠三军"，这些评价表明关羽作为武将是相当杰出的。刘备、诸葛亮等人先后进入益州，把荆州的军政事务都交给了关羽，在守土拓疆方面关羽还算称职，无论是对付曹魏还是对付孙权、周瑜、鲁肃，关羽的态度都很强硬，处处维护刘备集团的利益。

刘备留关羽在荆州，孙权也曾想与关羽建立良好关系，尤其鲁肃在世时，孙权受鲁肃的影响对孙刘联盟颇为重视。为拉拢关羽，孙权甚至想跟关羽结成儿女亲家。利用婚姻达到政治目的是汉末三国流行的手段，孙权就曾把妹妹嫁给了刘备。可是，关羽对孙权的示好并不领情，不仅不答应这门婚事，还破口大骂，羞辱孙权派来的人，这让孙权极为愤怒。

孙权有7个儿子，史书没有记载是为哪一个儿子求亲，但不管是哪一个，这样的事都是大事，不是儿戏，说明孙权很真诚，但关羽根本不给面子。就此，有人认为双方联姻对刘备集团来说同样是一件大事，关羽自己做不了主，所以拒绝，但这没有多少道理。关羽如果做不了主，可以请示刘备，即便刘备不同意，关羽也用不着骂人家。

关羽拒绝孙权完全出于自己的好恶，原因可能有以下四点：一是关羽性格高傲。关羽一向看不起人，他连本阵营的马超、黄忠都瞧不上，何况孙权？关羽成名很早，早在官渡之战前后已经是朝廷正式任命的高级将领，此后力斩颜良，曹操都刻意拉拢，关羽那时便名扬天下。关羽独自镇守荆州多年，其间荆州总体形势不错，关羽成为"一方大员"，各方面的恭维、赞美之声想必不少，诸葛亮都写信夸赞他，关羽有些骄傲。二是关羽缺乏战略眼光。关羽无疑是一流的猛将，但不是战略家，对维护孙刘联盟的重要性认识不够，不懂得利用婚姻手段维护盟友关系。在这一点上关羽远不如孙权，孙权为维护孙刘联盟，不惜把妹妹嫁给大了二十多岁的刘备。关羽只凭自己的好恶行事，在政治上不够成熟。三是关羽对孙权有怨气。孙权为儿子求亲发生在偷袭荆州之前，再往前就是益阳城外的"单刀会"，关羽与鲁肃斗阵，按照关羽的脾气肯定想一刀斩了鲁肃，之后杀向江东，但那时刘备正准备攻打汉中，必须求孙权帮忙，所以让步了。"单刀会"的结果是刘备出让了荆州在江南的长沙等三个郡，算是"割地求和"，关羽作为荆州方面的负责人自然脸上无光。黄忠等人在别处攻城夺地，自己在这里"丧权辱国"，关羽把怨气都积攒到了孙权身上，对孙权自然没好气。四是关羽对女儿的婚事或许另有打算。史书记载关羽有两个儿子，分别是关平、关兴，至于有几个女儿则不详，有一至两个较为合理。如果关羽只有一个女儿，他肯定不愿意把女儿轻易嫁出去。刘备的长子刘禅慢慢成人，接班人的定位已经明确，如果自己的女儿能嫁给刘禅，未来就是蜀汉的王妃、皇后，关羽没准有这样的打算。当然，关羽的这个想法没有实现，刘备称汉中王后立刘禅为王太子，同时让刘禅娶张飞的女儿为妻，张飞的女儿成为太子妃。刘备为什么这样选择？不太清楚，但那是另一回事了。

应该说，关羽是一个性情中人，也是一个性格非常突出的人，恩怨分明，重情重义，不会绕弯子，有什么说什么，心里怎么想脸上就挂着什么。这样的人做朋友没问题，但不适合搞政治，也不适合独当一面。

送走费诗，时间来到了建安二十四年（219）八月。农历八月是江南的雨季，这一年江汉一带又下起了大雨。这场雨不仅连下了很多天，而且雨量充足，致使汉水暴涨。关羽接到情报，曹军的重要据点都被水淹了。在荆州方向曹军的主要据点有两个，一个是襄阳，一个是樊城，它们都在汉水边上，汉水发了大水，水势很猛，这两座城池以及曹军的军营都泡在了水中。

曹军在荆州的总指挥是征南将军曹仁，下辖于禁、徐晃等部，曹仁让徐晃守宛县，作为第二道防线；命令左将军于禁率立义将军庞德等屯兵樊城外，与樊城成掎角之势；曹仁自己守樊城。庞德就是之前提到的马超的部将，马超投奔成都，没有来得及带上庞德，庞德归降了曹操，被曹操派到樊城归于禁指挥。

由于庞德跟马超有特殊情谊，曹军中有人对他的忠诚表示怀疑，但庞德做人光明磊落，他对人说："我既受国恩，只有报效一死，就在今年之内我将誓杀关羽，如果我不杀他，就是他杀我！"后来庞德真与关羽面对面厮杀了一次，并且一箭射中关羽的面颊。庞德常骑一匹白马，关羽军中呼他为白马将军。这不是关羽坐镇荆州期间第一次负伤，关羽在荆州期间还曾被流矢射中左臂，后来虽然伤愈了，但一遇阴雨天骨头就疼，医生对他说："箭头有毒，已经浸入骨头，只能把左臂割开，刮骨去毒，才能治根。"

关羽听罢当即伸出左臂让医生割，医生一边动手术，关羽一边跟人喝酒吃肉，那边血流不止，这边谈笑自若，眉头都不皱一下。传说给关羽动手术的医生是华佗，其实华佗已被曹操杀害十多年了，给关羽做手术的人肯定不是他。

现在突然下起的大雨引起关羽的沉思，他觉得这是一个好机会，于是突然率军北上，出击曹军占领的要地樊城。这是一次重大的军事行动，无论成与败，它都将打破孙权、刘备和曹操三家的势力布局。

荆州上空战云密布，就连远离战场的人都看得很清楚。曹操任命的扬州刺史温恢跟兖州刺史裴潜曾在一起聊起当前的形势，温恢不无忧虑地说："这里虽然有敌人，但不足为虑，曹仁将军守襄阳、樊城，势单力薄，关羽骁勇狡猾，恐怕南面会有变故哇！"接下来发生的事完全如温恢所料，关羽突然率兵北上。行前，关羽命令南郡太守糜芳守江陵，将军傅士仁守公安，其他主力随他一同北上，其中包括一支在江陵训练了很久的水军，这也是此战获胜的关键。

这一仗对关羽来说天时、地利、人和俱备，所以打得有点过于顺手，对手没料到，自己没敢想，远在益州的刘备、诸葛亮也都没想到。关羽一路北上，绕过襄阳，把主攻目标锁定在樊城。樊城外面有曹军的大营，负责守卫的是于禁和庞德，他们手里共"七军"，也就是七个军，以每军正常编制一万人左右计算，兵力总共有七八万人，由于汉水大涨，他们受淹情况严重。

北方将士对于发洪水没有太多概念，面对突如其来的情况也毫无准备，不知道怎么办。于禁等人仓皇避到高处，这时却发现有人乘着大船向他们袭来。来的正是关羽，他有水军而曹军没有，所以这个仗简直没法打，于禁等人只能坐以待毙。最后，无奈之下于禁向关羽投降。但是立义将军庞德却坚持不降，他站在一个土堤上，披甲持弓，向敌人不断放箭，箭无虚发，从早晨一直战斗到中午，箭用尽了，就短兵相搏，越战越勇。曹军投降的人越来越多，庞德下面的将领董衡、董超也要投降，被庞德杀了，庞德对身边的人说："我听说良将不应该惧怕死，烈士也不会毁节偷生，今天就是我的死期！"然而，水势越来越高，庞德身边最后只剩下两三个人，他们找到一条小船，打算乘船回樊城找曹仁，但水势很猛，船一下子翻了，庞德手里的弓也丢了，他扒着船在水中，最后被俘虏。庞德被带到关羽面前，关羽下意识地摸了摸自己的脸颊。

关羽见庞德立而不跪，对他说："你哥哥在汉中，我想拜你为将，为什么还不投降？"庞德大骂关羽："小子，我不知道什么叫投降！魏王带甲百万，威震天下，刘备只不过一个庸才罢了，怎能与魏王匹敌？我宁做朝廷的鬼，也不做贼人的将！"关羽无奈，下令把庞德杀了。曹操听说了此事，很感慨，流着泪说："我和于禁相识30年，为什么临危受难之时，反而不如庞德呢？"曹操下令封庞德的两个儿子为列侯，关羽杀了庞德，从此庞、关两家也结下了仇，后来庞德之子庞会随钟会平蜀，庞会找到关羽的后人，把他们全杀了，给父亲报仇。

樊城外面的主力已经全军覆没，还在樊城内坚守的曹仁岌岌可危。关羽猛烈攻城，城里到处是水，房屋大量崩坏，大家都很害怕。有人向曹仁建议趁关羽还没把樊城全部围住,乘小船趁夜逃走。此时也在樊城的汝南郡太守满宠认为不可。满宠是曹操挑选的第一任许县县令,有很强的行政才干,被曹操提拔为汝南郡太守,此时来到樊城,可能是亲自督运军粮来的。

满宠提出了自己的看法:"洪水来得快,走得也快。现在关羽派人已经打到了颍川郡郏县,许县以南人心惶惶,但关羽还不敢轻举妄动,原因是我们在他的后面。如果我们现在逃走,关羽就将向北面大举进攻了,希望将军认真考虑。"曹仁一听有道理,的确不能撤退。于是让人找来一匹白马,效仿当年刘邦白马盟誓,把白马杀了,也领着大家宣誓,决心同心固守。此时樊城内仅有数千人,城里没有被水淹的地方很少,关羽率部乘船而来,把樊城围了好几重,城内与城外断绝消息,情况已经到了最危险的地步。

驻守在襄阳的曹军是吕常部,关羽派人把襄阳也围了起来。襄阳和樊城成为大水浸泡下的两座孤城,周边的驻军和官民纷纷投降了关羽,包括曹操任命的荆州刺史胡脩、南阳郡太守傅方等高级官员。许县以南的梁县、郏县、陆浑县等地变民纷纷起事,他们杀害曹魏任命的地方官员,接受关羽任命的职务和印绶,与关羽遥相呼应,关羽的个人声望达到顶峰。

二、两场谋反事件

荆州突变,曹操此时在哪里呢?关羽率军北上是在建安二十四年(219)八月,这一年的五月曹操还在汉中,不久撤到了长安。七月,曹操发布了一道命令,册拜卞夫人为魏王王后,按说这件事早就应该做了,但此时征战在外,发布这样的命令又给人以仓促之感,像是在安排后事似的。十月,曹操到了洛阳。

曹操为什么没有回邺县呢?当然与南面的军情有关,还有另外一个重要原因,就在上个月邺县发生了一次重大的谋反事件,与上一次严才谋反不同,这次规模更大、涉及的人更多,钟繇、张绣、王粲、刘廙、繁钦、杨俊等曹操身边的这些重要人物要么因此事被免官、降级,要么有亲属受到牵连。前线打了大败仗,大本营又极不稳定,曹操只得暂驻洛阳。

这次谋反事件的主角是一个叫魏讽的人。魏讽字子京,是曹操老家豫州刺史部沛国人,很有口才,具备煽动众人的能力,在邺县很有名气。邺县不是一般的地方，那里什么能人都有，能在社交场所频频亮相并获得追捧，必然是精英中的精英，魏讽就属于这样的人。担任魏国相国的钟繇也受其蒙蔽，举荐了他，魏讽居然当上钟繇手下负责人事工作的西曹掾，魏讽利用职务便利，与邺县一批上层人士子弟拉上了关系，其中包括张绣的儿子张泉，王粲的两个儿子，刘廙的弟弟刘伟以及曹操的老乡、曹魏后期的风云人物但在这时还是一名小青年的文钦等人。

也有人看出魏讽有问题，王昶、傅巽、刘晔都对朋友或家人说过魏讽肯定会造反，刘廙也劝诫弟弟刘伟，说魏讽这个人不修德行，整天编织关系网，为人华而不实，喜欢沽名钓誉，必将扰乱社会，让刘伟小心些，不要再跟魏讽来往，但是刘伟听不进去。

要么是魏讽的魅力太大，蛊惑能力太强，要么是这些高干子弟缺少人生历练，又喜欢出风头，交朋友，稀里糊涂地被卷了进去。他们之中的大多数人都不会有谋反的动机，有的人事后虽然被追究甚至被杀，但多是因为与魏讽来往太密切招致的。

魏讽的主要支持者是长乐卫尉陈祎，他手里有兵权。卫尉负责宫室的守卫工作，长乐卫尉负责长乐宫的安全保卫，邺县没有长乐宫，长乐宫通常指太后的寝宫，然而无论汉室还是魏国，此时都没有太后或王太后，陈祎的这个长乐卫尉不知所司何职，不过他手里应该掌握一定兵权，所以魏讽把他作为重点拉拢对象。陈祎的其他事迹不详，魏讽跟他约好准备起事，恰在这时，曹操率大军西征刘备未归，曹丕留守邺县，正好是个机会。但临举事前陈祎产生了恐惧，将谋反的事向曹丕告发，曹丕当机立断实施抓捕行动，魏讽下狱后被诛，经过对案件的审理，又有一批人被捕，包括上面提到的那几位高干子弟。

曹丕不等曹操回来先把魏讽诛杀，还杀了包括王粲两个儿子在内的其他一些人，大概有数十人之多，曹操听到魏讽事件的报告时还在汉中，这时王粲已经故去，曹操听到王粲两个儿子受株连被杀，叹息道："如果我在，不会让仲宣绝了后！"这一案件波及不少人，魏国相国钟繇被免职，在家中反省，当然这只是暂时的，曹操对钟繇的信任没有改变，不久之后钟繇还会出来担任要职。直接负责邺县安全工作的中尉杨俊被降级，通过对这一事件的反思，曹操认为魏讽等人之所以敢生叛乱之心，是因为要害部门工作不力，不能做到防患于未然，负责魏国人事工作的尚书桓阶向曹操推荐徐奕接替杨俊。

张绣死后被追封为定侯，由儿子张泉继承，食邑 2000 户，张泉被杀后这一封爵取消。多年前曹操的长子曹昂就死于张绣之手，有人认为曹丕这么利索地杀了张泉，收回封爵，是为大哥报仇。刘廙受到弟弟刘伟的株连也下了狱，本来要连坐处死，但是刘廙之前曾劝刘伟不要与魏讽来往，再加上刘廙的好朋友陈群竭力向曹操求情，曹操下令免刘廙死刑，并且恢复原来的职务。

文钦被关在监狱里，先挨了几百板子，吃尽了苦头，但判决下来仍然是死刑，曹操听到后，考虑到他的父亲文稷曾经立下战功，就饶了文钦一命。文钦后来成长为一员猛将，曹魏后期担任过前将军、扬州刺史，他对曹魏感情很深，对司马氏专权十分不满，他与毌丘俭联兵讨伐司马师，兵败之后逃到吴国，被吴国封为镇北大将军，但由于他跟诸葛亮的侄子、当时在吴国掌握兵权的诸葛诞意见不合，为后者所杀，不过那是40多年后的事了。

魏讽事件想必引起了曹操痛切的反思，这些年轻的官员子弟居然站到了自己的对立面，想想真可怕，而近年来频频发生的谋反事件，让曹操更感到心惊肉跳。

去年许县也发生了一起谋反事件，参加谋反的有太医令吉本、少府耿纪、司直韦晃、关中人金祎以及吉本的两个儿子吉邈、吉穆等人，这场谋反规模也很大。太医令隶属于少府卿，负责皇宫内的医疗保健工作，吉本情况不详。少府卿是太医令的顶头上司，九卿之一，负责宫内事务，相当于清代的内务府，耿纪原来在丞相府当过丞相掾，得到曹操的赏识，曾提拔他担任侍中、少府卿。司直这个官名不常见，却相当了得，他也是九卿级（比二千石）高官，最初是汉武帝时期设置的，辅佐丞相检举百官的不法行为，算是纪检工作，后来撤销，建安八年（203）又重新设置，职责是督察、检举朝中的百官。

金祎父子职务不详，但他们不是普通平民，他们出身于关中的京兆尹金氏家族，这个家族出过跟袁绍一家有亲戚关系的金日䃅等名臣。金祎与曹操的心腹近臣王必关系很好，王必此时担任丞相府的丞相长史，但不在邺县供职，而是受曹操派遣领兵负责许县的守卫工作，是掌握许县局势的关键人物。

这几个人之所以结合在一起，是因为"睹汉祚将移，谓可季兴，乃喟然发愤"，也就是想乱中夺权。他们的具体计划是：利用金祎与王必的私人关系，想办法借机控制王必，或者把王必杀了，之后挟持天子占领许县，然后引当时坐镇荆州的关羽为后援，伺机成事。

金祎先派人设法潜入王必的军营做内应，因为平时关系不错，王必并无防备。夜里，吉邈等纠集了门人、家童共1000多人突然火烧王必的营门，金祎的人在里面做内应，事发突然，王必仓促应战，结果被射伤了肩膀。王必不知道是谁挑起的叛乱，带伤逃了出来，因为平时与金祎关系最好，竟然投奔到金祎处。金祎不知道来的是王必，还以为是吉邈等人回来了，黑暗中对王必喊道："王长史是不是死啦？咱们的大事看来要成了！"王必一听吓坏了，赶紧改投他处，王必后来在负责颍川郡屯田工作的中郎将严匡的帮助下，将叛乱平息。但是王必伤势很重，十多天后不治身亡。参与此次叛乱的耿纪、韦晃等人全部被抓，曹操下令全部就地处死。临刑之前，耿纪喊着曹操的名字叫道："曹操，只恨我做事不周，被这帮小子给误了事！"韦晃一边跺脚一边抽自己的脸，表示心有不甘。

有一部史书记载说，曹操听到王必的死讯大怒，王必的地位不是很高，却是曹操绝对的心腹，他很早就跟随曹操，类似于家臣的角色，曹操命令在许县的汉室百官全部到邺县来接受审查，让当晚参与救火的站在左边，没有救火的站在右边。大家还以为凡参加救火的人不会有罪，于是大部分人都往左边挤。哪知曹操的思路刚好相反，他认为半夜没有跑出来参加救火是正常反应，跑出来的人恐怕都是想参加叛乱的，于是把站在左边的人都杀了。

上面这条记载很有名，也最能反映曹操的奸诈和残忍，但细想一下却不大可能，尽管在汉室名下的百官此时已所剩无几，但他们在社会上的影响力仍然不能低估，曹操如此轻率地说杀就杀，实在不大可能，借着审理这桩案件深挖幕后指使，将案件扩大化以借机清除那些平时有不满情绪的人，倒是有可能。

三、湘关抢米风波

在荆州方向，由于徐晃的出色表现，关羽在樊城未能得手，但关羽也没有率主力回公安，而是重整兵马寻机再动，襄阳和樊城的危机并未解除。同样密切关注这边局势的还有孙权和吕蒙，关羽突然动手打破了荆州地区的力量均衡，这同样也考验着孙权。三方博弈，互为对手，对孙权来说，曹操是敌人，刘备何尝不是？

看到关羽北上其后方空虚，吕蒙向孙权提出建议："关羽的主力部队都在樊城前线，但后方也留了不少人马，主要是担心我们从他背后发起攻击。我一直有病，现在以治病为由回建业，关羽听到就会放心地把人马调往襄阳前线。我们找准机会，突然发动进攻，如此南郡可以拿下，关羽可以生擒！"

这的确是够狠的一招，如果放在平时断然不能这么做，倒不是顾及所谓联盟，而是没有取胜的把握，现在关羽倾巢而出，正是天赐良机，这样的机会总是可遇不可求的。孙权立即批准了吕蒙的计划，不过让吕蒙先不露声色，设法稳住关羽，一方面为军事部署赢得时间；另一方面可以突然动手，让关羽更加措手不及。孙权还演了一出戏，主动派人去见关羽，请求助战，关羽听了挺高兴，看来孙权还是挺识时务的。

关羽允许孙吴联合作战，这样孙权就可以堂而皇之地派出人马进入关羽的防区。孙权密令这些"联合作战部队"进军速度不要太快，先一路游山玩水，饱览一下荆州的大好河山再说。不久，关羽在樊城俘虏了于禁等人，气势如日中天，看到孙吴的人马行进得这么慢，很生气，把孙权派来的联络官叫过来一通训话："你们这帮畜生敢这么对我？等我拿下樊城，看我怎么灭了你们！"这正是孙权所要的，他就是要激怒关羽，不冷静的人才更容易犯错误。孙权继续演戏，亲笔写了封信给关羽表示赔罪，同时答应关羽自己将亲自率兵前往助战。

应该说，关羽对孙权的警惕还是有的，如果说他坚定地认为孙权不会在背后给自己来一刀，那也低估了关羽的智商，后来之所以上了当，不是因为自己笨，而是对手太狡猾。关羽听说孙权要亲自来，心里肯定会一怔，不过很快另一个消息传来又让他放了心。关羽接到报告，说孙吴在荆州方面的主将吕蒙病了，而且病得挺重，孙权已命吕蒙回建业养病。这个消息是孙权以公开命令的方式发布的，好像故意要让人知道似的，不过吕蒙回去养病是真的，关羽有自己的情报网，吕蒙一行的行踪又不保密，他们一路上的情况很快传到了关羽的耳朵里。这个讨厌的人终于走了，关羽放心了。

吕蒙的身体确实不太好，但这次高调回建业养病也是刻意为之，目的就是麻痹关羽。回建业要路过芜湖，守卫这里的是陆逊，他目前的军职只是个定威校尉，就像当年鲁肃路过寻阳与吕蒙长谈一样，吕蒙与陆逊在芜湖也做了一番长谈，发现这个小自己5岁的年轻将领才堪大用。陆逊不知道孙权和吕蒙正在策划一场大行动，他对吕蒙说："关羽大军压境，您怎么能此时离开，难道不担心吗？"因为涉及最高军事机密，吕蒙没打算告诉陆逊，只说："你说得有道理，但是我确实病得很厉害。"陆逊认为这恰好是一个良机："关羽此时正在气盛之时，一心北进，对我们没有防备。又听说您病了，更没了戒备心。如果现在出其不意，必将一战可擒。您见到主公时,应该提出这样的建议。"吕蒙还不想把话挑明,对陆逊说:"关羽一向勇猛,而且势力越来越大,气势正盛,不是那么好对付的。"陆逊是孙策的女婿、孙权的侄女婿,之前虽然在平息山越的战斗中显示出一定的军事才干,但由于资历较浅,还没有进入孙吴一流战将的行列,但这一次谈话反而让吕蒙对他刮目相看了。英雄所见略同,孙权的女婿、时任奋威校尉的全琮与陆逊有同样的看法,他向孙权秘密建议抓住机会突袭关羽,孙权恐怕泄密,对全琮的建议不作答复。

吕蒙回到了建业,他暂时不能回荆州,那边需要有人临时负责,孙权问他谁合适,吕蒙推荐了陆逊,理由是:"陆逊虽然很有能力但名气并不大,不会引起关羽的注意。陆逊如果前去接任,让他对外隐藏锋芒,对内则加紧备战,一定可以成功。"孙权同意,连升陆逊两级,拜他为偏将军、右部督,代替吕蒙任荆州方面的总指挥,由芜湖进驻到陆口。吕蒙推荐陆逊,一方面是芜湖谈话让他看到陆逊不凡的见解;另一方面吕蒙还有更深的想法,陆逊是孙权的侄女婿,因为这层关系孙权必然对陆逊完全放心,推荐陆逊便没有任何顾虑。

陆逊走马上任,孙权一定会把秘密筹划的事情写信告诉他,陆逊了解到这些,下面该怎么做就不用人教了。陆逊一到陆口,第一件事就是给关羽写了封信,信中说:"我不过是一介书生,为人粗疏迟钝,没有能力担负现在的重任,幸而与将军这样德高望重的人为邻。现在愿意把心里的真实想法都说出来,不一定对,提供给您作为参考。承蒙将军关注,并望多加指教。"

陆逊对关羽一通狠夸,把自己打扮成关羽的一个粉丝,尽显谦卑之情,话里还有些隐晦之意,关羽兴许会品出这个小伙子有意向自己效忠以求有个好前程的意思。关羽恐怕并不了解陆逊,因为陆逊的知名度太低,在关羽看来孙吴自周瑜、鲁肃以后就数吕蒙还有两下子,其他人都不是他的对手,对于这个小自己20多岁的陆逊关羽自然没有放在眼里,现在关羽完全放下心来。

关羽上当了,徐晃增援后樊城战事遇挫,兵力不足,关羽下令把留驻在南郡、公安等地的人马调一部分到前线。陆逊密报孙权,认为时机差不多了,可以动手。孙权虽然下了决心,但撕毁联盟的事毕竟不光彩,容易为天下人诟病,翻脸前最好有个好借口,恰在此时发生了湘关抢米事件,借口来了。

湘关也称湘口关,是湘水上的一个关口,在潇水、湘水合流之处,其位置在今湖南省永州市境内。之前孙刘两家以湘水为界重新划分了江南各郡的势力范围，湘水以西归刘备，湘水以东归孙权。湘水成了双方的界河，为了便于贸易和人员往来，在湘水上设了不少关口，湘关是其中之一。关羽在前线用兵多日，时间长了后勤供应就成了大问题，不仅手下的将士要吃饭，而且于禁等好几万俘虏也得给吃的，关羽命令后方人员想尽一切办法筹措军粮。

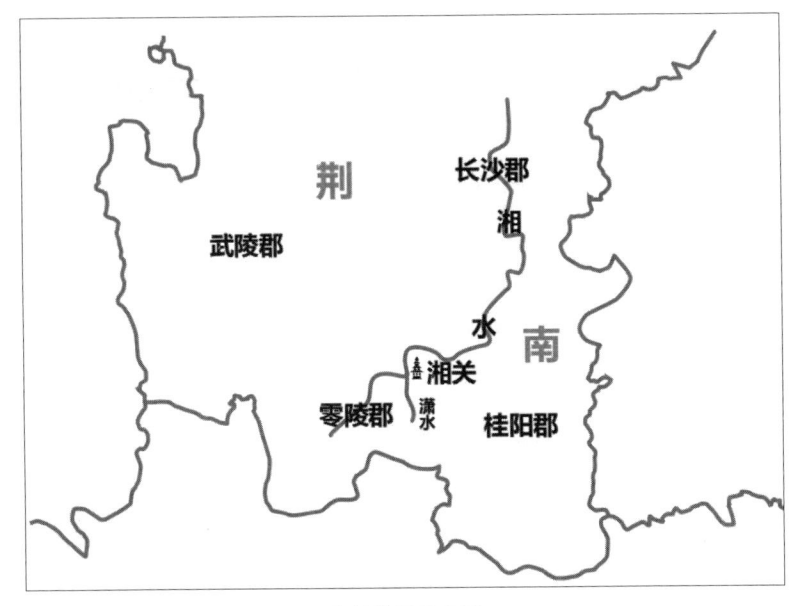

湘关位置示意图

关羽一向待属下严厉，任务完不成就要挨收拾，后方的官员很害怕，为了筹措军粮也都想尽了办法，有人甚至私自渡过湘江分界线，跑到孙吴的地盘上抢米。如果孙刘两家关系很好，这件事原本也不值一提，顶多处理几个带头的人就行了，但孙权正为怎样同关羽翻脸发愁，这样的好机会哪能放过？

孙权立即下令组成西进兵团，直取关羽的后方。该兵团的左右部大督的人选孙权原来打算用孙皎和吕蒙。孙皎是孙权的堂弟，已经是征虏将军了，军职比吕蒙高，但吕蒙对这个安排有不同意见："如果主公认为征虏将军行就用他，认为我行就用我。当初周瑜、程普分任左右部督，虽决断权在周瑜，但程普自恃资格老，又都是都督，因此不团结，差点坏了国家大事，这是前车之鉴哪。"看来吕蒙挺有个性，领导派自家人当一把手图的是个放心，吕蒙非要推荐自己，换成别人肯定会有想法,但孙权就欣赏吕蒙这样的性格,他马上改任吕蒙为唯一的总指挥,让孙皎负责后勤保障。

四、关羽命丧临沮

马上就要动手了,要不要提前告诉曹操?孙权很犹豫。孙权对曹操当然不能完全信任,告诉曹操意味着风险。但自居巢讲和以来,孙权跟曹操的关系一下子拉近了,现在对付的是共同的敌人,这么大的军事行动应该知会曹操一下,至少打起来不至于误伤。所以孙权还是给曹操写了一封信,通报他将要讨伐关羽的计划,但同时请求曹操不要泄露这个机密,以免关羽有所准备。对曹操来说这真是天大的喜讯,徐晃虽暂解樊城之围,但关羽仍然势力强大,襄阳、樊城总体上还是在被围攻的状态,此时如果孙权在关羽背后捅一刀,正面之围可立解,下面只需坐观两个对手互殴就行了。

然而,对孙权信中提出的保密请求曹操却拿不定主意,他征询众人的意见,大家都觉得孙权如果从背后动手是一件大好事,为了保证孙权顺利得手应该替孙权保密。董昭不同意这么做,他认为:"用兵在于谋变,以追求最大利益为目标。可以许诺孙权替他保密,但不妨把这个情报透露出去,有意让关羽知道。关羽如果退兵自卫,樊城之围可解,之后让孙权、关羽二贼相斗,我们可收渔利。如果秘而不露,只能让孙权获利,这并不是上策。而且,处在敌人包围圈中的我军将士不知道外面有救兵,粮食又很困难,士气肯定有问题,还是应该把消息透露出去。关羽这个人一向自负,虽然听到后方有变,但他自恃江陵、公安城池稳固,也不会马上退兵。"

曹操认为董昭的分析有理,命令徐晃把孙权的信抄了若干份,故意射落到关羽营里,同时也射到樊城内。樊城的守军看到信顿时士气百倍,而关羽看到信后犹豫不决。信吧,又怕是曹操使的计;不相信吧,又怕是真的。关羽一犹豫,耽误了撤退的时机。

建安二十四年(219)十月底,吕蒙率孙吴西进兵团悄悄抵达柴桑以西的寻阳,在此组织精兵和船只,把士兵藏在船舱里,让人穿着"白衣",扮作商人的模样划船，昼夜不停地逆流而上。这里的"白衣"并非全部是白色的衣服，如果江上突然出现很多穿白色衣服的人划船，那也是一件挺显眼的事，不符合秘密行军的原则。所谓"白衣"，就是着便装的普通百姓，其中也包括商人。长江沿岸有关羽布置的不少哨兵，吕蒙把他们全都抓了起来，所以关羽还不知道背后发生的情况。关羽留在后方负责军政事务的是南郡太守糜芳和将军傅士仁，糜芳守江陵，傅士仁守公安。关羽向来心高气傲，一直瞧不起这两个人。此次出兵，糜芳、傅士仁还负责后勤保障，中间难免有供应不及时的地方，关羽很生气，威胁说回来后要收拾他们。

关羽做事素来不讲情面，糜芳和傅士仁知道他说到就会做到，因此感到忧心忡忡，吕蒙了解到其中情况，决定不强攻，而是派人去劝降。吕蒙派的这个人是江东名士虞翻，他之前担任都尉，但脾气不好，说话直，跟大家处不好关系，多次犯颜直谏孙权，让孙权下不了台，前一阵孙权下令把他关在丹阳郡的泾县思过，吕蒙很欣赏虞翻的才能，他知道虞翻懂医术，就向孙权请求把虞翻放出来给自己看病，后来又让他一同来到荆州前线。

公安城外，吕蒙给傅士仁写了封信陈说利害，派虞翻送去。虞翻口才一向很好，当年曾说服王朗和华歆投降，这一次傅士仁也被他说降了。虞翻建议把傅士仁一块儿带往江陵，糜芳看到傅士仁投降了，也开城出降，关羽眼里牢不可破的两座坚城就这样被虞翻的一张嘴皮子给说破了。吕蒙不费劲就到了南郡，江陵、公安是关羽的后方基地，将士们的家属多在此地，吕蒙进入江陵，释放了囚禁在此的于禁等人，俘虏了关羽及其将士家属，但不为难他们，给予抚慰，吕蒙下令不得骚扰百姓，不得随便拿别人的东西。

吕蒙有个手下是他的同乡，擅拿了老百姓家一顶斗笠用来盖铠甲，吕蒙认为铠甲虽然是公家的东西，但也触犯了刚颁布的命令，为严肃军纪，吕蒙流着泪将其斩首。于是军中震动，江陵城出现了道不拾遗的景象。吕蒙派左右不停地慰问抚恤地方长者，询问他们有什么需求，对于生病的百姓及时送医送药，对饥寒中的人及时发给食物，关羽存在江陵的钱财宝物，吕蒙都下令贴上封条，等候孙权来处理。吕蒙这些措施收到很好的效果，他迅速控制了南郡的局势。

关羽听说南郡丢了，如五雷轰顶，立即下令撤军，曹仁想追击，赵俨不同意："孙权利用关羽出兵的机会发难抄了他的后路，关羽必然回击，孙权担心的是我们趁他与关羽互斗而从中取利，所以才谦卑地表示顺从效忠。如果我们攻击过急，孙权说不定就把对付关羽的手段改为对付我们。关羽如今撤回，我们应该留着他，让他与孙权互斗。"曹仁认为有理，下令不追击。而关羽撤退的消息传到摩陂，曹操也特别担心曹仁等人追击，赶紧加急传令，内容跟赵俨说的完全一样。

关羽为救后方的将士家眷，连派多名使者来见吕蒙。吕蒙又大玩心理战，他厚待来使，让他们在城里到处走动，挨家问候，有的家人还写信让使者带回去。这些使者回去，把城里情况给大家一说，众将士知道家人无恙，江陵城的情况比平时还好，一个个都没有再打下去的斗志了。这时孙权亲自赶到了江陵，他任命吕蒙为南郡太守，封孱陵侯，赐钱一亿，黄金500斤。刘备任命的宜都郡太守樊友望风而逃，郡中官吏及少数民族部落首领都向陆逊投降，陆逊部将李异、谢旌等率3000人马分守要塞，切断与益州方向的联络。

但是在秭归遇到了麻烦，当地大族文布、邓凯等人联合夷兵数千人声称仍效忠蜀汉，陆逊命谢旌前往讨伐，文布、邓凯不敌逃走，陆逊派人前往招降，二人率众投降。在不长的时间里，陆逊指挥所部斩获和招降蜀军数万人，成功地占领荆州西部地区，当然这个数字并非全是士卒，还包括蜀汉任命的各级官吏，这一系列行动显示出陆逊杰出的军事指挥才能。孙权派多路人马阻截关羽，虽然战事进展得很顺利，但能不能抓住或者杀了关羽才是关键，关羽虽然谋略不足，但此人治军有一套，敢做敢为，如果让他有了喘息之机，今后荆州仍然不稳。

孙权知道虞翻精通占卜，就把他叫来，让他占一卦，看看能不能抓住关羽。虞翻卜了卦，结果是"兑下坎上"，合在一起就是《周易》里的节卦，到第五爻的时候又变成临卦，虞翻解卦说，不出两天关羽必然被捉。

关羽败退至麦城，此地在今湖北省当阳市境内，当年的长坂坡之战就发生在附近，孙权派人劝说关羽投降，关羽表示愿意投降。当时著名术士吴范正好在孙权身边，他也精通占卜，孙权就让他赶紧占一卦，看看关羽是不是真降，吴范占了一卦，认为关羽有诈。孙权于是命令提前做好准备，继续安排人对关羽进行堵截。

关羽果然是诈降，他命人在城头遍插旗帜，又弄了不少草人迷惑敌人，之后逃出麦城。消息传来，孙权问吴范怎么办，吴范说关羽肯定逃不了，并且说明天中午前必可擒住关羽。孙权马上让人搬来个沙漏在那里看时间，验证吴范说的准不准。次日，已近中午，还没有消息。孙权急了，催问吴范，吴范说："现在还没有到正午。"过了一会儿，风吹帷帐，吴范拍着手说："抓住关羽了！"话音刚落，外面有人高呼万岁，消息传来，关羽被抓住了。

建安二十四年（219）十二月，潘璋部下一个叫马忠的司马在章乡活捉了关羽以及他的儿子关平、部将赵累等人。人抓住了，如何处置挺棘手。杀了关羽，那就进一步激化了与刘备的矛盾，这个疙瘩就再也解不开了。但不杀关羽又如何安置他呢？孙权想了想，居然有了一个天真的想法。孙权打算把关羽招降，用他对付刘备和曹操，但是左右都劝："狼子不可养，以后必为害。曹操当初不杀他，结果自取大患，以至于都到了要迁都的地步，现在怎能不杀他？"

孙权于是下令将关羽父子斩杀于南郡境内一个叫临沮的地方，此地在今湖北省远安县。关羽当初兴兵北伐时曾经做过一个梦，梦到有猪啃食自己的脚，醒来后觉得这个梦很不吉利，关羽对儿子关平说他有点力不如从前了，恐怕不能活着回来了，结果梦果真应验了。孙权用侯爵的礼仪就地安葬了关羽，同时把关羽的首级送到了曹操那里。孙权的用意很明显，想把祸事往曹操身上引，刘备要报仇也拉上曹操一块儿扛。曹操当然明白，下令用沉香木雕刻了关羽的身躯，跟首级一起以王侯之礼厚葬于洛阳城南，此处即是现在著名的洛阳关林，后来也就有了关羽头定洛阳、身困当阳的说法。

孙权占领公安时，在这里还见到了被刘备从益州赶出来的刘璋，孙权觉得刘璋仍有利用价值，把他迁到秭归，在那里设立自己控制下的益州"流亡州政府"，刘璋任益州牧。后来刘璋死了，孙权改任刘璋之子刘阐为益州刺史，成为对付刘备的一张牌。关羽死了，刘备在荆州的势力全部被赶了出去。曹操仍旧占据北方，孙权的势力得到增强，刘备被削弱，三方互有消长，但鼎立之势未变，在这一系列的变化中孙权无疑是最大的受益者。只是，刘备会甘心吗？

五、有没有"借刀杀人"

对刘备来说，从建安二十四年（219）八月关羽北伐，到这一年的年底关羽失败，这几个月简直是他人生中最黑暗的时刻。关羽被杀已经沉重打击了刘备，但随后"上庸三郡"也丢了。孟达、刘封奉刘备之命夺取并镇守"上庸三郡"，结果孟达投降了曹魏，刘封被刘备赐死。这一连串的事件接踵而至，对刚刚称汉中王的刘备造成了沉重打击。

应该说，形成这样的局面既有必然性也有偶然性。在必然性方面，如前所述，随着刘备势力近年来的急速膨胀，孙权和曹操都不会坐视不理，尤其孙权，心态会更为复杂，刘备一直不如他，一度形同他的附庸，却一再得势，先益州、后汉中，势头如日中天，又在曹操之后第二个称王，赶在了孙权的前面，孙权的心里既有焦躁和妒忌，也有不安。在这种情况下，如果有机会削弱刘备的势力，孙权一定不会迟疑。在偶然性方面，关羽借雨季发动樊城战役，居然一举给曹军以重创，气势如虹，在这种情况下，尽管没有做充分准备，刘备和诸葛亮也无法突然叫停关羽的行动，更何况益州和荆州之间隔了千山万水，情报和军令传达难以及时，而战场形势又瞬息万变，所以一切都只能交给关羽临机决断。

总体来说，这是一场突然发起的战役，在曹操和孙权临时联手、而刘备和诸葛亮又无法掌控战场局面的情况下，关羽的失败是情理之中的事。只是，史书对这场决定三方势力消长的重要战役记载得并不详细，尤其对成都方面如何看待这场战役、如何支援和策应关羽的军事行动缺乏记载，因此留下了很多让人想象的空间。人们注意到，在关羽发动战役的几个月时间里，刘备和诸葛亮都没有任何作为，既没有派一兵一卒前来支援，也没有下达过什么命令，如果把这些情况还原到当时紧张激烈的气氛之中，似乎是难以想象和不合常理的。

除非有一种可能：刘备和诸葛亮故意这样做的。问题是，他们为什么会这么做？有人提出了"阴谋说"，近代学者章太炎就提出了诸葛亮借刀杀人的说法。章太炎的《訄书》一书中有一篇《正葛》，文中提出关羽之死是刘备、诸葛亮借孙权之手造成的，其中诸葛亮的意见占主导。在章太炎看来，诸葛亮是一位深谋远虑的政治家，为避免集团内部可能发生的内讧，会不惜一切手段消除这些隐患，而关羽正是蜀汉未来的"隐患"。章太炎认为诸葛亮是杀关羽的"罪魁祸首"，综合起来，其理由有以下几条：

首先，关羽危难之时诸葛亮没有派兵相助。章太炎认为"昧者讥其无远略，而或解以败问之未通"，意思是不明白的人讥笑诸葛亮没有远见，而有的人则用诸葛亮想借失败问罪关羽来解释，这些说法是讲不通的。章太炎为什么认为讲不通呢？因为诸葛亮见识卓群，不会看不到关羽面临危机，以上都不是不发兵的理由。章太炎认为，诸葛亮不去救关羽的真实理由是关羽"功多而无罪状，除之则不足以压人心，不除则易世所不能御，席益厚而将挚挠吾大政"，也就是关羽已经成为"虎臣"，不好掌控，所以才决心除掉他。

其次，诸葛亮曾用同样的理由除掉了刘封。对于刘封之死，章太炎认为："葛氏特以刚猛难任，不可用于易世，劝先主除之。是杀之以罪，杀之之情则不以其罪也。"在章太炎看来，刘备并没有要杀刘封的意思，完全是由诸葛亮竭力怂恿的，而这是一个冤案，杀刘封的理由不是公开说的那些，而是背后另有盘算，既然刘封因易代之后不可控制而应清除，那么关羽也一样。

再次，诸葛亮年轻时喜欢吟诵《梁父吟》，这首诗大有文章。《梁父吟》讲的是"一朝被谗言，二桃杀三士"的故事，核心是假借他人之手除掉政治对手，看来诸葛亮早就对此道十分谙熟，对于可能构成政治隐患的人，无论是谁都不会手软。章太炎后来还说："诸葛治蜀，赏信必罚，彭羕、李严皆纵横之魁杰，故兼诛而严流。"彭羕的情况前面已经说过，而李严是刘备后来在白帝城托孤时指定的另一位辅政大臣，这两个人都很有本事，但也都被诸葛亮"整治"过。章太炎的意思是，诸葛亮在政治斗争方面是一个"狠人"。

正是有以上这些理由，章太炎提出了诸葛亮借他人之手除掉关羽的结论。这个观点很惊悚，但论据及推理过程却相当勉强。说诸葛亮没有出兵救关羽，看起来似乎是事实，但这里有客观方面的原因，而章太炎却没有仔细去分析。说诸葛亮除刘封，这也是事实，但在这件事情上诸葛亮的确也有充足的理由，所以能说服刘备。关羽不同于刘封，不会从血统上对刘禅形成挑战，"尾大不掉"只是猜测，以关羽对刘备的感情，这种可能性非常小，诸葛亮不会因此而有杀关羽的念头。即使诸葛亮有杀关羽的念头，刘备也难以同意。最重要的是，借他人之手除掉关羽，势必付出失去荆州的代价，无论刘备还是诸葛亮都不会有这种疯狂的念头。对刘备来说，失去荆州的代价实在太大了；对诸葛亮来说，这个代价不仅大，而且意味着痛苦和牺牲，诸葛亮有许多亲友仍在荆州，难道为了一个关羽就果断地放弃他们吗？

章太炎的《正葛》一文充满了猜测成分，并没有太大的说服力。然而，章太炎是著名学者，史学方面的造诣也十分深厚，他为什么抛出了一个并不靠谱的观点呢？载有《正葛》一文的《訄书》初刻于1900年，此时中国正处在风云激荡之时，章太炎不仅是著名学者，更是一位著名的革命家，他青年时代告别诂经精舍，投身于改良和革命活动，此后多次坐牢和流亡。章太炎投身革命的年龄正好与诸葛亮出山的年龄一样，都是27岁，诂经精舍某种程度上相当于隆中的草庐，所以章太炎对诸葛亮有着特别的关注。只是，章太炎年轻时对诸葛亮多持批评态度，他写《正葛》一文，目的其实是以古讽今，想表达的是，有些人为了巩固政权可以不惜采取各种手段，其做法是值得批判的。这一阶段的章太炎对黄兴等革命者就多有批评，对袁世凯则充满好感，章太炎的这种思想，核心在于对中国革命的复杂性和长期性缺乏认识，《正葛》一文抛出的惊世之论，发泄的是章太炎对当时混乱政治形势的愤懑之情。

《訄书》出版十五年后的1915年，章太炎对该书做了较大修正，改名为《检论》重新出版，其中《正葛》是章太炎重点修正的一篇文章。在修订这篇文章时，章太炎一开始想把《正葛》改名为《评葛》，后来又觉得不合适，遂改为《议葛》，快要出版时，他又改为《思葛》，从这些改动中可以看出，章太炎对诸葛亮的看法在不断发生改变。就刘备、诸葛亮借他人之手杀关羽的观点，章太炎进行了认真反思，他说："少时所称云尔，晚涉季世，益窥古人用心。"承认自己当初阅历不够，臆猜了古人。章太炎认为，关羽虽然未能较好地落实蜀吴联盟，但"其才可辅而用也"，刘备、诸葛亮没有除掉他的理由。章太炎早年对诸葛亮多有批评，这时也修正了看法，他说："武侯本布衣诸生，规在救民。"还认为诸葛亮北伐是得到人民支持的，章太炎说诸葛亮"始出斜谷，则三郡响应，屯田渭滨，而百姓按堵，其以抚和黎庶，远倾敌国，道至弘矣"。应该说，章太炎晚年的这些观点更为成熟，对诸葛亮的评价也更客观。章太炎年轻时抛出了刘备、诸葛亮借他人之手杀关羽的不成熟观点，但他又能本着实事求是的精神对这个观点进行了彻底修正，今人应该学习章太炎这种严谨求学、自我批判的治学精神，而不是乱引他的那些并不成熟的观点。

总之，根本不存在"借刀杀人"，诸葛亮不曾有，刘备也不曾有。至于战役从开始到结束这几个月时间里成都方面没有大的动作，结合前面的讲述，大致可以总结为以下四点：一是因为益州和荆州间道路阻隔，联系不便，关羽坐镇荆州期间大本营在南郡的公安，与成都之间最便捷的联络通道是长江，但须逆流而上，乘最快的船也需要十余日，关羽率军北上以后，战场又移向长江以北几百里的襄阳、樊城一带，信息交换一来一去最快也得论月计算，刘备、诸葛亮难以及时了解前方的情况；二是如前所述，关羽发动此役事先并没有跟刘备、诸葛亮认真商量研究，没有形成战役的整体方案和规划，关羽北伐是在形势变化和天气因素相叠加情况下决定的，属于仓促起兵，而北伐初期，刘备又在由汉中回成都的路上，诸葛亮不在刘备身边，刘备只能走一步看一步，造成反应不及时的问题；三是关羽北伐战役虽然于这一年的八月开始发动，但转折点出现在十月以后，开始阶段关羽一路高歌猛进,气势压倒对手,不存在紧急救援的问题,关羽大概也没有想到要向成都方面救援,刘备回到成都后,即使收到了荆州方面传来的消息,那也都是捷报,对于关羽可能产生的危机或许有认识,但不会那么急迫,不会想到转眼之间关羽就会陷入绝境;四是战役成败的关键是孙权的背后一击,当时孙权是盟友,曹操是敌人,对于孙权会背后一击的事任何人都无法预知,孙权的一举一动只有在荆州的关羽最清楚,远在益州的刘备和诸葛亮是很难把握和预料的。正是由于以上原因造成了成都方面救援不及时的问题,这都是客观情况造成的,而没有主观故意。

但不管怎么说,荆州丢失、关羽被杀,对正在鼎盛时期的刘备集团而言都是沉重打击。这也改变了曹操、孙权和刘备三者之间的关系,以往传统意义上的孙刘联盟看起来已无法继续。过去"二弱"联合起来尚能抗"一强",现在孙权似乎变得越来越强了,又站在了曹操一边,对刘备而言岂不成了"一弱"对"二强"?

六、非常之人,随风而逝

建安二十四年(219)年底,孙权用突然袭击的办法杀了关羽,夺取了荆州,听到关羽死讯时,曹操身在摩陂。"陂"指的是大型的池塘,也就是水库。摩陂位于今河南省郏县东南,大体位置在许县与南阳郡之间,曹操在此建立了临时指挥部,指挥襄阳、樊城战役。建安二十四年(219)十二月,徐晃率部回师宛县,之后又前往摩陂向曹操汇报此战情况,曹操亲自迎出七里,又置酒大会为徐晃庆功,席间曹操亲自为徐晃举杯劝酒。曹操自己老了,像徐晃这样能征善战的猛将也慢慢老了。

不久,由居巢赶来增援的张辽所部也赶到,此时荆州战事已经基本结束,曹操命张辽率部也赶到摩陂,张辽快到时曹操乘辇出营迎接。还有一部分参加荆州会战的人马陆续赶到,摩陂一下子成了曹操的大军营,曹操不停地出来到各营慰问,有很多新加入曹营的将士还从来没有见过魏王,在曹操慰问的时候都争着一睹他的风采,只有徐晃所部军营整齐,将士原地不动,曹操赞叹道:"徐将军有周亚夫的风范哪!"那些跟随曹操南征北战多年的将士,此时再见到魏王时,发现他突然老了,行动已经开始迟缓,目光也不像先前那么犀利有神,经过连续不断的打击和日夜操劳，他们的魏王已经彻底成了个老头子。

过了年曹操就66岁了，在那个时代已属于高龄。经过几次征战和叛乱，曹操在南阳郡和南郡北部原来的势力范围已经变得满目疮痍，民生凋敝，很难在短时期内恢复生机，曹操想把这一带的老百姓以及在汉水两岸屯田的军士迁到内地去。司马懿认为这样做不妥："荆楚地区向来局势不稳，关羽刚刚战败，那些想作恶的人正在观望，如果把那些一般的百姓全迁走，既伤了百姓的心，也使这一地区的局势更难收拾，原来逃走现在想回来的人也不敢回来了。"曹操认为有理，停止了迁移计划，逃到外地的人陆续回来了不少。

杀了关羽，解了襄阳、樊城之围，"首功"应该是孙权，曹操上表汉献帝拜孙权为骠骑将军，假节，兼任荆州牧，封南昌侯。之前孙权的军职是车骑将军，虽然也相当于全国武装部队副总司令，但地位略低于骠骑将军。至于荆州牧，孙权自己曾表奏给了刘备，曹操现在以朝廷的名义正式明确为孙权，承认了孙权对荆州的占有。

孙权对此很满意，这一年荆州遭遇严重疫情，孙权下令免除荆州的租税，假节的授权里有没有这项不得而知，算是孙权行使了一次特权吧。为了答谢朝廷和曹操，孙权派校尉梁寓带着贡品前往许县。梁寓的事迹不详，只知道他字孔儒，是吴郡人，孙权派梁寓进贡，除了答谢还有观察北方形势的目的。

孙权同时下令释放之前在皖城之战中俘获的朱光、董和等人。梁寓还捎来了孙权写给曹操的一封信，信中孙权直接向曹操称臣，认为这是上天的意思。孙权虽然得了荆州，但自知也惹了大祸，为了应对可以预见刘备发起的报复行动，他在曹操面前不得不把姿态再放低些。曹操把孙权的信给大家看，笑着说："这小子是想让我坐到火炉上烤哇！"但是侍中陈群、尚书桓阶等许多人都认为曹操应该接受："汉祚已终，也不是今天才开始的。殿下功德巍巍，天下瞩望，所以孙权都自愿称臣。此天人之应，异气齐声，殿下应该正大位，还有什么可犹豫的呀？"夏侯惇等人也表达了类似的看法："天下人都知道汉室寿命已尽，异代方起。自古以来，能除民害为百姓所归的，即是天下的主人。殿下从戎30多年，功德著于黎庶，为天下所归，应天顺民，不要再犹豫了！"

可曹操意志却很坚定，他对大家说："如果上天真有此意，我也只愿当周文王。"曹操一生多次提到周文王，看来他对周文王的功业及品德很景仰。周文王名叫姬昌，是商代贵族，他遵从先人之法，继承祖先的业绩，礼贤下士，日益强盛。当时殷纣王执政，残虐无道，他害怕姬昌，把他囚禁起来，但是姬昌设法重获自由，之后励精图治，发展自己的力量，为讨伐商纣王做准备。后来姬昌死了，他的儿子姬发继位，也就是周武王，最后完成了父亲周文王讨伐商纣的遗愿。曹操明确地告诉大家，他在世时不想称帝，如果曹氏有代替刘氏承祚天下的那一天，也是在他儿孙辈手里完成。曹操不愿意称帝，不是他觉得自己没这个实力，也不是他没有过这样的想法，而是他觉得自己确实老了。他想把那件事留给子孙去做，这是他的真心话。

曹操在摩陂度过了他生命中的最后一个新年，随后下令回师邺城，他没有在许县停留，可能还是不愿意见到汉献帝吧，不过他绕道去了洛阳。建安二十五年（220）正月，魏王曹操一行抵达洛阳。几个月前，曹操从汉中率大军回来时也在洛阳做过停留，他在这座城市生活过多年，20岁走上仕途也是从洛阳开始。多么美好的岁月呀，虽然只是一个小小的洛阳北部尉，却让那时的生命如此充满激情，也充满期望。

眼下洛阳已残破不堪，经过战争的洗礼，尤其是经历了董卓纵火的摧残，洛阳几乎成为废墟，包括曹家旧宅在内的大部分建筑都成为一堆堆瓦砾，但曹操对这里仍然充满了感情，曹操命令有关部门对原洛阳北部尉官署进行了复原，并特别强调修得比原来还要气派，这再一次证明曹操确实老了，只有老人才更留恋和回味自己的过去。

这一次由摩陂来到洛阳，曹操打算在此住一段时间，他下令在洛阳修建宫殿，宫殿的名字都起好了，叫建始殿，但是在施工过程中却接连发生不祥之事，为修建始殿，工匠砍伐濯龙祠里的树木，但是奇怪的事发生了，树被刀砍之后却流出了鲜血。还有一个记载，说曹操命令工程负责人苏越把一棵梨树迁走，在挖树根的时候树也流出了鲜血。苏越把情况报告给曹操，曹操亲自前去察看，果然见到树根出血，心里很厌恶，认为这是不祥之兆。

曹操一下子病倒了，他知道自己已来日无多。去年曹操曾发布过《遗令》，对自己陵寝的位置进行了详细交代，他要求把他葬在邺县城西西门豹祠西边的高岗上，地方确定后曹丕等人就开始修建陵墓，这就是曹魏的高陵。病重期间曹操又发布了一份遗嘱，这篇文献正史没有提及，它保存在陆逊的孙子、晋朝著名文人陆机所写的一篇文章里，大致如下："半夜里我觉得稍微有点不舒服，天明时喝粥出了点儿汗，服用了当归汤。我在军中坚持依法办事，这是对的，至于因为一时之怒而造成大的过失，这些不应当学。天下还没有完全安定，古代的葬仪不必完全遵守。我有头痛的毛病，很早就开始戴头巾，我死后，丧服跟平时穿的一样就行，这个别忘了。文武百官来吊孝的话，只要哭15声就行。葬礼完毕即脱去丧服。驻守在各地的将士都不要离开驻地，各级官员要认真履行职责。入殓时不必再换衣服，不要用金玉宝器来陪葬。"

《遗令》对后事交代得很具体，还说道："把我葬在邺城西边的高岗上，与西门豹祠紧邻，我身边的婢妾、歌伎等，都让她们住在铜雀台上，好好对待她们。在台上安放一张六尺长的床，挂上帷幔，一早一晚供上祭物，每个月的初一、十五，从早到晚向着帷幔歌舞。你们要经常登上铜雀台，远望我西面的陵园。我留下的香料可以分给各位夫人，不要用香料来祭祀。宫人们如果无事可做，可以学着纺织丝带、做些鞋子卖。我一生为官所得的各种绶带都存放在库房里，我留下来的衣物可存放在另外一个库房，不行的话你们兄弟就分掉吧。"

这篇遗嘱不太完整，中间可能佚失了不少内容，从语气上看它是写给曹丕兄弟们的，中间既有自己人生经验的总结，也有如何安排后事的具体交代，有些地方说得很细，有点婆婆妈妈，让人跟雄霸天下的曹操无法联系起来。人之将死，其言也哀、也善、也真，后世对曹操颇有争议，但对他之前发布的《让县自明本志令》以及这篇临终遗嘱，都不约而同地给予了高度评价，认为这是一个男人真性情的流露，是曹操本色的体现，这篇遗嘱也为后世留下了一个"分香卖履"的典故。

建安二十五年（220）正月二十三日，魏王曹操驾崩，享年66岁。曹操出生于汉桓帝永寿元年（155），20岁出仕，30岁时赶上黄巾起义，在镇压黄巾军的过程中一步步走上历史舞台。35岁时，曹操起兵反抗董卓，经过10年奋战，成为雄踞一方的诸侯。42岁时曹操迎汉献帝于许县，46岁时在官渡之战中打败袁绍。48岁时，曹操远征乌桓取胜，基本统一了北方，但是第二年即遭遇赤壁之败。曹操42岁时担任汉朝司空，54岁时担任汉朝的丞相，59岁时晋爵为魏公，62岁时晋爵为魏王。

无论什么样的英雄首先是一个普通人，他们也有血有肉，有喜怒哀乐，有自己的个性和脾气。从性格上来说，曹操实际上是个有点内向的人，但有的时候又表现得十分外向，他是一个性格极为复杂的人，这可能与他特殊的出身有关。

曹操出身于宦官家庭，祖父曹腾是个大宦官，这个家庭给他带来了财富和权势，但也让他从小遭受别人的议论和歧视，曹操走向社会后竭力摆脱这个家庭带来的负面影响，他倾心结交士人，努力与宦官集团划清界限，消除那些不利影响。另一方面，曹操的母亲去世得很早，他出身于一个单亲家庭，这一点有些像诸葛亮，这对曹操的心理成长也有一定程度的影响。

曹操的独特经历使他的性格呈现出多面性和复杂性，他很要强，希望得到社会的认可，于是拼命地表现自己，他在《让县自明本志令》里坦露过自己早年的心路历程，那时候他的人生目标还不是很大，开始想当个称职的郡太守就行了，后来的志愿是死的时候能当上征西将军，这应该是真实的，不是成功后的曹操故意作态。曹操越是渴望别人理解、关注和认可，心里越是敏感和多疑，这给他造成了很大的心理压力。

平时曹操对待下属既宽和又严厉，他很有威严，很多下属都怕他，对最亲近的下属，曹操也很少跟他们称兄道弟，他们之间的"君臣"关系十分明显，下属们对他表现出来更多的是崇敬。但曹操严肃的时候很严肃，活泼起来也很活泼，他不喜欢穿官服和正装，喜欢穿便装，平时在身上带个小香囊，里面装着手巾等随身细物，史书上说他还亲自设计了一种叫"帢帽"的帽子，目的是节俭且穿戴方便。曹操跟熟悉的人在一起时往往很随意，喜欢开玩笑，说到高兴之处，就欢悦大笑，有时头都埋在了杯盘里，菜肴的汤汁沾满巾帻，有的史书说他不够稳重、没有威仪，但反过来，也可以说他没有架子、平易近人。

曹操的个人爱好很丰富，他的诗文属于当时的最高水平，他一生四处征战，事务繁忙，但只要一有时间他就登高赋诗，他写的诗经常被谱成歌曲演唱，这是因为曹操本人也很懂音律，可以和当时最优秀的音乐家桓谭、蔡邕相提并论。他还是一个围棋高手，可以与当时最著名的棋手山子道、王九真、郭凯等一决高下，他擅长骑射，能亲自射杀天上的鸟，也能亲自捕杀猛兽。曹操还在城市建筑规划和器具设计方面有突出才能，经常亲自制定宫室、器械的"法则"。

总之，曹操是一个精力充沛、个人能力突出、性格丰富的人，是一个有文治武功，也充满个人魅力的人，他是那个时代造就的，他用自己丰富的人生辉映了那个时代。陈寿评价曹操的一生说，汉末天下大乱，群雄并起，袁绍虎视于四州，强大到无人可敌。曹操依靠智慧和计谋，以武力统一全国。他采用申不害和商鞅的法制、权术，吸取韩信、白起的奇思妙计，设置官职，任用人才，让他们发挥自己的才干。同时能克制自己的感情，冷静思考问题，不计较别人的过错。陈寿认为，曹操之所以能总揽朝政大权，完成建国大业，完全在于他的见识和谋略是那个时代第一流的，他是一个非同寻常的人，是超世的英才。司马光对曹操的评价是，曹操最能知人善用，能洞察人的内心。他发掘提拔那些有才能的人，无论他们出身如何卑微。他善于用兵，与敌人对阵，有时看似安闲，然而一旦时机成熟，立即发起霹雳攻击。对于建立功勋的人，他赏赐起来不吝千金，没有功劳的分毫不与。他执法严厉，只要犯罪绝不轻饶，即使痛哭流涕求情，也绝不宽赦。他性情节俭，不好奢华。司马光认为，正是由于曹操有以上这些优点，因此他才能芟灭群雄，几乎统一了中国。

曹操一生中的大部分时间都在南征北战中度过，较之西汉初年的刘邦和东汉初年的刘秀，曹操可能都会有生不逢时之叹。刘邦只用六年就取得了天下，刘秀用的时间更是不到四年，而曹操打了30多年的仗，直到临终前还在四处征战。其中的原因，有很多值得分析总结。

从战略层面看，造成这个结果在很大程度上是三足鼎立这种特殊局势所形成的。三个支点形成一个面，三足可以形成一个稳定结构，具体的政治和军事形式当然更复杂些，但曹魏"一强"对蜀吴"两弱"，这种格局形成了一种较难打破的平衡，蜀吴只要联起手来，曹魏就很难同时战胜他们，这是一种"恐怖平衡"。

除大势外，有没有主观上的原因可以总结呢？应该也有。从曹操自身来说就有可以总结的地方，比如曹操用兵的特点。曹操擅长突袭战，擅长孤军深入作战，尽管手下战将如云，其中不乏一流的猛将，但曹操仍然有亲自带兵执行重要任务的习惯，他曾不止一次带兵孤军深入，如乌巢奇袭战、远袭白狼山之战以及当阳追击战等，曹操都是亲自率孤军深入作战，作为一名军人，身先士卒、不怕牺牲是优点；作为一名统帅，过于冒险又是不足。《孙子兵法》说"将者，智、信、仁、勇、严也"，在为将的五种基本素质里勇敢只排在第四位，比它更重要的是智谋、威信和对士卒的仁爱，当然不是说曹操在智谋等方面不足，而是说曹操凡有大事都习惯亲力亲为，这未必是明智之举。刘邦手下有韩信，刘秀手下有邓禹，就连孙权手下都有周瑜、陆逊，这几位都是"元帅级"的人物，可以帮助主公独当一面，而曹操手下没有这样的人。

这又是为什么呢？因为重要的事情你自己都亲自干了，别人没机会。曹操手下的重要将领以"诸夏侯曹"为核心，无论曹洪、曹仁还是夏侯惇、夏侯渊都不具备"元帅"的资历和气势，具体完成一项任务没问题，但无法替曹操指挥一场大战役。曹操晚年，夏侯渊曾独自镇守汉中，却因一次战场上的冒进而战死。在曹操的管理体系中，无论文武都以他为核心，武将中有一批资历差不多的人，个个听命于曹操，但也往往只听命于曹操，所以经常出现诸将之间互不服气的情况。从管理学角度看，扁平化可提高执行效率，但过于"扁平"会因管理手段的单一而引发内部的矛盾。

曹操的身边如果有一两个韩信、邓禹、周瑜那样的得力助手，就可以在自己指挥一个战场时去领导另一个战场，从而使曹魏能同时打赢两场战争。曹操身边没有这样的人，所以在实战中只能攻一方、守一方，这就让蜀、吴抓住了他的弱点，他们经常从东、西和中三线同时向曹魏发起攻击，让曹魏首尾不能相顾，造成了曹操生前难以捕捉到统一天下的机会。

第十四章 汉魏禅代

一、新魏王即位

曹操驾崩于洛阳时，王后卞氏以及太子曹丕都不在身边，他们和曹植都在邺县，曹彰在长安。经过各方面商议之后，大家共推谏议大夫贾逵主持丧事。曹操驾崩的消息对各方面震动都很大，有人认为应该秘不发丧，贾逵认为不可，而是立即公开发丧，并让大家前来瞻吊魏王遗容，之后命令大家各返岗位不得擅动。只有青州军不听指挥，他们擅自击鼓离去，有人认为应该命令他们不得妄动，如果不从就派兵征讨。贾逵知道这支最早改编自黄巾军的队伍一向军纪最差，独立性最强，除魏王之外，只有于禁能镇住局面，现在魏王驾崩，于禁身陷孙权军营中，没有人能管得住他们。

贾逵认为对青州军应该安抚，他写了一篇很长的檄文，告诫青州军自我约束，同时命人继续给青州军发放给养，局势才稳定下来，青州军的骚动给大家提了醒，有人建议把各地的郡太守、县长都撤换成沛国或者谯县的人。这是个愚蠢的建议，魏郡太守徐宣当即严厉驳斥："如今大家同舟共济，每一个人都怀有忠义之心，如果全用沛谯人士，将会让那些忠臣心寒！"这条提议最终没有实行，没几天鄢陵侯曹彰从长安赶到洛阳，他一到就向贾逵询问魏王的印信放在什么地方，贾逵一脸严肃地说："魏国有指定的继承人，魏王的印信不是你该问的。"曹彰之所以这么问是有原因的，因为曹操临死之前曾急召曹彰来，但曹彰未到曹操已经驾崩，曹彰认为父亲肯定有什么大事交代给自己，所以很关心父亲印信的去向。

有一个记载说，曹彰认为父亲想交代给自己的是有关继承权的大事，后来他见到曹植时说："先王召我，是想立你为接班人。"曹植对这类问题早已如惊弓之鸟，赶忙说："不可不可，兄长没见袁氏兄弟吗？"如果这个记载是真的，说明曹植还算清醒，袁氏兄弟的教训倒在其次，关键是他的哥哥曹丕在这一两年里已经基本完成了对异己势力的清除。曹植明白，纵使父亲临死前把他本人找到跟前，亲手把印信交到他的手上，这个班他也接不了。在贾逵等人主持下，魏王的灵柩运回邺县。

曹操驾崩的消息传到邺县，曹丕及文武官员无比悲痛。曹丕号哭不止，无心过问任何事，担任太子中庶子的司马孚劝道："大王刚刚去世，正有许多国家大事需要料理，不能效法普通百姓的孝行。"曹丕这才止了哭泣。臣属们也聚到一起放声痛哭，正常的办公秩序完全被打乱，司马孚呵斥大家："大王去世，天下震动，你们应该赶紧拜见太子，安定人心，难道只会在一块儿哭？"大家这才停下，赶紧忙正事。司马孚是司马懿的弟弟，他们的大哥司马朗已经去世。在司马孚等人的主持下，在魏王灵柩没有到达邺县前已经开始筹备丧事，对于太子何时继位，大家有了争论。

有人认为太子继位应该先有天子的诏书，尚书陈矫认为："大王在外面驾崩，现在人心惶惶，太子应该立刻即位，以安天下之心。"陈矫更直言不讳地说，曹彰就在魏王的灵柩前，随时可能有变。曹丕于是决定提前即位，只用了一天时间就做完了各项准备，第二天早上宣布由王后卞氏发布的诏令，命太子曹丕继承王位，大赦天下。没过几天汉献帝的诏书也来了，御史大夫华歆亲自送来丞相和魏王的印信，诏令新魏王仍兼任冀州牧，尊王后卞氏为王太后。

为了向新魏王表达祝愿，汉献帝下令改元为延康，使用了25年的建安年号结束，公元220年便有了两个年号，正月是建安二十五年，正月以后是延康元年。刚改过年号才几天，延康元年（220）二月一日，洛阳一带的人们就观察到了日食。这是上天哀悼已故魏王的离世，还是魏国新政权的不祥之兆？在这个多事之秋，每个人或许都有着自己的解读。

二、曹丕的开局

一个时代结束了，但也意味着另一个时代的开始，开启这个新时代的人，就是万众瞩目下的新魏王曹丕。曹丕继位后办的第一件大事当然是为父亲安葬，曹操生前指定的陵寝高陵已基本竣工，就在邺县附近。古代讲究叶落归根，曹操为什么不安葬在故乡沛国谯县呢？在古代，普通百姓确实讲究死后埋骨家乡，不过对帝王来说这个观念比较淡，因为国就是家，故乡的概念已经泛化了，所以他们都把陵寝建在都城的附近而不是故乡，比如刘邦没有葬在沛县、朱元璋没有葬在凤阳、顺治入关后也没有葬在关外，他们的陵寝都在当时的首都近郊。

曹操虽然不是皇帝，但已经是魏王，邺县是魏王国的国都，按照惯例也应该葬在国都附近。谯县有曹氏宗墓，至今仍在，规模很大，里面葬着曹操的爷爷曹腾、父亲曹嵩等人，曹操如果葬回老家的祖坟，无论地位如何尊贵也都处于卑微的位置，这就是帝王们不能葬在自家祖坟的原因。另外还有一个现实的考虑，谯县归沛国，虽然归豫州刺史部，但距离扬州刺史部的合肥较近，接近孙吴，安全问题也不得不考虑。

曹操的葬礼由曹丕亲自主办，这是一次公开活动，并不像有人认为的那样是偷偷摸摸进行的，曹丕撰写了《武帝哀策文》，从中可以看出下葬的情景："在正式下葬之前进行了卜筮，宽阔的墓道通向墓室。墓室里如漫漫长夜，又如幽幽深宫，没有光明，没有尽头，多么令人悲伤啊！参加丧仪的人们已整齐站好，天、地、水三官也排列整齐，前面是高高举起的旗帜，中间还有人手执长戈。从现在起，先王将离开宫廷，到达被安葬的山岗。"

曹植也参加了葬礼，他写的是《诔文》，相当于悼词，有600多字，也记录了当时的一些情况："将要入葬时，穿的还是平时的衣服，印信没有带到身上，只带了印章上的丝带。陪葬用品也没有什么华美的，最值钱的只是素色的陶器。灵柩到达西陵，墓门慢慢打开，群臣送迎，我王就这样安葬了。在幽暗的墓室里，没有日月星辰之光，墓门落下来了，至尊的魏王将永远生活在里面。"从曹丕和曹植两位亲历者的记述看，曹操的安葬活动不仅公开，而且十分盛大，曹丕和曹植当然知道父亲被安葬的确切位置，他们也都亲自到墓室里察看过，所谓"曹操疑冢"的传言其实并不存在，但高陵距经常变换河道的漳河较近，受河水改道的影响，后来高陵的准确位置找不到了，因此才留下了至今未解的历史之谜。

办完丧事曹丕还有很多事要办，最为紧要的是调整"领导班子"。曹丕下令任命太中大夫贾诩为魏国太尉，御史大夫华歆为魏国相国，大理王朗为魏国御史大夫。这样的组合有点乱，但基本上相当于"三公"。华歆、王朗一向被认为是大名士，与田畴、邴原那样的名士相比，他们的政治热情更高，在一系列重要事件中他们都"经受住了考验"，对曹魏的忠诚可以放心。至于贾诩，虽然有过往的恩恩怨怨，但他是个聪明人，居高位却从不介入任何政治纷争，以腿疾为由平时也很少外出，也是可以让人放心的人。更为重要的是，在曹丕被册立为太子的过程中，贾诩曾出过大力。

荀彧、崔琰、荀攸以及郭嘉等人已离开人世，目前资格比较老的还有程昱，这次他没有步入魏国"三公"的行列，与早年在兖州期间他曾以人肉干充当军粮有关，这被认为触动了人伦的底线，受到舆论的诟病。以程昱的资历和贡献，按理说应超过上面这几个人，却只能担任卫尉这样低一级的职务。至于陈群、司马懿、吴质等人，虽然他们与曹丕关系更为亲密，是曹丕身边的核心智囊，但他们的资历还浅，需要进一步培养。军权是曹丕更看重的，军队里最重要的几个职务全部由"诸夏侯曹"担任，其中夏侯惇担任大将军，曹仁为车骑将军，在他们之下，曹洪担任卫将军，曹真担任镇西将军，曹休担任镇南将军。此外还有一个骠骑将军，介于大将军和车骑将军之间，曹操生前已给了孙权。与贾诩等人的职务不同，夏侯惇等人的军职都不是魏国的，作为刘汉朝廷下的属国，魏国没有设这些高级军职，所以这些军职只能由汉献帝发布。这些军职里最重要的当属大将军，论资历应该是曹洪，但曹丕不喜欢他，给了夏侯惇。

曹丕不仅不喜欢曹洪，甚至想杀他。曹丕刚被册立为太子时，手下的人一下子多了，平时想给大家发点儿福利，手头上就有些紧，曹操管得很严，曹丕只得另想别的办法。曹洪很富有，有一次曹丕开口向这位叔叔借几百匹绢，但曹洪却不给。曹丕是个记仇的人，这件事就记在了心里。所以曹洪只当上了挂虚衔的卫将军，后来还遇到了更大的麻烦，有一年曹洪的门客犯法，曹洪因为连带责任被抓入狱，曹丕抓住机会竟然要判曹洪死刑。大家觉得曹洪有点儿冤，但曹丕意志很坚决，群臣吓得不敢说话。

曹丕下令处死曹洪时曹真刚好在场，曹真和曹洪关系也不好，但毕竟是老前辈，曹真有些顾虑："您今天要杀曹洪，他肯定会认为是我陷害的。"曹丕说："我自然会处理好，你不必多虑。"眼看曹洪命将不保，卞太后急了，找到曹丕一顿怒斥："没有曹子廉，咱们能有今天吗？"虽然被母亲骂了，曹丕仍然不动摇，还是想杀了曹洪。这时曹丕的皇后是郭氏，曹丕对她很宠爱，从来言听计从，卞太后把郭氏找来，吓唬她："曹洪今天要是死了，我明天就让皇帝废了你这个皇后！"郭氏害怕了，多次为曹洪求情，以至于流泪，这样曹洪才保住一命，改为免官削爵。

安排好人事，曹丕对内又一连推出了多项重要举措。

第一项，减轻赋税。延康元年（220）二月，即曹丕继位魏王的当月，即下令："关口、津道是用来通商旅的，池塘、苑囿是用来抵御灾荒的，设置禁规、加重税收都不是便民的办法，现在要清除有关禁令，减轻关津税收，税率一律定为十税一。"经过连年战乱，经济受到极大破坏，为支持战争各地又加重了税赋，适当地降低税率、减轻百姓负担不仅能赢得民心，而且有利于经济的恢复发展。

第二项，赏赐百官。还是在这个月，曹丕下令对诸侯王将相以下百官进行赏赐，最多的有一万斛粮食、1000匹帛，还有大量金银，按品秩不同人人有份。这也是赢得人心的一项举措，这项措施惠及各级公务人员，大家刚刚升了官，现在又拿奖金，自然皆大欢喜。之所以实物赏赐为主而不是通行的五铢钱，是因为现在物价飞涨，发东西比发钱更实惠。

第三项，抚恤已故老臣的家属。那些故去的老臣，名气大一些、生前地位较高的人还好说，像荀彧等人他们的子弟都得到了很好的照顾，但不是所有人都能照顾到，那些名气和影响小一些的老臣，家属子弟难免照顾不到。曹丕下令表彰已故老臣们的功绩，如尚书仆射毛玠，奉常王脩、凉茂，郎中令袁涣，少府谢奂、万潜，中尉徐奕、国渊等，曹丕下令表彰他们忠直在朝、履蹈仁义，征召他们的子弟担任公职。

第四项，禁止宦官担任重要职务。20多年前一群大宦官被消灭了，宦官干政的痼疾被清除，但那次消灭的是宦官篡权而不是宦官制度本身，有帝王就有内宫，有内宫就少不了宦官，从汉室到魏宫，其实一直都有宦官的存在。为避免宦官重新崛起，曹丕下令宦官担任的最高职务不得超过诸署令，诸署指的是后宫里负责服务的太官、御府、尚方、中藏府等机构，诸署令是他们的负责人，这些部门的日常工作只是打扫打扫卫生、保管保管东西、负责饮食起居这些事，不涉及政务和军务。为把这项政策传之后世子孙永远铭记，曹丕命人把它刻在金属板上，藏在保管重要档案图册的石室里。

以上这些措施受到上上下下的一致欢迎，鼓舞了曹魏军民的士气，曹丕的威望也树立起来。外部的情况也不错，好事接踵而至。听说曹丕继位魏王，濊貊、扶余单于、焉耆、于阗王等少数民族部落当即遣使奉献，又过了几个月，叛乱的鲜卑部族首领、关中地区冯翊一带的山贼郑甘、王照，以及卢水地区的胡人首领等也纷纷率众投降。

曹丕很高兴，拿着这些降书给大家看："前面有人建议我讨伐鲜卑，我没听，鲜卑不战而降；又有人建议我在今年秋天讨伐卢水的胡人，我也没听，胡人现在也投降了。当年魏武侯一谋应验，有自得之色，李悝因此讥笑他。我今天说这个并不是自以为得意，而是说坐在这里等他们归降，功劳远远大于动刀动兵啊！"说不得意，其实很得意，曹丕下令对投降的山贼和部族首领皆封为列侯。随即发生了孟达来降事件，曹丕更得意了。万国来朝，众叛归降，不仅解决了实际问题，而且预示着好兆头。这样的开局，顺利得超乎想象。

三、对孙权还要敲打

再来说说刘备。得到汉中却失去了荆州，对刘备来说得不偿失，关羽死了，刘封因不救援而被杀了，孟达、糜芳、傅士仁等人投降，刘备手下的重要干部损失很大，尤其是追随自己近30年的兄弟关羽就这样没了，刘备悲从中来，恨从中来，忧从中来。但伤心的事还没完，"汉中国"尚书令法正、后将军黄忠也在这个时候先后去世。黄忠是汉中之战的头号功臣，他的死让刘备刚刚拜封的"四方将军"顿时少了一半，而法正的死给刘备的打击更大，甚至不亚于关羽。

庞统死后刘备视法正为谋主，言听计从，信赖有加，汉中之役充分展示了法正的奇谋，但天妒英才，法正居然这么早就死了。法正是如何死的史书记载不详，应该是健康方面出了问题。不过有一件事对法正可能会造成一定打击，那就是孟达的投降。大家都知道他和孟达之间的特殊关系，而孟达赴任也是他力荐的结果，现在出了这么大的事，法正心里肯定在难过之外还有许多愧疚。

法正死后，刘备得重新为自己选一个尚书令，最后他选的是刘巴，尽管他不太喜欢这个人，但刘巴在解决益州金融危机中的出色表现让刘备见识了他治政理财方面的才干，打仗靠猛将，过日子就得靠这样会理家的能人，所以刘备还是选择了他。刘巴平时清廉节俭，不贪财，又因为自己在刘备阵营里没有根基，担心受到猜疑，所以说话做事都很谨慎，喜欢清静，平时没有私交，和大家在一起不是公事不说。有能力，又不多事，这是老板最喜欢的职业经理人。诸葛亮对刘巴一向很欣赏，刘备任命刘巴做尚书令想必也有诸葛亮大力举荐的原因，有刘巴这个助手，诸葛亮肩上的担子轻了不少。

曹操驾崩的消息传到成都，作为争斗了半辈子的老对手，曹操的死让近段时间一直压抑着的刘备终于能喘口气了。但是，毕竟老对手也是老朋友，刘备想到还是应该有所表示。刘备派人带上自己的书信和丧礼前去吊唁，有一种记载是，刘备派的这个人叫韩冉，职务是刘备手下的一名掾，但是他却未能完成使命。韩冉走到荆州，进入曹魏控制的地盘就被曹魏的荆州刺史扣了下来，刺史请示曹丕如何处置，曹丕回复很干脆，不要来了，也别让他回去，杀了。

两国交兵不斩来使，何况是来吊丧的？曹丕不仅不厚道，简直不地道。而且，曹丕此举明显缺乏政治远见，荆州出现变局后三方正处在微妙时刻，孙权得了便宜却惴惴不安，刘备咬牙切齿势在复仇，在战略上对曹魏来说正是最有利的时机，聪明的做法是继续激化孙刘两家的矛盾，他们来示好一律欢迎，让双方都觉得自己是他们的朋友，这样他们之间打起来的可能性更大了。刘备派特使前来吊唁，分明是在试探新魏王的态度，现在把特使杀了，于情于理于战略利益都不符，如果真是这样，曹丕的政治智商就差得太远了。

但还有另外一种记载，不仅更详细，而且与前面的内容不同。根据这个记载，韩冉的职务是军谋掾，相当于参谋处长，刘备送去的丧礼里有益州的特产蜀锦。韩冉领命后没有走荆州，走的是上庸这条路线，到上庸，他借口有病，就不走了，住在上庸。需要注意的是，上庸此时已经是曹魏的地盘了，不过负责人还是孟达，想必韩冉也认识，后来韩冉在孟达派人保护下到了洛阳，呈上了刘备的信和礼物。曹丕接见了韩冉，并对刘备派人来吊唁表示感谢。韩冉回去复命，并带来了曹丕的回信。

两种完全不同的记载，对比一下，后一种或许更靠谱。大国政治，不是以头抢地的庸夫之怒，曹丕没有大略至少也有"中略"，不会干那种傻事。

孙权称臣、刘备示好，这个局面实在难得。过去孙、刘联合起来打自己，局面大约是平手，现在他们两个即将打起来，无论谁胜谁负结果都一样，那就是他们都将进一步被削弱，以后他们即使再联合起来，也将不是对手。

在此情况下，出于战略上的考虑，对孙权和刘备的进攻都应该放缓，应该接受他们的示好，让他们马上就放心地开打，到时候再添把柴、加点火，让他们打得更凶一些。可是曹丕并不打算这么做，也许开局太顺利让他有些飘飘然，在他的战略里，既不想合纵也不想连横，他想来个硬碰硬，把刘备、孙权一块儿收拾了。曹丕继魏王位后不久发布过一份亲笔手令，里面写道："以此而推论，西南万里之域，刘备和孙权有谁会死守呢。"延康元年（220）六月，曹丕下令调集军队，在邺县城东举行阅兵仪式，魏王国公卿大臣全部参加，魏王曹丕坐着华盖车检阅部队，一切都按照战场环境鸣金击鼓操行。

当月，曹丕即下令南征孙权。这个决定十分奇怪，孙权已经臣服，又刚刚在荆州打了一场大仗，正担心刘备找他拼命，并无北侵曹魏的任何理由和迹象，现在讨伐孙权，似乎不合情理。曹丕的逻辑也许是，刘备要打孙权，他索性一块儿上手，双管齐下，两路夹击，也许孙权就过不了这一关。孙权灭亡，回头再收拾刘备不迟。

大军还未出发，霍性上疏劝谏，认为此时不可用兵，他提出现在这种情况下应柔道自守，外不与人争，对内修好自己，时机成熟时自然抗威虎卧、功业可成。霍性其人不详，只知道他是关中人，此时站出来反对用兵，或许跟他的职责所在有关。霍性担任的职务是度支中郎将，"度支"指的是财赋的统计和支配，这个职务是管财政税收的，在曹魏是大司农的属官。不久前曹丕接连推出多项措施，惠及百姓及百官，却苦了搞经济工作的官员，降税免赋，财政收入大减，又大发奖金，魏国的国库恐怕已经吃不消了，而这时大举兴兵，经济压力可想而知，所以霍性反对。

但曹丕不那么想，我去打孙权，你跳出来阻挠，什么意思？难道你是孙权派来的卧底？不管是不是，曹丕盛怒之下命情报部门把霍性抓起来审查，后来竟然把霍性杀了。杀谏臣历来是帝王忌讳的事，所谓"国将兴必赏谏臣，国将亡必杀谏臣"，霍性的意见可以采纳，也可以不采纳，但只是因为提意见而被杀，刚继位的曹丕将给文武官员和天下百姓一个什么观感呢？大概想到了这些，曹丕后悔了，下令释放霍性，但晚了一步，霍性已经被杀。

为了消除此事件的负面影响，曹丕马上发布了一道命令："过去轩辕设明台议政，放勋设衢室用于征问，这都是广泛征求意见的具体措施。今后百官以及各有关部门都要按照职守极尽规谏之责，无论将领率阵军法还是朝士明达制度、牧守申理政事、缙绅统考六艺，所有意见我都将认真审察考虑。"轩辕是黄帝，他设有明台；放勋是尧帝，他设有衢室。除此之外还有舜帝设立的旌旗、大禹在城中建鼓、商汤设刑庭，这些都是听取意见、广为纳谏的举措。

延康元年（220）七月，曹丕率大军路过老家谯县。自先王曹操以来似乎已形成习惯，那就是每次南征江东都要路过谯县，并在此停留一下，之前曹丕也曾随南征的大军在谯县住过一段时间，他还在谯县的一所旧居里种过几株甘蔗。不过，这一次对他来说有所不同，这是他第一次以魏王的身份重返故乡。

曹丕下令宴请六军将士及父老百姓，这场规模盛大的宴会在谯县城东举行，宴会上还有乐队演奏以及百戏表演。喝得一高兴，曹丕还下了道命令："先王都喜爱所生之地，因为礼不忘其本。谯县是霸王之邦，帝王从此而出，现在免除谯县两年的租税。"谯县百姓大悦，地方三老以及官民代表一齐为曹丕上寿，宴会一直到晚上才结束。次日，曹丕又亲自到谯县城外的曹氏宗族墓祭祀。

曹丕的此次故乡之行在后世却受到了非议，有史学家指出，子女应为父母守三年丧，上自天子、下自平民都应遵守。曹丕既然遵守汉朝的制度，就应该接受汉朝的礼仪，父亲刚死几个月，没有哀痛却设宴享乐，是值得批评的。其实，即使没有所谓的"三年之丧"，曹丕此次故乡之行也有些过于张扬，国家财政困难之际大吃大喝就不说了，免除谯县两年租税的做法也显得太随意，看来刚接班对国家真实的财政状况还不是完全了解，一句话就随便免除哪个地方的租税，以后的日子恐怕不好过了。

放下这个不说，再说此次军事行动。孙权听说曹丕来了，相当紧张，他正忙着对付刘备，万万不能开辟新的战场。孙权这时候大概认真反思了一下，他发现自己也许犯了一个致命的错误。曹操在时他是派过梁寓去表示自己的臣服，曹操还以朝廷的名义升他为骠骑将军，又让他兼任了荆州牧，他以为与北方的关系暂时没问题了，但是他错了，因为那时曹操当家，现在主事的是曹丕。孙权大概才突然发现，自从曹丕上位后他还没有过什么表示，人家能不给你脸色吗？孙权不敢再怠慢，马上派人带着东西向曹丕奉献，这一次派的是谁、送去哪些东西史书未作记载。曹丕其实并不想真打，他确实是想给孙权一个下马威，既然孙权服软，曹丕满意了，下令撤军。

这时，才就任大将军几个月的夏侯惇病逝了，对曹丕来说这是一大损失，曹丕以汉献帝的名义谥其为忠侯，由他的儿子夏侯充继嗣。曹丕与夏侯惇的几个儿子关系都很好，想让他们都有爵位，于是从夏侯惇的食邑中分出1000户赐给其他子孙，夏侯惇的7个儿子和2个孙子都成为关内侯，夏侯惇的弟弟夏侯廉及其子夏侯楙也被封为列侯。

夏侯惇生前以大将军的身份镇守寿春，是曹魏东线战场的统帅，他死后曹丕派曹休去接替，曹丕亲自为曹休送行，与他执手而别。不久，曹休升任征东将军，兼任扬州刺史，晋封安阳乡侯。

四、谁是那个"涂高"

延康元年（220）三月，沛国谯县有人发现了"黄龙"。龙并不存在，是人们出于对自然的敬畏、对神力的崇拜而创造出的能呼风唤雨又法力无边的神异生物，而所谓"黄龙"，除了有这些寓意之外还有特殊的含义。传说当年鲧治水失败后死不瞑目，尸身三年不腐。尧担心鲧的尸身会异变，于是派勇士用锋利的吴刀把鲧的尸身剖开，但没料到鲧的怨气酝积在腹中，化成一条黄色的龙，后来又变形为人，这就是鲧的儿子禹。

史书里如果记载的哪里发现了龙，一般只有目击报告，从来没有捕获过。通常情况下这种目击会让地方官员吓得要命，因为人间的龙已经有一位了，就住在皇宫里，当今天子，你这里又出现一条龙，是要来抢天下的吗？但谯县发现黄龙的事却被逐级报了上来，大家觉得这不是坏事而是好事。开始这件事倒没有引起曹丕的注意，过了几天有个人来求见，才把这件事重新提起。

这个人名叫殷登，事迹不详，只知道他是魏郡人。殷登求见，是来报告一件事，45年前，即汉灵帝熹平五年（176），谯县也发现过"黄龙"，时任光禄大夫的桥玄问太史令单飏这是什么征兆，单飏说这个地方以后会有王者出现，50年之内此地还会有"黄龙"再现。殷登说，桥玄和单飏说这些话时他正好在场，心里默默记下了这件事，现在不到50年"黄龙"果然再现于谯县，这是天命即将应验，他认为事关重大，不能不报告。

这件事的当事人只剩下了殷登，他说有别人也不好反驳，但搁在曹操，听到这些没有凭据的话肯定会置之不理，如果再折腾就会让有关部门对当事人来个诫勉谈话什么的。可曹丕一听说就来了兴趣，不仅亲自召见了殷登，而且对他进行了夸奖，称殷登为笃老，说他对占卜之术很有研究，能深谙天命之道，最后还赏赐他300斛粮食。这件事传了出去在社会上引起强烈反响，聪明人看到了其中的暗示，投机分子则看到了巨大的商机。

四月，饶安县上报，该地发现了白色的野鸡。野鸡多为赤铜色或深绿色，白色野鸡非常罕见。从现代生物学的观点来看，白色的野鸡称白羽山鸡，是久负盛名的珍禽，只分布于喜马拉雅山和中国西部一些地方，在人很难接近、多山的地区繁衍。由于比较罕见，所以古代以白雉为祥瑞，古人认为在位的帝王很有德行，受到四方爱戴，白雉就会出现，周公摄政六年制礼作乐、天下和平，越裳曾献白雉以贺。这次估计光说不行，饶安县那边可能还真的捉住了白雉，所以曹丕特别高兴，下令赏赐，免除饶安县全县的一年田租，又赐给白雉发现地的100户人家牛肉和酒，让大家痛饮三天。你好这口，自然就会有人源源不断地端到你面前，一时间各地类似的报告纷至沓来。

这些所谓"祥瑞"事件大量涌现后，该权威人士出面了。太史丞许芝递来一份2000多字的长篇上书，从"理论"上对这些现象进行了总结。许芝的这份上书读起来虽然枯燥，却下了十足的功夫，单就查阅典籍史料这一点来说，没有深厚的学术背景和吃苦的精神也是难以做到的。

许芝从《易传》中找出"圣人受命而王，黄龙以戊己日见""初六，履霜，阴始凝也""圣人以德亲比天下，仁恩洽普，厥应麒麟以戊己日至，厥应圣人受命""圣人清净行中正，贤人福至民从命，厥应麒麟来"这几句话，正好解释了当时报告上来的黄龙、大虫、麒麟、蝗虫等异象，说明这些都是上天所降新帝王将要产生的强烈征兆。

上面这些原文当然不是许芝临时捏造的，之所以看起来与现实如此吻合，是因为《易传》不是《易经》，它是为《易经》作的注释解读，这类书在当时多如牛毛，要找出几句刚好"对题"的话也不难，只是得做大量资料查阅工作，现在有计算机可以搜"关键词"，轻松就能搞定，在当时完全靠人力，想必许芝那段时间除了吃饭睡觉就一直泡在古书堆里了。

当然，有人会说虽然天将易世，为什么一定是曹魏呢？许芝进一步从"理论"上对此进行了阐释，通过查阅古籍，他又找出几句话，分别是"汉以魏，魏以征""代赤者魏公子""汉以许昌失天下"，这几句话无疑更有分量了，直接点了题。当然，如前所述在当时浩如烟海的谶纬书籍中，这些话只是文字上的巧合，通过断章取义拿来一用罢了。

然而，这些还无法形成"定论"，因为现在几乎所有的人都知道"代汉者，当涂高"这句神秘预言，当年袁术称帝就用它作为依据，由于它的影响力太大，要取代刘汉，不能绕过它。这句话的出处一般公认的是《春秋谶》，这部书早已失传，这是一部什么样的书？作者是谁、成书于何时？这些都已经不得而知了，不过单从书名就可以判断出这部书的性质：它属于"谶书"一类，是用来为《春秋》作谶的，应该成书于谶纬这类书兴盛的秦至汉初。

这句神秘预言第一次被正史提及是汉武帝时期。一次，汉武帝刘彻临行黄河和汾河，兴致一起，命人在船上设宴，君臣一边赏河景一边开怀痛饮，汉武帝上过太学，被称为"文化程度"最高的皇帝之一，他现场作了一首《秋风辞》。辞成，当场奏唱，大家听了挺高兴，说领导你写得真好、真棒，一片赞美之声。这时汉武帝突然话题一转，对大家说："汉有六七之厄，法应再受命，宗室子孙谁当应此者？六七四十二代汉者，当涂高也。"意思是别看咱们现在挺乐呵，可我们汉朝也有"六七之厄",到四十二代的时候江山就不在了,那时候"代汉者,当涂高"。

看来汉武帝已经知道了那句神秘预言,把它与"六七之厄"相提并论,一般对这类负面信息帝王身边人都尽可能予以屏蔽,不让领导因为听到、看到而烦心,汉武帝熟知这句预言,这说明它在当时已经相当流行了。见领导不高兴,群臣纷纷进言相劝,汉武帝也觉得这话跟眼下的风景不太协调,于是说自己喝多了。

汉武帝没法知道究竟是谁最终代的汉朝,但这句神秘预言差一点提前破产。西汉末年王莽建立了所谓新朝,走的是禅让的路子,他也上过太学,文化程度很高,同时是谶纬学的爱好者,为了代汉他也搞了一堆谶纬做依据,但奇怪的是却没有提到这句话,也许是他研究了半天自己跟这句话都扯不上关系吧。

如果王莽成功,新朝得以延续,"代汉者,当涂高"就会成为一句过气的预言或一个笑话被大家遗忘,但王莽失败了,汉朝宗室刘秀建立的新朝廷仍称汉朝,王莽的新朝不被世人承认,汉朝仍然继续,这反而成为"代汉者,当涂高"这句预言的反向注脚,大家对它更加坚信了。

王莽派到蜀地当太守的公孙述是个大野心家,他也对谶纬学深信不疑,他翻了不少谶纬书,找到了"废昌帝,立公孙""帝轩辕受命,公孙氏握"等几句话,还认为自己的手相与众不同,有龙兴之瑞,所以动了做皇帝的念头。公孙述很搞笑,他觉得自己找到的这些依据虽然"铁证如山",但更希望大家都支持他,所以多次给刘秀这边写信,希望说服众人拥立他为皇帝。

对于公孙述发起的这些"谶纬战",刘秀很反感,决定予以回击。刘秀给公孙述写了封回信,说你说的那些不对,"废昌帝,立公孙"指的是人家汉宣帝,至于你说的手相问题,据我所知王莽的手相更好,他为何失败?你说的不行,我给你说一个,"代汉者,当涂高"听说过没?这说的是有资格取代汉室的是个姓"当涂"、个子很高的人,你小子长得那矬样,个儿高吗?不过既然是"文战",刘秀还挺客气,在信封上写着"公孙皇帝",但公孙述拒不答复,他索性直接称帝,后被东汉朝廷消灭。

董卓死后,有个女巫找到董卓的旧部李傕,对他说"涂高"就是他,这个女巫的理解是,"当涂"是在路上,在路上又特别高的自然是阙了,"阙"与"傕"同音,"当涂高"指的就是李傕。不过李傕还算聪明,他知道自己有几斤几两,听听也就拉倒了。还有当年的下邳人阙宣也是这么理解的,他觉得既然天命所归,索性大干一场博个富贵,初平四年(193)阙宣在徐州聚众数千人自称天子,要和刘汉王朝争天下，后来这个"皇帝"被陶谦杀了。

至于袁术，前面已经说过了。

好在谶纬学也是许芝的强项，他在这篇上书中提出了新的解释。许芝首先从朝廷档案里翻出一份上书，是前白马县令李云所上，里面有一句"许昌气见于当涂高，当涂高者当昌于许"，在没有前后文的情况下看这句话有点儿不知所云，但又似乎暗示许县与"涂高"有关。李云上这份书是在桓帝时，距今已经好几十年了，当时朝廷还没有迁都到许县，许县只是个普普通通的县城，谁也看不出它会成为天下政治的中心。说未来的帝王将昌盛于许县，许县有汉献帝，但说的肯定不是他，那么只有曹魏了，是曹魏帮助汉献帝在许县立的足。

接着许芝对"涂高"的字意进行了解释，他认为宫殿祠庙前面通常都建有两个高大的台子，台上有楼观，在两台之间留有空阙的地方，所以这种建筑称"双阙"，它们都很高大，而"魏"字的意思就是高大，《周礼》有"乃县治象之法于象魏"，《淮南子》有"魏阙之高"，可见道路两边高大的东西就是魏。对"当涂高"的解释有过很多种版本，大家一般认为许芝的解释水平最高，至此许芝完成了这份艰难的考证，结语是曹魏将取代汉室。

五、给想做的事找理由

这时，左中郎将李伏也上书说了一件事。左中郎将的品秩为比二千石，在军中的职衔低于将军、偏将，并非重要角色。李伏事迹不详，只知道他曾在汉中供过职，李伏说的事也与汉中有关。据李伏说，当年在汉中他认识了凉州人姜合，当时他客居汉中，此人精通谶纬之学，在关西一带很有声望，有一次姜合对李伏说："你将来一定要拜魏公，因为未来能安定天下的是魏公子曹丕曹子桓，这是神灵的嘱命，顺应天时，也与谶言相符。"李伏把这些话告诉了张鲁，张鲁又把姜合叫来，向他询问这些话的出处，姜合说出自孔子留下的神秘预言书《玉版》，该书专讲帝王的兴衰更替，可以预知百代之多，张鲁听完深信不疑。

张鲁虽然沉湎于道术，但从来不敢有易世自代的想法，原因与此有很大关系。刘备进入益州后张鲁与部下讨论未来出路，一部分人认为应该追随刘备，张鲁生气道："宁愿做魏公的奴隶，也不做刘备的宾客！"李伏说，张鲁说这番话是他亲耳所闻，据他观察张鲁说的时候言辞恳切，完全发自内心，说明他对姜合的话完全信服。汉中内附后姜合到邺县居住，可惜已经病故。李伏说他曾把姜合的预言跟一些亲近的人多次讲过，只是时机未到，怕不合时宜，所以没有公开，现在看到祥瑞频现，日月已至，上天有命，故而讲了出来。曹丕下令把李伏的上书予以公布，赞扬说："德行浅薄的人怎能体会得这么深、这么细致，也达不到这种程度。只是说的这些我不敢当啊，所有这一切都是先王的神明所致，并非凡人所能达到的啊！"

舆论声势已经造了起来，"理论工作"也准备好了。延康元年（220）十月，魏王曹丕来到曲蠡，此地在许县东南。一边说不敢当，一边又奖赏、表彰那些上符瑞和上书的人，曹丕的态度看似矛盾，但一点儿都不矛盾，处在这场风潮的旋涡中，汉献帝如果连这都看不明白，那就白活了。

看到曹丕都亲自逼上门来了，汉献帝知道最后的时刻到了。汉献帝在许县召集群臣公卿讨论，认为众望已归曹魏，愿意以禅位的方式把皇位让给曹丕。汉献帝身边已经没有荀彧、孔融那样的汉臣，听说他愿意让位，不少人估计顿感轻松，作为这个傀儡朝廷的官员，他们一直过着两边不讨好的日子，现在终于要结束了。

看到也没人反对，汉献帝只好下诏："我在位已经32年了，正遇天下动荡之时，幸赖祖宗之灵才危而复存。然而我仰瞻天文、俯察民心，无不看到刘氏的气数已尽，天命将归于曹氏。前魏王已经树起了神武之绩，现魏王又光曜明德以应天下期待，这是历数的昭显和明证，应该相信。大道的运行天下为公，要选贤与能的人，唐尧没有传位给他的亲生儿子因而名播无穷，我对此十分羡慕，现追继尧典，禅位给魏王。"

汉献帝来到高庙，祭祀之后派御史大夫张音持节，奉皇帝的玉玺前往曲蠡，要求禅位。但曹丕表示推辞，认为自己是个薄德的人，难以承继大位。汉献帝再次派人前来提出请求，曹丕再次推辞。前后去了三次，被曹丕推辞了三次。

曹丕如此低调和谦卑，主要想看看外面如何议论以及群臣的反应。群臣这时纷纷上书，劝说曹丕接受汉献帝的禅让。但是，上了一次，就被曹丕推让一次。这些上书通常有几个或十几个大臣联名所上，中心思想只有一个，就是劝曹丕接受禅让，但写法上又不能雷同，所以大家都绞尽脑汁，使用最华美的辞藻，篇幅一般都比较长，引经据典、言辞一个比一个恳切。对于这些枯燥的文章曹丕却看得很认真，很仔细，每一道上书都亲自回复。

在一份回复里曹丕说，初听禅让之事，我的心感到了颤抖，手也发抖，连笔都拿不动。在另一份回复里曹丕说，现在百姓箪瓢屡空，面有菜色，连粗布的衣服也穿不完整，他们如此受难，都是我德行薄、能力差所致，哪里还敢再称帝？曹丕甚至还说过一些狠话："三军可夺帅，匹夫不可夺志，我的志向已定，是大家无法夺去的。"

无论"民意"如何强大曹丕就是不答应，劝进表累计递进去19次，被曹丕驳回了19次。大家急了，看戏的不累演的人累啊，再好看的戏也得谢幕，真要把演的人累死不成？有人找足智多谋的贾诩出主意，贾诩建议由汉献帝下令筑一座受禅台，准备好相应典仪，到时候逼魏王就范。

大家认为这个办法好，汉献帝也同意。受禅台选在离许县不远的一个名叫繁阳的小镇，选这里也许与它的名字有关，繁阳寓意着兴旺，此地位于今河南省许昌市西南，为漯河市临颍县的繁城镇。受禅台很快建成，台高三层，每层27级，总高三丈多，虽算不上高大巍峨，但在一马平川的许县近郊也是很显眼的建筑了。

延康元年（220）十月二十八日，受禅仪式在受禅台举行。这一次曹丕没有再拒绝，汉献帝刘协、魏王曹丕以及文武公卿400多人齐集繁阳镇，另外还有匈奴、单于、东夷、西戎、南蛮、北狄等各国的使节以及十多万将士，大家在这里共同见证一个历史时刻的到来。仪式上，曹丕登台拜谢汉献帝，之后接受臣民及使节的朝贺。之后祭天地、五岳、四渎，改国号为魏，更年号为黄初，曹丕成为新的皇帝，他死后谥号魏文帝，为便于阅读，本书下面直接称之为魏文帝。绵延400余年的大汉王朝终于结束了，它不仅在中间被分为两段，而且在最后的数十年里陷入分崩离析，皇帝长期成为傀儡，政权成为摆设，这一次改朝易代确实是"天命所归"。

魏文帝下诏改繁阳镇为繁昌县，并刻石立碑来纪念这场禅让的盛事。碑石共刻了两块，一块是"公卿将军上尊号奏碑"，一块是"受禅表碑"。"受禅表碑"碑文22行，每行49字，"公卿将军上尊号奏碑"正面22行，背面10行，每行也是49字。两碑记述了汉献帝刘协禅位于魏文帝曹丕的经过，歌颂了禅让的千古美德，颂扬了曹丕齐光日月、材兼三级，有尧舜之姿、伯禹之劳、殷汤之略、周武之明，特别强调了曹丕是在公卿将士们多次请求之下，经过回思千虑、一再推让才接受禅让的。

这两块碑石十分有名,据唐代刘禹锡考证,该碑由王朗撰文、梁鹄书写、钟繇刻字。王朗时任御史大夫,他撰写的碑文文采非凡、气势磅礴,增一字显多,去一字则损,是蔡邕之后名气最大的碑铭高手。梁鹄的书法连曹操都爱不释手,他的字凝重遒劲、气度雍容。钟繇不仅是书法家和曹魏重臣,也是刻碑名家。以上三位顶尖高手联袂出场,使这两块石碑被认为文表绝、书法绝、镌刻绝,又称"三绝碑"。更为难得的是,经历1800多年的风风雨雨"三绝碑"仍得以保存,它们如今存放于河南省临颍县繁城镇的汉献帝庙内。

于是,公元220年有了建安、延康、黄初三个年号。这一年的十一月就应该是黄初元年了,魏文帝下诏追尊祖父曹嵩为太皇帝,追尊父亲曹操为武皇帝,尊母亲为皇太后,同时以洛阳为正式国都。

黄初元年(220)十一月一日,魏文帝曹丕下诏分河内郡山阳县一万户奉邑给汉献帝刘协,封他为山阳公,刘协的四个儿子被封为列侯。汉室所有的诸侯王一律降为崇德侯,宗室原被封为列侯的一律降为关中侯。魏文帝规定山阳公在封地内可以使用汉朝的正朔,也就是不必采用黄初的年号以及相应的历法,所以建安作为年号并没有完全消失,刘协在山阳又用了14年。除此之外山阳公还享受其他特权,比如上书言事可以不称"臣",可以在封地内用天子的礼仪郊祭天地,京城举行重大祭祀仪式时可以分到祭肉,这个意思是指今后仍可以参加曹魏朝廷举行的重大祭祀活动。

曹操的次女曹节当了汉献帝七年的皇后,此次被降为山阳公夫人,与曹宪、曹华两个姐妹一同随刘协去了山阳县。临行前,曹丕派人去要皇后的玉玺,曹节很生气,不给。前后去了多次,曹节最后把来人唤进去亲自斥责,又把玉玺扔在地上,流着泪说:"老天不会保佑你的!"山阳公刘协死于魏青龙二年(234),时年54岁,这一年诸葛亮去世,也是54岁。山阳公夫人曹节又过了27年才去世,她的另外两个姐妹情况不详。刘协去世后仍以汉朝天子的礼仪安葬,陵墓称禅陵,位于今河南省修武县方庄镇古汉村,距云台山风景区不远。东汉皇帝的陵墓都在洛阳附近,只有刘协的陵墓孤零零地位于豫北。河南省许昌市张潘乡有一座愍陵,也称汉献帝陵,其实是衣冠冢,刘协在许昌前后待了25年,这是本地人为纪念他而修建的。

六、一代新人换旧人

曹丕原来的身份是魏王兼汉廷的丞相，禅让之后许县的汉朝廷、邺县的魏王府和丞相府都不存在了，所有人员统一归入新朝廷。曹丕不打算再为新朝廷设置丞相，放眼曹魏内部似乎也没有能担此重任的人选，更为重要的是，设不设丞相体现着君权的强弱，曹丕要做强势君王，不需要给自己的下面再培养出权臣。

丞相不设，三公还是要设的，后汉的三公是太尉、司徒和司空，曹丕沿袭了旧制。在人选上，曹丕第一个想到的是杨彪，弘农郡杨氏是前朝最著名的政治世家之一，杨彪的父亲是汉灵帝的老师杨赐，父子二人在士人中均深得厚望。曹丕派人去请，却被杨彪一口回绝了。儿子杨修被杀后杨彪仍心有余悸，不再过问任何政治，他对来人说："我也当过汉室的三公，愧疚的是没有建立尺寸之功，如果再当魏朝的三公，对国家来说并不是什么可称道的事。"曹丕深感遗憾，改拜杨彪为光禄大夫，品秩二千石，属于荣誉性质，又赐给杨彪延年杖、冯几，特许他上朝时穿单衣、戴皮弁帽，站位仅次于三公，又在杨府门前设行马，置吏卒警卫以示优崇。

清心寡欲、不问世事的杨彪最后以84岁的高寿而终，死后归葬于家乡弘农郡的杨氏宗族墓。杨彪的曾祖杨震被称为"四知先生""关西孔子"，那句"天知、地知、你知、我知"的话就出自他，杨氏宗族墓目前仍保存着杨震、杨彪等家族成员墓七座，具体位置在今陕西省潼关市吊桥镇，黄河在潼关拐了个弯儿，杨氏宗族墓就在拐弯处的黄河边上，由于"四知先生"的事迹，这里被建成了一处廉政教育基地。

杨彪不愿意干，下面就是钟繇、程昱、华歆、王朗、贾诩等几个人，他们的名望和资历都差不多。钟繇、程昱追随曹操的时间最长，他们屡建奇功，是能武又能文的重臣；华歆、王朗在社会上声望颇高，也是先帝手下的名臣；贾诩智慧过人，是为数不多的几个深为曹操所佩服的人，在曹丕立太子过程中发挥过重要作用。

经过权衡，曹丕最后选贾诩为太尉、华歆为司徒、王朗为司空，钟繇、程昱虽然是曹魏的"嫡系"，但都因为各自的原因而落选。程昱的落选还是当年的"人脯"事件，他曾把人肉干当成军粮，在儒家看来只有禽兽才吃人肉，程昱因此备受诟病，之前已多次与三公之位无缘，新朝廷要展示新形象，尽管程昱在别的方面无可挑剔，曹丕还是不敢用他。曹丕让程昱担任九卿之一的卫尉，负责洛阳的保卫工作。程昱活到80岁，死后被追赠为车骑将军。

钟繇的落选是因为不久前发生的魏讽谋反事件，魏讽是他的下级，钟繇因渎职而被处分，免去了职务，曹丕继魏王后刚刚复起钟繇为魏国大理寺卿，马上就出任三公不太合适。曹丕继续发挥钟繇的特长，任命他为九卿之一的廷尉。钟繇这位书法家活到79岁，死后被追赠为太傅。

曹丕对三公的人选很满意，有一次罢朝后看着他们的背影高兴地对左右说："你们看看这三位，都是一代最杰出的人物啊，以后估计再也难以超越他们了！"三公以下是九卿，已有程昱、钟繇两位，剩下的由董昭、和洽、邢贞等人充任，他们也都是老臣，追随曹操多年，立过各种功劳。

从曹丕的新班底来看似乎用的都是"老人"，其实并非如此。这是因为，三公九卿并不是曹丕人事布局的重点，真正的权力核心在尚书台。汉武帝刘彻创设尚书台的目的是分丞相、九卿的权，这个机构相当于朝廷的日常办事机构，不仅负责处理中央各衙署之间、中央与各州郡之间的公文往来，还参与各种重大决策的制定，是真正的权力核心。曹丕基本沿用了汉朝尚书台的设置，长官为尚书令，副长官为尚书仆射，下设若干名尚书。

曹丕选的尚书令是桓阶，尚书仆射是陈群和邢颙，另选司马懿、陈矫、卫觊、崔林、杜畿五人为尚书，这才是新朝廷真正的班底。相比于司马懿、陈群，桓阶这个名字有些陌生，之前对他也介绍过一些。他是荆州刺史部人，经历颇为传奇，早年他曾在孙坚手下干过，得到过孙坚的赏识。孙坚死后他冒险发表，又被刘表欣赏，刘表想把妻妹嫁给他，被桓阶拒绝。官渡之战时桓阶策动荆州的江南几个郡反叛，牵制了刘表，此举被曹操视为官渡决胜的关键之一，曹操南下荆州后即把桓阶找来延至麾下，并十分信任他。

曹丕重用桓阶的原因之前其实已经提到，在夺嫡之争中桓阶坚定地站在曹丕一边，与其他人不同的是，他不仅表态支持曹丕，而且不顾猜忌，多次主动地向曹操密谏，认为曹丕德优龄长、宜为储副，每次态度都十分坚决恳切，曹丕对他深为感激。与桓阶一样，邢颙也是著名的"太子党"，他最早其实在曹植的平原侯府任职，但他看不惯曹植，与曹植性情不合，后调离平原侯府，看到曹操有"废长立幼"的打算，邢颙也多次劝谏。陈群和司马懿更不用说了，都是曹丕的"死党",让他们一个担任尚书仆射、一个担任尚书,主要考虑到他们的名望、资历还较浅,需要一个培养的过程。陈矫、卫觊、崔林、杜畿等人则是有名的实干家,他们都在地方上任郡太守多年,很有业绩,了解下面的情况。曹丕为自己打造的这个核心班底,是由绝对信任的人和实干家组成,是一个有实力、信得过的班子。

桓阶身体不好,第二年便去世了,陈群和司马懿于是各升一级,一个担任尚书令,一个担任尚书仆射。又过了一年,邢颙改任司隶校尉,司马懿成为尚书左仆射,杜畿升尚书右仆射。至此,曹丕在政务方面的左右手分别到位,陈群和司马懿这两个政坛新星冉冉升起。

在军事上,与魏王时期相比也有一些新变化。夏侯惇死后,他所担任的大将军一职空缺,按说应该由现任军职最高的曹仁补上,但曹丕没有表示。曹仁仍任车骑将军;曹洪任卫将军,不过只是挂个名。前、后、左、右将军分别任命了张辽、张郃、徐晃、朱灵,他们四人随便拉出来一个都是响当当的一代名将,为曹魏大业连年征战,肝脑涂地,屡建殊功。典韦战死了,不然轮不到朱灵,还有一位本应是四方将军中的第一位,但兵败降敌,关羽被杀后又被"接管"到了孙吴,这就是于禁。

上面都属"论资排辈",再往下就是"诸夏侯曹"第二代年轻将领的天下了,曹真、曹休以及夏侯渊的儿子夏侯霸、夏侯威,侄子夏侯尚,夏侯惇的儿子夏侯楙等纷纷脱颖而出,迅速走向前台,逐渐从父辈们手中接过兵权。

曹真担任镇西将军,坐镇关中一带,他成为曹魏西线战场的总指挥;曹休开始担任领军将军,是禁军的统领,不久晋升为镇南将军,成为曹魏中线战场的总指挥;夏侯尚开始担任中领军将军,也是禁军的首领之一,很快就晋升为征南将军,成为进步最快的一个。夏侯楙后来担任安西将军,夏侯霸、夏侯威担任右将军,在曹丕的提携下他们都迅速成长起来。文有陈群、司马懿,武有"诸夏侯曹"第二代,这就是魏文帝曹丕总体的人事布局。

对曹植、曹彰等这些兄弟,曹丕的政策是分散遣送到各地,理由是他们都有各自的封地,现在应该到那里去。为了加强对这些兄弟的控制,曹丕还专门给每个人派去一名特派员,负责监督封国的情况,发现问题可以直接向曹丕报告。

自从曹丕被确立为太子,曹植就承认了失败,别人上劝进表,他也上了一份，曹丕让他们就国，他乖乖去了平原国。曹丕派去监督曹植的人名叫灌均，此人为迎合曹丕，上表密奏说曹植酒后行为不端，还劫持威胁朝廷特使，有关部门随即上报请求治曹植的罪，曹丕本想给予严惩，后在太后的干预下仅作贬爵为安乡侯的处罚。为防止被天下人议论，曹丕还特意下诏说："曹植是我一母同胞的兄弟，我对天下都无所不容，何况曹植呢？骨肉之亲哪里舍得杀害？所以予以改封。"

在野史里记载了一件事，说曹丕称帝后对曹植仍心怀忌恨，有一次命曹植在七步之内写出一首诗，如作不出来就将行大法处死，但曹植不等其话音落下便应声而出："煮豆持作羹，漉菽以为汁。萁在釜下燃，豆在釜中泣。本自同根生，相煎何太急？"这首诗又被小说家演化为只有四句的《七步诗》，知名度很高。但曹丕称帝后他们兄弟二人见面次数极为有限，曹丕拿作诗这种小把戏为难诗才横溢的弟弟，于情于理于客观情况都不大可能。被贬后曹植很快又被改封为鄄城侯、鄄城王，一直过着心惊胆战的日子，遇事无不小心谨慎。

有一次曹植奉诏入京，快走到洛阳时突然内心里感到无名的惊惧，就丢下随行人员骑马微行入京，他偷偷地去见了大姐清河长公主，想让她带着自己到哥哥面前请罪。曹植不见了，关吏不敢怠慢马上报告，曹丕派人沿着来京的路线搜寻，没有找到。太后听说后认为曹植自杀了，在曹丕面前痛哭。过了一阵曹植散着头发、光着脚并且自行背负刑具来了，太后才转悲为喜。曹植后来又被改封为雍丘王、东阿王，不仅有人监管，而且封地也变来变去，日子很不好过。

曹植的哥哥曹彰也没好到哪里，曹操在时封他为鄢陵侯，曹丕称帝后晋升他为公爵。曹彰本以为自己与其他兄弟不同，他带过兵，对国家有用，所以应该另有安排，但诏书下来他也跟兄弟们一样就国。曹彰很不高兴。鄢陵这个地方也不好，属经济落后地区，曹彰想改为中牟，这里不仅经济发达而且离洛阳不远，曹丕答应了，封他为中牟王，但不久就改封为任城王。曹植奉诏入京的那一次曹彰大概也来了，但他却莫名其妙地暴死在洛阳。

有野史说，曹丕邀曹彰在卞太后那里下棋，一边下一边吃枣，曹丕把毒药弄在枣蒂中，自己只吃没毒的，曹彰不知道，结果中毒。卞太后拿水想救他，曹丕早已密令左右把瓶罐都毁了，卞太后急得只能光着脚跑到井边想去取水，可水还是没打上来，过了一会儿曹彰就死了。

这个记载也不足信，曹彰是不是曹丕杀的先不论，即使是，曹丕杀个人也不必费这么大的事，更不会当着母亲的面，这个记载与《七步诗》一样都属于杜撰。

不过，曹丕称帝后曹彰、曹植以及其他几位宗室的处境确实很不好，遣散出京、一再迁封，内部又有人监视，过的日子连普通人都不如。

七、孙权自有对策

汉朝皇帝没了，对孙权和刘备来说当然是一件大事。从名义上讲，孙权和刘备都是汉朝皇帝的臣子，孙权是骠骑将军、荆州牧，这是汉朝任命的；刘备是汉中王、益州牧，虽然没有得到过汉朝的正式任命，却也是既定事实。对他们二人来说，无论程序是否合法他们以及手下众多文武的官职都是基于有个汉朝才存在的，汉朝突然间没有了，意味着这些官职也自行失效。

当然，这只是个名义问题，还好办。不好办的是如何对新朝廷表态，荆州之战后刘备和孙权都忙着积极应战，一个要报仇，一个要保卫胜利成果，都很忙，也都很紧张，但此刻他们也必须停下手中的事，先应对一下眼前。对此，二人的态度完全不同，孙权表示拥护，刘备坚决反对。

先说孙权，他吸取了曹丕继魏王时没及时表态和祝贺的教训，一听说曹丕称了帝，不敢怠慢，马上遣使称臣，态度极为诚恳谦卑，为表忠心，孙权还下令把于禁送回北方。最近一段时间发生的大事太多，人们几乎把于禁忘了，他还活着。于禁投降后被关羽送到了江陵，吴军攻克江陵后于禁又被孙权控制，孙权没有把于禁当成俘虏看，对他倒不错，还亲自和他相见，但也没有放他回去。曹丕称帝前孙权为向他示好，曾释放了朱光、董和等人，他们是在魏吴交战中被俘的，那次没有放于禁，也许孙权觉得于禁更重要，可以派上更大的用场。于禁除了没有人身自由其他方面都还挺好，吃的喝的都挺优厚，孙权还时常邀他一同外出。

有一次孙权和于禁骑马并行，被虞翻看到了，虞翻拦住于禁大骂："你不过是个投降过来的俘虏，怎么敢跟我家主人并排骑马？"不光骂，虞翻挥鞭还要打，如果不是被孙权呵斥住，一代名将于禁就得挨江东名士虞翻的一顿鞭子。还有一次孙权在楼船上宴饮群臣，邀于禁出席，席间有人奏乐，乐声勾起于禁的思乡之情，不由得流下泪来，这一幕又让虞翻看到了，虞翻当场教训于禁说："哭什么？你以为装可怜就能免除一死吗？"

虞翻这个人智商一流，但情商明显不足，属于又愣又硬的书呆子一类，两次向一名阶下囚发难，不是他生性争强斗狠、以强欺弱，也不是他跟于禁有什么个人恩怨，而是他内心里儒家的节义思想太深，看见于禁这样的人就来气。但孙权对外一直把于禁当客人，侮辱于禁就是不给孙权面子，所以孙权对虞翻的做法很不满，后来虞翻被孙权远放交州，与此有很大关系。

孙权不仅释放了于禁，还释放了被关羽俘虏的徐州刺史浩周、于禁手下的司马东里衮，孙权请他们给曹丕带上一封信，信中孙权的态度十分恭敬，表明自己世受魏国恩宠，情深义厚，名分也很明确，他发誓对魏国永远一心一意，请求曹丕保护和关照自己。于禁回到洛阳，曹丕接见了他，此时于禁已经须发皓白、面容憔悴，见到曹丕，于禁很羞愧，不停地流涕叩首，曹丕倒没责怪他什么，反而以荀林父、孟明视的事安慰他，还任命他为安远将军。

荀林父是春秋中期晋国将军，曾率军与楚军交战，大败，回来后晋景公依然重用他，三年后他又率兵出征，打了大胜仗；孟明视是春秋时期秦国将军，在攻打郑国回军时被晋军俘虏，不久被释放回国，秦穆公仍然信任他，让他继续带兵，后来他率军击败了晋军。曹丕以他们二人为例，说明打了败仗被俘虏不算什么，在任命于禁为安远将军的诏令中，曹丕特别强调："樊城之败，主要原因是遭到了水灾，汉水暴涨，不是作战不利造成的，所以恢复于禁等人的职务。"

如果于禁的结局真是这样的，曹丕的胸怀就让人钦佩，让人看到了又一个曹操。但曹丕的胸怀其实与父亲差得远，他一边安慰、厚待于禁，一边却在背后搞起了小动作。曹丕下诏让于禁出使江东，行前特意安排他到邺县敬谒高陵，于禁去了，在一间屋子里却发现挂着几幅画，画的是樊城之战的经过，包括关羽大胜、庞德壮烈殉国、于禁乞降等内容，于禁看完大愧。

不久，于禁忧病而死，曹丕赐谥号为厉侯。"厉"在谥法上有暴慢无亲、杀戮无辜之意，属于"丑谥"，可见人死了还在计较。后世有学者评论说，于禁率数万人败不能死，可以把他杀了，也可以从此不用他，但用这种办法羞辱他，并不是为君之道。

曹操手下的所谓"五子良将"中，于禁的身上本来光环最多：每有大仗不是前锋就负责断后，体现出曹操对他的绝对信任，所有硬仗、恶仗也都难不住于禁，他所向无敌，关键时刻屡立大功；于禁还不徇私情、敢于从严治军，又不贪慕财富，个人品质为曹操所敬重。曹操在世时于禁已被授予左将军的高位，成为曹魏一颗耀眼的将星。但一场失败改变了一切，于禁的完美形象顷刻坍塌，曹操不解、对手羞辱，自己也羞愧异常，在重名节甚于重生命的时代，被俘的于禁似乎只有一死才能配得上"良将"的称号。可是，这似乎又是讲不通的，因为汉末三国时代被俘求生的名将其实有许多，不仅张辽、张郃、徐晃是降将，被曹操称赞的庞德也曾是降将，还有关羽、姜维等人，甚至刘备也有多次投降的经历，至于名气小一些的将领那就更多了。

群雄相争、各为其主，在汉末三国这个特定的时代，投降如同"跳槽"一样频繁，有的因为原来的主人失败了，有的因为要寻找更好的"明主"，无论主动与被动，其实都无关民族大义，一般也是可以理解的，历史为什么独对于禁这么苛刻？这大概是因为，于禁投降后没能效忠于蜀汉或者孙吴，而又回到了原来效命的主国曹魏，无论对曹魏还是对于禁本人，这都成了尴尬的事，再遇到一个心胸狭窄的曹丕，于禁只能以彻底的悲剧结束自己的一生。

于禁的经历十分复杂曲折，三国的降将里还没有人有过这样的经历，这注定了于禁的命运与众不同，这是他的悲哀。大概于禁投降关羽的时候没有料到会是这样的结果，否则他宁愿如庞德一样战死。对曹丕来说，杀于禁也是顺理成章的选择：曹丕与于禁的关系不如曹操，没有感情上的障碍；曹丕新登帝位，需要立威，如果能以合适的方式将于禁杀了，军中的将领自然对曹丕更忌惮；于禁临阵投降，如果回来还能继续做官，以后谁还拼死一战？杀于禁可以严明军纪。所以，于禁回归后面临的结果其实是注定的，只是曹丕做得很有技巧，没有直接下令处死于禁，而是将其逼死，这样不会连累于禁的子女家人，目的达到，副作用较小。总之，于禁不被曹丕原谅是形势演变的结果以及人情人性的必然，于禁的悲剧早在他投降关羽的那一刻就已经注定了。

随于禁一块儿回来的浩周和东里衮情况要好得多，他们在孙权那边待过，曹丕想听听他们的意见。曹丕最想了解孙权的真实想法，他向曹魏称臣，是不是出于真心。浩周认为孙权的态度是诚恳的，他一定会臣服于魏国，东里衮认为不一定，二人争论起来，浩周愿意用全家百余口人的性命替孙权担保，说孙权不仅态度真诚，而且还会把儿子送来当人质。

在给曹丕的信里孙权没有提出送质子一事，这件事也许是他让浩周口头传达的，曹丕最后相信了浩周，相信孙权的诚意。曹操晚年最重要的谋士刘晔时任侍中，他劝曹丕不要接受孙权称臣，他认为当前正是亡吴的大好机会，应和刘备共同讨伐孙权，吴亡之后蜀也就难以单独存在，天下可以很快统一。

对刘晔的建议，曹丕有些狐疑："人家主动称臣你却讨伐他，这会让天下那些想来投奔的人丧失信任，他们必然会产生恐惧，不能这么做。何不先接受孙权投降，之后一块儿去伐刘备呢？"曹丕的看法其实不对，在群雄争霸初期，如果说杀一降者寒了想归顺人的心那还说得通，曹操当年不杀张绣、不杀刘备都是这个道理，但时势变化，格局已定，现在已经没有多少还在择主的英雄了，就应该抓住每一次机遇，不让它白白错过。

刘晔也不同意曹丕的看法，他认为："蜀地远，吴地近，刘备如果听说讨伐他，一定会回军，我们也没有办法。现在刘备必欲灭吴，如果听说我们也伐吴，他会高兴地前来。"但曹丕已经深受浩周的影响，认定孙权称臣是真心的，所以决定接受，并打算封孙权为吴王，听到这个消息，刘晔又竭力劝阻："即使不得已接受孙权称臣，可以增加将军的名号，封他个十万户侯都行，但不能封王。王位离天子只差一个台阶，穿的、坐的以及礼制容易混乱。如果只是侯爵，江南士民不会生出君臣之义。现在给他这么尊崇的名号，让他在吴国拥有君臣之礼，这等于为虎添翼。"

刘晔的见解很深刻、也很务实，很多老百姓并不太懂什么是帝什么是王，孙权堂而皇之地穿着跟皇帝差不多的衣服、用着差不多的仪仗，大家就认为他是合法的皇帝，将来打退了蜀兵，你想去消灭他，他就会告诉下面的臣民说魏朝无故伐他，目的是灭亡他们的国家，俘他们的子女当童隶妾妾，这样吴人就会相信他的话，必然更加上下同心，再攻打他们难度就大得多了。事后证明，刘晔预料得很对，不过曹丕仍然没有接受。

黄初二年（221）八月，魏文帝曹丕册命孙权为吴王。孙权当然不甘心称臣，他的策略是先虚与委蛇，因为眼前有刘备方面的压力，对曹魏只能先应付着，能拖一天是一天，至于送质子什么的，即使他亲口对浩周说过，那也是顺口一说。

当初孙权刚听到曹丕称帝的消息时曾问过群下："曹丕以盛年即位，我恐怕比不上他，大家认为如何？"孙权的意思是曹丕比他年轻，活得比他长，国运自然也长。对于突然冒出这样的话，大家一时不知如何作答，只有孙权骠骑将军府的西曹掾阚泽说："主公不必担心，因为用不了 10 年曹丕就没了。"这真是语出惊人，不过孙权看阚泽并不像开玩笑，说得一本正经，就好奇地问他是怎么推算出来的，阚泽回答："通过猜字得出的，不、一加在一块儿就是'丕'字，所以知道。"阚泽要么是在讲笑话，目的是缓解一下当时尴尬的气氛，要么他就是朱建平那样的高人，因为真让他言中了，没到十年，仅七年后曹丕就死了。孙权其实只比曹丕大5岁，发出那番感慨似乎有些矫情，但他的确很关心孙氏基业的未来，当年曹操率数十万大军压境都没能动摇过他的意志，现在怎么会甘心做一名曹魏的臣子？

这段时间孙权又做出了一项重大战略调整，他把大本营从建业搬到了荆州，具体地点在江夏郡的鄂县，孙权将其改名为武昌，这是准备与刘备展开决战的一项准备。这个武昌并非现在武汉三镇的武昌，而是今湖北省鄂州市，也在长江边上，位于武汉的下游，两地相距120公里，约合汉代350里。

黄初二年（221）十一月，魏文帝曹丕派邢贞来武昌，宣达册封孙权为吴王的诏命。邢贞的职务是太常卿，九卿之一，他带来的册书挺长，上面除了一大堆空话、套话外至少还有4项重要内容：一是不仅册封孙权为吴王，而且随玺绶和册书还授予孙权调兵用的金虎符第一至第五、左竹使符第一至第十，这是对照当年曹魏被封魏王的待遇而做的，军权由天子掌握，但既然人家实际上也拥有军队，那就干脆务实些，转授一部分军权，否则孙权今后用兵皆属非法，令双方尴尬；二是撤销孙权骠骑将军一职升任大将军，夏侯惇空出的这个职务终于派上了用场，虽然是名义上的，但毕竟这是各类将军中的最高军职，这个名义够大够体面；三是命孙权继续持节督交州，同时仍兼任荆州牧，这是给他划定势力范围，进一步承认孙权对荆州刺史部的占领，交州刺史部在荆州刺史部以南，魏朝的势力暂时难以达到，就由孙权来代管，有意思的是孙权的主要势力范围在扬州刺史部，而无论曹操还是曹丕，从来没有承认孙权是扬州牧或扬州刺史，曹魏那边一直都有自己任命的扬州刺史；四是给孙权加九锡，具体内容前面已经讲过，这个待遇曹操享受过，那是汉朝的，魏朝的九赐孙权是第一个享受的，拥有这些特权，与真皇帝确实只有"一阶之差"了。

总之，曹丕给足了面子，希望打动孙权、感动孙权，希望孙权真的俯首称臣，从而魏、吴联成一体，共同对付刘备。可是，对曹丕的盛情厚意孙吴的文武们并不领情，有人认为不应该接受曹魏的封王，大将军也不算什么，孙权应该自称九州伯。孙权明白大家的心意，干脆在小范围内把话挑明："你们说的这个九州伯，听都没听说过，还是算了。当年沛公也曾被项羽拜为汉王，只不过是一些权宜之计，既然这样还计较什么多与少呢？"

但大家还是气不顺，邢贞到了武昌，孙权亲自到都亭迎候，邢贞露出骄色，在孙权身边排队迎接的张昭、徐盛等人感到愤怒，徐盛回过头跟队列中的其他人说："我徐盛不能和大家挺身而出占领许县、洛阳，吞并巴蜀，却让我们的君王跟邢贞这样的人盟会，这不是我们的耻辱吗？"徐盛当场涕泗横流，一下子惊动了邢贞，他悄悄跟随行的人说："江东文武志气如此，肯定不会久居人下！"邢贞进了门，不知是故意还是无意，没有立即下车，张昭走过去对邢贞说："有礼仪才有法制，你妄自尊大，难道欺负江东人少力弱没有方寸之刃吗？"邢贞听罢赶紧下车。

与邢贞一同来武昌的还有浩周，孙权单独请浩周喝酒，浩周对孙权说："我们陛下不相信您把儿子送去当侍卫，我以全家百余口人的性命为您作的担保。"孙权听后很感动，流涕沾巾，孙权对他说："浩孔异（浩周字孔异），先生以举家百保我，我还有什么话说？"临别时，孙权又与浩周指天为誓，一定送儿子过去。

孙权的长子名叫孙登，已经长大，把他送到洛阳，名义上由曹丕给个天子侍卫的官职，实际上就是人质。但送与不送，这个之前在江东已多次争论过，这次孙权压根儿没打算那么做。孙权后来给浩周写信，以孙登还未成家为由相拖延，并假称想与夏侯氏攀亲，请浩周做媒人，如果可以，就派孙劭陪孙登前往，交上聘礼，成不成都看浩周了。在另一封信中，孙权说他将派张昭陪孙登一块儿来，时间最迟不过当年的12月。但一直到双方彻底翻脸孙权也没把儿子送来，曹丕虽然没有要浩周全家的命，可终生不再重用他。

八、刘备武担山称帝

孙权向曹魏称臣，换来吴王的封号，但刘备却不能这么做。这与刘备的政治信念是否比孙权更坚定无关，也与他跟汉室、跟汉献帝的感情是否更深无关，而是刘备所面临的政治现实决定的。多年来刘备一直告诉拥戴他的官民，曹操是汉室的敌人，他是汉室的维护者，他的一切努力就是要推翻曹操这个权臣，复兴汉室的大业。

由于长期的宣扬，刘备作为汉室忠臣的形象已深入人心，形成一种观念，对刘备阵营来说这种观念根深蒂固,它帮助刘备更好地凝聚了人心,但也无形中成了一个政治包袱,如果此时突然从曹魏的坚定反对者转为拥护者,众人的思想一定会产生混乱。这是刘备不得不考虑的问题,孙权为什么不存在这个顾虑呢?因为孙权的政治策略一向更务实,他也拥戴过汉室,不过更多是口头话,他不在意,大家也不在意。此外,刘备还面临着比孙权更复杂的现实问题,汉中之战他抢了人家曹魏的地盘,杀了曹氏的至亲夏侯渊,现在即使想跟人家讲和称臣,人家恐怕也不会接受。仇还没报,刘备先面临着一个政治上的危局。

诸葛亮等人提出了破解危局的办法,那就是刘备也称帝,不过不是像曹丕那样宣告建立一个新王朝,而是把刘氏创建的汉朝大旗在益州重新树起来,刘协下去了,刘备接着干。这的确是一着妙棋,既可以解决当前面临的政治问题,对曹丕的称帝行动予以回击,又避免了内部思想的分裂。

然而刘备却有顾虑,不同意这么干。刘备顾虑什么呢?他没有说,估计有两个方面:一是刘协毕竟还在世,在自己的封地内还可以行汉朝的正朔,直接把汉朝"搬"到益州来,在程序上没有先例;二是失去荆州让他实力大损,当前的首要任务是找孙权复仇,抢回荆州,现在称帝未免仓促。

诸葛亮对刘备进行了劝说:"过去吴汉、耿弇等人劝光武帝刘秀即帝位,光武帝辞让,前后多达四次,耿纯最后进言:'天下英雄仰慕期盼着您登上帝位,大家跟着荣华富贵。如果您不答应,大家就各自寻找新主人,不跟您了。'光武帝深感耿纯之言,终于答应。现在曹氏篡汉,天下无主,大王您是刘氏苗裔,理应代汉而起,现在即帝位正合时宜。众人跟随您这么久,吃了这么多苦,想法跟耿纯其实是一样的。"诸葛亮借耿纯之口向刘备说了一个道理:称不称帝不是你个人的事,而是大家的事,如果执意不肯称帝就伤了大家的心。在共同的事业中,领导和下属其实是一个命运的共同体,大家休戚与共、荣辱共担,有成就一同分享,有困难共同克服。领导的一切都会对下属产生巨大的影响,所以在做出事关个人进退的决定时,假如有选择的可能,一定要想想这件事对下属们会带来什么后果。一席话让刘备幡然醒悟,同意称帝。

汉献帝退位的消息传到益州后,关于刘备要不要称帝成为一个话题,益州上下都在议论,出乎意料的是,舆论并非完全一致。大多数人认为刘备应该称帝,他们中的一部分人还向刘备上言劝进,带头的有张裔、黄权、杨洪、何宗、杜琼等人，他们也找到一些支持刘备称帝的神秘预言和所谓瑞兆，用以论证刘备称帝的合法性和合理性。他们在河图、洛书等谶纬著作中查找，找到了"赤三日德昌，九世会备，合为帝际""天度帝道备称皇，以统握契，百成不败""九侯七杰争命民炊骸，道路籍籍履人头，谁使主者玄且来""帝三建九会备"等几句话，里面有"备""玄"等字样，用以兆示刘备。又说益州著名术士周群生前曾说过在西南发现数道黄气，直立而起好几丈高，出现过不止一年，还伴有景云祥风。建安二十二年（217）还出现过一种像旗子一样的风，从西向东刮过，河图、洛书都说必有天子出于其地。还有星象、五行，如此种种，无不预示刘备称帝与谶纬和瑞兆都相合，是天命所归。

但是，也有一些不同意见。益州前部司马费诗上言，认为曹操父子逼迫汉主退位，当务之急应当聚集力量、讨伐叛逆，现在大敌在前，而先自立为帝，恐怕会招致大家的猜疑。费诗有几句话还相当激烈，他说："过去刘邦、项羽等人相约，先破秦者为王。后来刘邦攻破咸阳，俘获子婴，仍然谦让不为王。现在您还没有迈出去讨伐敌人，却在此谋求自立，愚臣认为不可取！"

作为益州本地出身的官员，刘备和诸葛亮对费诗还是相当器重的，先任命他为牂牁郡太守，又调他回益州府任前部司马，前不久还派他前往荆州宣布对关羽的任命，没想到在称帝这个问题上他却持强烈反对的态度。紧接着汉中王尚书令刘巴也反对称帝，他认为现在这么做时机不成熟，应当缓一缓再说，刘巴还拉上刘备的主簿雍茂一起去劝谏。费诗、刘巴可能并没什么别的政治动机，但他们不是战略家，只看到其一没看到其二，知小处却不识大体，不知道刘备现在称帝绝不是满足个人野心那么简单，而是争霸大业的迫切需要。他们代表了一小部分人的想法，这些人虽不多，但不容小视。

刘备好不容易下了称帝的决心，又被这些人闹得心烦，为防止反对称帝的人一哄而上，一向待下属还算温和的刘备使出了狠招，找了个借口把雍茂杀了。刘巴吓坏了，不再多言，费诗被贬到永昌郡任从事。反对的声音被压下去了，上书劝进的越来越多，单独或联合上书的多达800余人。舆论基本一致了，最后由诸葛亮、许靖、糜竺以及太常卿赖恭、光禄勋卿黄柱、少府卿王谋等重臣做了总结性上书，劝刘备顺应民意。

这份劝进表与之前张裔等人上的那份差异不大，也是从谶纬、祥瑞的角度阐述刘备称帝的合理性，里面还记录了一件事，说关羽包围襄阳、樊城时，有张嘉、王休两个襄阳人献上了一方玉玺，这方玉玺原来是沉在汉水里的，虽伏于渊泉但灵光照天，"汉"是高祖皇帝所定的国号，刘邦和刘备都兴于汉中，天子的玉玺又出于汉水之末的襄阳，这说明高祖刘邦建立的大汉基业将由刘备在汉水下游继承，刘备继大汉天子之位是瑞命符应的天命，并非人力所能造就的。

魏文帝黄初二年（221）四月，刘备在武担山称帝。武担山位于成都西北，相传武都郡有个男子不知何故突然变身为女人，长得很漂亮，蜀王娶她为妻，由于不服水土，又思念家乡，没多久就死了，蜀王很悲伤，命士卒涉长途去武都郡担土，把此女葬于成都附近，高十丈，称为武担。仪式上先杀黑色公牛祭祀，宣读了由刘巴起草的祭天文诰，宣布承续汉祚，受皇帝玺绶，建年号章武，大赦天下。因为新朝廷一直自称是刘汉王朝的延续，所以刘备不称登基而称继位，但历史上还是把它与刘邦建立的汉朝予以区分，称它为蜀汉。

刘备册命新夫人吴氏为皇后，册命刘禅为皇太子。刘禅此时14岁，为了加强对他的教育，刘备选派了强大的辅导班子，任命董允、费祎、霍弋为太子舍人，任命来敏为太子家令，任命尹默为太子仆。霍弋是霍峻之子，霍峻已经去世，刘备念霍峻当初守葭萌功不可没，命其还葬成都，刘备亲率群僚吊祭，并留宿于墓上。刘备还命太子刘禅纳张飞的长女为妻，册命为太子妃。刘备纳吴氏后又有了刘永、刘理两个儿子，刘备册封刘永为鲁王，刘理为梁王。

之后着手安排新朝廷的人事，刘备下诏延续汉献帝朝的做法实行丞相制，任命诸葛亮为丞相，任命册文说："我遇到了家族不幸，在此情况下继承了大业，我兢兢业业，不敢有半点懒惰，一心想的是让百姓过上安定的生活，担心的是做不到这些。啊，丞相诸葛亮要充分理解朕的这份心意，帮助朕弥补缺失，以重新发扬大汉王朝的光辉，使之照亮天下，希望你自勉！"这一年刘备刚好60岁，诸葛亮刚好40岁。

随后任命许靖为司徒，曹操设丞相时已废三公，司徒早已不存在了，但刘备觉得之前已任命许靖为汉中王下的太傅，此时不宜再降为九卿一级，于是改任其为三公之一的司徒。许靖此时70多岁了，基本管不了什么事了，每天只和一帮仰慕他的人高谈阔论。但他的名气很大，尤其在曹魏那边还有一帮老朋友，时不时写信过来问长问短，留他任司徒，用的是他这面招牌。

九卿基本保留了汉中王时期的设置，太常卿赖恭、光禄勋卿黄柱、少府卿王谋，此外增加了个大鸿胪卿，任命的是何宗。作为益州地方出身的官员，何宗之前担任刘备的从事祭酒，在此次劝进中又表现积极，受到刘备的肯定，九卿中的其他几个仍然空缺。

与九卿品秩相当的侍中一职，汉中王时有廖立，此次保留，又增加了一个马良。马良此前一直担任左将军掾，是刘备左将军府下面的一个掾，诸葛亮署左将军府事，马良是其主要助手。马良与诸葛亮情投意切，其工作作风踏实，做事勤奋，为人正直，深得刘备和诸葛亮的信任，所以提拔他为侍中。再往下任命宗玮为太中大夫。太中大夫掌议论，类似于谏议大夫，但地位稍低，宗玮其人不详。议郎任命了四位，分别是许慈、孟光、刘豹、向举。刘巴仍然留任尚书令，刘备任命诸葛亮为丞相时有一个附带说明，即"录尚书事、假节"。录尚书事就是兼管尚书台的事务，丞相虽然权力很大，但如果没有这项任命，等于尚书台的事管不了，权力大打折扣。

尚书台也是蜀汉朝廷的核心部门，除刘巴外，在尚书台供职的各位尚书情况不太清楚，能明确考证的只有杨仪一人。之前说过，出身于荆州"七大家族"的杨仪跟诸葛亮关系密切，但杨仪开始没有随刘备来益州，他先在曹操任命的荆州刺史傅群手下当主簿，后投奔了关羽，被关羽任命为荆州功曹，关羽经常派人到成都向刘备汇报工作，有一次派的是杨仪，刘备跟杨仪谈话中发现他对军国大事、政治得失都很有见地，十分高兴，就把他留在了身边。

但杨仪这个人的性格有问题，才虽高却不合群，容易跟别人闹矛盾，不管是上司还是同僚，动不动就发生冲突，到尚书台供职后跟顶头上司刘巴关系不和，影响安定团结，被刘备改任为弘农郡太守。弘农郡在中原地区，是曹魏的地盘，这个任命相当于给个空头衔在家休息，杨仪被打入冷宫。

尚书台里有个人比刘巴、杨仪的地位都低，但比他们更牛，这个人就是蒋琬，他开始担任的职务是尚书郎。蒋琬是诸葛亮在临烝时期发现的人才，来益州后被任命为广都县长，因为不太勤政，被到下面视察工作的刘备碰上了，免了官，现被起用。杨仪与蒋琬在尚书台共事的这个经历造成了多年后的一段纷争，诸葛亮去世后蒋琬成为指定的接班人，资历曾经高于蒋琬的杨仪倍感失落，多出怨言，以至于闹得你死我活。

以上是蜀汉朝廷的文官体系，武将方面也有较大变动。刘备为左将军时，马超以平西将军的身份居武将之首；汉中称王后，武将之首是前将军关羽。现在关羽不在了，刘备下诏拜马超为骠骑将军，拜张飞为车骑将军，但骠骑将军地位高于车骑将军，马超在名义上又回到武将之首的位置。张飞同时兼任司隶校尉，晋爵为西乡侯；马超兼任凉州牧，晋爵为乡侯。张飞、马超以下，升魏延为镇北将军，之前魏延刚被破格提拔为镇远将军，是杂号将军，可以统率包括汉中在内的益州北部地区的蜀军，同时仍然兼任汉中郡太守。

刘备升吴壹为护军讨逆将军，兼任关中都督，吴壹的这个护军统领的是中央禁卫军，他之所以得到刘备的信任是因为他的妹妹嫁给了刘备，目前的身份是皇后。都督是刘备在官职设置上的另一项借用，刘备虽然立国，但仅辖益州，未免局促，除了让张飞、马超等人遥领各州外，还设都督一职，级别上相当于州牧或州刺史。只是关中也在曹魏占领区，目前也只能算挂名。

再往下的高级将领包括辅汉将军李严、翊军将军赵云、安汉将军糜竺、昭德将军简雍、秉忠将军孙乾、安远将军邓方等。李严担任犍为郡太守，很有治政才能。建安二十三年（218）刘备率主力赴汉中，犍为郡盗贼马秦、高胜等人起兵，召集队伍数万人，占领资中县。李严不待上面发兵，率本郡5000人马前往讨伐，斩杀马秦、高胜。后来，相邻的越嶲郡少数民族部落首领高定率军围攻新道县，李严前往解围，高定被击败后逃走。李严的才干深得刘备器重，所以他在刘璋旧部中脱颖而出，此次拜他为辅汉将军，仍兼任犍为郡太守。

糜竺、简雍、孙乾等人是跟随刘备多年的老部下，他们资历很老，但能力并不突出，虽然都名为将军，但只是挂个名，享受待遇，不亲自领兵。新任命的安远将军邓方是南郡人，以荆州从事的身份随刘备入蜀，后被任命为犍为属国都尉、朱提郡太守，他的主要职责是守卫南部大片广阔区域，这里地广人稀，分布着许多少数民族部落，蜀汉的统治相对薄弱。邓方到任后以少御多，指挥果断，夷汉皆服。

第十五章 夷陵之战

一、刘备只想复仇

刘备当了皇帝，但心里却完全高兴不起来。刘备现在只想做一件事，那就是复仇，关羽被杀已经一年多了，这个仇还没报，他怎么会感到高兴？孙权把大本营迁到武昌，看样子想赖在荆州不走了，这让刘备更加愤怒。孙权在入驻武昌时发布了一道命令，让刘备心中的怒火燃烧得更旺了。

孙权在这道命令中说："存不忘亡，安必虑危，这是古人的教诲。从前隽不疑是汉朝的名臣，在太平年代也刀剑不离身，可见君子对于武备不能停止。现在咱们大家处于险境，和豺狼一样的敌人在打交道，怎能轻易地疏忽而不考虑突然发生的变故？近来听说众将都崇尚谦虚节俭，出入不带随从卫兵，这不是防患于未然的举动。保护好自己，才能安慰君王、父母，这与遭遇危险不测哪个结果更坏、哪个结果更好呢？大家应好好引以为戒，谨慎小心，务必从大局出发，以不辜负我的一片心意。"谁是豺狼？没有点名，但显然指的不是曹魏。刘备一刻都不想再等下去了，马上东征，夺回荆州，教训孙权！

然而，此意一出立即引起了争论，有人支持，也有不少人表示反对。刘备决心已下，任何反对意见一概不听。反对的人不是不同意向孙权报仇，而是认为时机不对，与孙权现在展开一场死战在战略上并不明智，比如赵云就认为当前最大的敌人是曹魏而不是孙权，应该先灭曹魏，到那时孙吴不用打自会臣服。

赵云提出，当前应该北征中原而不是东征孙权："当前应当进图关中，占据黄河、渭河的上游，从那里征讨曹魏，关东义士必将响应。千万不能把曹魏搁置起来去伐吴，一旦与孙吴交兵，不能马上见分晓啊。"刘备称帝后赵云的地位没有提高，这事放在关羽身上肯定气得骂娘，然后撂挑子不干了，但赵云没有，仍然尽心尽责，他虽然是一员武将，但在关键问题上多次表达自己的观点，是一位有独立见解、遇事冷静的高级将领。赵云提出应该先北征中原，这个建议未必高明，但这应该只是赵云的一个策略，目的是阻止刘备当前的东征，有些话赵云大概没有明说，那就是能不能打败孙权夺回荆州呢？这恐怕是没把握的事，但这也不能明说，所以他的话很委婉。对赵云的建议，刘备不接受。

偏将军黄权也反对此时伐吴："吴人战斗力很强，现在伐吴是顺流而下，进攻容易撤退很难，请派我为先驱，先尝试进攻，陛下随后接应。"黄权认为孙吴现在实力更强大了，能不能战胜他们确实很难说，所谓顺流逆流也是个委婉的说法，真正的困难还是两个阵营总体实力的对比，在没有把握的情况下举倾国之力远征无异于一场赌博，与其把宝一次全押出去，不如先尝试一下再说。汉中之战黄权也出过大力，有人甚至认为他的功劳比法正还大，他现在是刘备器重的将领之一，刘备一直在刻意栽培他，但他的意见刘备也不接受。

除了赵云、黄权，劝谏的人还有不少，刘备有点儿烦了。益州从事祭酒秦宓也来劝谏，他素以博学著称，又精通占卜谶纬，据他看来此时伐吴并不吉利。刘备正在烦心，听了他的话更烦心，一气之下就抓他当了个典型，下令把秦宓关进监狱。至此，反对伐吴的声音才被压下去。

作为丞相的诸葛亮似乎没有劝阻刘备，这有两种可能：一是诸葛亮是赞成伐吴的；二是诸葛亮虽然反对，但碍于一些顾虑没法说。分析一下后一种可能性更大，因为这次伐吴失败后诸葛亮说过一段耐人寻味的话："法正如果还活着，就能制止主上伐吴的行动，即使制止不了，也不会败得如此彻底啊！"诸葛亮是孙刘联盟的缔造者和坚定维护者，对于伐吴他应该是反对的，但反对伐吴就是反对给关羽报仇，这让诸葛亮感到为难。这还是其次，更为重要的是，刘备阵营里有一大批荆襄人士，荆州丢失后他们失去了在那里的祖业，但家人、亲戚现在都生活在那里，刘备要复仇，他们要"打回老家去"，这让诸葛亮更为难。

但丞相的基本职责是匡正君王的得失，明知是一个大坑而不去谏止，不也失职了吗？也许诸葛亮认为这场仗未必会输吧，即使不能完全战胜孙权、夺回荆州，至少也可以取得部分战果，也就是他说的"必不倾危"的意思，至于后面的结局，恐怕也完全出乎诸葛亮的预料。至于刘备，他并不是那种刚愎自用的君王，在伐吴这件事上他为何如此坚决甚至于近乎偏执呢？想起来恐怕原因也是两个：一是过于悲愤；二是有点儿自信。

孙权反目、关羽被杀、荆州全失，刘备认为这场大败不是败于战场和实力，而是败于阴谋和背叛，这样的恨会让人欲罢不能。孙权得手后的一系列举动更被刘备认为是成心挑衅，刘备不能咽下这口气。何况荆州是未来攻取北方、统一天下的基石，如果不能把荆州夺回来，他只能退缩在益州一地，战略上失去了主动，这是刘备不愿看到的。

那么，现在讨伐孙权是否真的有胜算呢？刘备的看法或许与赵云、黄权不同，他大概认为曹操都不是他的对手，孙权更不在话下。占领益州和汉中后刘备的军事实力确实增长得很快，虽然荆州丢了，但整体力量应该高于孙权。孙权在荆州立足未稳，刘备觉得自己在荆州毕竟经营了多年，只要自己率大军一到，那些暂时投降了孙权的各郡县必然响应支持，民心应该还在自己这一边。太愤怒和太高兴时都不要轻易做决定，因为这时最不冷静。

这一仗孙权早有心理准备，但他的想法还是最好别打。不久前孙权做出一项人事调整，任命诸葛瑾为绥南将军，代替吕蒙兼任南郡太守驻扎在公安，负责西面第一线的军政事务。对诸葛瑾来说，弟弟当了蜀汉丞相，他却没沾上什么光，反而落下不少猜疑。诸葛瑾刚到南郡就有人向孙权告密，说诸葛瑾有问题，这些风言风语传到了陆逊那里，陆逊有点儿着急，他向孙权写了份报告，力保诸葛瑾没问题，并且请求采取某种方式给予辟谣。

接到陆逊的报告，孙权回复道："子瑜与我共事已经很多年了，恩如骨肉，我对他了解很深，他这个人没有道义的事不做，不仁义的话从不讲。我和子瑜可谓神交，不是几句话就能离间得了的。"孙权把前面的那些告状信封好，让人送给诸葛瑾，并且亲笔写信安慰诸葛瑾。后来接到陆逊的信，孙权也把陆逊的来信一并转给诸葛瑾，让他知道陆逊的心意。在三国群雄中，孙权的过人之处是识人，无论对周瑜、鲁肃还是吕蒙、陆逊，都做到了知人善任，也做到了用人不疑，跟着这样的领导打江山，心里更踏实。

吴、蜀未来如果真的交战，南郡就是前线，孙权让诸葛瑾到这里来不仅出于一种信任，而且还有特殊用意，想通过他向刘备传达讲和的意愿。在孙权的授意下，诸葛瑾给刘备写了一封信，信中说："如果您认为吴王夺取荆州又危害到关羽，因而怨深祸大，不愿意求和，这只能说是在意了小的方面，却未留意大的方向啊！我想替陛下您着想，陛下如果能压抑愤怒暂且听我一句话，那么计谋可立即决定，不必再反复向群臣咨询。陛下试想，您与关羽亲还是与先帝亲？荆州大还是天下大？哪个大哪个小，哪个轻哪个重，谁应当在先，谁应当在后？弄清这些，什么事不就都易如反掌了吗？"

诸葛瑾所说的先帝是指刚刚被废的汉献帝刘协，当时吴蜀两地纷纷流传，说他已为曹丕所害，诸葛瑾知道刘备立国打的是刘汉王朝的旗号，所以不仅称刘备为陛下，还称刘协为先帝。关羽亲还是先帝亲？荆州大还是天下大？是啊，这是多么简单的道理，不用多想，刘备应该知道答案。但是刘备的态度异常坚决，不理诸葛瑾的来信。如此一来诸葛亮就更不好公开反对伐吴了，否则就跟哥哥一个

夷陵之战 | 第十五章 |

腔调,这是诸葛亮所忌讳的。

蜀汉章武元年(221)七月,刘备整合人马,正式出兵伐吴。大军分为两路:一路由刘备亲自率领,有四万人马,从成都出发东进,任命吴班、冯习为左右领军,相当于前敌正副总指挥,任命张南为前锋,偏将军黄权以及赵融、廖淳、傅肜、杜路、刘宁、陈式等分别统领各部;一路由车骑将军张飞率领,有一万人马,从巴西郡的阆中南下,两支人马相会于江州,即今重庆市。

两路大军共五万人,这是史书的记载,不过根据整个作战过程看,东征大军的人数比这个多,应该接近 10 万人,大概是江州等地的驻军以及从其他地区抽调的部队陆续参战的结果。吴班是"国舅"吴壹的族弟,也深得刘备的信任,冯习是南郡人,追随刘备由荆州来的益州,当初的地位与魏延差不多,现在进步也很快。赵融等人都是带兵的将领,但事迹不多,在后世的名气也不大。看着上面的阵容,不禁让人想起关羽、黄忠这些名将,由于他们纷纷凋零,让蜀汉的将星也不再像以往那么闪耀了。马超仍然在世,但他的身体可能不太好,因而没有出现在东征的队伍里,一年后马超就去世了。

赵云也不在东征之列,有人认为这进一步说明刘备对赵云不信任,尤其此次东征赵云又提了反对意见,刘备有意疏远他;另一种看法认为,蜀汉能独当一面的大将目前看只有张飞、赵云、魏延几个人,张飞随征,魏延守汉中,益州也要有大将留守,所以赵云没有参加东征。相比较而言后一种看法更靠谱,因为刘备随后命赵云留守江州,这个任务也很重要。

此次随刘备出征的还有蜀汉的尚书令刘巴、侍中马良、太常卿赖恭、光禄勋卿黄柱、少府卿王谋、大鸿胪卿何宗、太中大夫宗玮、从事祭酒程畿、从事王甫等人。

刘备信心满满,但还是有点儿不放心。大军出发前刘备还让人算了一卦,蜀郡当时有个奇人叫李意其,这个人很神,大家都不知道他到底年龄有多大,传言他已经活了几生几世,而这个李意其也故弄玄虚,说自己是汉魏文帝时候的人,汉魏文帝是西汉第二位皇帝,距汉末已有 400 年,这位李兄还真敢吹。刘备听说他很神,是一位大师,就把他请来,对他尊敬礼遇,让他算一算此次讨伐孙吴的结果。李意其果然神秘,不说话,而是要来纸笔,画了几十张兵马军器仪仗之类的东西,画完一一撕了,又画了一个大人,挖了个坑埋于地下。弄完这些,李意其仍不说话，在众人目瞪口呆之际扬长而去。刘备不解何意，但心里有点儿不舒服，一种不祥之感向他涌来。

刘备正要出发，突然接到报告，说阆中方面有人来紧急报告情况，刘备大吃一惊，顺口说了句："啊，难道是张飞不在啦？"让刘备猜中了，确实是张飞的死讯。原来，张飞接到刘备的命令，立即整顿所部人马准备开赴江州与刘备会合，但是临出发前发生了叛乱，手下部将张达、范彊把张飞杀了，持其首级逃到了孙权那里。关羽善待士卒，看不起读书人，张飞和他相反，尊敬读书人却不爱惜士卒，刘备曾就此提醒张飞："你待手下过于严厉，对下面的人整天责罚鞭打，又让他们在你左右，弄不好就会出事。"

张飞听了仍不能改，这次意外可能与此有关。但这件事在时间上这么巧，不由得令人怀疑背后是否还有别的内幕，如果有的话，一定是孙权方面派人秘密策反的结果，当然这仅是推测，没有任何史料依据。刘备下诏追谥张飞为桓侯，这是刘备称帝以来首位被赐予谥号的大臣。张飞的长子张苞死得早，由次子张绍承嗣张飞的爵位。刘备同时下诏将张飞原来兼任的司隶校尉一职改由诸葛亮兼任，之所以在这么紧张的气氛下还不忘下达这项诏令，是因为司隶校尉不仅是一州之长，还肩负着对百官监察纠举的职责，不能空置。大战在即先损大将，在悲痛之余刘备心中的不祥之感更浓重了，但复仇的心又多了几分急切。

二、孙权摆下六道防线

大军未动，痛失张飞，刘备仍执意东征。消息传到武昌，孙权知道这一仗是非打不可了，立即做出部署，迎击蜀军。孙权任命镇西将军、右护军陆逊为大都督、假节，统一指挥集结于荆州各地的朱然、潘璋、宋谦、韩当、徐盛、诸葛瑾、步骘、鲜于丹、孙桓等部人马，上述各部人马总数约为五万人。

陆逊时年38岁，比诸葛亮小两岁，经过上次荆州战役的考验，陆逊的军事才能已炉火纯青，就任总指挥后他立即做出部署，将前沿各部人马分布于各处战略要点，摆下六道防线：一是由振威将军潘璋负责守固陵郡，这个郡是孙权私设的，包括巫、秭归、兴、信陵、沙渠五个县，与益州接壤，是荆州的西大门，构成第一道防线，潘璋兼任固陵郡太守，统一指挥本郡防务，郡内几处重要据点也都分兵把守，其中陆逊守巫县，李异守巴山，刘阿守兴山；二是由固陵郡沿长江而下是战略要地夷陵，这里由陆逊本人防守，陆逊命宋谦督水军驻守于枝江，命安东中郎将孙桓守夷道，与夷陵互为外援，形成阻击敌人的第二道防线；三是由夷陵沿长江再往下是江陵，也就是南郡郡治，由虎威将军朱然防守在这里，朱然自己坐镇于江陵，偏将军韩当兼任永昌郡太守，辅助朱然，成为夷陵的后援，可以看作是第三道防线；四是由江陵沿长江往下就是刘备、关羽之前在荆州的大本营公安，由绥南将军诸葛瑾负责防守，诸葛瑾这时还兼任着南郡太守，协助他守公安的是周瑜的次子、兴业都尉周胤，在公安附近还有建忠中郎将骆统率领的3000人马守在屠陵，归诸葛瑾指挥，构成第四道防线；五是防备蜀军由长江北岸发起迂回进攻，命建威将军徐盛驻守当阳，徐盛同时还兼任庐江郡太守；六是为防备蜀军由长江南岸偷袭，任命鲜于丹为武陵郡都尉，守备在武陵郡，又命平武将军步骘率万人屯驻在长沙郡，以防不测。孙吴的人马不多，但布防得层次清晰，各部人马任务明确，以数道防线来扼守几处战略要地，十分周密。吴军已摆好阵势，只等刘备大军前来。

　　刘备率大军过了江州，出了三峡，首站来到三峡东口的白帝城，刘备在此建立总指挥部，命前锋张南以及吴班、冯习等部继续进军。两军首战发生在巫县、秭归一带，吴班、冯习在此击破吴军的陆逊、刘异、李阿所部，分别占领了这些地方。这时已经到了曹魏黄初三年即章武二年（222）正月，刘备把总指挥部迁至秭归。

　　在秭归，刘备遇到了曾做过关羽主簿的廖化，刘备十分高兴。关羽担任前将军后任命廖化为主簿，关羽兵败，廖化被吴军俘虏，后来他装死逃了出来。廖化一心回到益州，带着母亲昼夜兼程西行，走到秭归遇上了刘备。刘备详细询问了关羽临死前的情况，廖化一一向刘备进行了汇报。廖化对荆州的事务很熟，刘备任命他为宜都郡太守，随军行动。

　　刘备担心曹魏趁自己与孙权交战之际从江北发起突袭，于是升任偏将军黄权为镇北将军，让他督率江北各路人马以防魏军。在江南方面刘备有了意外收获，武陵郡的五溪蛮主动前来归顺。所谓五溪蛮，是指分布于沅水上游若干少数民族的总称，因他们主要居住于雄溪、樠溪、辰溪、酉溪、武溪五条溪流间而得名，其部落首领称君长。刘备治理荆州期间，曾在这一带设置黔安郡，对当地百姓有恩泽，各君长听说老领导刘备回来了，都遣使到军中请命，愿意充当攻打吴军的前锋。刘备大为高兴，命令侍中马良前往武陵郡招纳五溪蛮，分别授予各君长以官职，各部落都很满意。刘备原来或许想伐吴是场恶战，没想到开局如此顺利。刘备命令吴班和冯习继续向夷陵进军，如果攻下此城，就叩开了荆州的大门，彻底打败吴军的胜算至少有一半了。

二月，在秭归稍作停歇后刘备命吴班、陈式所部开始向夷陵发起攻击，陆逊闭城不出，双方陷入对峙。刘备命吴班以数千人平地立营，在夷陵城外发起挑战。吴将看到吴班人马不多，纷纷建议出击，陆逊认为刘备此举必然有诈，不能盲目出击，只能再观察一下。

陆逊向大家解释了他的看法："刘备举军东下，锐气正盛，且居高守险，难以立即攻破，即使发起进攻可以把他们打退，也难以全歼，而稍有不利，则损我大局。现在应告诫将士，静观其变。此地如果是平原旷野，静观恐怕会遭受敌人突然袭击，而蜀军一直缘山行军，兵力难以展开，我们可以抓住这个弱点慢慢将其拖垮。"陆逊的意思是打持久战，不要幻想一战退敌，但这些话并没有说服大家，众人都认为陆逊胆小惧战，心里愤愤不平。

这确实是刘备的一个计策，眼见陆逊闭城不出，刘备很着急，故意让吴班示弱于吴军，引诱吴军出城交战，他已在山谷间埋伏了重兵，准备打吴军的伏击。见陆逊不上当，刘备下令把埋伏于山谷间的8000人马撤出，消息传到城内，众将对陆逊开始信服。

夷陵历来都是军事重镇，是吴军的第二道防线，这里城坚池深，城内物资储备充足，不是一朝一夕可攻下的。刘备改变思路，命张南率一部人马攻打夷陵附近的另一处战略要地夷道。防守夷道的是安东中郎将孙桓，他是孙权的侄子。孙桓的父亲叫孙河，是孙坚的族子，早年追随孙坚四方征讨，深得信赖。张南率部将夷道围住，孙桓不支，向陆逊求救。陆逊不同意支援夷道，众将急了："孙桓可不是一般的人，眼见他被围困，怎能不救？"陆逊不理会，他认为："孙桓平时深得将士之心，夷道城内粮食充足，没什么可担忧的，等我运用计谋，夷道之围不救自解。"

陆逊虽然是总指挥，但手下这些将领多是孙策时代的旧将，有的是公室宗亲，有的是江东大族，他们依仗资历或者地位，向来骄傲自大，不大听话。对于陆逊一再避战，众将领的不满情绪日增，有时也会当面表现出来。有一次，陆逊火了:"刘备天下知名,曹操都有所忌惮,现在就在我们的对面,他是很强大的。诸君并受国恩,担当重任,应当和睦同力,共剪此敌。我虽是一介书生,但受命于主上,之所以让诸君屈居而听命于我,是因为主上觉得大小事件我能把握分寸,又能忍辱负重,大家各自都有承担的任务,希望不要推阻!"说到这里,陆逊一按佩剑,厉声道:"军令就在那里摆着,请勿冒犯!"

陆逊强压了大家的不满,但这苦了孙桓,听说陆逊不发兵来救,孙桓十分怨愤。其实这又是刘备的一招,想通过进攻夷道逼迫陆逊出战,之所以选择夷道,也是看中了孙桓的身份,刘备以为夷道是陆逊的必救之地,哪知陆逊不吃这一套,他铁了心不出战,来了个油盐不进,刘备无奈。

转眼间到了六月,蜀军是冬天里出发的,现在到了夏天。围困夷陵已有几个月时间,仍然看不到破城的希望。在这种相持不下的情况下,刘备再次调整部署,命各路蜀军分头占据附近的要地,就地扎营,你打持久战,我也奉陪。自秭归沿长江而下,蜀军各部人马先后扎下50多处营盘,连绵不绝,有数百里,最东端抵达了猇亭。

猇亭目前是湖北省宜昌市所辖的一个区,在其周围分布着葛洲坝、三峡等重要水利枢纽。在三国时代这里还是一个小地方,位于长江岸边,地势险要,悬崖峭壁,江水湍急,暗礁丛生。相传有一位将军驻防此地,见这里是兵家必争之地,就命工匠修了一座亭子以示纪念。亭子竣工,将军来视察,见亭子的楹栏上刻一动物的图案,形似虎却类犬,将军大怒,责问工匠此为何物,工匠吓坏了,急中生智说此乃老虎猎食时的姿态,名为猇,将军由怒转喜,命工匠刻"猇亭"二字于亭上,这就是猇亭名字的由来,留传至今。有人甚至说这位将军就是张飞,他曾任宜都郡太守,驻扎过此地。但这只是传说,史书中没有记载。"猇"是虎的吼声,也引申为猛虎,以此作地名的还不少,山东省就有古猇县。亭是县以下的行政机构,相当于乡,猇亭应该是南郡所辖的夷陵县或夷道县的一个乡。

三、刘备兵败夷陵

吴蜀这边大动干戈,曹魏那边也在紧张地注视着。刘备东征前,曹丕曾召集谋臣讨论刘备会不会给关羽报仇,大多数人认为蜀国是个小国,名将只有关羽,关羽死后蜀国上下陷入忧惧,无力惹起战端。侍中刘晔不同意这个看法,他认为:"蜀虽小国,但刘备这个人生性威武自强,势必兴师动众以显示他的力量。况且刘备和关羽,于公是君臣,于私形同兄弟。关羽死了不能为他兴军报仇,在情分上始终是说不过去。"

刘备率军东征后,刘晔又提出一个颇为大胆的建议:"孙吴以江、汉为天险,向来无内臣之心。陛下虽然功德盖天,但像孙权这样的人也无法让他感动改变。孙权因难求臣,不能相信他。孙权现在内外交困,所以才派使者前来,可见其情况之窘迫。现在正是时候,可以突然向他发起袭击。一日纵敌,数世之患,不可不察!"

刘晔分析了形势,认为天下虽然三分,然而曹魏独占其八,吴蜀各保其一,他们现在还相互攻伐,正是天欲亡之。刘晔建议趁着孙吴将重兵集结于夷陵一线的时机,渡江攻击孙吴的后方,孙吴外有蜀汉的进攻,内有我方的袭击,快则十天、慢则一个月必然灭亡。刘晔认为孙吴如果灭亡,蜀汉就孤单了,刘备即使趁机侵占了孙吴的一些地盘,但他们必然不能长久,何况即便孙吴被一分为二,蜀汉得到的也是其外围,我们得到的才是核心。

这一招绝对够狠,从孙权本人到他手下的精兵强将此刻都在大气不敢喘地盯着蜀汉,后方十分空虚,如果曹魏从合肥方向突然出击,孙吴的长江天险就很容易被攻破,三足鼎立的局面可能提前结束。但曹丕却认为这个方案不可行:"人家称臣愿降,而我们要讨伐他,这会让那些也想来投降的人失去信任,这个实在不可,我们为何不接受孙吴的投降,而去袭击蜀国的后方呢?"曹丕的思路大概是,既然合纵连横,联合孙吴一块儿收拾蜀汉,效果不是一样吗?

刘晔不同意,他认为不一样:"蜀汉远而孙吴近,如果听说我们兴兵讨伐,他自然会回军,我们的目的难以达到。现在刘备已经愤怒,听说我们也去攻打孙吴,知道孙吴必亡,一定会更加积极地攻击而与我们争夺孙吴的地盘,不会改变原来的打算,这是必然的。"刘晔看得很清楚,你打刘备仓促间是打不着的,因为益州北有秦岭、汉中,东有长江上的重重关隘,你要打他就会缩回去,你毫无办法。而孙权却是现成的一盘菜,如果下决心,他必定玩完。曹丕还是没有接受这个建议,但也没有按照他说的借机攻打蜀汉,如果他这时出兵汉中,或者由上庸三郡向蜀汉的三巴地区攻击,结果也很难说。

曹丕没有接受刘晔的建议,是因为他缺少战略眼光吗?倒也不一定,曹丕比其父差点劲，但绝不是庸才，更不是蠢材，他之所以没有采取断然措施在吴蜀争斗中搅一下局，是因为他才登基，没有绝对把握的事不能做，现在作壁上观不失为一步稳棋。后来听说刘备拉起数百里连营与吴军对峙，曹丕评论说："刘备看来太不懂军事，岂有营寨连绵700余里而可拒敌的？'苞原隰险阻而为军者为敌所擒'，刘备犯了兵家大忌，孙吴的捷报不日可至！"曹丕在这里引用了一句现在已失传的古代兵法，其大意是在杂草丛生、地势平坦、潮湿低洼、艰险阻塞等处安营的军队，一定会被敌人打败擒获。就在曹丕说完这些话几天，蜀军果然失败了。

这一年的六月是闰月，在相持数月后陆逊决定发起战略反攻。陆逊向孙权报告了情况，准备立即行动，众将有些不理解："要进攻也应该在当初，现在蜀军已深入近600里，双方相持七八个月了，各处要地都被他们占领固守，发起攻击必无法得利。"对大家的这个疑惑，陆逊解释道："刘备是狡猾的敌人，他经历过的事情很多，刚开始集结，他用心专一，此时不能进攻。现在他已经在这里很久了，不能取胜，士气受挫，又没有新的计策，夹击此敌，正是现在！"

陆逊命令攻击蜀军其中的一营，但是未能取胜。众将更不满了，抱怨道："这是让士卒白白送死啊！"换成别的主帅此时该崩溃了，但陆逊的内心很强大，也很有信心，他对众将说："我已经找到破敌的办法了！"陆逊命令再次发起攻击，这回每个士卒手里拿一束干茅草，用火攻的办法对付蜀军，结果收到了奇效。农历闰六月正是夏末，长江中游一带气候干燥，有时还会刮起大风，这些都利于火攻。蜀军夹山筑营，地势狭促，一旦起火，施救困难，各地兵营将同时燃起大火。

算起来这已是十几年来长江沿岸燃起的第二把著名的大火了，就兵法而言，不必非得创新，那些好使的招数，照搬照学就行。吴军趁势发起全面反击，蜀军被连破40多座营寨，蜀将张南、冯习及助战的胡王沙摩柯等战死，杜路、刘宁等被迫投降。

战局突转直下，让刘备惊呆了。刘备仓皇逃出兵营，退入马鞍山，赶紧在那里部署兵力自卫。现在全国叫马鞍山的有20多处，此马鞍山不在安徽省，而在湖北省宜昌西南。吴军除陆逊督本部猛攻外，韩当、朱然、诸葛瑾等也同时督率所部进击，蜀军士气瓦解。有的史书记载蜀军死者数万，还有的史书记载说蜀军被杀的超过8万，后面这个说法有点夸张了，但无论如何蜀军损失惨重，几乎大败于一夜之间。

刘备毕竟经历过大风大浪，他知道如果待陆逊指挥大军合围上来，自己将被困于马鞍山无法脱身，于是连夜突围。这次突围狼狈异常，山路崎岖，骑马很危险，刘备是被驿人抬着闯出重围的，为了逃命，驿人们焚烧了身边像铙、铠甲这样的东西，才阻住了敌人的追击。刘备发兵夷陵，沿路设置许多驿站，从夷陵直到白帝城一路都有，刘备成功突围，最后依赖的是这些驿站里的人。铙是一种乐器，驿人们烧的可能是它的木柄。有记载说驿人烧铙铠之处名叫石门，在秭归县以西。

刘备的亲随几乎被打光了，"仅得身免"不算夸张。刘备一路狼狈而逃，一口气跑了几百里，沿途看到的全是惨象，蜀军的舟船军械、水军步军的物资损失殆尽，尸体漂流在江面上，有的地方堵起来很高。刘备是打了一辈子仗的老兵，但此情此景仍然让他惊骇悲愤，大呼道："我居然被陆逊打败羞辱，难道这是天意吗？"

刘备一行仓皇逃到上夔道时发现情况不妙，前面的道路已被吴军截断。挡在刘备逃亡路上的吴军将领，正是曾被蜀军围困于夷道的25岁小将孙桓，刘备听说是他，更愤愤然，他曾在京口见过孙桓，孙桓是孙权的侄子，刘备是孙权的妹夫，孙桓见了刘备还得喊一声表姑父呢。那时孙桓还是个青春期没结束的少年，现在居然挡住姑父不让走，刘备愤恚道："我在京口，孙桓还是小儿，没想到他今天也会逼迫我至此啊！"后来刘备一行放弃大路，从山里面翻越险隘才得通过。

刘备退到了三峡的东口，也就是白帝城。还未等喘息，各路战报陆续传来，除已知的张南、吴班、冯习等人战死外，蜀军主要战将几乎无一幸免。傅肜为掩护刘备撤退而负责殿后，他们作战十分勇敢，傅肜身边的士卒一个个倒下，最后只剩下他一个人，但傅肜依然斗志不减。吴军劝他投降，傅肜骂道："吴狗，我大汉将军哪有投降的？"骂完继续交战，最后战死。刚刚接替秦宓任从事祭酒的程畿乘船溯流而退，吴兵快要追到了，大家一看形势不妙，纷纷说："敌人马上就来了，快弃大船乘小舟逃命吧！"程畿不肯，对大家说："我在军中，从来不习惯在敌人面前逃命！"结果他也战死了。

刘备虽然到了白帝城，但这里蜀军并不多，依然危险重重，大家都劝刘备快走，但是刘备很固执，不想走了。损失巨大，惨不忍睹，悲伤难忍，死就死在这里吧！幸好这时有两支蜀军人马迅速靠近白帝城，众人才稍稍安心。一支人马是牙门将向宠率领的队伍，当时蜀军各营几乎全部损失，只有向宠的军营得以保全；另一支人马是从益州方向赶来的，巴西郡太守阎芝听说前线吃紧，紧急征兵，加上本郡原有人马，凑齐了5000人，命汉昌县长马忠率领赶到白帝城护驾。马忠字德信，巴西本郡人，少为郡吏，后被举为孝廉，任汉昌县长。刘备和马忠谈话，对他大为赞赏，对身边的尚书令刘巴说，马忠是与黄权不相上下的人才。

除刘备亲自率领的这一路，江北和江南还各有一支人马，他们怎么样了呢？先说江北的一路，他们由镇北将军黄权率领，由于他没跟刘备的主力部队一起行动，而是在江北负责警戒曹魏方向，所以有了生还的可能。但是黄权却没有那么好的运气，由于夷陵方向兵败突然，黄权毫无准备，想跑都来不及了。

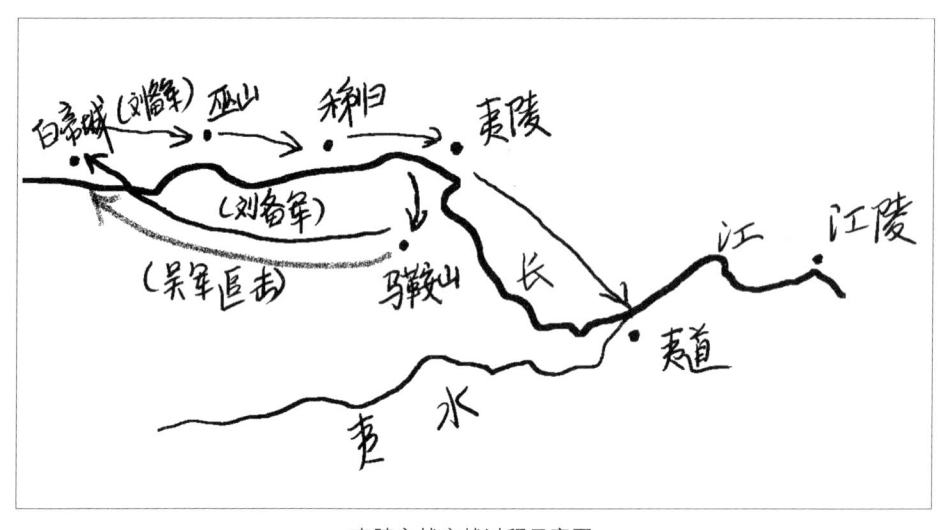

夷陵之战交战过程示意图

在陆逊指挥各路人马围攻刘备的同时，黄权被吴将陆逊率部围困，由于道路隔绝，黄权所部成为孤军，最后不得已投降了曹魏，被曹丕拜为镇南将军，出入陪乘，给予很高礼遇。就像对待孟达那样，曹丕也很喜欢黄权，亲自在洛阳召见他。

曹丕曾对黄权说："将军舍逆效顺，是效仿陈平、韩信吗？"黄权回答说："臣受刘主殊遇，降吴不能，还蜀无路，所以才来归命。败军之将只求免死，何来效仿古人啊？"这时候从蜀地传来消息，说黄权投降后，其妻子儿女均被诛杀，黄权不信，所以不发丧。曹丕亲自过问此事，专门下诏要黄权发丧，黄权向曹丕请求道："我和刘主公以及诸葛亮推诚以待，互相信任，他们二人知道我的心志，这件事还有很多疑问，请观察一下再说。"后来如黄权所料，刘备并没有为难他的家属，当时确实有人建议把黄权的妻子儿女抓起来，刘备不同意："是我辜负了黄权，黄权没有辜负我。"刘备大概想起了黄权当初劝他的话，后悔自己太轻敌了。

再说江南的这一路，马良奉刘备之命纠合武陵郡的五溪蛮等少数民族部落，本意是想助攻孙吴，结果陆逊在夷陵动手的同时，驻防长沙郡的吴将步骘突然出击。马良不敌，被杀。

四、白帝城托孤

今天乘船游览三峡，在最西边的瞿塘峡口的北侧有一座小山，此山被称为白帝山，山上有城，称白帝城。三峡水库没蓄水前，白帝山看起来比现在高大得多。白帝城原名子阳城，王莽篡位后派公孙述任蜀郡太守，王莽后来失败了，公孙述在益州割据。据说，公孙述有一次骑马来到瞿塘峡口，见此地形势险要，便扩修城垒，屯兵严防，他听说山上的城里有口白鹤井，井中常有白色雾气冒出，宛如白龙，深信谶纬之术的公孙述认为这是他登基成龙的征兆，于是宣布当了皇帝，自称白帝，建都于子阳城，并将子阳城改名为白帝城。

现在刘备退至白帝山上的白帝城，吴将李异、刘阿等率部跟踪而至，前锋已达白帝城外的南山。刘备在白帝城给陆逊写了封信，信中说："听说曹魏大军已经进逼江陵，而我也要重新东进，将军认为有没有这样的可能呢？"陆逊接到刘备的来信，知道他的用意，回复道："贵军刚刚大败，元气大伤，现在请求和好是为自己考虑，哪还能再勉强用兵？如果还有其他打算，定会全军覆没，一个都跑不了。"

这时孙权也亲自赶到了夷陵前线，见到陆逊，孙权了解到在战事的关键时刻有人不大听指挥，问陆逊："当初怎么没有听你报告过这些事？"陆逊回答："我受主上器重，担任了超过我才能的职务。各位将领要么是朝廷的亲信，要么是有功之臣，都是国家的栋梁，我才能虽然低劣，也知道古时有蔺相如、寇恂等人相互谦让、以国家大事为重的道理。"

孙权十分高兴，加拜陆逊为辅国将军，兼任荆州牧，改封为江陵侯。吴将徐盛、潘璋、宋谦等纷纷向孙权建议，认为一鼓作气猛攻白帝城，定可将刘备活捉。孙权就此征询陆逊的意见，陆逊认为刘备已败，当务之急是防备曹魏背后突袭，主力应迅速回防，不宜再追击刘备，朱然、骆统等人支持陆逊的意见。

而正在此时，留守在江州的翊军将军赵云星夜驰援，率大部人马赶到了白帝城，刘备不担心了。孙权见状，命李异、刘阿等从白帝城外撤回，将前锋驻扎于秭归。为了继续对蜀汉保持主动出击的态势，孙权请出一个人来，让他住在秭归，专门对付刘备，此人就是前益州牧刘璋。

刘备夺取益州，以振威将军的名义迁刘璋于公安，让关羽对其进行监视。关羽被杀，刘璋就到了孙权手里，孙权重新表奏刘璋为益州牧，让他移住于秭归，与在白帝城的刘备对峙。这一招实际效果有限，但可以充分地恶心人，因为刘璋的存在可以时刻对刘备进行提醒和鞭挞，告诉他你满嘴的仁义其实是假的。孙权希望刘备赶紧走人，彻底退回成都，但刘备不理。白帝城是鱼复县的治所，鱼复这个名字有点别扭，有点像"鱼腹"。刘备下诏，改鱼复县为永安县，并在白帝城建行宫，打算在此长驻下去。

刘备兵败夷陵的消息传到成都，诸葛亮在震惊之余感到了从未有过的危机正在悄悄降临。客观地说，诸葛亮并不认为此次出兵孙吴一定会失败，所以他没有坚决地阻拦。大军行动后，他协助太子留守后方，昼夜不停地组织后援工作，给前方提供保障。战争的胜负有必然也有意外，此次夷陵交锋的结果，恐怕意外的成分更多一些，至少败得如此迅疾，是谁也没有料到的。大批蜀将战死沙场，让诸葛亮更加痛心不已，他知道这使刚刚立国不久的蜀汉元气大伤。

在殉难的将领中最让诸葛亮痛心的是马良，他是诸葛亮引为知己的朋友，他们二人经常在一起论事，可以知无不言，情同手足。因为这层原因，诸葛亮看到马良的弟弟马谡时便觉得格外的亲切，而马谡的才干也让诸葛亮感到满意。

不幸的消息还没有结束，就在章武二年（222）一年里蜀国又接连损失了三位重要人物：一个是司徒许靖，一个是骠骑将军马超，一个是尚书令刘巴。许靖去世时已70多岁，在那时算是高寿了。马超去世时仅47岁，可谓英年早逝，自关羽开始，张飞、黄忠、马超在短短几年里先后离开了人世，看来蜀汉武运实在不佳。刘备不在成都，他们的后事都是由诸葛亮主持料理的。刘巴一直随刘备出征，最终死在永安，他的死对诸葛亮打击不小，诸葛亮一直器重看好刘巴，把他作为自己的左右手。刘巴的去世还带来一个现实问题，由谁来接任尚书令一职。已身为丞相的诸葛亮此时兼管尚书台的事务，如果从诸葛亮自己的角度来考虑，这个人选最好是他熟悉的，以便于配合，其能力必须十分突出，又善于协调各方面的关系，还得有相当的资历才行。在当时符合这些条件的也许有几个，如果马良不死，当然是最合适不过了，而要让诸葛亮去挑选，推测起来他属意的人可能是张裔、杨洪或者杨仪，但这是个极为重要的职位，人选的确定只能取决于刘备本人。

这段时间，益州天天都笼罩在悲伤的气氛中。那些失去亲人的家庭，上自将军，下至普通百姓，无不充满哀伤。让诸葛亮感到欣慰的是，尽管遭受一连串打击，刘备仍然不失其英雄本色，用自己的实际行动稳定着蜀汉大局，对刘备坚持长驻永安的做法，诸葛亮深表赞同和敬佩。

这是因为，夷陵大败的消息传到益州，除了悲伤，还造成了极大的惶恐和震动，而这时刘备仍然在前线，说明蜀国虽然打了败仗，但并未伤及根本，成为安定众人不安情绪的象征。此时如果刘备仓促回到成都，那谣言定然无法止住，益州南方一带的郡县本来就充满了动荡，叛乱时常发生，到那时还指不定会怎么样呢。

为了让身在白帝城的刘备安心，诸葛亮派从事中郎将射援前往白帝城，汇报益州的情况，射援是汉末名将皇甫嵩的女婿。诸葛亮让射援向刘备汇报时别忘报告一下太子的情况，刘备远征，太子刘禅监国，诸葛亮不仅尽心辅助，而且关心太子的教育和成长，诸葛亮亲自为太子挑选阅读书籍，重点是《申子》《韩非子》《管子》《六韬》等著作。为了强化太子对这些经典著作的学习，诸葛亮在百忙之中把它们亲自抄了一遍给太子。仅《韩非子》一书就有十多万字，诸葛亮日理万机，却能完整地抄一遍，可见他对这些著作的重视，也体现出他希望刘禅尽早成材的殷切之情。诸葛亮让射援向刘备汇报，说太子的智慧和度量成长得很快，超乎了期望。刘备听到这些汇报，心情大为好转。

这时孙权突然做出了一件令人震惊的事，他派使者来到白帝城向刘备请和。这的确匪夷所思，作为战胜者，孙权此时正兵强马壮，士气也正旺，而刘备是败军之将，手下能打的武将死的死、降的降，根本没有力量实施反击，在这种情况下孙权怎会"甚惧"，又怎会主动求和呢？几个月前还杀得人家尸横遍野，对方的眼里现在没有别的什么，都是仇恨，可能谈和吗？但孙权就是孙权，他认为不仅完全可行，而且势在必行。

在对外事务方面孙权常有惊人之举，比如为了对付曹操他主动联合比自己弱小得多的刘备，比如为了抢夺荆州他突然放弃孙刘联盟转而与曹魏结盟，再比如他突然向曹魏称臣，这些需要的不仅是勇气，更是对局势和时机的精准把握，而每一次他都收到了奇效。孙权认为虽然跟刘备结下了深仇大恨，但对于自己的求和刘备还得接受，虽然从感情上说刘备当然不愿意也不能接受，但如果理智起来刘备一定会觉得接受比不接受更为有利。

孙权派来的人是太中大夫郑泉，对于此次出使史书上还有另外的说法，据说在郑泉出使之前是刘备先给孙权写的信，信中深刻反省了自己的错误，要求复好，刘备在信中还对自己称汉中王之事进行了解释。这个说法似乎也得到其他史料记载的印证，有一部史书曾记载说刘备当初在汉中称王时曾写信给孙权，请孙权给予承认和支持，但孙权没有回信，刘备现在再次写信谈及此事，目的是想赢得孙权的支持。

但孙权没有把刘备的信拿给大家看，只是口头上说了说，并说现在汉帝已经不存在，刘备称王可以接受。不过，刘备现在早已不是汉中王，而是蜀汉的皇帝，在孙吴面临敌军全面压境的情况下，说他主动写信要求复和可能性似乎不大，刘备来信一事，也有可能是孙权捏造出来的，毕竟与蜀汉复和一下子还让很多人转不过来弯儿，需要有个台阶。

不过这些都不影响郑泉顺利出使并在白帝城见到刘备，刘备在白帝城接见了郑泉，见面后不提双方如何复和，而先提旧事。刘备问郑泉："吴王当初为何不给我回信，是不是认为我不配称汉中王？"对此问题想必郑特使已早有准备，他不慌不忙地回答："曹操父子侵凌汉室，最终夺取了大位。殿下既然身为宗室，有维城之责，但没有率先在海内兴兵讨伐乱子，反而自己称王，有违天下舆论，所以我们吴王才没有回复。"话虽不中听，却击中了刘备的要害，要面子的人容易脸红，刘备居然被郑泉说得满脸愧容。郑泉出使还是很成功的，刘备经过反思，认同了孙权关于吴蜀复和的看法，派太中大夫宗玮回访。完成了这件重要任务的郑泉，其他事迹史书再无记载，只是临死前曾对好友说："我死了一定要葬在制陶窑场的旁边，希望百岁之后能化成泥土，最好被做成酒壶，那就让我心满意足了！"

孙权为什么在此时求和呢？原因是他跟曹丕闹翻了。孙权向曹丕称臣后，曹丕多次让他把儿子送到洛阳当人质，孙权不愿意，一直拖着不办，等打败了刘备，曹丕又派人来催，孙权干脆不理，曹丕大怒，认为自己上当了。一气之下曹丕决定讨伐孙权，刘晔知道后赶紧来劝，认为现在时机已过，孙吴刚刚获得大胜，上下一心，无法仓促之间将其制服，但曹丕不信。

曹魏黄初三年（222）九月，曹丕派征东大将军曹休出洞口、大将军曹仁出濡须口、上军大将军曹真包围南郡，三路大军齐发，孙权的压力巨大。孙权一面组织力量反击，一面向刘备求和，希望刘备不要乘人之危，从背后再给自己一刀。

别说一刀，就是捅他三刀五刀都不解刘备心中的恶气，但是刘备无奈，因为他现在实在没那个力气了。

这年冬天，刘备病倒了。刘备已经62岁了，在那个时候这个年龄已属"烈士暮年"。一生戎马，几起几伏，备受磨砺，晚年遭受一生中最大的挫折，对刘备的打击实在太大了。刘备是忧思成疾的，看样子短时间内成都更回不去了。随着病情的加重刘备有了不好的预感。过了年，到了章武三年（223）二月，刘备派人去成都，请诸葛亮来永安一趟。

接到刘备的命令，诸葛亮即刻动身，不敢有半点耽误。但是，有一件事让他放心不下，最近一段时间汉嘉郡太守黄元表现得很异常，有情报显示此人可能会发生叛乱。但白帝城那边更为紧要，诸葛亮只好把此事交代给益州治中从事杨洪。杨洪在诸葛亮的推荐下已继法正之后担任蜀郡太守，他出色的行政才干得到诸葛亮的赏识，所以又把他调任为益州治中从事，协助自己处理益州的日常事务。

诸葛亮刚走，黄元那边果然扯起了反叛的大旗。黄元认为诸葛亮一向不看重自己，现在刘备有病，万一刘备不在了，诸葛亮势必掌握大权，到那时会对自己不利，于是举郡造反。汉嘉郡是刘备划出蜀郡和蜀郡属国的汉嘉、徙、严道、旄牛等县新设的一个郡，位于成都的南面，距成都很近。黄元纵兵向北攻击，放火焚烧临邛城，此地在成都的西南方，距成都不足百里，情况十分危急。

杨洪立即启奏太子刘禅，之前诸葛亮在成都南北郊建有两座兵营，储备了一定人马，所以平叛有了基础。得到刘禅的同意，杨洪便按照诸葛亮临行前的嘱咐，派将军陈曶、郑绰等出兵讨伐黄元，使成都的局势很快得到了控制。大家认为黄元如果无法攻取成都，一定会由越嶲郡到南中去，杨洪认为黄元这个人生性凶暴，在南中并无恩信，他不敢去。黄元现在可能会乘水东下，到永安面见皇上，求得免死，如果不行，也能投奔孙吴求得活命。杨洪于是请太子敕命陈曶、郑绰率兵驻扎于南安峡口，等黄元到来。果然，如杨洪所言，在此将黄元擒获，送至成都，太子下令将其处斩。

诸葛亮到达白帝城，看到刘备病得很严重。刘备开始是得了痢疾，后来越来越严重，引发了其他疾病，一世英雄现在竟然已经到了油尽灯枯的地步。大概是因为没有见到诸葛亮，他不放心，所以一直顽强地坚持着。

刘备见到诸葛亮，向他安排后事："你的才能比曹丕高出十倍，必能安邦定国，可以成就大事。如果嗣子值得辅佐，你就辅佐他；如果他不是那块料，你可以自取。"诸葛亮闻言涕泣不已，立即向刘备表明心迹："我一定竭尽全力，忠心辅佐，至死不变！"刘备于是宣布诏令，托孤于诸葛亮，以李严为副。不久前刘备还发布过一道诏令，任命李严接替刘巴为朝廷尚书令。

太子远在成都，刘备给太子颁布了一份遗诏，在这份遗诏里刘备首先说了自己的病情，说明生老病死是人之常情，让他们兄弟不要悲伤。接着说射援来后，报告了刘禅的情况，他十分高兴。刘备还说，你父亲德行浅薄，不要效仿他，平时要多读一些书，诏令中除了提到诸葛亮为刘禅手抄过的四部书，还增加了《汉书》《礼记》《商君书》三部，刘备要求刘禅多读。在这份不太长的遗诏里，刘备留下了一句名言："勿以恶小而为之，勿以善小而不为。惟贤惟德，能服于人。"

办完这些事，刘备稍觉安心，本来他已命若游丝，现在精神却有所好转。刘备临终前与诸葛亮还有过一些谈论，其中一次谈到了马谡，刘备知道诸葛亮与马谡、马良兄弟二人感情很好，但他对马谡不放心。刘备对诸葛亮说："马谡这个人说得多，实际才能达不到，不能委以重用，你要明察！"但是，刘备的病情已无力回天，精神好转只是回光返照，刘备终于走到了他人生的尽头。

刘备在弥留之际把鲁王刘永叫到床前，对他说："我死之后，你们兄弟要把丞相当作父亲一样看待，你们和丞相只是共事而已。"鲁王刘永和梁王刘理此时都在永安宫，刘备只叫来刘永而没有叫刘理，可能是刘理年纪太小。老来得子舐犊之情更重，想到自己将不久于人世，刘备心里一定十分难过，江山社稷、复兴汉室的大业固然重要，但亲情恐怕更是他割舍不下的东西。

刘备给太子刘禅颁布了另外一份诏令，让他今后要好好地和丞相诸葛亮一块儿共事，要待诸葛亮像父亲一样。刘备在留给儿子们的遗言中，一再强调他们以后跟诸葛亮的关系是共事、从事，这在帝王的遗嘱中是少见的。刘备之所以这么说，是基于他对儿子们的了解，知道靠他们的才能不足以延续蜀汉的基业，同时刘备更了解诸葛亮，深知他的才能和人品，说这样的话正是对诸葛亮的无限信任。安排完这些事，刘备终于闭上了眼睛。这一天，是蜀汉章武三年（223）四月二十四日。

刘备走完了自己的人生道路，把后事留给了太子，也留给了诸葛亮。在古代历史上，帝王临终托孤的事至少发生过数十次，但没有任何一次托孤事件比发生在白帝城永安宫里的这一次更有名，也更有争议。说它更有名，是因为它已家喻户晓，妇孺皆知。说它存在争议，缘于刘备临终前曾说过一句话："若嗣子可辅，辅之；如其不才，君可自取。"对于这里的"君可自取"，站在不同的角度，对此会有不同的解读，自那时开始，这就成为有争议的话题。《三国志》的作者陈寿认为，刘备此言出于至公之心，说明他内心里没有任何私心杂念，是真心想以国相付，而诸葛亮的回答也表明了诸葛亮内心的忠贞，这次托孤事件反映出君臣二人内心的纯正无私，是一件值得称赞的盛举。

东晋史学家、《魏氏春秋》的作者孙盛持相反意见，他认为刘备对诸葛亮的遗命实在太糊涂，因为如果所托的人是忠臣贤良，就不用给他说这些话，如果所托的人有篡逆之心，就不应该托付给他。刘备这些话，属于欺诈之辞，幸好刘禅昏弱，而诸葛亮没有二心，不然的话一定会引起内部的猜疑和混乱。东晋另一位史学家、《后汉纪》的作者袁宏认为，刘备此言并无不妥，因为他说的时候没有疑心，诸葛亮听的时候也没有愧色，他们君臣二人的相知和情分值得称赞。元代史学家胡三省认为，刘备对诸葛亮十分了解，他这样说是因为他了解当时的形势，也了解诸葛亮，他说这些话不仅没有猜疑之心，而且体现了他的胸怀坦荡，自先秦到宋代，还没有哪些君臣能与刘备、诸葛亮那样肝胆相照的。明末史学家王夫之认为，刘备对诸葛亮是完全信任的，他之所以留下那样的遗言，目的是让刘禅全心全意依靠诸葛亮。

上面是史学家们的观点，如果也是帝王，会如何理解刘备的话呢？清代康熙皇帝的看法可能有一定代表性。康熙皇帝在批阅《资治通鉴》时说，刘备这番话是猜疑之语，既然已托孤于诸葛亮，就不应该再说自取的话，其目的无非是让诸葛亮公开表态效忠之心。康熙皇帝甚至就此引发感叹，认为整个三国时代的风尚就是谲诈，这是十分让人不齿的事。康熙皇帝的观点看似有点儿偏激，影响却很深远。在一部分人看来，刘备表面仁义其实一生不离权术，否则也不会被称为枭雄了。刘备临死前也不忘记权术，对诸葛亮说的那番话，是一种试探，也是一种警告。结合刘备临终前突然任命李严为尚书令，持这一观点的人更有理由相信刘备对诸葛亮的信任是有限度的。

进入益州以来，刘备在人事安排上无外乎用了三类人：早期追随自己的旧部、由荆襄随同入益州的人士、益州的本土派。第一类人属于元老，人数已不多，他们地位尊崇，但除了关羽、张飞等人多无实权。益州本土派人才济济，但至今仍鲜有进入核心决策层面的。而最得实权和重用的，是荆襄派。这种派系分野无论有无明指，但在蜀汉政治格局中已事实形成并存在，如果按照这个标准划分，诸葛亮就是荆襄派的领袖。刘备突然重用本土派李严，从政治权力结构上看，是平衡荆襄派的手段。

这种说法有没有道理，不知道，因为刘备已驾鹤西去，也带走了他内心最隐秘的那些东西。不过，也许没有那么复杂，刘备与诸葛亮相识相知十多年，对诸葛亮是充分了解和信任的，这一点毋庸置疑，如果刘备不信任诸葛亮，就不会任命他为丞相，甚至可以不考虑设置丞相。而临终之时，即使他心里有种种放心不下的地方，以刘备的睿智，也不会说一些实际上没用又容易引起猜测不安的话来。

但是，刘备确实说了"君可自取"这样的话，如何解释呢？除了上面的那些观点，会不会还有一种可能，那就是大家对这四个字其实误读了。这几个字的本意不是"你可以自己干"，而应该是"你可以另外找人干"，也就是说刘备的原意是，刘禅是那块料你就辅佐他，如果他不是，你可以另外安排别人做这个皇帝。

另外安排谁？自然是刘永和刘理。作为刘禅的弟弟，他们也都有资格做蜀汉的皇帝。如果是这个意思，刘备需要专门对诸葛亮交代一下吗？当然需要了，这等于是一个授权，有了这个授权，诸葛亮日后行废立之事就是合法的，如果没有这个授权，诸葛亮敢废刘禅等于谋逆。

看来，刘备不是对诸葛亮不放心，而是对刘禅不放心。大概刘备深知这个儿子生性暗弱，才能有限，比曹丕差得实在太远，本想亲自教导培养，却再也无法实现，只好交代给诸葛亮，要他今后视情况来定了。在临终之前，刘备所思所想所说的一切，都是为了这打拼一辈子才辛辛苦苦得来的蜀汉基业。这样理解，就简单多了。

五、曹丕兴师问罪

取得夷陵之战胜利后孙权没有突破白帝城一线乘胜追击，固然有蜀汉方面誓死不退的决心和相关准备，更重要的是从战略层面考虑，孙权与刘备连续打了两场大战，但他心里其实很纠结。天下已经形成了三足鼎立的局面，但这"三足"并不均衡，是一强两弱的格局，要维持战略上的均势，"两弱"只能联合起来对付"一强"，现在"两弱"反而互斗，战略均势将很快被打破。失去均势也就没有了"三足"，如何"鼎立"？

孙权不傻，当然明白这个道理，所以本可以一鼓作气拿下白帝城甚至活捉刘备，孙权却主动撤退了，并立即着手修复与刘备的关系，但曹魏那边还得应付着，双方的关系最好继续模糊下去。战后，孙权马上向曹丕上表报告夷陵之战的经过，在这份上表中孙权报告了斩获敌军首级、所得土地的情况，呈上了缴获的印绶，同时报告了此战中将士立功情况，希望对有功人员给予奖赏加爵。孙权的要求其实不过分，刘备是曹魏的敌人，刘备称帝更是对曹魏政权的挑战，打刘备是维护曹魏朝廷的权威，不要你出军饷，得胜后至少给些奖赏吧。

孙权已经被封为吴王，加了九锡，官位、爵位、待遇都没法再增加了，曹丕下诏给予书面褒奖，并派特使前往武昌进行慰问，随行带来了赠送给孙权的鼲子裘、明光铠、騑马等物。鼲子是一种灰色的老鼠，毛皮柔软，可以拼制成皮衣，在汉代与貂、貊合称三大名裘；明光铠是一种铜铠，胸前和背后的板状护胸打磨光滑当反光，用以威慑和干扰对手，这种铠具流行于唐代，但在东汉就有了，考古曾发现过一具，护板上铭有"见日之光，天下大明"的字样，从曹植的一篇文章中得知曹操曾赐给他一具明光铠，曹植就国后主动上交了；騑马是天子御驾专用马匹，天子的御驾由六匹马拉乘，位于车辕两侧的两匹称为服马，紧挨着服马的两匹称为骖马，骖马之外的两匹称为騑马。

曹丕还送给孙权一份礼物——他自己写的《典论》。《典论》是一部有关政治、文化的著作，是我国现存最早的文艺批评专著，曹丕写于当太子时期，据说因为当时曹植的文采广受赞扬，曹丕为了超过弟弟发奋而作此书，全书由多篇组成，现仅存《自叙》《论文》两篇较完整，另有《论方术》的一部分内容。曹丕对这部著作很满意，特别在白色帛绢上亲笔抄了一份送给孙权。根据吴质的一篇文章记载，曹丕还用纸另写了一份送给张昭。

曹丕希望孙权继续对刘备扩大战果，诏书中说："从前吴汉先烧了荆门山，然后发兵夷陵，因而没有使子阳有逃生之地；来歙偷袭略阳，光武帝很高兴，因为他知道隗嚣没有施展图谋的地方了。如今征讨蜀军和上面的情况很相似，将军要努力谋划，务求全胜！"东汉初年，汉光武帝刘秀命彭岑、吴汉等人讨伐割据蜀地称帝的公孙述，作战中朝廷军队攻破荆门进入江关，在夷陵烧敌兵战船，取得大胜。隗嚣是当时另一个割据军阀，刘秀命来歙、祭遵讨伐他，在略阳取得大胜。曹丕引这些典故，是想说克敌务求全胜，不能半途而废。礼物收下，诏书接了，至于要不要"宜将剩勇追穷寇"，孙权有自己的主意。

孙权最担心的其实是另一件事，质子。其他都好说，可以拖也可以敷衍，但这件事没法再糊弄下去了，孙权知道曹丕很在意这件事，尤其自己现在打了胜仗，实力进一步扩大，曹丕就更在意了。果然，曹丕很快又派人来说这件事，这次派来的是侍中辛毗和尚书令桓阶两位重量级人物，他们奉命前来与孙权盟誓，并要求孙权送质子去洛阳。孙权对他们热情接待，但对质子，这次干脆拒绝。曹丕不干了，曹魏的大臣们更不干了，有人对封孙权为吴王一事本来就有意见，现在更认为孙权的行为是对曹魏朝廷的一种羞辱，华歆、王朗、钟繇等三公联名上奏，历数孙权的罪状，要求讨伐。

曹魏黄初三年（222）九月，也就是夷陵之战结束仅一个月后，曹丕调集三路大军向孙吴发起全面进攻：第一路在东线战场，主攻目标是洞口，该地位于今安徽省和县境内，也在长江的边上，在濡须口沿江而下200里左右的地方，这里距建业更近，是孙吴新建的一处水军基地，进攻这里对孙吴后方的威胁更大，这一路魏军由曹休指挥，他已由镇南将军升任征东大将军，所部包括前将军张辽、镇东将军臧霸等；第二路也在东线战场，主攻目标是濡须口，由曹仁指挥，孙权的大将军一职已被解除，曹丕任命曹仁升任此职，曹仁率领的这一路与曹休等人互相配合，趁孙权主力多在荆州一线之机攻击孙权的大后方；第三路在中线战场，主攻目标是荆州的南郡，由曹真率领，不久前曹真的军职也被提升，由镇西将军升至上军大将军，这一路包括征南大将军夏侯尚、左将军张郃、右将军徐晃等。曹休的征东大将军、曹真的上军大将军、夏侯尚的征南大将军都是之前没有的，它们虽然低于大将军，但高于四征将军、四方将军。

十一月，曹丕亲自抵达南阳郡的郡治宛县，在此指挥各路进攻。从曹丕的军事部署看，他也想通过此战进一步锻炼新人，曹真、曹休、夏侯尚短短两年里军职不断升迁，地位迅速超过了张辽、张郃、徐晃等老将，接班的意味明显，如果此战大获全胜，这几位新人在军内的地位更稳固了。

曹魏举国来攻，孙权深感紧张，他赶紧做出相应部署以应对，由他和陆逊居中指挥，针对三路魏军也分出三路人马相对：对付曹休的一路，命建威将军吕范指挥5个"军"的兵力相抗，该部中有相当的水军，孙权命他们在洞口一带迎敌；对付曹仁的这一路由裨将军朱桓指挥，一直镇守着濡须口的周泰已经去世，孙权任命朱桓为濡须督，率领在濡须口基地的各路人马迎击曹仁；对付曹真的这一路由诸葛瑾指挥，夷陵之战结束后孙权升任诸葛瑾为左将军，升任潘璋为平北将军，孙权命诸葛瑾率潘璋以及将军杨粲等部去救南郡。

六、孙权的长江防线

部署做出了，但孙权仍然希望最好别打。夷陵之战刚刚结束，孙吴的人马尚未完全归位，将疲兵劳，战斗力不高。面对曹仁、张辽、徐晃这样的名将，朱桓、吕范能不能顶住进攻实在没把握，加上自己一方战线拉得实在太长，洞口、濡须口任何一个地方被突破都是大麻烦，魏军一旦过了江，大后方就不保了。而且最近一段时间山越各部趁这边打仗的时机再次蠢蠢欲动，对孙吴来说内部这个头痛的问题依然不能小视，稍有不慎就会带来致命的打击。所以能不打最好不打，实在要打最好晚点儿。

孙权想再次施展外交上的灵活手段以化解危局，他以极其谦卑的口气向曹丕上书，要求给自己一个改过自新的机会。孙权还说，如果曹丕不肯原谅他的过错，他愿意奉还土地人民，然后前往交州居住，以保终年。这是孙权说过最软的一次话，简直是在乞命了。

对曹丕来说打也并非上策，如果能不战而屈人之兵，依然是"上之上者也"。不过被孙权耍弄过多次，曹丕也学聪明了，没有轻易相信孙权的话。曹丕给孙权回了封信，信中提到浩周的事和三公上书的事，这些都是实情，孙权无法再辩解什么了，所有的问题又绕回到那个问题上：送不送儿子当人质。孙权知道，除了一战已经没有退路了，于是下令弃用曹魏的年号，改建年号黄武。孙权不是皇帝，作为曹魏所封的吴王应该行曹魏的正朔，他自创年号并无法理依据，但他不管，以此表示与曹魏彻底分裂。这样，公元222年就有了三个年号：曹魏黄初三年、蜀汉章武二年、孙吴黄武元年。

曹丕大怒，立即命令三路大军同时发起进攻。这一仗打得十分激烈，是近年来魏、吴交战规模最大的一次，论实力孙吴明显处于下风，又在上一场大战结束仅一个月时间开打，胜负似乎已成定局。但结果却让人吃惊，孙吴继大胜蜀汉后又胜了曹魏。

先说最东边洞口的这一路。曹休督率张辽等各路大军，加上州郡兵，参加洞口之战的魏军多达20多个军，也就是20多万人，而吕范指挥的吴军推测起来能凑齐5万都不容易，四比一，吴军处于劣势。而且，这一路魏军中还有让吴军官兵深为忌惮的名将张辽。张辽本年53岁，年龄不算大，但身体状况很不好。曹丕对张辽极为尊重，赐舆车给张辽的母亲，张辽在合肥驻守，曹丕破例派兵马护送其家人到驻军地团聚，事先专门告示沿途各地，命地方及驻军官员出迎，张辽家人每过之处军士将吏都列队迎候，看到此景的人无不认为这是莫大的荣耀。

去年张辽赴洛阳朝拜，曹丕在建始殿接见了张辽，专门向他询问当年在逍遥津大败吴军的情况，听了张辽的述说后曹丕对左右的人叹息道："张将军就是古代的召虎啊！"召虎是东周时期的大将，又称召公，与方叔、尹吉甫、秦仲等齐名，有平淮夷之功，曹丕故此比喻。曹丕下令在洛阳为张辽建造屋舍，为张辽的母亲专门修建了堂室，当年跟随张辽在逍遥津一役中临时应募的敢死队成员，活着的一律加虎贲头衔。

后来曹丕命张辽屯兵在雍丘，张辽在驻地病倒了，曹丕听到后专门派侍中刘晔带着太医前往慰问视疾。按照汉朝的礼制，三公生病了皇帝也只派黄门问病，魏晋时又降为黄门郎。张辽不是三公，曹丕派九卿级的侍中去慰问，又派虎贲传送病况，是十分破格的尊崇。雍丘在今河南省开封市附近，为了及时了解张辽的病情，曹丕专门派虎贲士往来传达病况，由于曹丕催得急，派出去的虎贲士很多，以至在洛阳到开封这一段路上他们常常可以碰到。

张辽久未痊愈，曹丕便命人把他接到自己的行营，曹丕亲自探望，握着张辽的手加以慰问，又赐给张辽御衣，还每天派宫里的人送来御膳，令张辽深为感动。病情稍有好转张辽就返回了驻地，此次三路出击，曹丕命张辽随曹休一起行动,张辽于是赶到长江边上的海陵驻防。孙权听说张辽来了,专门敕书给洞口方面的诸将:"张辽虽然有病,但其仍锐不可当,大家一定要谨慎啊!"

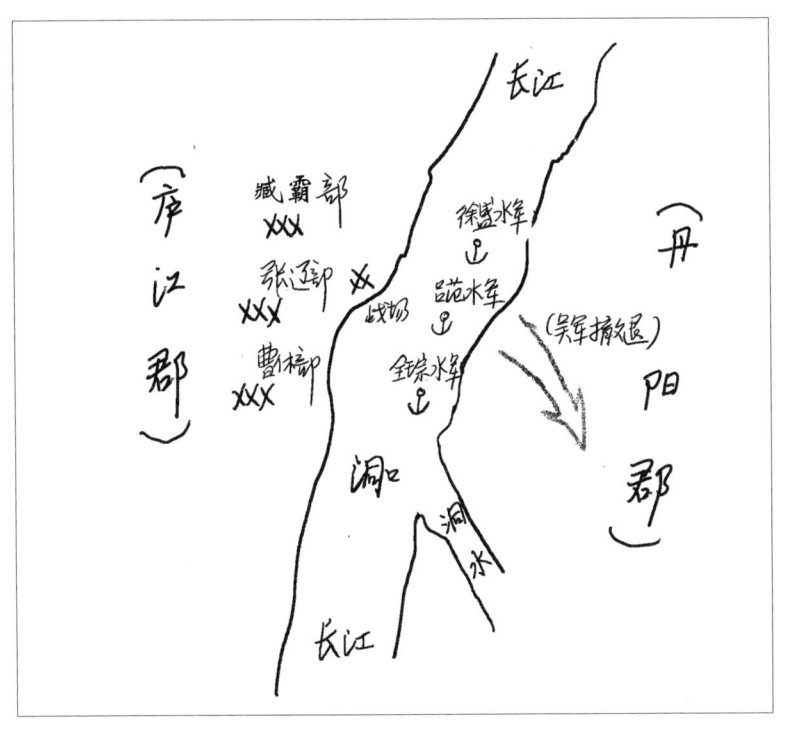

洞口之战示意图

吴军的洞口基地在江北,魏军杀到后并无太多悬念,将其占领。这时已经到了十一月,是深冬季节,江面上刮起了大风,被打败的吴军乘船渡江,但由于风太大,战船的缆绳多被吹断,失去依靠的船在江面上乱漂,有的刮到岸边被魏军捕获,有的被刮翻沉没。吴军纷纷落水,一些没有被吹翻的大船成为众人求生的希望,在水中挣扎的人拼命呼号,一些人想办法要攀上大船,船上的人担心船被弄翻,于是用戈矛击打水里的人,不让他们上来,只有将军吾粲和黄渊下令让水里的人上自己的船上来。有人劝吾粲人太多船容易沉没,吾粲说:"船沉了大不了一块儿死,他们已走投无路,怎么能弃之不管?"吕范指挥余部撤往江南的徐陵,曹休命臧霸准备500条快船,载上万名敢死队员,强行渡江,围攻徐陵。吕范指挥全琮、徐盛等部守卫徐陵,烧毁魏军的攻城车,把魏军打退,在追击中全琮将魏将卢尹枭首，魏军才退到江北。

有史书记载，此战魏军斩敌4万，俘获各类船只1万艘，这有些夸张，因为吕范能指挥的全部人马大概也只有这个数，4万人要么加上了为吴军担任后勤供应的百姓，要么是魏军夸大战功。不过吴军损失惨重是事实，孙权的四弟孙匡此时是一名定武中郎将，也参加了洞口之战，战斗中他违抗吕范的命令让人放火，不慎烧了柴草，致使吴军军需匮乏，吕范命人将孙匡羁押，送回吴郡。孙权听说后很生气，不准备让孙匡及其族人再姓孙，给他改姓丁，并终身禁锢。洞口这一路魏军大胜，不过面对天堑长江他们也不敢轻易逾越，只是进一步肃清了江北的吴军。

再说中间的濡须口这一路。曹仁率数万人马来攻濡须口，他采取声东击西的办法，扬言要进攻濡须口以东的要地羡溪，吴军总指挥朱桓不知有诈，分兵去救。这时朱桓突然接到情报，说曹仁亲率魏军主力出现在濡须口附近，距此不过70里。朱桓赶紧派人去追增援羡溪的部队，但已来不及了，朱桓手下此时仅有5000人，大家非常害怕。朱桓是吴郡人，但跟祖籍丹阳郡的朱治、朱然并非一族，他的功绩虽然没有朱然突出，但在将星云集的孙吴孙权能让他独当一面，说明他是有两下子的。

危急关头，朱桓给大家鼓气："两军交锋，胜负在将，不在人马多寡。魏军远道而来，千里跋涉，士卒疲惫，曹仁也算不上什么名将。我们占据高城，南临大江，北背山陵，以逸待劳，这是百战百胜的局面，即使曹丕亲自来尚不足惧，何况曹仁？"朱桓下令偃旗息鼓，示弱于敌，诱使曹仁主动出击。

曹仁命其子曹泰进攻濡须城，命将军常雕率诸葛虔、王双乘船攻击长江上一个叫中洲的小岛，自己率一万多人驻扎在濡须口以西的橐皋，做曹泰总后援。中洲是吴军的基地，吴军将士的家眷都在这个小岛上，曹仁下令向这里发起进攻，认为吴军必救，可以分散吴军的力量，更为顺利地夺下濡须城。朱桓派一部分人去保卫中洲，自己坐镇濡须城，他率部烧毁了曹泰的军营，曹泰退军。中洲保卫战也进展得很顺利，常雕被枭首，王双被俘获，魏军被消灭1000多人，朱桓派人把王双送往武昌。这一路曹军大败，吴军大胜。

最后说西边南郡的这一路。这一路打的时间最长，吴军负责守南郡郡治江陵的是孙权少年时代的同学朱然，曹真率夏侯尚、张郃等部依仗人多，扎起多处营垒对江陵实施围城。

孙权派孙盛率万人在一处江洲上立围坞，作为朱然的外援，但张郃随后来攻，孙盛不敌，退走，江洲被魏军占领，江陵城与外界隔绝。孙权又分别派潘璋、杨粲等率部增援，但魏军实在强大，围不能解。此时，江陵城内情况十分严峻，由于缺少吃的，不少士卒出现身体浮肿，一下子减员5000人。曹真起土山，凿地道，立楼橹，把攻城的方法都使上，势将江陵攻破。江陵若丢失，孙吴的西线江防将不存在，夷陵、秭归等地不攻自破，江陵以下的公安、陆口等也将暴露在敌人的刀锋之下。对孙权来说，如果那样的话，荆州的局势将恢复到赤壁之战前的状况。孙权已把大本营由建业迁至武昌，江陵如易手，还得灰头土脸地迁回建业。

要守住江陵，攻破敌军在江洲中的营垒十分重要，此处有夏侯尚率领的3万人马，为便于跟陆上交通，夏侯尚在此架起了浮桥。诸葛瑾、杨粲又来解围，但无法击破敌人。潘璋想出一个办法，他带人马到上游50里处，在此大量收割已干枯的芦苇，扎成许多大筏，想顺江放筏，点燃芦苇，去烧浮桥。

潘璋的火攻计还没有开始，江洲上的魏军突然撤得一干二净了。原来，就夏侯尚在搭建浮桥屯兵江洲一事，曹操时代的著名谋士、时任大鸿胪卿的董昭向曹丕进言，认为浮桥很危险，现在江水较浅，马上是春天，春水一旦上涨，浮桥将难保，浮桥一断，数万魏军的性命堪忧。曹丕接受建议，下令夏侯尚撤出江洲，魏军严密封锁消息，所以全部安全撤回，10天之后，江水果然大涨。江陵前后被围了6个多月，由于朱然率部顽强守城，魏军无法得手，加上江洲撤军后江陵可以恢复与外界的联系，曹丕于是下令放弃围城。

对曹丕来说这一仗真的有些出乎意料。魏军在实力、气势上都明显占有上风，但三路大军一胜两败，吴军反而在总体上取得了胜利。打仗不仅靠人数，还要靠天时、地利、人和，吴军在天时上或许不占优势，但他们拥有地利与人和，长江始终是吴军克敌制胜的法宝，吴军依托长江，熟悉水性以及长江沿岸的地理，在这里打仗他们不吃亏。与魏军不同的是，吴军将士深知打败了没有退路，所以个个拼死相搏。在最近不到3年时间里孙权接连创造了军事上的神话，先是击败了威震华夏的关羽夺取荆州，继而力克刘备的大军，这次又战胜了强大的曹魏，这三场战役打下来，孙权的威望升到了顶点。

对曹魏来说噩耗还没有终结，此战之后不久，曹魏的大将军曹仁和前将军张辽先后去世了。曹仁时年56岁，年龄也不算太大，他突然去世可能与打了败仗有关，临终前曹丕升他为大司马，这是一个荣誉性职务。曹仁死后，曹丕赐给他谥号忠侯，他有三个儿子，分别是曹泰、曹楷、曹范，其中长子曹泰较为突出，日后曾任曹魏的镇东将军。洞口之战后张辽的病情加重，后来病逝于江都，曹丕为之流涕，赐他谥号为刚侯，由其子张虎承嗣。曹仁葬于何处不详，洛阳曾出土唐人所刻曹仁墓志，似乎葬在了洛阳。张辽祖籍在河套地区的雁门郡，死后葬于何处不详，今安徽省合肥市市区内的逍遥津公园里有其衣冠冢一座。

七、吴蜀间的使者往来

对孙权来说这个难关过得有点儿悬，虽然胜利了，也惊出了一身冷汗，现在与曹魏算是彻底翻脸了，对外战略必须重新做出调整。孙权现在彻底明白了，他与曹魏之间不可能建立起盟友的关系，即使他愿意妥协，也只能成为曹魏的藩属，必须送上质子以维持眼前的和平，一旦曹魏解决了蜀汉，就会转过身来解决自己，所以用质子换来的所谓的和平也只是舐刃之欢。

这让孙权更加坚定了心中的想法，那就是与蜀汉联起手来共同对付曹魏，再来次"孙刘合作"，所以当刘备的死讯传来，部下纷纷劝他称帝时，他没有答应。孙权不愿意称帝，对手下人说："汉室湮没，我们不能前去相救，又怎能忍心与之相争呢？"大家没有放弃，也弄出许多所谓天命符瑞再次劝进，孙权仍没有答应，对众人说："过去因为刘备称雄于西边，所以我命陆逊率兵防备他。而北边的曹魏有可能帮助我，我担心其挟天子以令天下，如果不接受封拜，就会促使他们对我下手，到时候西边、北边的敌人一齐来，两处受敌，所以我努力克制，接受封王。我俯首称臣的本意，诸君可能还不理解，所以今天向你们来解释解释。"

这应该是孙权的心里话，他承认当皇帝是好事，对自己好、对大家伙也好，但火候还没到。作为一个高明的政治家，从来不会把名义和形式看得太重，做一件事更要着眼于利弊得失，不划算的事即使再风光也不要去做，在这方面曹操给大家做出过表率。孙权立派信都尉冯熙去成都吊丧，进一步观察刘备死后蜀汉国内的情况。冯熙字子柔，豫州刺史部颍川郡人，东汉初年"云台二十八将"之一冯异的后人。

冯熙赶到成都,当时正值蜀汉国丧、新帝刘禅登基,丞相诸葛亮十分繁忙,无暇与他深入交谈,冯熙完成了一次礼节性的出访后回到了孙吴。

孙权拒绝称帝还有一个现实考虑,虽然跟曹魏大打出手,但孙权还是不想彻底断绝与曹魏的来往,冯熙回来后孙权任命他为中大夫,此职原是九卿之一光禄勋的属官,孙权当然不能直接去任命曹魏朝廷的官员,但他是吴王,可以像曹操当年那样在自己的封国内比照朝廷设置百官。

孙权派冯熙出使曹魏,在打退曹魏的三路大军进攻后双方的这种往来又持续了两年以后才断绝,只是冯熙这趟出使惹得曹丕很不痛快。冯熙去蜀汉的事曹丕也知道了,他见了冯熙劈头就问:"吴王如果打算重修旧好,应当在江关布下重兵,进军巴蜀,听说他反倒遣使与蜀汉通好,是不是有什么变故?"对此冯熙已有准备,他回答道:"我听说出使蜀汉那边也只是通个音信,而且是为了观察那边的虚实,并非与之有什么密谋。"

曹丕转移话题,问冯熙道:"听说吴国连年旱灾,人力物力损失严重,以冯大夫的精明,能看出吴国国力如何?"曹丕此问挑衅意味明显,你们要跟蜀汉有什么小动作,先看看你有多少家当,小心我收拾你,冯熙不慌不忙地回答:"吴王聪明而有气度,善于用人,赋政施役都咨询臣下的意见,亲贤爱士,臣下皆感恩怀德,一片忠心。吴国带甲百万,谷帛如山,稻田沃野,民无饥岁,即所谓金城汤池、强富之国。说到国力,据臣下观察,应该与曹魏不差上下。"

听到这样不卑不亢的回答,曹丕相当不悦,不过也不得不承认冯熙是个人才,有把他留下的想法。曹丕听说冯熙是颍川郡人,跟陈群是老乡,就派陈群私下联络冯熙,许以高官厚禄,但冯熙不为所动。曹丕只得放冯熙回去,但走到摩陂又传命令让他返回洛阳,冯熙知道有变,担心回去后受辱,于是引刀自杀,幸为驾车的人发现,没死成。冯熙一直被曹丕借故扣留在曹魏,到死都没有回去,孙权听说后流泪不已,称他为当世苏武。

孙吴黄武二年(223)十一月,刘禅在成都继位有半年了,诸葛亮派中郎将邓芝带着礼物来武昌回访,随行还带着200匹马、1000匹蜀锦以及其他蜀地土特产等礼物。邓芝的先祖邓禹也是"云台二十八将"之一,不过诸葛亮派他行回访倒不完全看的是这一点。邓芝曾任郫县令、广汉郡太守,很有才干和政绩,新帝继位后被诸葛亮调到蜀汉尚书台任尚书,是诸葛亮处理日常政务的重要助手之一。

夷陵之战 | 第十五章 |

邓芝看到孙刘联盟的重要性，他主动向诸葛亮建议："现在主上年幼，又是刚刚登基，应当派遣使者到孙吴，重新缔结双方的友好。"邓芝认为重新与孙权修复关系不仅意义重大，而且难度很高，所以特意强调要派一位"大使"，也就是重量级使者，诸葛亮对他的建议很赞同："这件事我也想好久了，只是一直不知道派谁最合适，今天才有了最佳人选。"邓芝问这个人是谁，诸葛亮指着他说："这个'大使'就是你呀！"

邓芝于是被改任为中郎将出使孙吴，但这时孙权与曹魏的联系还没有中断，虽然与蜀汉恢复了来往，但双方的关系如何重新定位还没有想好，所以没有及时接见邓芝。孙权的犹豫可能还来自另一个方面，他不太清楚刘备死后蜀汉国力到底如何，孙权还需要判断，在当时很多人眼里，刘备不在了，蜀汉内外交困，撑不了多长时间，值不值得再与其联盟，孙权在犹豫。

邓芝看出孙权的心思，主动给孙权写了封信，信中说："我此次来吴国面见大王，为的不单单是蜀国。"邓芝言外之意，现在蜀汉需要孙吴，孙吴又何尝不需要蜀汉？孙权看到这句话，脑子里一定会想起十五年前曹操大兵压境，诸葛亮跑来找他说的那一席话，于是召见邓芝。

孙权倒也实在，开门见山地说："我也想跟蜀汉和好，但是担心蜀主年幼软弱，加上蜀汉国小力薄，在曹魏的攻击下尚无法自保，所以为此而犹豫。"针对这个问题，邓芝回答道："吴国和蜀国加起来占有四个州的土地，大王您是一代豪杰，诸葛亮是一时的英才。蜀汉有重重天险，吴国有三江之阻，如果把两家的长处结合起来，互为唇齿，进可以兼并天下，退可以鼎足而立，这是很清楚的道理。大王如果委身于曹魏，今后曹魏上可以命大王您入朝朝拜，下可以命大王您输送人质，如果不从，就会奉辞伐叛，到那时如果蜀国再顺流而下，那江南可就不是大王的了。"

一番话看似波澜不惊，在孙权听来却如惊雷过耳，以至于半天答不上话来。邓芝这段话厉害在什么地方呢？他向孙权揭示了这样一个道理：向曹魏称臣不可行，连权宜之计都不是，一旦称臣，你就得任人摆布，现在还只是让你送人质，如果你送了，马上让你亲自到洛阳朝拜，你去不去？敢不去，就会以违命讨伐你，你吃亏还说不出来，这哪是聪明人的做法，这是吃了亏还说不出来的愚蠢。

邓芝的话还绵里藏针，你眼下跟曹魏打了几仗，看似敌人没有得手，你以为是长江天险或者孙吴将士勇猛吗？那是蜀国没有落井下石。千万别以为今后可以高枕无忧,不说曹魏今后会加大打击力度,就是蜀国哪天趁曹魏打你的时候插上一手,你还行吗?邓芝的话把孙权打回了原形,原来孙刘联盟是如此的重要!

孙权沉默半天,对邓芝说:"你说得很对。"孙权于是决定彻底打消与曹魏缓和的幻想,重新与蜀汉联合。孙权随即安排人回访蜀汉,进一步商谈双方联合的细节。邓芝完成了任务,准备回去复命,孙权让他带回不少吴国的特产给后主以回报厚意。

第二年夏天,孙权派辅义中郎将张温又回访成都,行前孙权专门找张温谈话:"本来不想让你出远门,只是诸葛孔明不知道我们与曹魏交往的真正用意,所以委屈你走一趟。如果山越人的威胁消除了,我们将与蜀汉联盟,跟曹丕大干一场。此行就是这个原则,具体说什么你见机行事就行。"张温出身于江东大族,也是一个有分量的人物,他回答:"诸葛亮一向深谋远虑,他一定会理解您委曲求全之意,见到他后,观察他的态度就会知道他是怎么想的。"对孙吴特使的回访诸葛亮十分重视,安排沿途盛情接待,这让张温十分感动。这次出使圆满成功,张温向后主、诸葛亮等蜀汉高层当面解释了孙吴委身于曹魏的苦衷,双方协商,将继续派使者商谈合作的细节问题。

随后双方使者来往频繁,蜀汉方面派邓芝再次出使过孙吴,还先后派丁宏、阴化、费祎等人出使,随着吴蜀之间使者往来的频繁,双方在边境地区的交往也不断增多,在对蜀国事务方面,孙权很重视陆逊的意见。

陆逊当时以辅国将军的身份兼任孙吴的荆州牧,驻扎在江陵,孙权每次有给后主刘禅以及诸葛亮的信,都先送到江陵让陆逊看,让陆逊把握轻重,如有不妥,就地修改后再送出。为行事方便,孙权刻了一枚自己的印放在陆逊处,陆逊改完公文、书信重新盖印就行,不必再送往武昌,显示出孙权对陆逊的无比信任。

第十六章 任性皇帝

一、茫茫大江隔南北

吴蜀复合,解除了西面的担忧,可以让孙权腾出手来全力对付曹魏,就在打退曹魏三路进攻的当年五月,孙权还主动用兵于蕲春,活捉了曹魏的守将晋宗。晋宗原是孙吴在戏口的守将,孙权派他和王直守戏口。戏口在何处不详,似乎在蕲春附近。孙权发动皖城战役时曾将蕲春收复,所以派王直、晋宗在戏口以守备蕲春,但晋宗反叛,杀死王直后投降曹魏。

早在建安十三年(208)曹操南下荆州时,曾分荆州刺史部的江夏郡、扬州刺史部的庐江郡各一部设置了蕲春郡,下辖蕲春、邾县、寻阳三县,郡治在蕲春县。晋宗投降后,被任命为蕲春郡太守,经常出来袭扰吴军(数为寇害),孙吴在寻阳上下的这段江防受到很大威胁,荆州与江东之间的联系也不再安全,这让孙权感到很恼怒(以为耻忿),誓要将其捉拿问罪。

这时大战刚刚结束,又值最热的时候,晋宗等人以为吴军不会行动,他的儿子还在孙吴控制下的安乐,晋宗试图袭击安乐夺回儿子。孙权命贺齐督几部人马突袭蕲春,趁晋宗思想麻痹之机打他个措手不及,这次突袭战很成功,把晋宗生俘。

这件事让曹丕感到耻辱,处处都在曹魏下风的孙吴居然主动进攻,而且不断得手,这是曹丕不能接受的,后来又不断传出吴蜀复合的事,曹丕深恨不已,对孙权也彻底失望,他先后两次御驾亲征讨伐孙吴。

第一次发生在曹魏黄初五年(224)七月,曹丕由洛阳东巡至许昌,决定动员全国武装力量再次伐吴。决定刚一做出,侍中辛毗便谏阻道:"现在上上下下稍稍安定,此时用兵,毫无裨益。先帝调集精兵南征,每次到达长江都停下脚步。如今人马还是那么多,没有任何增加,让他们再次伐吴,不是一件容易的事。为今之计,应该让人民休养生息,开垦田亩,十年之后可以一举平定,不需要二次出兵。"

曹丕听了很不舒服,认为辛毗是在挖苦他本事不行,不高兴地说:"按你的说法,这事就留给了孙了?"辛毗是出了名的倔老头,皇上给了脸色,他反倒更硬气起来:"从前,周文王把殷纣王留给了周武王,只因为他知道时机尚未成熟!"曹丕干脆不理,留朝廷尚书仆射司马懿镇守许昌,自己亲率大军南下伐吴。八月,曹丕登上御舟,顺蔡河、颍水进入淮河,一路抵达寿春,之后继续南下,于九月到达广陵郡。

广陵郡属徐州刺史部，在长江下游北岸，隔江与丹阳郡、吴郡相望，看来曹丕总结了之前历次伐吴的经验教训，认为江陵、濡须、洞口都不好弄，不如直捣黄龙，进攻长江下游，如果能在此突破长江防线，可以一举拿下建业和吴郡，端了孙权的老巢。这还真是一着狠棋，听说魏文帝亲自率大军南下广陵，江东一片恐慌。

孙吴的安东将军徐盛提出在建业附近临时筑起围墙，再稀稀拉拉建一些房屋，围墙上设一些假箭楼，又在长江中摆一些船只。大家认为这个方案没有实际意义，但徐盛不听，仍然做了。徐盛所筑疑城从石头城到江乘，给车子安上木桩，外面包上苇席，又加上五彩的装饰，一个晚上就建了起来。曹丕到了长江边上，看到江对岸的情景不禁愕然，敌人的防守工事稀稀疏疏的有几百里，而这时长江又在涨水，曹丕望江而叹："人家已经有准备了，没法下手了，魏国即使有步兵骑兵成千上万，也用不上啊！"

魏军撤了，孙权松了口气，不过他还不放心。孙权让术士赵达算一算此事，赵达占卜一番对孙权说："曹丕真撤了，即使如此孙吴到庚子年也会衰败。"孙权问他："具体说，还有多少年？"赵达回答："还有58年。"孙权一听放心了："我只担心眼前的危险，考虑不了那么长远，那都是子孙的事。"

曹丕第二次御驾亲征伐吴是在黄初六年（225）三月。这一次辛毗还没说啥，又有一个人跳出来反对，这个人是宫正鲍勋，他反对出兵的理由是："王师屡次远征未能有所攻克，我认为主要原因是吴、蜀唇齿相依，又有山水凭阻，难以攻拔。前年龙舟荡覆，受隔在长江南岸，圣上遇险，大臣们吓得不轻，如果圣上有测，宗庙将倾覆，这当引为百世之戒。现在又劳师袭远，日费千金，给国家造成巨大虚耗，只能让敌人展示他们的威风，臣以为不可！"

曹魏改前朝御史中丞为宫正，曹操担任汉丞相期间，御史中丞曾被视为三公之一，是监察官的首领，地位显赫。鲍勋出任该职并非出于曹丕对他的器重，原因有两个：一来他是曹操已故挚友和早年重要支持者鲍信的儿子；二来出于陈群、司马懿等人的力荐，曹丕给他们的面子。但曹丕一向不喜欢鲍勋，因为他说话比较直，比如上面这段话，鲍勋比辛毗说得还直接，意思是根本打不过人家，干吗还要去逞能？换个人曹丕就得直接下令拉出去剎了，但这位是"烈士后代"，曹丕仅作降职处罚，鲍勋被降为治书执法。

五月，曹丕率大军抵达老家谯县，在此进行休整准备。八月，大军自谯县出发南下，针对上一次望江兴叹，此次伐吴曹丕带来了很多水军，他们从涡水进入淮水。

十月，大军抵达广陵故城，即今江苏省扬州市，后世有人写诗"京口瓜洲一水间"，京口即镇江，瓜洲属扬州，出广陵故城，可隔江眺望孙吴昔日的大本营京口，曹丕再一次调整攻击重点，想无论如何在长江上撕出一道口子来。魏军云集于此的总兵力有十几万，人数绝对占优，江北岸魏军的旌旗招摇数百里，大有吞没长江之志。但是魏军对这里的水文、气象情况均不熟悉，结果吃了大亏。十月，长江下游天寒地冻，这一年江水还结了冰，曹魏准备了好久的水军竟然无法进入长江！见此情形，曹丕再一次发出了感叹："天哪，注定要分隔成南北吗？"曹丕只得再次下令撤军，但这一回吴军不想让他轻易就走。

孙吴的扬威将军孙韶派部属高寿率500人敢死队渡江，在曹丕的归途上突然发起袭击，直取曹丕的御营，曹丕大惊，在众人护驾下仓皇逃命，高寿等人夺得曹丕的御车，魏军不明敌情，一片大乱。魏军来时有数千艘战船，气势挺足，但一乱起来人多船多就成了包袱，众多船只拥挤在狭小的水道之中无法前进。有人向曹丕建议，干脆留下那些走不了的船只和军队在此开荒种地，蒋济反对，认为这里太容易受到敌人的攻击，不宜屯田。曹丕弃船先走，把排了几百里的船队留给蒋济处理，蒋济指挥人连挖了数道运河才把这些船弄进淮河。

二、曹丕发起舆论战

再把目光转向益州，说说蜀汉。刘备在白帝城驾崩前对他的丧事也做了专门交代，刘备要求凡事要以国事为重，因为一举一动都会影响大局，所以丧事一律从简，丧期不能超过三天，三天之后一切都要恢复常态，各郡国的太守、国相、都尉以及县令也照此执行。刘备之所以强调丧期，是因为古制有服丧三年的说法，后来虽然服不了三年的丧，但对丧事也会看得极重，程序烦琐，时间拖得很长，影响到正常的生产和生活。曹操临终前留下遗诏，要求葬礼结束便脱去丧服，丧期缩得更短。

被刘备生前任命为尚书令的李严也赶到了永安，之后李严出任中都护，留镇永安，诸葛亮扶刘备的灵柩返回成都。李严的这个官职很重要，中都护相当于总护军，护军一职设于汉光武帝时，与直接带兵的将军不同，他们的职责是对将军进行监督，职权也很大。李严作为蜀汉各级护军的总统领，这项重要的人事安排可能是两位托孤大臣碰面后商定的，也可能和尚书令一样都是刘备生前的安排。

章武三年（223）五月，诸葛亮一行回到成都。成都正处在动荡不安之中，不久前发生的黄元叛乱事件一度攻击到了离成都百余里的地方，人心扰攘、谣言纷纷，在此情况下诸葛亮认为太子必须马上登基，以稳定局面。拜见完太子后，诸葛亮以托孤大臣的身份立刻安排登基典礼。就在当月，刘禅在成都继皇帝位，后世习惯将刘备称为先主，而将刘禅称为后主。后主下诏，大赦，改年号为建兴，三个月后先帝刘备被安葬于惠陵。

后主登基后封诸葛亮为武乡侯，此前诸葛亮并无爵位，这次受封的武乡侯有人认为是乡侯，但其实在诸葛亮故乡琅邪国有一个武乡县，古人封爵习惯以在其家乡地或附近选择食邑，符合这种情况，所以这个爵位是个县侯，后世称诸葛亮为武侯。

后主刘禅下诏，命诸葛亮仍任丞相，同时兼任益州牧、司隶校尉，另一位托孤大臣李严被封为都乡侯，和诸葛亮一样都假节，仍担任中都护，驻扎在永安，同时兼任九卿之一的光禄勋卿。赵云升任为征南将军，兼任中护军，掌管中央禁军，此前禁军一直由吴太后的哥哥吴壹掌握，同时封赵云为永昌亭侯。向宠担任中部督，协助赵云典宿卫兵，被封为都亭侯。镇北将军魏延职务未变，只是封爵位为都亭侯。封固陵郡太守刘琰为都乡侯，升任九卿之一的卫尉，班位仅次于李严。刘琰在后世名气并不大，他是刘备担任豫州刺史时就开始追随的老人，有他这样资历的人已经不多了，因为和刘备同姓，经刘备亲自考证还是同宗，所以对他格外亲待。在平息黄元叛乱中杨洪立下大功，被赐爵为关内侯，任命他为忠节将军，鉴于他的才干，为加强蜀郡的管理，重新让他兼任蜀郡太守。职务有变动的还有：向朗升任步兵校尉，尹默、杜琼被拜为谏议大夫，杜琼后来还担任大鸿胪卿、太常卿，来敏担任虎贲中郎将。

以上是蜀汉主要人事变动情况，此轮人事调整涉及的人员并不多，诸葛亮的想法可能是先保持政治上的稳定，因为先帝驾崩之后蜀汉内外的环境一点都不容乐观，当务之急还是处理好这些麻烦事，人事安排尽量往后放一放。

对蜀汉来说，当时最大的麻烦来自益州南部几个郡的叛乱。益州南部是一片广阔的区域，其中的牂柯郡、益州郡、越巂郡和永昌郡又称南中，这四个郡范围很大，大体相当于今云南、贵州两省以及四川省西南的一部分，这里远离成都，遍布高山大河，杂居着各少数民族部落，统治相对薄弱。刘备在时，曾派邓方前往南中，任命他为安远将军，力图巩固那里的统治基础。邓方很有本事，他以少御多，震慑有方，确保南中一带没有发生大的祸乱。

章武二年（222）邓方去世，刘备问时任益州别驾的李恢谁可以接任邓方，李恢自告奋勇，毛遂自荐，刘备嘉许，派他接任邓方。当时，夷陵之战已经开打，刘备无力增兵南中，全靠李恢维持。李恢也很有本事，虽然兵力单薄，境内也发生了几次小规模的叛乱，但都被他平定了。

刘备兵败驾崩的消息传来，南中沸腾，平时就有二心的人纷纷跃跃欲试。先是越巂郡叟人头领高定元起兵反叛，杀了蜀汉任命的郡将焦璜，举郡称王。紧接着，益州郡有人闹事，杀了太守正昂，公然反叛。诸葛亮接到报告后十分忧虑，现在大规模用兵南中条件并不成熟，因为南中问题由来已久，而且问题十分复杂，如果不做好准备仓促用兵，要么失利，要么虽有小胜却不能解决根本问题。司金中郎将张裔对益州本地事务很熟悉，遇到棘手的事情诸葛亮常征询他的意见，对益州郡的叛乱张裔认为应该安抚，诸葛亮便上报后主同意，任命张裔为益州郡太守，去南中稳定局势。

正昂被杀后，益州郡的大姓雍闿在当地很有势力和威望，益州郡的事务都由他在周旋，张裔到达后，不知道雍闿其实已暗中投靠了孙吴，还找他协助自己。雍闿把张裔抓了起来，送到孙吴，公开叛蜀。

雍闿一伙编造谣言说，朝廷向南中征要贡品，其中有乌黑的狗300只，连胸前的毛都得是黑的；蟒蛇的脑汁三斗；长三丈以上的斫木3000根。纯黑色的狗还能办好，蟒蛇的脑袋一向很小，三斗脑汁得多少条蛇？斫木很少有能长到两丈高的，三丈的木头极罕见，要3000根哪里弄去？这些谣言水平并不高，但很有煽动性，南中到处人心惶惶。就在这焦头烂额之际，又发生了越巂郡太守朱褒举郡响应雍闿的事件。据记载，益州从事常房按规定到下面检查工作，常房早就听说朱褒将有异志，就把朱褒的主簿抓起来审问，后来把他杀了。朱褒大怒，攻杀常房，诬其谋反。

诸葛亮当然知道谁是谁非，但常房做事也太鲁莽，不看现在是什么时候，激起了朱褒的反叛。为了安抚朱褒，诸葛亮不惜下令诛杀常房之子，并把他四个弟弟流放到越巂郡。有史学家对诸葛亮的做法很有意见，他认为常房是冤枉的，诸葛亮应有所觉察，哪里有妄杀无辜来安抚奸人的道理？发议论是容易的，而面对现实需要的是更周全的考虑，但鉴于当时的局势，诸葛亮需要隐忍。

诸葛亮知道李严长期担任犍为郡太守，了解南中的情况，在当地也有一定威望，就请他给雍闿写信，希望雍闿回头是岸。李严前后给雍闿写了六封信，晓之以利害，雍闿只回复了一封信，信中说："听说天上没有两个太阳，地上没有两个君王，现在可好，称帝的就有三家，所以我们这些远在偏僻之地的人心里充满了惶惑，也不知道该怎么办。"话里充满了挑衅和傲慢，眼看整个南中都将丧失，幸好还有人顽强抵抗和坚守。雍闿等人进攻永昌郡时，太守吕凯和郡丞王伉坚决抵抗，雍闿无法得手。吕凯字季平，永昌郡本地人。永昌郡住着一批姓吕的人，他们是吕不韦的后代，当年秦始皇杀吕不韦，徙其子弟宗族到蜀汉，后汉武帝在西南夷置郡县，又把这些吕氏后人迁居于此，当地甚至还有一个不韦县。

吕凯和王伉发动本地士民坚决抵抗雍闿一伙的进攻，把他们拒之境外。雍闿多次写信给吕凯劝降，都被吕凯严词拒绝。吕凯在本郡颇有威恩，大家同心协力，雍闿竟然无法踏入永昌郡一步。吕凯独保永昌，让诸葛亮松了口气，只要吕凯能坚持一年半载，就能为他赢得富裕的时间，只有做好了充分准备，才能发起南中之战。

后主登基，南中叛乱，外部也不安宁。刘备驾崩的消息传到曹魏那边，有人认为自关羽死在荆州以后，张飞、马超、许靖、黄忠、刘备等人先后离开人间，蜀汉的柱石一根接一根地倒下了，见过大风大浪的人物只剩下诸葛亮一人，他能否独自撑起这座大厦，令人怀疑。

于是有人给曹丕出了个主意，鉴于蜀汉目前的状况应该劝说他们效仿孙吴称臣，曹丕同意，让手下的大臣们给蜀汉丞相诸葛亮写信，劝诸葛亮等人去掉不该有的帝号，接受曹魏的封赏。写信的人很多，有曹魏的司徒华歆、司空王朗、尚书令陈群、太史令许芝、谒者仆射诸葛璋等。华歆、王朗不仅是曹魏的重臣，而且是天下名士，很有影响力；许芝是太史令，既然拿天命说事，自然少不了他；诸葛璋的职务不高，也让他出面给诸葛亮写信，推测起来，他很可能是诸葛亮的本家。给诸葛亮写信的人里还有陈群，除身居要职外，他给诸葛亮写信还有一段渊源，早年刘备担任豫州刺史曾辟陈群为别驾，二人有过共事的经历。

这些劝降信像雪片一样飞来，让诸葛亮陷入了沉思，他对天下大势早有成熟的看法，也做出了清晰的规划，多年来他一直为之而奋斗，眼前虽然遇到一些挫折，但对他这样志向远大且坚定的人来说，这些都算不了什么，他不会改变心中的理想和蜀汉既定的国策，更何况兴复汉室也是先帝临终前的殷殷嘱托。但对手发起了舆论战，如果不应战就会失分，诸葛亮决定予以正面回应，以此向外界特别是向曹魏表明立场，这个立场既是他自己的，也代表了蜀汉。

诸葛亮没有给他们一一回信，而是在深思熟虑之后写了一篇名为《正义》的文章，这篇文章写得很精彩，从回顾历史入手，举了项羽、王莽和刘秀的例子与当今的局势做对照，从正、反两面说明暂时实力大小不足以决定未来，坚守正义的蜀汉一定能取得最后的胜利。

这篇文章既是对曹魏劝降者的一个公开回复，同时也统一了蜀汉内部的思想。先帝驾崩，朝野上下动荡不安，益州政坛本身就很复杂，各种不同出身和背景的人怀着不同的想法，有的希望蜀汉政权继续发展壮大，有的则信心不足、对是否能渡过难关怀有疑虑，有的人甚至蠢蠢欲动，只要能保住自己的利益，谁来主持大局对他们来说无所谓。面对如此复杂的形势，只有先把内部思想统一起来，才能做到行动上的统一。诸葛亮用这篇文章向内外郑重表明，蜀汉绝不可能投降，先主所制定和追求的兴复汉室、统一天下的目标不会被放弃，而且只要上下团结一心，一定能取得最后的胜利。

劝降不成功，曹丕又有一个想法。对付蜀汉曹丕手里还有一张牌，那就是蜀汉降将黄权，曹丕把他找来，要他出任益州刺史，专门对付蜀汉。刘备的死讯传到洛阳，群臣都来向曹丕致贺，但黄权却没有来，曹丕知道黄权的心意，就有意吓唬吓唬他。曹丕派人诏黄权进见，黄权还没有到，曹丕一次次派人去催，给人感觉很着急，黄权的侍从下人闻讯无不震悚，认为曹丕发怒了，一定会出大事，但黄权镇定自若。

曹丕只是恶搞，他很欣赏黄权的才能和为人，他现在设了一个益州刺史，治所设在南郡曹魏的控制区，利用黄权的影响力分化瓦解蜀汉，黄权虽然不情愿，但也只能听命。这样，荆州境内就有了两个"益州政府"，一个是孙权控制下的益州牧刘璋；一个是曹丕控制下的益州刺史黄权。由于他们在益州都有一定的影响力，所以不能小看他们的作用，荆州本来还有不少人忠于蜀汉，有人还设法发动武装叛乱以策应蜀汉，但都没有成功，与这两个"政府"的作用密不可分。不久刘璋去世了，孙、刘之间的关系也不断缓和，但孙权仍不放弃这种做法，他任命刘璋的次子刘阐为益州刺史，让他到交州与益州交界处组成"政府"。

黄权虽然接受了曹丕的任命，但内心一直没有把蜀汉当作敌人，后来魏明帝继位，对黄权的政治态度并不放心，曾当面问黄权："现在天下三分，应该以哪个为正统？"黄权不愿违心，回答说："应该以天文为正统。"遇到不想回答的问题总会说"今天天气真好啊"，黄权的回答类似于此，魏明帝大概对这个回答并不满意，让黄权做具体解释，哪知黄权说得还有鼻子有眼："前面出现了'荧惑守心'的天象，结果文皇帝驾崩，而吴、蜀二主都平安无事，这就是它的验证。"回答得很巧妙，虽然表示了屈服，但仍从正面避开了谁是正统的话题。司马懿也很器重黄权，曾经问黄权蜀国像他这样的人才有多少。

司马懿在给诸葛亮的一封信里说："黄权是个爽快人，经常从座位上起身赞叹着谈论您，这种谈论总不离口。"后来黄权在曹魏病逝，去世前的官位是车骑将军，虽是一个虚职，但也显示出曹丕父子对他的重视。黄权死时身边有儿子黄邕相陪，他的另一个儿子黄崇一直在蜀汉为官，蜀汉灭亡时随诸葛亮的儿子诸葛瞻战死于绵竹。

三、魏文帝治国

魏文帝曹丕在雄才大略方面的确远逊其父，他接手的虽是一个相当不错的摊子，开局也不错，但后来这几脚越踢越不怎么样了，在对孙吴方面反而让对方占了上风。

天下已成三分，一大两小，但大也有大的难处。仗打得实在太久了，官渡之战那时候出生的人，到黄初年间都早已娶妻生子了，战争对一切都产生了严重的破坏力，人口锐减，经济状况更是一塌糊涂，小户人家消耗不起，大户人家过起日子更难，曹魏占的地盘大，包袱也更重。

早在称帝后的第二年，曹丕下令改许县为许昌，立长安、谯县、许昌、邺县、洛阳为五都。对一个国家来说，同时有两个首都尚且诸多不便，五个首都同时存在，这在古今中外都是罕见的。有人认为曹魏真正的首都是洛阳，其他四个地方类似于"陪都"。的确，曹丕称帝后多次临幸谯县、许昌等地，但都是短暂居住或停留，大部分时间其实还在洛阳。

那么，洛阳之外设行宫即可，为什么特别明确"五都"呢？这在另一项诏令里或许可以找到答案。曹丕在明确"五都"的同时，还在另外五个地方立下了石表，分别是：西边的宜阳，北边的太行，东北边的阳平，南面的鲁阳，东面的郯县。这五个地方如果连接起来，刚好在曹魏的控制区里构成了一个核心区。

宜阳在弘农郡，位于洛阳以西今豫陕交界一带；太行即今太行山，古人认为此山居天下之中，秦汉时常以此山为地理坐标，有山南、山北、山东、山西之说；阳平不是汉中的阳平关，而是不久前刚刚设立的阳平郡，曹丕大概觉得邺县所在的魏郡太大了，就把该郡的东部分出设为阳平郡，治所在馆陶，即今河北省馆陶县，把西部分出设为广平郡，治所在曲梁，即今河北省邯郸市的东北；鲁阳是南阳郡的鲁阳县，袁术在南阳时长期以此为大本营；郯县在徐州刺史部，当年在此发生过著名的郯城保卫战。

曹丕下诏，该核心区称为"中都之地"，是朝廷建设和防卫的重点地区，核心区以外的人如果想内迁给予鼓励，各郡县都不得阻拦，该项政策为期五年，五年期满后又有增加。这是一项收缩战略，原因是各地人口都在锐减，人力资源已经出现了严重短缺，摊子铺得太大不如集中起来。不过按照这个战略，宛县、襄阳、合肥等战略要点都不在核心区域内，曹魏的攻势有向守势转化的趋向。

洛阳是曹丕建设的重点，曹丕调新成立的阳平郡太守司马芝为河南尹，专门负责洛阳重建工作。司马芝字子华，他也是河内郡温县人，但不在"司马八达"之列，跟司马懿虽同族，论起来却比司马懿长一辈。在曹魏官场上司马芝的资历也比司马懿老得多，他早年曾携母亲避难荆州，曹操平定荆州后发现他是个人才，就让他当了县令，他为人正直、敢于碰硬、不畏强势，曹操在世时就担任了魏国大理正，负责司法方面的工作。司马芝就任首都地区的行政长官，继续发扬他爱民、务实、耿直、廉洁的作风，抑制豪强、扶持贫弱，地方治理有一定起色。司马芝还不徇私情，他娶的是名臣董昭的侄女，宫里有人想找司马芝办事，听说他不好说话就托董昭帮忙，但董昭也不敢向司马芝开口。

然而，重建洛阳的困难远比想象的要大，最大的问题是人口，当时洛阳周边十室九空，堂堂曹魏的京城不能建在"无人区"吧？曹丕决定从冀州富庶之地先迁 10 万户到洛阳周围地区。之前鼓励大家向核心区迁移，前提是自愿，强制迁移的政策一般很少使用，离乡背井、前途充满未知，即使白给首都户口也没有什么吸引力，政策颁布后果然没多少人愿意来。

曹丕下令强制执行，各有关部门都认为不可，因为这样容易引起民变。曹丕不听，仍然强令推行，侍中辛毗觉得此事很严重，跑过来劝谏。曹丕知道他的来意，故意拉个脸，想让他张不开嘴。辛毗不管，问曹丕："听说陛下要大批迁移人口，不知道是怎么考虑的？"曹丕反问道："先生认为此事不妥吗？"辛毗说："确实不妥。"曹丕不想跟这个老官僚纠缠："这个嘛，我不想跟你说。"辛毗不干："陛下如果认为臣无能，可以把这件事交给有关部门，让大家都来议议。臣所言非私事，是为社稷考虑，怎能迁怒于我？"曹丕说不过他，站起来就走。想溜？那不行，辛毗跟着就过去了，一把拽住了曹丕的衣服，曹丕气乐了："佐治，你把我抓得也太紧了吧？"佐治是辛毗的字，辛毗说："怕你跑了，强制迁移人口有失民心，望陛下收回成命！"争来争去，最后君臣各让一步，把迁 10 万户改为 5 万户。

除了人口政策，在货币政策方面也有重大举措，曹丕称帝不久即下诏在曹魏统治区内实行实物货币制。之前说过，汉代通行的货币五铢钱曾被董卓废除，其后天下大乱，分裂割据，货币体系也难以统一，刘备到成都后马上发行了"直百五铢"这样的"大面额"货币，一枚铜钱相当于原来的 100 枚五铢钱，孙权更有甚之，后来发行了"大泉当千""大泉五千"，一枚铜钱相当于 1000 枚和 5000 枚五铢钱。

曹魏没有参与这场"货币战争"，曹丕称帝之初曾下令恢复五铢钱，但后来发现国家的经济、金融想回到汉末大乱前的水平实在太困难，尤其蜀、吴两国竞相推出"大钱"，以五铢钱为基础的金融体系越来越难以支撑，于是又废除了五铢钱，用谷和帛两种生活必需物资作为临时货币。

实物货币是货币发展的倒退，选用谷和帛作货币还有明显的弊端，有不法商人把谷子浸上水增加重量，把绢帛里的丝抽出一些让它更薄，通过这种手段牟取暴利，朝廷发现后虽立即严厉打击，但仍无法禁绝。

曹丕大部分时间还是在洛阳处理朝政，在他称帝前洛阳的名字其实不叫洛阳，而叫雒阳，是他下令改回来的。刘秀建立的东汉王朝定都洛阳，在五行中汉属火德，忌水，所以刘秀把"洛"字去"水"而加"佳"，改称雒阳。曹魏定五德，认为自己是土德，尚黄色，在水与土的关系上，水有土的依托才能流动，土因为有水才会更加柔和，所以曹丕又把"雒阳"改回"洛阳"。

曹丕称帝当年即开始营造洛阳宫，汉代的洛阳南、北二宫破坏殆尽，恢复重建是一项特别浩大的工程，这项工作只能慢慢来，曹丕平时居住在北宫，汉朝南宫的崇德殿早已废弃，曹丕就在父亲生前修建的建始殿里接见群臣，人们所熟知的曹魏太极、昭阳诸殿，都是后来魏明帝修的。建始殿除了处理军国大事还有一项重要职能，就是在此祭祀已故的武皇帝。天子与百姓家祀不同，天子祭祀先祖在郊庙，普通百姓无庙，祭祀就在家里。像曹丕这样的情况，父亲生前不是天子，自己是天子，祭祀父亲也用天子的礼仪，曹丕在建始殿祭祀父亲，实属无奈。

被恢复的还有推举孝廉的制度，这是汉代实行的一项最重要的选官制度，由于战乱这项制度也变得支离破碎，曹魏承汉制，仍实行这项制度，曹丕诏令人口满10万的郡国每年都可以推举一名孝廉，对于特别优秀的人才也可不限制名额。除了孝廉，曹丕还很重视各地上计吏的选拔，特别下诏："现在的上计吏、孝廉，等于是古代各地方向朝廷进献的人才，一个只有10户人家的小城也会有忠贞诚实的人，如果限定年龄来选拔他们，年老如吕尚、年幼如周太子晋这样的人才都没有出头之日，所以特令各郡国推荐人才时不要受年龄大小的限制，儒生只要精通经学、办事人员只要熟悉文书法令都可以试用。"

曹丕还下诏继续尊崇孔子，下令在鲁郡重修孔子旧庙，设100户士家负责守卫，在孔庙附近还修建了许多屋舍供学者使用，朝廷封孔子的第21世孙孔羡为宗圣侯，食邑100户。

汉末以来时局动荡，朝廷倾危，许多礼制要么有名无实，要么连最基本的名都没有了，曹丕称帝后实行的一系列恢复礼法的措施，使朝廷秩序重新规范起来，这些制度大多是对前代制度的继承或照搬，包括之前讲到的官位设置，都大体与汉代相仿。

也有重大创新的地方，九品中正制就是其中最重要的一项，这项制度是由陈群提出的，主要内容是设立中正官品评人物，来完善以察举为核心的选官制度。察举制选官靠推举，推荐权很容易被人为把控，虽然须参考乡间舆论，但这些又容易被门阀士族所操纵，最后被推荐上来的未必是品行才学最好的人。

为克服这些弊端陈群提出了设置中正官的方案,所谓中正官,指的是掌管某一地区人物品评的负责人,也就是各地的推荐人,州设大中正官,郡国设小中正官,其人选一般由司徒举荐的现任中央官员兼任,他们直接向朝廷负责,旁人不得干预,为便于开展工作,他们手下还设有名为"访问"的助手。

也就是说中正官都是兼任的,而且在中央办公,担任哪一个州郡的中正官,一般由他们原籍所在地来决定。中正官的主要职责是品评人物,也就是向上面推荐人,推荐的对象是同籍士人,包括散居在其他州郡的本地人,推荐的程序主要有三步:第一步是查家世,确定候选人后,中正官首先要看他们的"户口本",看看他们父、祖甚至再往上几辈人都是做什么的,有没有仕宦情况或封爵;第二步是看品行,审查一下这个人孝不孝、贤不贤,大家的评论怎么样;第三步是定品级,这是九品中正制最有创意的地方,也是它具备可操作性的原因,把人考查完了还要打分,通过量化进行比较,得的分不是百分制,而是上上、上中、上下、中上、中中、中下、下上、下中、下下九个等级,称为九品。

完成了这几步,中正官把评议结果上报司徒府进行复核,司徒府通过后转到尚书台,由尚书台负责人事工作的吏部尚书用来作为选官用官的依据。中正官报来的评议情况称"乡品","乡品"高者不仅当官的概率更大,而且更受人尊敬,称"起家官";"乡品"差的也不是完全不能当官,但往往被视为"浊官",被人看不起,日后升迁也慢。

这种品评也是动态的,一般三年重评一次,所以一个人的评价定品可能会升也可能会降,被品评者如果认为定品不公,也可以提出申诉,查证为中正官违法的,朝廷会追究中正官的责任。这项制度很厉害,不仅在于它确定了家世、品德、才能并重的选人用人标准,更在于它把"后备干部"的推荐权由州郡长官收归到了中央,而且还让各州郡无话可说,加强了朝廷的集权。

但这种方式也存在弊端,无论过去的州郡长官还是现在的中正官,手握大权总有寻租的可能,一开始评议人物还坚持家世、品德、才能三者并重,后来慢慢就有了私心,私相授受、互相推荐现象逐渐多了起来,担任中正官的通常都是世家大族,推荐的范围也就在世家大族的小圈子里,家世成为推荐的最重要标准,品才越来越被忽视,形成了"上品无寒门,下品无士族"的局面,魏晋门阀制度较前朝更为强化,与这项制度的推行有很大关系。

四、喜欢打猎的皇帝

治国理政之余，曹丕还是一位爱玩的皇帝。与汉灵帝刘宏整天瞎折腾不同，曹丕最大的业余爱好是打猎，他当太子时就喜欢这件事，五官中郎将府任职的栈潜曾劝谏过他，曹丕不听，一有空就去，当了皇帝后约束少了，曹丕更是经常出去打猎。

打猎这件事，好处是可以锻炼身体，练练骑马、射箭，缺点是浪费时间，这不像打高尔夫，有半天空闲就能玩一次，打猎得去猎场，得安排布置，一趟下来少则几天，多则十几天，朝廷每天都有无数大事小事需要皇帝拍板，你跑去打猎了，一时还联系不上，肯定耽误事。此外，打猎还有一个坏处，那就是危险。骑马、射箭类似军事演习，万一马受惊或者道路崎岖险峻，容易酿成事故，那时候山林间凶猛的野兽比较多，像老虎这类动物在各地都有，突然来个近距离接触，就麻烦了。即使遇不着老虎，埋伏个刺客什么的也很危险，孙策不就是这么死的吗？

孙策喜欢打猎，孙权也喜欢，也遇到过危险。据史书记载，有一次孙权骑马射猎，突然蹿出一只老虎，都扑住了孙权的马鞍。虽然最后有惊无险，但张昭知道了立即变色进谏："将军何必这样做？为人君的要善于驾驭英雄豪杰，任用贤良，而不是在原野上驱驰，去跟猛兽比试勇力，一旦发生不测，岂不被天下人耻笑？"说得很严厉，孙权赶紧赔不是："是我年少虑事不周，愧对先生厚望。"但孙权依然不改，继续出去打猎，他还让人发明了一种射虎车，这种车设有方孔，没有车盖，一个人驾驶，坐在车中射虎。这当然很危险，有离群的野兽常往车上扑，孙权就用手与它们搏击，以此为乐。

曹丕比孙权还要放得开，不仅自己打猎，还把百官都叫上。皇帝看到大家平时都挺辛苦，安排个活动让百官放松放松，这是多好的事？可是皇帝喜欢的大家不一定都喜欢，皇帝在享受，百官却在受罪。

有一次曹丕带着大家去打猎，射中一只野鸡，高兴地说："射了一只野鸡，好高兴啊！"担任侍中的辛毗不失时机地给领导上了一次眼药："陛下觉得高兴，可我们觉得好辛苦！"曹丕一听很不爽，当场不便发作，但以后再出来就很少再带辛毗了。

不带辛毗，其他人也会上眼药，鲍勋那时也担任侍中，他直接上疏劝谏："我听说五帝三皇莫不明本立教,以孝治天下。陛下仁圣恻隐,有同古烈。臣希望陛下能继踪前代,令万世可则,而不是修驰骋之事,整天忙于射猎!臣冒死以闻,请陛下明察。"对于鲍勋这个"烈士后代"曹丕有些反感,看到鲍勋的奏折曹丕大怒,当场把奏折撕了。

不让干我偏偏干,曹丕不仅照旧射猎,还专门把鲍勋叫上。有一次中途休息,曹丕故意问鲍勋:"射猎之乐,与八音之乐哪一个更乐?"侍中刘晔一向会来事,马上抢答:"射猎比八音之乐更好。"鲍勋实在看不惯,反驳道:"此言差矣!音乐上通神明,下和人理,隆治致化,万邦咸仪,所以移风易俗莫善于乐。游猎在原野中暴露帝王的车盖,损伤生息化育的至高原理,迎风冒雨,有违天地自然的规律。过去鲁隐公到棠地观看捕鱼,《春秋》讽刺了他,陛下虽然把游猎当作急务,但却是臣下所不希望的。"鲍勋还当场批评刘晔:"刘晔佞谀不忠,陛下只是一句玩笑话,刘晔立即附和,就像当年梁丘据取媚于遄台,请有关部门治其罪以清皇庙!"曹丕实在忍不住了,猎不打了,直接回去,回来就把鲍勋降了职。

辛毗和鲍勋都担任侍中一职,"侍中"的意思是"侍卫于中","中"即"省",也就是宫中。侍中的本意为侍卫于皇帝近前,其职责与尚书相近,但品秩比尚书高得多。侍中最早也是九卿之一的少府卿下的属官,后直接由皇帝指派,虽是散职却因为随时能接近皇帝而显贵。侍中有专职的,也有兼职的,兼职即为加官,文武大臣有"加侍中"一职的,说明可以随时入禁中受事。本朝侍中品秩二千石,与九卿相同。以后侍中地位更高,魏晋以后侍中一职经常成为事实上的宰相,直到元朝以后废止。

也就是说,辛毗也罢、鲍勋也罢,给皇帝提建议是没错的,因为这是他们的分内职责。皇帝不高兴,要么出来不再带上,要么把人家从身边调走,这是很不妥的。

曹丕不管那么多,他是个任性的人,这么多人出来反对丝毫没影响他的射猎之兴。一次,曹丕又出去打猎,玩得晚了半夜才回宫,这件事让司徒王朗知道了,老头子也加入讨伐阵营里,上疏劝谏:"帝王的居所外面有守卫,里面设禁门,每次出行沿途必须先安排人马保卫才能出发,身边做警卫工作才能登台阶,打开旗子才能登车,清扫好道路才能引导御驾,布置好住处才能下车休息,所有这一切,都为的是显示帝王的尊贵,要求帝王的行动务必小心谨慎,并以此作为制度永垂千古。听说最近御驾亲出捕虎,日出而行,天黑才回来,这违反了帝王出入的常规，不是帝王戒慎的做法。"

王朗的名头比辛毗、鲍勋大得多，又是三公，这份上疏曹丕不敢撕，不仅不敢还得亲笔做出批示，曹丕为自己射猎找了个说辞："看了您上的表，知道您说的意思。有些事您可能不太清楚，之所以射猎是因为方今天下还不太平，孙、刘二寇未定，四处还有征伐，射猎嘛，其实是军事演习。至于夜里回来太晚存在安全隐患问题，还真没考虑那么细致，幸亏您提醒，我已命令有关部门今后务必注意。"人家建议你"戒慎"，是个委婉的说法，意思是别再去打猎了，你还真客气，表示再出去时一定会注意，不知道王朗看到这个批示时做何感想。

曹丕挺郁闷，这么大一点儿事没完没了了，这时长水校尉戴陵也上疏劝谏射猎，曹丕干脆抓个典型，杀鸡儆猴，直接下令把戴陵处死。大家赶紧救人，苦劝死劝，戴陵总算保住一条命，减死罪一等。

曹丕是个记仇的人，谁惹了他，一定会报复。鲍勋早年得罪过曹丕，后来又一再劝谏，多次当众让曹丕下不了台，于是曹丕有了除掉鲍勋的想法。之前鲍勋规劝过曹丕不要伐吴，曹丕把他降为治书执法，也就是军法官。曹丕那次征江东无果而返，从江淮回军时经过陈留郡，鲍勋作为军法官随征。

陈留太守孙邕前来拜见曹丕，他大概跟鲍勋也熟，所以拜见完之后顺道探望鲍勋。当时营垒还没建成，只树立了营标，孙邕是地方官员，大概不太了解军营里的规定，他走了侧路而没走大路，被鲍勋手下军营令史刘曜发现并检举他违反军令，鲍勋认为壕堑营垒还没建成，不必过于认真，于是调解了这件事情而没有举报。

后来，刘曜犯了罪，鲍勋上奏要把他废黜遣派，刘曜为自保，也为了报复鲍勋，就秘密上表揭发鲍勋私下解脱孙邕一事。这本不是什么大事，即使违反规定，批评教育一下就行了，但因为涉及鲍勋，曹丕觉得终于抓住了此人的把柄，于是下诏把鲍勋逮捕，交廷尉严审。

廷尉进行了审查，认为依据法令应判鲍勋有期徒刑五年，并处剃发戴枷的刑罚。按照规定，廷尉对鲍勋这一级官员的审判结果需经三公会签后才能上报御前，三公把廷尉的报告直接驳回，认为刑罚太重，依照律条只需要交两斤金子作为罚金即可。廷尉重新递交报告，曹丕大怒："鲍勋这个人根本没有活命的资格了，你们竟敢宽纵他！再有人敢包庇就一块儿抓起来审问，让你们十鼠同穴、一网打尽！"钟繇、华歆、陈群等重臣以及廷尉高柔等人一同表奏，认为鲍勋的父亲鲍信在太祖时有功劳，请求赦免鲍勋，曹丕不许。

鲍勋被杀影响很大，他的父亲鲍信跟曹操是生死之交，在曹操最困难的时候举全部家财给予支持，后来又为曹操的事业死在了战场上，这样的人曹丕说杀就杀，理由又不服众，难免让人议论。

五、文人带兵破先例

曹丕的性格基因看来太不像他的父亲了，隐忍、执着、待人宽容是曹操能够在乱世里称雄的原因，而偏执、自负、有仇必报是曹丕性格的总特点。在用人上，曹操不拘一格、唯才是举，有海纳百川的气度，而曹丕多以自己的好恶划分阵营，无意识中把人分成了"自己人"和"不是自己人"两大类，"自己人"怎么都可以，不惜打破常规给予重用，"不是自己人"就想办法打压甚至迫害，失去了帝王的法度。

敢恨，是曹丕的性格；敢爱，也是他的个性。曹休、曹真、夏侯尚、夏侯楙自不必说，对"太子四友"这些人，以及过去在夺嫡之争中支持过自己的人，曹丕也都一律给予关照和无条件信任。曹丕称帝不久即下诏任命"太子四友"之一的吴质以振威将军的身份"都督河北诸军事"，后面是一项新职务，意思是指挥、节制河北地区的一切军事力量。河北，指的是黄河以北，从行政区划上说包括冀州刺史部的大部以及青州刺史部、幽州刺史部的全部。这项职务权力很大，把整个曹魏北部地区的军权都交给了吴质，而在此之前吴质担任过的职务，可以查证的只是一名县令和某将军府里的长史，曹操在世时似乎对此人也并不感冒。

也就是两三年的时间，一名从未带过兵、打过仗的县令被直接提拔为将军，这当然是一种"敢爱"的表现。"都督诸州军事"的制度也从此定型，曹仁、曹真、曹休以及张辽等人外出领兵一般都加以"都督某州诸军事"的名号，有的加以"持节"的授权。有这种名号和授权的将军权力更大，不仅可以调兵，而且可以惩治辖区内某一级别的官员，类似后世的钦差大臣。

曹魏习惯上分成了四大战区：北部战区一般为"都督河北诸军事"，主要职责是防御北部少数民族部落，辖区面积不小，但一直没打过大仗，重要性稍差；

西部战区一般为"都督雍、凉二州诸军事"或"都督陇右诸军事",主要职责是防御蜀汉,通常由征西大将军或镇西将军兼任;中部战区一般为"都督荆州诸军事"或"都督荆、豫二州诸军事",主要职责是兼防蜀汉和孙吴,通常由征南大将军兼任;东部战区一般为"都督扬州诸军事"或"都督青州、扬州诸军事",主要职责也是防御孙吴,通常由征东大将军或镇东大将军兼任。

吴质一跃成为曹魏政坛和军界的新星,但奇怪的是《三国志》却没有他的传记,主要原因是此人脾气很差,在生前即受到颇多议论。

黄初五年(224)吴质回洛阳朝觐,曹丕发现没有多少人搭理吴质,吴质显得有点孤独,曹丕专门下诏命上将军及特进以下高官都到吴质家里做客,想帮吴质结结人缘。宴会上,客人喝得怎么样不知道,主人先喝高了。吴质这个人,酒一喝多就把持不住,曹真这时候担任着中军大将军一职,长得有点胖,同为"太子四友"的朱铄时任中领军,长得很瘦,吴质便拿他们二位寻开心,令伶人在宴席上表演"戏说肥瘦"的段子,不想玩笑开过了头,曹真脸上挂不住,与吴质当场闹翻,要责罚伶人,甚至不惜刀兵相见。

看热闹的人都不怕事儿大,曹洪、王忠等人想看吴质的笑话,在一旁瞎起哄,故意逗火,曹真愈加恚怒,拔刀瞋目,大骂于座:"这个伶人要是放跑了,我要拿你开斩!"曹真是什么分量的人大家都知道,但吴质不示弱:"曹子丹,你只不过是屠案上的肉,吴质吞你不用摇喉,咀嚼你也不用摇牙,何敢恃势而骄?"眼看无法收场,朱铄从座席上起身来劝:"陛下要我们陪你作乐,你怎么这样?"有人劝架,顺着台阶下就得了,但吴质又回头骂朱铄:"朱铄,你还是小心别把座席弄坏了!"朱铄也是个急性子,被吴质呵斥,气得拔剑朝地上砍,其他想上来劝架的只好坐了回去。吴质就是这样的臭脾气,结果把自己弄成了政坛上的孤鸟。

不仅吴质当了"河北战区司令",到了黄初六年(225)的春天曹丕又突然做出了两项重要人事任命:以陈群为镇军大将军,录行尚书事,随车驾董督众军;以司马懿为抚军大将军,留守许昌,督后台文书。吴质、陈群、司马懿,加上担任中领军的朱铄,"太子四友"全部都有了军职,这些都打破了曹魏政坛的潜规则。自曹操创业开始曹魏阵营一直以来遵循着严格的文臣、武将两条路径,文臣从不带兵,而武将中虽有个别人短时间内兼任过太守一类的行政官员,但极少有向三公、九卿方向发展的先例。

文人就是文人，武人就是武人，这是两个不同的集团。在曹魏的阵营里，有人概括出这两个集团分别各有一个核心，文人的核心是汝颍集团，武人的核心是谯沛集团。曹魏的主要文臣中荀彧、荀攸、郭嘉、钟繇、杜袭、辛毗以及后起之秀陈群等人都是颍川郡或汝南郡人，这里自古多奇士，世家大族辈出，故称汝颍集团。而谯沛集团，是因为曹氏父子乃沛国谯县人，沛谯集团其实就是"诸夏侯曹"集团。

文臣中最优秀者，如荀彧、郭嘉、荀攸和崔琰等，一生从未担任过军职，这既是因各人特长而造就的不同分工，也暗含着某种权力格局的制衡，有人负责决策，有人负责执行。决策的人不管执行，执行的人不考虑决策。

由"武人"而入"文人"者有一个特例，那就是程昱，他本来是一员武将，后来成为曹魏阵营的核心谋士，程昱的成功转型是仅有的一例，而且是由"武"入"文"，而非由"文"入"武"。兵权是曹魏最核心的权力，三公可以让，九卿可以给，但兵权轻易不会给你。曹魏掌兵者不超过三种情况：一是如"诸夏侯曹"，或宗族或姻亲；二是如张辽、张郃、徐晃等人，是职业军人，为打仗而生，为打仗而死，绝对效忠于曹氏父子；三是臧霸、张燕、张绣那样曾经的地方实力派，被曹魏接收后暂时带兵，最终兵权也会被稀释或整合。陈群、司马懿等"太子四友"不属于以上任何一种情况，他们出身士族，走的是荀彧或崔琰的道路。尽管他们已身处权力核心，深得皇帝的倚重和依赖，但他们从未奢望过染指兵权，现在兵权却自己来了。

在给陈群、司马懿的任命诏书里，明确他们的军职分别是镇军大将军和抚军大将军，指挥的主要是"中央军"。曹魏军制虽然延续了秦汉以来南军、北军的体制，但因为随时都在作战，四面都是战场，又加上曹魏实行特殊的五都制，除洛阳为常设首都外，邺县、谯县、许昌和长安是陪都，所以军制自然与和平年代的南军、北军有所不同。

曹魏的嫡系部队可以分为地方主力军团和中央军团两大部分，中央军团除中领军、中护军这些禁卫军外，还有一部分守卫其他几个都城。中领军、中护军简称"中军"，天子到哪里他们就守备于哪里，其他的中央军被编为镇军、抚军等兵团，由镇军大将军、抚军大将军指挥。

与一般杂号将军不同，陈群、司马懿的军职里还有一个"大"字，这是曹丕称帝以后的新发明，如果没有这个"大"字，这些将军就是普通的将军，相当于军长，加了一个"大"字，地位一下子抬升了很多，至少可以与四征、四安、四镇将军相当，从品秩上说略低于三公但高于二千石的九卿。

陈群和司马懿之前的身份仅是品秩千石左右的尚书令、尚书仆射，掌握了军权，品秩也骤然提升。同时，他们仍然负责尚书台，陈群以镇军大将军的身份"录行尚书事"，即兼管朝廷的日常事务，司马懿没有明确是否仍兼任尚书仆射，但命他"督后台文书"，说明他仍然兼职于尚书台。魏文帝命他们掌兵，也可以看作是给尚书台加上了兵权，尚书台也可涉兵事，但直接带兵，这个恐怕连尚书台的缔造者汉武帝也没有这么做过。

任命诏书专门讲到了陈群和司马懿的分工："过去轩辕黄帝建四面之号，周武王称'予有乱臣十人'，先贤们之所以能治国理民，都是多任用贤人的缘故。现在内有公卿镇守京城，外有州牧掌管四方，遇到有军情需要出征，军中应该有柱石一般的贤帅，辎重所在之处也应该有重臣镇守，那么御驾出征就可以周行天下，而没有什么可顾虑的了。现在，任命尚书令、颍乡侯陈群为镇军大将军，尚书仆射、西乡侯司马懿为抚军大将军，如果我亲征讨伐南方的敌人，就留抚军大将军守许昌，督后方诸军，处理后台文书诸事；由镇军大将军随车驾，董督众军，兼任尚书令。他们都给予假节、鼓吹，并调拨给中军骑兵600人。"

对陈群和司马懿来说，手里有没有兵权其实有本质区别，曹操生前杀掉或逼死的重量级人士，从孔融、荀彧到崔琰、杨修、娄圭、毛玠等，都有一个共同特点：他们都是文人。而武将之中，将军以上的从未被杀过一个，也就是说，在曹魏阵营里最危险的是文人，而最安全的是武人。这符合权力的逻辑和游戏规则，文人靠一张嘴，没有实力做支撑，杀也罢、用也罢，全凭君王的心情。而每个武人的背后都是一支队伍，君王即使不满，也会投鼠忌器，用别的方法解决权力问题。

像张绣那样手上有曹家血债的人，还有像臧霸那样的土匪，曹氏父子只得一忍再忍，找机会一点点把兵权收回来；而像荀彧、崔琰那样忠心耿耿、为曹魏做出过重大贡献的人，一句话就能要命。这不是君王冷酷，这是权力规则。文人的智慧是君王所需要的，但那是软实力。手握兵权，才是硬实力，但兵权又是那样遥不可及，所以诏令下达之初司马懿、陈群尚不敢欣然接受，他们上书辞让。

曹丕下诏，打消他们的顾虑："我要处理的事情很多，以夜继昼，想休息都不得空，做出这样的安排并不是增加你们的荣耀，是让你们为我分忧啊！"二人这才接受，上任后他们又接到了曹丕的诏书："我常常因为后方的事感到担忧，所以把重任交给你们。曹参虽有战功，但论封行赏时萧何最重，让我没有西顾之忧，不知道行不行？"

在曹丕眼里善于理政的萧何更重要，他想让陈群、司马懿做好的萧何。这种无以复加的信赖还不断继续着，后来曹丕专门给司马懿下过一份诏书："我在东方，抚军大将军全权处理西方的事务；我在西方，抚军大将军全权处理东方的事务。"君子一言、驷马难追，更何况皇帝的诏书？这份诏书可以理解为一份授权书，有了这项授权，司马懿俨然成了"曹丕第二"，尚书台里的司马懿成为曹魏帝国仅次于皇帝的人。虽然最后面的这份诏书只出现在《晋书》里，不排除是为了粉饰司马懿而虚构的，但陈群和司马懿迅速跻身曹魏军界并掌握军事大权却是不争的事实，这极大地改变了曹魏的权力结构。

六、孙权的人事改革

曹丕称帝一晃好几年过去了，对外他三次兴兵伐吴，其中两次御驾亲征，都无果而终；对内大兴制度重建与改革，又有后宫争宠，挺忙。这一时期孙权的主要精力都在应对曹魏的进攻上，利用刘备死后吴蜀关系出现的转机，重新修复与蜀汉的关系，以此对抗曹魏。与此同时孙权在内部也推行了一次重要的改革，不过半途而废了。

这场改革常被人忽视，因为孙权并没有大张旗鼓地进行，他的改革动机十分隐秘，一直到最后都没有公开示人，这场颇有些神秘的改革与一个小人物有关。这个人名叫暨艳，正史里没有暨艳的传记，他在孙吴的地位并不高，关于他的事迹更多地记录在宋朝人编撰的一部历代名人录里，"暨"这个姓氏很少见，这部书认为在暨姓的历代名人中暨艳算是一位。暨艳字子休，扬州刺史部吴郡人，个性耿直、刚正不阿，喜欢以儒家的伦理道德为依据臧否人物。吴郡也是孙氏的故里，但孙氏出身寒微，而吴郡向来以出世家大族著称，所谓顾、张、朱、陆"江东四大家族"，其实应该是"吴郡四大家族"，因为他们的祖籍都在吴郡。

暨艳出身于吴郡，对他来说既幸运又不幸。由于同乡的关系暨艳受到了张温的器重，这个张温就是曾出使蜀汉的那个人，他出身于"吴郡四大家族"中的张氏一族，本来名气就挺大，出使蜀汉归来他的名气更大了。孙权被封为吴王后吴国也设立了尚书台，张温曾在尚书台任职，具体职务是选曹尚书，这个职位品秩不高，只有六百石，与县长、县令差不多，但它掌管官员的选拔和考核，相当于吴国的人事部长。

在张温的引荐下暨艳也进入尚书台，后来张温调离，暨艳竟然接替他担任了选曹尚书这个重要职务，暨艳大概是个很有责任心的人，或者说很有心机，他上任后就开始琢磨孙吴在人事工作方面有没有不足之处。经过一番调研，暨艳发现不仅有问题，而且问题很大。

暨艳发现，在孙吴的人事布局中世家大族的影响力过大。这里说的世家大族有两个含义：一是指像"吴郡四大家族"那样的名门望族，他们兴旺于江东，大多已若干代人，势力和影响都很大；二是指追随孙氏父子的豪门名将，孙吴实行世袭领兵制，子承父业，名将渐成豪门。

孙坚和孙策在世时不太重视江东的名门望族，孙策曾奉袁术之命攻打庐江郡太守陆康，导致陆康被杀，"吴郡四大家族"世代联姻，一荣俱荣、一损俱损，这件事让孙氏与吴郡的世家大族彻底对立。孙权接班后着力弥补这种裂痕，所以任用了顾雍、张温、朱据等"吴郡四大家族"成员，还把自己的侄女也就是孙策的女儿嫁给了陆逊，经过这些努力，孙权与江东大族之间的关系得到了缓和。在豪门名将方面，孙氏父子依靠他们打天下，所以对他们一向尊崇。孙权是个重情谊的人，忘过记恩，对豪门名将的子弟也都广加延用，每每给予高官重禄，一些子弟能力平平，靠着父辈的影响而青云直上。

这两股势力实际上把持了孙吴有限的官员职位，堵塞了有能力但没有背景的寒门子弟的晋身之阶，汉末两晋门阀制度盛行，孙吴人事方面存在的这些问题只是门阀制度的一个缩影，这是政治体制使然，要打破它还需要相当长的时间。但暨艳不想等，也许他本人就出自寒门，进入仕途完全靠的是运气，所以对寒门子弟的境遇感同身受，他现在既然主持人事工作，所以理所当然地认为应该大力推进人事制度改革，为此他大刀阔斧地干了起来，改革的重点是郎官的选拔与考核。

郎官是朝廷中下级官员的骨干，汉时最多达5000人，分议郎、中郎、侍郎、郎中四等，由五官将署、左中郎将署、右中郎将署三个部门统管，故也称为三署郎，他们以在天子身边守卫门户、出充车骑为主责，除议郎外均须执戟宿卫殿门，轮流当值。郎官品秩不高，但在天子身边工作，号称天子门生，经常有出任地方长吏的机会，被人视为出仕的重要途径。又因为朝廷各要害部门的往来流转实际上由他们把持，为办事方便，人们不得不贿以行货，史书称这些郎官为"山郎"。

暨艳认为，孙吴上下庸庸碌碌的郎官比比皆是，大多不符合任职要求，在选曹郎徐彪等人的支持下暨艳开始了大规模的官员考核，根据考核结果重新确定郎官人选。暨艳、徐彪等人制定的考核标准十分严格，让被考核者压力很大，考核结果出来，只有10%的人合格能继续留在原位，其余均不合格。对不合格者一律给予降职，有的被连降好几级。还有一部分人，在考核中被发现有问题，暨艳、徐彪把他们全部贬为军吏，很多人遭到了这种处分，以至于朝廷设置了专门的营府来管理他们。

整顿官场风气、严格官员的选拔当然是正确的，但暨艳等人发起的这场人事改革力度未免过大，而且从矛头所指来看，显然是针对世家大族的，所以这场改革绝不是一名六百石的官员所能决定的。有人认为张温是暨艳等人的后台，这其实不可能，张温不是尚书令，虽然他有一定影响力，但种种迹象显示孙权对张温相当不满意。出使蜀汉归来张温多次称颂赞美蜀汉，引起孙权的猜忌，张温出身吴郡大族，在社会上名声很大，有一帮铁杆粉丝，孙权认为这样的人只会惹祸，难以为自己所用。张温不仅不是孙权的心腹，而且已招致孙权的不满，孙权一直在找机会收拾他，所以这场力度空前的改革不可能由张温在"背后指导"，况且，出身于"吴郡四大家族"的张温也没有理由把改革的矛头对准自己的阵营。

推测起来暨艳、徐彪等人的后台只能是孙权本人，孙权这么做，应该缘于一种矛盾心理。孙权虽然重用世族子弟，但他也知道什么人能用，什么人不能用，他肯定不希望朝堂上下充斥着碌碌庸人，来一场改革，肃清朝堂，整顿吏治，这正是孙权所需要的。但孙权是一个重情义的人，让他直接出面与世族们交锋，他拉不下这个脸，这些人大都随他们父子兄弟征战多年，一辈接一辈出生入死，用血汗换来了今日的荣耀，把他们的子弟扫地出门，孙权张不开这个嘴。在江山社稷和人情面前孙权最终还是选择了前者，所以他暗中支持暨艳等人搞改革，希望自己不出面也能达到目的，大家要埋怨只能怨暨艳等人。

但接下来发生的事让孙权很吃惊，随着大批官员被贬斥，世族们开始反击，他们争相指责暨艳、徐彪等人主持考核没有出于公心，只讲私人感情。任何一场有实质内容的改革都会触及一些人的利益，而改革的过程中因为改革者自身的不足也会出现一些问题，根据史书的记载，暨艳等人在对官员考核中，揭发了一些人的隐私和短处，以炫耀自己的弹劾之功，陆逊的弟弟陆瑁曾给暨艳写信让他不要这么做，但暨艳不听。

对暨艳改革的反击之声一浪高过一浪，其中充满了埋怨和愤慨，一些很有杀伤力的传言也在滋长，远远超出了暨艳、徐彪等人的掌控能力，连后台老板孙权也大吃一惊。为安抚众人孙权赶紧出面止损，下令对暨艳、徐彪进行审查。

孙吴黄武三年（224），暨艳、徐彪二人在狱中自杀，至今这都是一桩历史悬案，真实情况扑朔迷离。暨艳、徐彪也许因激起众怒而恐惧，所以在绝望中自杀，也许另有隐情。如果孙权真是暨艳等人的幕后指使，在民怨已起的情况下他们被罢官、审查显然不能解决全部问题，在审查中如果暨艳等人交代了一切，说了一些不该说的话，那孙权就太尴尬了，所以他们必须死。

暨艳、徐彪死后孙权可以放手追查，并将事件引向对自己有利的方向。在审查中发现张温和暨艳、徐彪有过许多书信往来，孙权下令有关部门把张温抓了起来。接下来，由审查暨艳、徐彪就变成了审查张温，经过"周密调查"，孙权给张温定了罪，决定撤销其一切职务，遣回本郡充当杂役。孙权给张温定的罪有四项：一是举荐暨艳；二是在都督豫章三郡期间不听调遣；三是误信殷礼；四是在人事问题上谋取私利。

第一项罪名已经说了，第二项罪名是说张温出使蜀汉归来，孙权曾派他到豫章、庐陵、鄱阳三郡围剿逃入山中的残兵、奴客，为此孙权从身边拨出 5000 人马给张温。后来曹丕南征，形势吃紧，孙权命令把这 5000 人马调回，但张温已经把他们派到深山里，无法调回来。孙权认为幸亏曹丕主动撤兵，否则张温就误了大事。第三项罪名中说的殷礼，在张温出使蜀汉时曾以郎中的身份随同出使，受到包括诸葛亮在内蜀汉人士的广泛好评，殷礼回来后理应续任郎中，但在张温引荐下他升任了代理户曹尚书，孙权认为这么重大的事张温一个人就包办了。第四项罪名也有人证，在审查中发现张温私下对人封官许愿，他对一个叫贾原的人说，要举荐他当御史，又告诉一个叫蒋康的人说，让他接替贾原的职务，孙权认为张温的所作所为都是在为自己谋私利。

孙权在给张温定罪的命令里说张温所犯下的罪行本应处死示众，他不忍心那么做才从轻发落。本来是审查暨艳、徐彪，结果让孙权轻易转移了话题，世家大族们的反击打在了棉花上，又白白搭上自己一伙的张温。骆统等人上书为张温申辩，尽管骆统是孙权的侄女婿，孙权一向对他的意见很重视，但对于他为张温的申辩，孙权不予采纳。张温于是被撤职遣送回吴郡，于六年后病故，他的弟弟张祗、张白也很有才能，名气都不小，也受张温的牵连而废黜。

七、兵分三路金沙江

曹魏和孙吴那边都挺忙，这种局面对蜀汉来说无疑是有利的。作为先帝驾崩前指定的托孤大臣，诸葛亮承担起治国理政的大任，后主继位后他就在成都建立了丞相府，以此治理蜀汉。关于诸葛亮开府的时间史书强调是在刘禅继位后，刘备驾崩前诸葛亮已经当了整整两年的蜀汉丞相，怎么现在才开府呢？难道刘备在世时诸葛亮没有自己的丞相府吗？

按照汉代制度三公以上均可开府，地位低于三公的官员经过特别批准也可开府，一般会加"仪比三司"这样的话，丞相开府当然没问题，曹操生前掌控大权靠的主要是他的丞相府。但是可以开不等于一定开，开府与不开府取决于需要，刘备在世时蜀汉一切大事都由刘备亲自决策，诸葛亮只是执行者，所以开不开府关系并不大。而且，刘备是在仓促间称帝的，称帝后又马上伐吴，有些事恐怕还顾不上来。

刘备东征期间诸葛亮留守后方，如果没有开府的话，他如何处理后方的日常事务呢？刘备任命诸葛亮为丞相时还给了他一个"兼职"——录尚书事，也就是负责处理朝廷日常事务，张飞死后又让他兼任了司隶校尉，这两项职务应该才是诸葛亮最重要的工作。刘备东征期间有太子监国，朝政方面诸葛亮要随时向太子汇报，司隶校尉作为行政官虽然没有实际意义，但它有监察百官的职责，刘备不在期间诸葛亮可以凭此监察蜀汉百官。

所以当时倒也没有必要组建一个丞相府，或者说即使有一个丞相府，也只是为诸葛亮履行职责服务的一个小的工作班子，绝不是蜀汉政权的核心。现在情况不同了，诸葛亮要组建一个完整的、规模庞大的丞相府，这个丞相府将成为蜀汉的权力中心。

处理完这些事，又经过一年多时间的准备，诸葛亮决定着手解决那件紧迫的事，向南中用兵。对蜀汉来说当时最大的敌人不是曹魏，更不是孙吴，而是南中。南中之乱已经持续相当长的时间了，且有越来越严重的趋势，如果不果断出手，局面将无法收拾。按照曹丕制定的战略，孙吴是当前曹魏的主攻目标，这为蜀汉创造了一个难得的"战略机遇期"，如果不趁此机会解决南中问题，将来无论曹魏打来还是孙吴发起进攻，就再也没有能力去平乱了。

后主建兴三年（225）春天，诸葛亮提出南征的想法，并决定亲自率兵前往。丞相府长史王连当时患了重病，听说丞相要亲征，他认为有些不妥。王连向诸葛亮建议道："南中是不毛之地，疫疠之乡，不应当由丞相亲自讨伐，作这样的冒险之举。"王连不反对南征，反对的是诸葛亮亲征，诸葛亮目前是蜀汉的主心骨，如果长期不在成都的话，蜀汉能不能保持安定存在变数，所以不宜亲往。王连的话还有一层意思，那就是南中的情况很复杂，打胜了还好说，如果打败了或者虽未败却无功而返，诸葛亮的个人威望都将受到极大的挫伤。

对诸葛亮来说这当然是一个巨大的挑战和风险，尽管他在政治、外交上的才干已有目共睹，但在军事方面的能力还不为人所知，当初他曾指挥过三路大军入蜀，然而那还算不上一次真正意义上的大规模战役。现在诸葛亮在蜀汉的地位无人能比，如果只站在个人的角度看，他似乎并没有必要冒险去指挥一场战役来提高自己的声望。诸葛亮可以派一名将领去征讨南中，比如赵云就是合适的人选，当年他率兵平复荆州的江南各郡，成绩很不错。但是，南中之战事关重大，必须倾蜀汉的全力去打赢这一仗，自己去无疑取胜的把握更大，所以不能因为避免让自己冒险而让整个国家去冒险。

诸葛亮感谢王连的好意，但仍决定亲自南征。大军出发前王连病故了，对诸葛亮来说这是一大损失。此次南征他要离开成都一段时间，后方不仅要保持安定，还要向前方提供强有力的保障和支持，丞相府长史这个角色很重要，诸葛亮选拔了任步兵校尉的向朗接替王连。

在诸葛亮身边的几位重要助手中，论资历和能力似乎张裔、杨洪、蒋琬都比向朗更合适。向朗早年师从司马徽，跟诸葛亮有同窗之谊，但诸葛亮选他来当丞相府的长史看中的倒不是这个，张裔等人固然更合适，但他们现在都另有重任。

张裔以俘虏的身份在孙吴待了一段时间，回来后被任命为丞相府参军，这是一个闲差，诸葛亮却没让他闲着，而让他管理丞相府的日常事务，同时兼管益州人事工作。张裔现在身兼军政两端，既了解诸葛亮的想法，又熟悉益州本地情况，起着别人无法替代的作用，此时不宜调动。

诸葛亮开府治事后又把杨洪调回蜀郡当太守，这个职务极为重要，掌管着成都的安危，地方一旦出现什么情况还得靠杨洪来稳定局面，也不宜变动。蒋琬的能力深为诸葛亮所欣赏，但不久前他的职务又有了新变动，诸葛亮把他从尚书台调到丞相府，由尚书郎升任丞相东曹掾，负责人事工作，此时也不宜再动。

诸葛亮着意培养的人还有杨仪、费祎、董允、马谡、邓芝等几位，在这几个人里杨仪似乎比向朗更合适一些，但他被刘备亲自贬降过，现在挂着一个弘农郡太守的空衔，孙权对杨仪也有过负面评价，这些影响到诸葛亮对他的安排，诸葛亮让杨仪以丞相府参军的身份随自己一起行动。

后主建兴三年（225）春天，刘禅诏准诸葛亮率众南征。刘禅赐给诸葛亮金钺一具，曲盖一副，前后羽葆鼓吹各一部，虎贲60人，这些都属皇帝专用。曲盖、羽葆属于出行的车辆仪仗，虎贲是皇家警卫，而金钺不仅好看，而且象征皇帝的授权，比假节、持节级别更高，持此如皇帝本人亲临，可以任意诛杀大臣而不必事先请示。

蜀汉的文武百官一直把诸葛亮送到成都郊外，大家回去了，还有一个人没走，他一直跟着诸葛亮前行。此人显然有话要说，但他特别能沉住气，走了数十里一直没吭声。最后是诸葛亮忍不住了，对此人说："咱们在一块儿共事多年，希望你能多提些良谋妙策。"见丞相催问，此人才慢慢说道："南中依仗险远，长期以来不服我朝，即使现在把它攻破，后面还会继续反叛。将来明公如果倾国家之力去对付强贼曹魏，他们知道我们后方空虚，叛乱会来得更快。如果把他们全部杀了以绝后患，那又不符合仁义，而且这也不是仓促间可以做到的事。用兵之道，攻心为上、攻城为下，心战为上、兵战为下，希望明公能让他们心服！"天下之事莫神于兵，莫巧于战，所以《孙子兵法》说"攻心为上，攻城为下"。心战胜于力战，但也难于力战，力战胜于一时，心战胜于长久。南中地处边陲，地域广大，长期以来都是南中各族的天下，在战场上打败他们或许容易，但要把这里牢牢守住就十分困难。此次南征如果一味用武，难免会杀戮过重，与南中各族的积怨不仅解不了，而且会越积越深，到那时即使军事上取得了成功，也难以保证南中的长治久安。所以，对此人提出的"心战"构想，诸葛亮十分赞成。

提出这个建议的人是丞相府参军马谡，作为马良的弟弟，马谡一直深得诸葛亮的器重，诸葛亮认为他很有才干，对问题有独到见解，所以丞相府组建后就把他调到了身边，平时遇到问题就征询他的意见。诸葛亮与马谡经常在一起交谈，有时从白天一直谈到深夜。马谡此次没有随征，但他一直在思考南中之战，他看到了此战的关键点，所以想向丞相禀明，或许因为还没有考虑成熟，因而没有马上说出来。他的建议启发了诸葛亮，诸葛亮在行军路上起草颁布了一份军令，作为此次南征的指导文件，这份《南中教》的命令只保留下来一句话："用兵之道，攻心为上，攻城为下；心战为上，兵战为下。"前半句出自《孙子兵法》，后半句是马谡建议的原话。"心战"的提出进一步发展了《孙子兵法》的"攻心"思想，也正好契合了眼前的这一仗。

后主建兴三年（225）夏天，诸葛亮率军来到泸水。泸水即今天的金沙江，在它与岷江汇合处有一个地方叫僰道，即今四川省宜宾市，蜀汉大军进驻僰道附近，再往前就是叛军控制的南中了。提到诸葛亮征南一般会想到孟获，以为孟获就是诸葛亮此次南征的唯一对手，其实当时的叛军有很多，孟获甚至算不上最重要的一支。

南中是个非常大的地理概念，包括今云南、贵州两省的全部以及四川省的西南部、广西壮族自治区的一小部，秦时蜀地只设了益州郡，汉初增设了犍为郡，汉武帝又分设了牂牁郡、越嶲郡、益州郡、朱提郡，汉明帝时增设了永昌郡。

当时这几个郡都有叛军，较为集中的地区有三路：第一路是所谓的"夷王"高定元，他据守在越嶲郡，郡治邛都，即今四川省西昌市，他的这个"夷王"是自封的，但他的实力也最大，越嶲郡在南中的西北部，北与蜀郡相接，对成都的威胁最大；第二路是汉昌郡太守雍闿，他的这个太守是孙权任命的，但汉昌郡有吕凯等人死守，他未能进入汉昌郡，而是占据着益州郡，该郡位于南中的中部，郡治在滇池，即今云南省昆明市晋宁区，与雍闿合盟的还有益州郡的夷人首领孟获；第三路是原牂牁郡太守朱褒，他是刘备任命的郡太守，但也参与了叛乱，牂牁郡在南中的东部，今贵州省省会贵阳即在该郡，当时的郡治是且兰，在贵州省黄平县一带，这里是朱褒的大本营。

总的来说，叛军从西到东可以分为越嶲郡、益州郡、牂牁郡这三路，主要有高定元、雍闿、孟获、朱褒四支人马，总兵力实在难以统计，他们占据要塞，依托原始山林，易守难攻。在南中未叛乱前刘备设有庲降都督一职对其进行管理，蜀汉的都督一职权力很大，是刘备称帝后设立的新职务。益州刺史部作为东汉13个州之一，最早时下面设12个郡国。蜀汉立国前后随着机构的不断调整，郡国的数目大为增加，最多时达到27个。在这种情况下，除益州刺史部外蜀汉还先后设置了庲降都督、江州都督、汉中都督等镇守边境的行政机构，从级别上说与益州相同，下面分别管辖着数目不等的郡国。汉中都督管辖汉中郡以及后来设置的武都郡，江州都督是李严镇守永安后设置的，下面管辖着巴郡以及后来设置的黔安郡、涪陵郡等；庲降都督下面所管理的郡较多，南中地区各郡都在它管辖范围内。

第一任庲降都督邓方已经去世了，李恢是第二任庲降都督，由刘备亲自任命，刘备还命他兼任交州刺史，当然只是遥领，此时交州已成为孙吴的地盘，李恢平时驻扎在平夷县，即今贵州省毕节市，他也被叛军围困，这段时间一直艰难地在南中一带坚持着，直到诸葛亮率大军到来。诸葛亮对此次南征做了大量的准备工作，根据史书记载，整个南征大军有10万人左右，除去其他地方的守备军，这已经是蜀汉能临时征调的全部机动部队了。

针对叛军的分布情况，诸葛亮在僰道附近把大军分为三路：第一路由丞相府门下督马忠率领向西进军，直取牂柯郡的且兰，讨伐朱褒，是为东路军；第二路由庲降都督李恢率领，由朱提郡向南直取益州郡，讨伐雍闿、孟获，诸葛亮任命原犍为郡太守王士为益州郡太守，协助李恢行动，是为中路军；第三路由安上沿泸水南下，讨伐越嶲郡的高定元，这一路叛军实力最强，所以诸葛亮亲自率领，同时任命一个叫龚禄的人为越嶲郡太守一同行动，是为西路军。

八、"七擒七纵"的真相

泸水分兵后，诸葛亮率一路大军向西南方进发，他的对手是盘踞在越嶲郡的高定元。越嶲郡的范围相当于今四川省的西南部，除这里外高定元的势力还延伸到永昌郡，该郡的范围相当于今云南省的大部分地区和缅甸的一小部，郡治不韦即今云南省保山市。这一带山川阻隔，道路交通是一个严重问题，与成都平原的来往长期以来依赖于一条古道，这条道名叫旄牛道，早在秦汉之前就已开通，秦时在邛崃山设有邛笮关，由此往西翻过飞越岭，下大渡河，渡河向西，过雪门坎，进入大雪山西边的旄牛，此地在今四川省汉源一带。旄牛道是当年通往西南最重要的商路，商品主要有布帛、铁器和土特产等。

也就是说，过去要从成都到越巂郡只能走旄牛道，而这条道又翻山过河、十分难行。现在，即使这条路也没法走了，因为高定元占据越巂郡以后把旄牛道毁坏，大军要前行，必须另辟他途。为此，诸葛亮选择了水路，先由僰道沿泸水南下，过安上，再往前到达泸水上的一条支流卑水，也就是今天的美姑河。到这里后诸葛亮没有急于进兵，而是在这里集结休整。

高定元听说诸葛亮亲自前来，十分紧张，他控制的地盘很大，这也成了他的包袱，为了集中兵力，他把人马从永昌郡全部撤至越巂郡，分兵把守在旄牛、定筰、卑水等几处要地，修建了许多防御营垒。旄牛的位置在越巂郡的北部，这里并没有蜀汉大军，高定元为何在此布下重兵防守？因为他并不清楚诸葛亮的军事部署，旄牛是他的北大门，他必须防守。

盐井是高定元的命根子，它们分布于越巂郡各处，高定元四处设营垒，也与保卫这些盐井有关，所以他不断地集结人马，做好防止敌人进攻的准备，这正中了诸葛亮的下怀，因为夷人善野战，却不善于守城，像高定元这个弄法，形同寻死。

正确的做法是放弃各战略要地，分散到大山之中，蜀汉军队可以占领越巂、永昌两郡，但其主力不敢在此停留太久，主力一撤，再出来作战。所以，诸葛亮不担心敌人聚集在一块儿，担心的是敌人过于分散。大概高定元被下面的人捧为所谓的夷王，心理比较膨胀，敌进我退的事觉得没面子，还想恃险固守搏上一把吧。

看到敌兵的部署，诸葛亮决定在卑水按兵不动，敌人完成集结后，来个一锅端。蜀军不动，高定元沉不住气了。他的本意是拼死一战，是胜是败赌上一把，现在人家不理你，就好比好斗的拳手上了拳台，又喊又叫又蹦，但对手始终没出现，自己的体力和士气先耗掉了不少。

高定元自忖不是诸葛亮的对手，于是派人向他东面的雍闿、孟获求援，但雍闿待在益州郡日子也不好过，蜀汉的中路大军已向他逼近，眼看也是朝不保夕，高定元曾经给过他不少帮助，他平时一向尊重甚至服从高定元，但现在这个局面，却让他犹豫不决起来。不见雍闿的援军，高定元十分生气，逐渐与雍闿生隙。诸葛亮得知这一情况后，马上派随同李恢行动的益州郡太守王士前往雍闿处，对雍闿进行策反。

王士的策反工作有了积极进展，但这时高定元也察觉了雍闿将要生变，于是派部曲袭杀雍闿，同时遇害的还有王士。还有一种说法，雍闿增援了高定元，他从益州郡发兵想去越嶲郡，但诸葛亮已派兵沿泸水一线进行布防，雍闿未能通过，只得退回益州郡，结果又被蜀军打败，逃到了高定元那里，高定元的手下对雍闿很不满，认为他没尽力，结果把他杀了。

不管怎么说，雍闿一死，高定元失去了一个重要的外援，如果是高定元主动突袭的益州郡，那他的兵力势必也有所分散，诸葛亮认为发起攻击的时机到了。诸葛亮下令由卑水进兵，直取高定元的老巢邛都。此战没有悬念，一方是装备优良、准备充分、纪律严明的正规军；一方是由各少数部族拼凑起来的不大听从调令的乌合之众，蜀军很快占领了邛都，俘获了高定元的妻子儿女，高定元仅以身免。

此战结束后诸葛亮向后主呈报了一份战报，在这份报告里诸葛亮觉得高定元已经道穷计尽，他应该俯首投降求得一条生路，但是高定元仍不知死活，又纠合2000余人，杀人结盟，准备死战到底，结果高定元被斩。至此西路军圆满完成了任务，收复了越嶲、永昌二郡。

再说东边，马忠率军进攻牂牁郡也挺顺利，很快击杀了朱褒，占领了牂牁郡。诸葛亮就让马忠在牂牁郡当太守，招纳叛降，抚恤民众，恢复那里的秩序。马忠为人宽济有度量，喜怒不形于色，处事果断，恩威并立，牂牁郡一带的少数部族既害怕他又尊重他。马忠担任牂牁郡太守五年后才调离，他在南中地区树立了较高的威望。马忠死后南中少数部族首领自行前去吊丧，流涕尽哀，并给他在南中地区立庙。

西边和东边进展都很顺利，只有中间的一路有些麻烦。王士策反失败，雍闿被杀，孟获成为益州郡少数部族的首领。孟获现在的名气很大，但在当时，知道的人却不多，对孟获其人正史记载也很少，《三国志》从来没提过他，只有其他一些史书简单地提到过他，说他在南中很有威望，夷人汉人对他都很敬重，推测起来他应该出自益州郡的大姓，在当地很有势力，所以雍闿要与他合作。

两汉治南中，郡守多由上面派遣，所谓铁打的衙门流水的兵，这些人来到这里，并没有扎根的打算，干个三年五载就回去，诸事全托付仰仗本地大姓。除此之外还有一个重要原因是语言，上面来的人不通当地语言，也只能由大姓们从中沟通，所以大姓们在南中势力很大。当朝廷强势时，对南中掌控力量强，大姓们也都比较顺从，一旦朝廷力量衰弱，这些大姓便趁机而起，左右地方，雍闿、孟获、朱褒都是这样的人。

孟获的号召力看来很强，他接手后，叛军的势力不降反升，中路军总指挥李恢的兵力有限，一度被孟获的叛军包围在今天的滇池附近，与诸葛亮失去了联系。

此时叛军数倍于李恢，为了打破困局，李恢写信骗叛军说："粮食吃完了，打算退回去，我离开乡里已有很长时间，现在才回来，不想再去为朝廷效力了，想回来与你们共同对付朝廷，这都是真心话。"李恢是本地人，他的老家在建宁郡，也属南中地区。李恢这封信其实是诈降信，表示愿意投降叛军。叛军相信了，放松了围城，李恢趁势出击，摆脱了包围，之后集结力量，接连打了几个胜仗，控制区南到盘江，东到牂牁郡，使三路大军连成一片。

高定元死了，雍闿死了，朱褒死了，南中叛乱的几个重要首领都死了，只用了不到三个月时间。胜利来得比预想的快，诸葛亮决定抓住机会，向最后的叛军发起总攻。

建兴三年（225）五月，诸葛亮率部由邛都等地出发，越过人烟稀少的山区，在一个叫三疑的地方渡过泸水，经过青岭，进入益州郡，与中路军李恢部会合，对孟获展开围歼，这就是诸葛亮《出师表》中"五月渡泸"的由来。这是一次极为艰苦的行军，一来泸水两岸山势陡峭，崎岖难行，蜀军经过处多是无人区；二来是季节，农历五月天气很热了，在亚热带丛林里行军，可不是一件好差事，泸水一带一年四季气温都偏高，即使是冬天，爬山路的人都会热得脱掉衣服浑身流汗。

更为可怕的是泸水一带还多瘴气，闻到这种有毒气体，严重时人就会死，根据史书的记载，不幸染上瘴气的，十个人之中有四五个人得死。热带和亚热带原始森林中，植物腐烂或无人处理的动物尸体在气温过高的情况下会产生毒气，被称为瘴气，两广地区瘴气最盛，其中广西又被称为瘴乡。根据有关描述，瘴气一般有两种形态，一种有形，一种无形。有形的如云霞，或如浓雾。无形的如腥风四射，有时则异香袭人。还有一种，初时见丛林灌木之中灿灿泛金光，忽然从半空坠落，小的如弹丸，大的如车轮，非虹非霞，五色遍野，香气逼人。

人闻到这种气味立刻会有不良反应，严重时会立即发作，直至夺人性命。山里居民对付瘴气也积累了一定的经验，比如晓起行路，行前饱食，或者饮几杯酒，以抵抗瘴气。夏天再热，挥汗如雨，也别解开衣衫取凉，夜里睡觉要密闭门户，以防瘴气入侵。

有一个传说，诸葛亮率大军过泸水时遇到瘴气，这种瘴气此时最盛，当地人建议需要拿人头祭祀才能免瘴气之困，过去都是杀一些蛮人俘虏活祭，诸葛亮不肯，命人用面粉和面裹上肉馅做成人头状代替人头祭祀，这种东西后来便流传下来，由于它代替的是蛮人的头，所以称蛮头，最后演变成了现在的馒头。这个传说在史书上没有记录，是否真实不知道，但流传这样的故事本身反映出诸葛亮南征是在遭遇瘴气等极艰苦条件下作战的。

诸葛亮指挥各路大军将孟获所部围困于南盘江上游一带，将孟获擒获，诸葛亮没有杀他，请他参观军营，参观结束后诸葛亮问孟获："这样的军队怎么样？"孟获倒也实在，回答道："前面不知道你们的虚实，所以失败。今蒙赐观营阵，也不过如此，如要再战定可轻易取胜！"诸葛亮笑了笑，把孟获放了，让他再战，共计七次释放又抓住七次，最后诸葛亮又把孟获抓住，再放他，孟获不走了，孟获说："明公有天威，南人不再反叛了！"这就是"七擒七纵"典故的由来，诸葛亮按照心战为上的作战方针，为了让孟获等南人心服口服，不惜一再释放被俘的孟获，直到他不愿意再打为止。

诸葛亮当时把战略重点放在北方，担心南中叛乱，所以想到敌人如果有不轨的想法就让他们都使出来，于是赦免孟获，让他聚集人马再战，就这样总共七次俘虏又七次赦免，孟获等人最终心服，参与叛乱的夷、汉各族都愿意真心归顺。由于《三国志》没有记录这件事，也从来没有提到过"孟获"这个名字，所以也有人认为所谓"七纵七擒"是杜撰的，有人甚至认为连"孟获"这个人都不存在。

有古代学者认为，军事行动岂能是儿戏，当时诸葛亮也没有那么从容的时间去做这样的游戏，他此时考虑的应该是尽早平定南中，好准备下面的北伐。与南中相比，北伐才是诸葛亮更关心的大业，诸葛亮不会只是为了让夷人心服就在此无限期地耽误时日。

但也有学者认为这件事是真实的，清代有一部地方史不仅确信"七纵七擒"的真实性，而且通过实地考察最后归纳出七擒孟获的地点：一擒于白崖，二擒于豪猪洞，三擒于佛光寨，四擒于治渠山，五擒于爱甸，六擒于怒江边，七擒于蟠蛇谷。有关诸葛亮七擒孟获的故事在云南、广西一带广为流传，有很多传说属于后人的附会，但这么多传说故事的出现也反映出事件本身不会子虚乌有。

当然，把孟获这样的部族首领放七次再抓七次，的确有儿戏的嫌疑，不仅动机方面不好理解，某种程度上也存在操作上的复杂性。放一次、纠合人马、进行准备、发起进攻、交战、被抓、再被放，这一套流程下来最快也得个把月吧？实际上，一个月能完成一回那已是相当快了，不可能今天被释放，明天就领几十个人原路杀回，除非孟获有意恶搞，或者精神已经失常，否则一捉一放的时间不会太短。

如果按照清代这部地方史的考证，每次捉与放的地点也不一样，而且跨度相当大，看起来有眼花缭乱之感，不说认真组织实施战役，就是去这几个地方徒步旅游一遍，没有一年半载也不好完成。所以真实的情况或许是，当年诸葛亮的确释放过孟获，孟获也的确再次打上门来，只是诸葛亮把他本人抓了又放未必真有七次，所谓"七擒"，大概每次擒住的不一定都是孟获，而是把他手下的其他头目也都算进去了。

平定南中后，诸葛亮重新调整了南中的行政区划。南中地区之前主要由4个郡构成，即益州郡、越嶲郡、牂牁郡和永昌郡，这几个郡地盘都很大，一个郡相当于内地数郡，不便于管理，也容易造成郡太守权力过大。根据新的调整方案，改益州郡为建宁郡，分建宁郡、牂牁郡的一部新设兴古郡，又分建宁郡、越嶲郡、永昌郡的一部新设云南郡，同时把朱提郡也纳入南中行政管辖范围。这样，南中的四个郡就变成了七个郡。

随着郡数目的增加，县的数目也大为增加，能考证出来的，有朱提郡新设的南昌县，越嶲郡新设的安上、马湖县，建宁郡新设的修云、新定、存邑、冷邱县，永昌郡新设的永寿、雍乡、南涪县，牂牁郡新设的广谈县，兴古郡新设的汉兴县，至少新增加了12个县。郡县数目的增加，使行政管理进一步细化，统治基础进一步增强。

南中七郡仍由庲降都督进行管理，行政上与益州同一级别。原庲降都督李恢在此次平叛中表现出色，加上他又是南中本地人，更容易为南中夷汉两族所接受，所以由他继续担任庲降都督一职，把都督治所移至建宁郡味县，即今云南省曲靖，其正好处在南中七郡的中央，便于同各郡联络。

李恢除担任庲降都督外,还兼任建宁郡太守,并遥领交州刺史。云南郡太守由吕凯担任,在南中平叛之前吕凯已担任太守,一直坚持在南中,为此次平叛的胜利做出了重要贡献。已任命马忠为牂牁郡太守,他所率部队是此次南中平叛三路大军之一,出色地完成了预定任务,诸葛亮干脆把他从丞相府调过来,留在南中,协助李恢做好南中的治理。任命王伉为永昌郡太守,他原是吕凯的下属,协助吕凯坚守南中,也建立了功勋。越巂郡太守之前是龚禄,已经战死,加上朱提郡、兴古郡,这三个郡的太守是谁无法考证,推测起来诸葛亮任用的可能是当地汉人大姓或夷人首领。

南中平定后,诸葛亮任用了很多夷人首领,有人劝诸葛亮不要这么做,所有重要职位都应由朝廷派人来担任。诸葛亮说:"如果留外人,就得留下军队。留下军队,军粮供应就困难,这是一不易;夷人新破,父兄死丧,留外人如果不留下足够的军队,必然酿成祸患,这是二不易;夷人过去多有叛杀朝廷官员之举,内心里感到罪责深重,如果留下外人,难以做到互相信任,这是三不易。"诸葛亮还认为:"现在我不想在这里留兵,也不给这里运送粮食,让这里的政法纲纪大致确定下来,夷、汉两族大体相安无事就行(而纲纪粗定,夷、汉粗安故耳)。"所以,除留下李恢、马忠、吕凯、王伉等几名主要官员外,其余的郡县以及其下面的官员都使用了本地人。

当然,诸葛亮所说的不"留兵",不是一兵一卒都不留,而是不留下主力部队。根据南中当前的形势,如果采取一味弹压的政策,留下再多人马也没用,所以必须改变治理策略。诸葛亮大胆使用少数民族中的夷王、夷帅,只要他们服从朝廷,不闹事,就承认他们在本部族的权力。如夷人首领龙佑那被拜封为酋长,并赐姓张,牂牁郡的夷人首领火济协助朝廷军队攻打孟获,因功被拜封为罗甸国王,为了让这些部族首领安心,诸葛亮还给他们颁发了铁券,承诺世代相袭,永不改变。

诸葛亮治理南中还有一项重大政策,就是推行部曲制征兵,组建了一支"无当飞军"。部曲制是战时和平时相结合的募兵形式,部曲的首领既是军事长官,又是部落首领,农户们平时为他耕作,抽调其中的青壮年组成类似于家兵的军事组织,战时在首领带领下打仗。这种形式世代相袭,部曲子承父业,在血缘的纽带下这种组织形式能保持很强的凝聚力。部曲制募兵做得最成功的是孙吴,他们的士卒会一直跟随某一位固定的将领,他们的子孙从军后也继续沿袭,而后方的家属也会组织起来集中生活生产，这使得他们的军队作战能力很强，很少有投降叛变的。

诸葛亮认为南中各部族民风一向剽悍，战士个个英勇善战、不怕牺牲，结合他们的特点正好可以推行部曲制，于是以五大姓为基础，征调一万余家迁往蜀中，从其中抽出青壮年组建一支人马，一姓一部，分成五部，史称这支军队在作战中"所当无前"，号为飞军，也被称为"无当飞军"。诸葛亮组建"无当飞军"收到了一箭双雕的效果，一来为蜀汉增添了一支百战百胜的劲旅，二来稳定了后方。当时南中一带人口本来就稀少，像牂牁郡只有两万户，建宁郡只有一万户，朱提郡才8000户，兴古郡多一些也只有四万户，一次把能征惯战的一万户移民，使这里的地方实力派们基本上没有力量再挑战蜀汉政权了。

除上面两项措施外，诸葛亮还注意发展生产，改变南中地区的落后面貌。诸葛亮命人在南中地区推行从成都平原传过来的先进农业技术，当时南中一带还是刀耕火种，诸葛亮命人引进牛耕，使生产者从繁重的体力劳动下解脱，受到强烈欢迎。

水利是提高农业生产效率的最有效手段，诸葛亮注意在南中一带有条件的地方兴修水利，增加灌溉面积，提高粮食产量。在云南省保山一带，至今还有三个能灌溉的叫诸葛堰的水利工程，传说都是当时修建的。经过考证，有人认为在南征期间诸葛亮从未到过保山，诸葛堰是后人附会的，不是那时所修。其实未必，诸葛亮虽然没有亲自来过保山，但他下令修建是完全可能的，后人为纪念他，称之为"诸葛堰"。

诸葛亮把盐铁官营的政策也在南中推广，他把这里的盐井和铁矿山收归官有，设立盐官、铁官进行统一管理经营。除盐铁外，铜、锡、黄金、丹漆、阑干细布等南中的土特产也大量输往成都，永昌郡所产的一种橦花布销往成都后很受欢迎，这些都繁荣了地方经济。

诸葛亮大力推行以和抚为基调的民族政策，在南中收到了很好的效果，《三国志》称，一直到诸葛亮去世，南中地区再也不敢反叛。当然，也有人指出《三国志》的说法有些绝对，因为诸葛亮率大军撤出南中后不久，南中地区又先后发生过几次规模大小不等的叛乱，虽然在马忠、张嶷等人主持下叛乱很快得到了平息，但不能说诸葛亮去世前南中一派平静。这其实是认识标准的不同，诸葛亮自己说过，和抚南中能做到的只是"粗安"，不可能一劳永逸，各民族间积累的矛盾和冲突也不可能用几个月的时间就全部化解，个别地方再发生叛乱是难免的事。只不过，与南征前的局面相比，那种大规模、成片连郡的叛乱没有了，整个南中都被叛军所占领的局面也不可能再出现了，这也就达到了"粗安"的目的，也就是《三国志》所说"南方不敢复叛"的意思。

蜀汉建兴三年（255）十二月，诸葛亮率大军回到了成都，算起来整个南征用时不到一年，诸葛亮果断决策、正确指挥，以霹雳手段迅速解决了南中问题，尤其是推行了和抚的治理政策，保持了南中总体上的长期稳定，历来受到高度称赞。诸葛亮在南中各族中也享有很高威望，有许多关于他的民间故事至今仍然在西南地区各少数民族中流传。如傣族说他们盖房大殿的顶子是依照诸葛亮帽子的式样设计的，佤族说他们的祖先会盖房子、编竹筐，都是诸葛亮教的，种水稻的种子也是诸葛亮给的。西南少数民族中广泛使用铜鼓作乐器，有不少地方都把铜鼓称为"诸葛鼓"。

九、曹丕的遗憾

曹丕34岁继位，正是干事业的年龄。上天对他似乎也很眷顾，一切安排得都很好，只等他大展雄图了。本来，曹丕完全有条件成为汉武帝那样开创盛世的帝王，或者成为汉光武帝那样拨乱反正的名君，但几年过去了并没有太大的起色，两个主要对手的实力不仅没有削弱，反而更强大了，孙吴的长江防线始终无法逾越，蜀汉在诸葛亮的治理下也重新焕发出生机，这让曹丕有点儿烦。心情郁闷，人就容易胡思乱想，早在黄初三年（222）冬天，曹丕突然下了一份诏书，给自己指定了寿陵。

曹丕选的寿陵在首阳山的东边，首阳山位于洛阳以北，为邙山的最高处，该山因"日出之初，光必先及"而得名，北枕邙山、南望伊水和洛水，山前是一片开阔的平地，是墓葬的风水宝地，伯夷、叔齐当年耻食周粟隐居在此山采薇而食，死后也葬于此。这一年曹丕才36岁，这么早就指定寿陵似有不祥之意。不仅如此，曹丕还另下了一份诏书，对自己的后事进行了详细安排，这份诏书仿照曹操当年的做法称为《终制》，曹丕回顾了历史上关于厚葬和薄葬的往事，认为现在保存比较好的帝王陵墓都是因为薄葬，所以下令自己死后要实行薄葬。

现在就安排后事，在大多数人看来肯定是太早了，这里面也许另有隐情，至于是什么隐情只有曹丕本人最清楚，虽然著名术士朱建平以前预测过他会活到80岁，但曹丕并没有这个信心，一场夺嫡之争惊心动魄，中间几经反复，险些前功尽弃，让曹丕一次次感受到了大喜与大悲，凡是有过这样经历的人无不养成多疑的性格，看什么都像阴谋诡计，看谁都不像好人，曹丕其实心很累。心累，活得就累，太累的人容易折寿，这大概是曹丕不为人知的事吧。

但是，寿陵都定下来了，就连棺材怎么漆都交代了，却还有一件更大的事没有明确，那就是太子。曹丕先后共有九个儿子，分别是：甄妃所生的曹叡，李贵人所生的曹协，潘淑妃所生的曹蕤，朱淑媛所生的曹鉴，仇昭仪所生的曹霖，徐姬所生的曹礼，苏姬所生的曹邕，张姬所生的曹贡，宋姬所生的曹俨。其中曹协、曹贡、曹鉴、曹俨先后早逝，目前有5个儿子在世。

曹叡是曹丕的嫡长子，小时候就很聪明，曹操生前最喜欢这个孙子，经常把他带在自己的身边，朝中有宴会曹操也常把曹叡唤来，让他坐在近臣之中，曹操曾高兴地对曹叡说："从我到你，一共有三代人了！"曹叡特别好学，尤其专心于法理规章，用现在的话说就是特别喜欢行政管理专业，这样的身世和天赋，无疑是接班的最佳人选，但曹丕对曹叡却很忌讳，原因是不喜欢他的母亲。

曹叡的生母是甄宓，本来深受曹丕宠爱，但曹丕是个移情很快的人，当太子后慢慢地宠爱现在的郭皇后等妃嫔，甄宓受到冷落，最后竟然被曹丕下令处死了，有的史书说她是受郭皇后谗害而死的，因为这个原因，曹丕当上皇帝后没有立曹叡为太子。

在剩下的四个儿子中曹丕最喜欢的是徐姬所生的京兆王曹礼，一度有过立他为太子的想法，另外仇昭仪生的曹霖也深得曹丕喜欢，但是不是真的要立他们为太子，曹丕还拿不定主意。如果郭皇后有儿子，那曹叡也罢，曹礼、曹霖也罢都将与太子无缘了，可偏偏郭皇后没有儿子，这让曹丕很烦恼。

郭皇后登上皇后之位后倒也知道自矜持重，对永寿宫的卞太后也尽量恭顺，后宫里的各位贵人有什么过失，郭皇后还在曹丕面前替她们开脱说话，慢慢地得到了大家的好评，跟卞太后的关系处得也不错。郭皇后无子，曹叡的生母已故，曹丕就让曹叡认郭皇后为养母。曹叡生于建安九年（204），生母死时已经16岁了，很多事情瞒不过他，对于母亲的死曹叡心里常怅然不平。

但曹叡深知自己的处境，所以对郭皇后竭力侍奉，一早一晚都要去郭皇后那里问安，这让郭皇后很满意。曹丕的心里还是有立曹叡为太子的想法，主要是废长立幼这样的事把大家弄怕了，前车之鉴太多，让曹丕不敢做出那样的决定，曹丕自己能接班也与长幼之序没有打乱有关。史书还提到一件事，说是它最后坚定了曹丕立曹叡为太子的决心。根据史书的记载，有一次曹叡随父亲去射猎，看见一只母鹿，曹丕将其射杀，这时又见一只小鹿，曹丕让曹叡射杀它。曹叡不忍动手，对父亲说："陛下已经射杀了它的母亲，我不忍心再杀它的儿子。"曹叡边说边哭，曹丕深为触动，于是放下了弓箭。这件事让曹丕重新打量了曹叡，觉得这个儿子才能更突出，于是坚定了自己的想法。

黄初七年（226）正月，曹丕决定到许昌巡视。镇守许昌的是抚军大将军司马懿，他把曹丕接进城里，在入城的时候发生了一件奇怪的事，一向坚固的许昌城南门竟然无故崩塌了，曹丕想到了几年前父亲在洛阳也遇到过同样的事，他觉得这是极为严重的事件，是一个凶兆，心里不安，决定不进城了。正值壮年的曹丕竟然因此有了心事，并且突然感到身体有些不舒服，于是回到了洛阳，从此一病不起。

四月，曹丕接到报告说征南大将军夏侯尚病逝了，这让他十分悲痛，他与夏侯尚最为要好，情同手足。五月，曹丕正式下诏册立曹叡为太子。曹丕把曹真、陈群、司马懿叫到病床前，又把曹叡叫来，指着曹叡对大家说："众位，请看清我的这个儿子，我死后由他继位，望众爱卿尽心辅佐！"曹丕又对曹叡说："如果有人在你面前对他们挑拨离间，一定不要轻易相信！"说完，还专门对后宫的事做了交代，命令后宫妃嫔中淑媛、昭仪以下的都遣送回家。就在这一天，魏文帝曹丕驾崩，享年40岁。

曹丕没有父亲的雄才大略，在位不到七年，也没有什么大的建树，但不是个无能之辈，他从小受到父亲的刻意培养，很小就能吟诗、骑马，又到军中锻炼，善剑术，也算是文武双全的人才。曹丕缺乏建树与他的性格有很大关系，他生性偏狭，容易情绪化，爱憎过于分明，报恩报怨一目了然，没有其父的胸怀和气魄。

一个更重要的原因是，曹丕死得实在太早了，按照他父亲的天命，他至少还能再干20多年，如果是那样，后面的历史该如何书写就不好预料了。但曹丕还是走了，走的时候一定带着深深的遗憾。曹丕走了，也扔下了一大堆未竟的事业和未了的心愿，他这一走，曹魏的事业该何去何从呢？

曹丕驾崩的地方是嘉福殿，下葬之前灵柩临时停放在崇华殿。嘉福殿里的那一幕其实就是托孤，曹真、陈群和司马懿是曹丕临终前指定的托孤大臣。托孤，可以托给一个人，也可以同时托给几个人，或者像刘备那样给两个人托孤，但有正副之分。其实形式不重要，因为各有利弊。托付给一人容易形成权臣，造成主弱臣强；同时托给几个人又不容易形成核心，削弱了权力，也容易引发托孤大臣间的内斗。曹丕把曹叡现场托付给了三位重臣，但一般认为此次受托的大臣还有一位，那就是曹休，他当时身在扬州，一时间赶不回来。

黄初七年（226）五月，曹叡在洛阳继皇帝位，时年23岁。曹叡即后世所称的魏明帝，为方便起见以下直接以魏明帝相称。新皇帝下诏，本年仍用黄初的年号，次年改年号为太和。

曹叡被立为太子其实还不到一个月时间，朝臣们对他并不熟悉，史书上说他一向深居宫中，不问政治，只专心读书，也不交结朝臣。朝臣们都想一睹新天子的风采，但曹叡仿佛仍沉浸在丧父的巨大悲痛中，一连几天都不召见大家。过了一阵，曹叡单独召见侍中刘晔，谈论了整整一天，知道消息的文武百官都在外面等着，因为大家都想知道新天子是什么样的人。刘晔从宫里出来，众人纷纷前来询问，刘晔对大家说："当今天子可与秦始皇、汉武帝相比，只是气场稍微弱一些。"

曹叡是个有天赋的人，见解、才能都没有问题，在个人经历方面与汉武帝还真的有些相仿，只是汉武帝一直有生母陪伴而曹叡没有。长年读书思考让这个年轻人具备了丰富的学识，但在危如累卵的深宫中，他又不得不谨小慎微地事奉在父亲和养母跟前，这使他做事更加严谨和沉稳，懂得如何忍耐，但也因此少了君王那种舍我其谁的霸气和自信。按理说新帝继位后要马上着手新的人事布局，但曹叡丝毫没有这方面的动作。改元之后是大赦，这都是旧例，同时还下诏尊皇太后为太皇太后，尊皇后为太后。

这些，也都没有什么可说的。紧接着曹叡提出尊生母甄宓为文昭皇后，甄宓葬于邺县，曹叡特派司空王朗持节奉册前去致祭，用的是太牢之礼，又另外修建了专门用于祭祀的神庙。有一部史书记载，甄宓死后曹丕先让李夫人带过曹叡一段时间，李夫人后来偷偷告诉曹叡，他的母亲是被诬陷致死的，下葬时没有大敛，披散着头发盖着脸，曹叡听了十分悲伤。还有一部史书说，甄宓下葬时不仅披发遮脸，而且嘴里还被人填满了谷糠，状况非常凄惨。曹叡知道这些后心里很难平静，继位后多次向郭太后询问母亲的死状，郭太后被逼无奈，对他说："那些都是先帝的诏令，你为什么要来责问我？你作为人子，怎能向死去的父亲追仇？又怎么能为前母而枉杀后母呢？"但是，曹叡的心结仍然难解。

第十七章 蜀汉北伐

一、孟达失去了靠山

到黄初七年（226）八月，曹叡继位已经三个月了，曹魏这边内政外交仍然没有太多动作，而孙吴那边却忍不住了，孙权想乘人之危，对曹魏发起突然袭击。孙权御驾亲征，主攻的目标是曹魏荆州刺史部的江夏郡。曹叡这才召集朝臣商议对策，大家都建议发兵去救援，曹叡认为没有这个必要："孙吴熟悉的是水战，如今敢下船改为陆战，是寄希望于出奇制胜罢了。只需命江夏郡太守文聘固守就行，兵法上说攻守势倍，孙权不敢久战。"

后将军文聘兼任江夏郡太守，他也是名将，曹叡相信有他在不必专门派兵增援。皇帝的表态就是决定，大家不好再说什么，只能看结果了。结果竟如曹叡所料，孙权虽然来势汹汹，但曹魏这边没费多大力气就把他挡了回去，甚至连文聘都没出动。曹魏御史台的治书侍御史荀禹当时正在南方一带视察，刚好碰上孙吴大军来攻。治书侍御史是管监察的，品秩六百石，经常赴各地巡察。荀禹其人不详，但他不是颍川郡荀氏本家，这位荀官员作为文官却很有胆略，强敌突然压境他一点也不惊慌，既没逃跑，也没有盲目拼命，他立即发动附近各县军民上千人，趁夜举火造势，吴军以为魏军早有防备，偷袭无法成功，随后撤回，大家这才发现，新天子的见解果然不凡。

一直到了年底，众人期待已久也议论已久的人事任命颁布了。根据魏明帝的诏令，朝廷新设了太傅、大司马二职，分别由钟繇、曹休升任，他们的地位均高于三公。钟繇空出的太尉一职由华歆担任，华歆空出的司徒一职由王朗担任，王朗空出的司空一职由陈群升任，陈群同时还负责尚书台的日常工作。魏明帝还诏令升任曹真为大将军，升任司马懿为骠骑大将军。

诏书下达，华歆辞让太尉一职，愿意让给他的好朋友名士管宁。早年管宁与华歆、邴原并称"一龙"，天下大乱后管宁到了辽东，从此滞留在那里，曹操曾慕名征召他，被公孙度有意阻拦，曹丕登基后华歆就推荐过管宁，管宁因此回到内地，被授予太中大夫的荣誉职务，平时居住在家乡青州刺史部北海郡。

魏明帝不许华歆辞让，同时另任命管宁为九卿之一的光禄勋，命青州地方官员派车去接，管宁自称是草莽之人，上书辞让。管宁是汉末三国隐士的代表，他是真正的隐士，自从回到中原后平时就坐在一只木榻上，很少外出活动，这种习惯保持了50多年，当时大家喜欢席地而坐，坐在木榻上就要屈膝，如果腿上盖着被褥，膝盖就会把被褥顶起，史书说管宁盖腿的被褥与膝盖接触的地方都磨穿了。魏明帝以后又多次征召过管宁，管宁都没有应征，魏明帝每年八月都会赐给管宁牛和酒。

后将军文聘恰在此时病故了，魏明帝想起了曹洪，任命他为后将军。曹洪被曹丕削籍贬为庶人后有不少议论，大家都觉得曹洪是曹魏的功臣，没有犯下大错却受到这么严重的惩处有些不公平。

在上述人事布局中，对司马懿的安排引人注目，他担任骠骑大将军一职在军中仅次于曹真的大将军，一个基本上没打过仗的文职官员一跃成为大将军，反超张郃、徐晃等名将。司马懿担任抚军大将军后常镇守在许昌，手下有一支人马，但数量不多，有的史书提到仅5000人，远远算不上"手握兵权"。现在的情况不同了，不仅在军中地位崇高，而且魏明帝还把中线战场的指挥权交给了他，这个战场一向由征南大将军夏侯尚负责，他在曹丕驾崩前刚刚故去。

曹真一向负责西线战场，即关中方向；曹休一向负责东线战场，即合肥方向，司马懿接替夏侯尚成为中线战场的总指挥，从此移驻于南阳郡的宛县，包括襄阳在内的重要据点都在他的管辖之内。与曹真、曹休并驾齐驱，这是司马懿受命托孤的最大收获。

曹丕的死，让一个人顿觉不安，这个人就是曹魏的建武将军兼新城郡太守孟达。孟达投降曹魏后看起来顺风顺水，被任命为将军和郡太守，还加了散骑常侍的头衔，既是军中高级将领和地方大员，又有皇帝身边近臣的身份，同时还被封为阳亭侯。

新城郡是原"上庸三郡"合并而成的，"上庸三郡"也称"东三郡"，包括房陵郡、上庸郡和西城郡，范围大体相当于今天的陕西省东南部、湖北西北部以及相邻的重庆市、河南省的一部分地区。在汉末三国，这里人口算不上很多，地盘却很大，而且处于长安、汉中、襄阳、公安等战略要地的衔接处，是魏蜀吴三家此消彼长的关键点，地位相当重要。

如要把合肥看作曹魏的东南核心，新城就是曹魏西南的核心，曹丕把这里都交给了孟达。曹丕是个爱恨分明的人，恨谁一定会恨得要死，一旦被他盯上就算完了，但他要是喜欢一个人也会喜欢得要命，给予无条件的信任，找机会就提拔，孟达是曹丕喜欢的人。

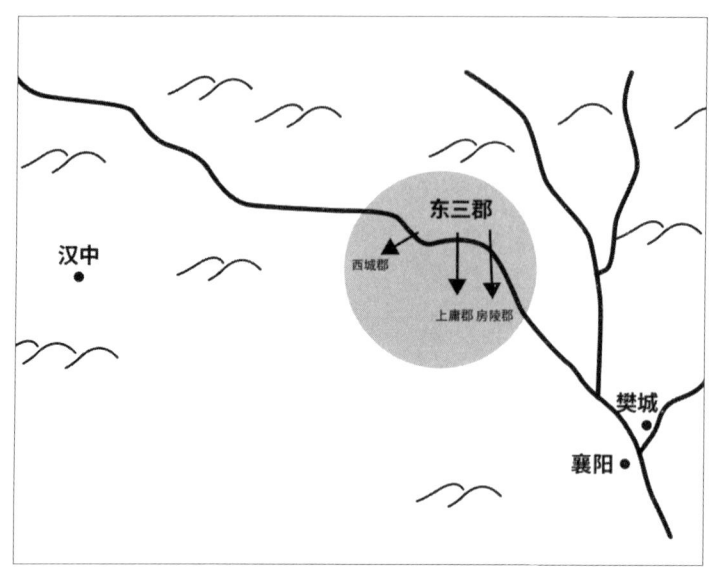

"东三郡"战略位置示意图

曹丕对孟达的喜欢受到大家的忌妒，陈群、司马懿就看不上孟达，他们曾向曹丕进言，认为孟达并不可靠，这倒不能全归为陈群、司马懿心眼小，想想也是，孟达跟刘璋又叛刘璋，跟刘备又叛刘备，短短不过几年已经换了三个东家。职场里把爱跳槽的人称为"跳蚤"，不管你本事多大、学历多高，一翻简历，你平均一两年就换一家公司，那对你的第一印象就会大打折扣，大概在陈群和司马懿的眼里孟达就是一只"跳蚤"。

但曹丕不这么看，他认为孟达很有本事。当他听到有很多质疑孟达的声音时，曹丕坚定地说："我敢担保孟达没有问题！"皇帝亲自为一个人担保，谁还能再说什么？曹丕担心这些议论会让孟达不安，还专门给孟达写过一封信让他不要介意，信中说："过去伊尹离开商朝归顺周朝，百里奚离开虞国来到秦国，乐毅有感于皮囊装尸之故从燕国脱身到了赵国。还有汉朝的王遵，他也很理解得失进退的选择，知道成功和失败的道理。上面这些人都留于丹青、史册。你姿容、才貌出众，才气、度量超群，也一定能在史册上留下美名！现在你愿意像鱼一样在水中自由地生活，我感到欣慰快乐，我常向西边眺望，思念之情如同对老朋友那样，提起笔来给你写信，欢悦之情也随之而来。之前虞卿到了赵国很快就得到了相位，陈平归顺汉朝一见面就与皇帝同乘一车，我和你的感情超过了这些。现在我让人给你送去御用的马匹，以表明我对你的敬重和喜欢！"

曹丕是写文章的高手，但把信写到这种程度，也不能说他只是矫情，他真的很欣赏孟达，认为他是不可多得的人才。曹丕对孟达的评价是"将帅之才"，还说他是"卿相之器"，上面的信中他提到了虞卿，是战国时的一名游说之士，受到赵孝成王的器重，一到赵国就被授予上卿之位，佩相印，曹丕似乎暗示孟达，他在曹魏还会有更大的发展。

既然孟达这么有才能，刘备和诸葛亮怎么就没有发现从而更加重用呢？其实，孟达的才干很多只是表面的，他这个人很有气场，尤其有辩才，刘晔干脆评价他只不过是凭借一些小聪明、爱玩心计罢了，这样的评价或许有些苛刻，但大体没错。

孟达属于情商远远高于智商的那路人，他不过是一名降将而已，之前也没有太大的名气，却轻松搞定了老板，不仅如此他还很会拉关系，在很短时间里就有了两个"铁哥们儿"，而且都不是一般人。一个是桓阶，曹魏朝廷的首任尚书令，曾是陈群、司马懿的顶头上司；另一个是夏侯尚，曹丕的"发小"，曹魏的征南大将军，新城郡就在他的辖区里，是孟达自己的顶头上司。孟达跟他们二人非亲非故，也没有同乡之谊，他是怎么拉上关系的不得而知，但对情商特别高的人来说这也不是什么难事。总之，孟达来到曹魏后一开始地位是稳固的，上面有曹丕撑腰，下面得到桓阶、夏侯尚两位重臣的帮衬。

但天有不测风云，孟达很快遇到了烦心事，先是桓阶因病去世，老对头陈群接替桓阶成为朝廷新的尚书令，紧接着夏侯尚也病逝了，孟达顿感靠山失去了一半。

这时，蜀汉江州都督李严手下有个叫王冲的人投降了曹魏。王冲是益州刺史部广汉郡人，李严的老部下，职务是牙门将军，也算是蜀汉的高级将领。江州都督区与益州刺史部相当，守着蜀汉的东大门。李严平时不喜欢王冲，王冲因心里紧张就投降了曹魏。

江州紧邻新城郡，所以王冲先来到孟达这里，因为都是蜀汉旧人，孟达与他有过一次交谈。在这次谈话中，王冲对孟达说他投降曹魏后诸葛亮感到特别愤恨，一定要诛杀孟达的妻子儿女，最后因为先主不听，所以没那么做。可孟达根本不信，他对王冲说诸葛亮很了解他投降曹魏的前因后果，绝不会像王冲说的那样。

这也就是一次普通的叙旧，说的人说完了，大概也就忘了，但听者有意，他们谈话时刚好有个人在场,此人名叫李鸿,担任何职不详,不过能参与孟达的私密谈话,应该也有一定地位吧。李鸿从头到尾听完了二人的谈话,尤其注意观察提到诸葛亮时孟达的表情,他发现孟达对诸葛亮仍然很敬重。

凑巧的是,李鸿不久投降了蜀汉,时间是诸葛亮从南中回师的前夕。诸葛亮听说后,命人把李鸿送来,就在回师的路上接见了他,地点是朱提郡的汉阳县,时间是蜀汉建兴三年(225)年底。李鸿向诸葛亮讲述了他了解的曹魏那边的情况,顺便也讲了孟达与王冲之间的这次谈话,诸葛亮对此非常感兴趣,问了很多细节,王冲告诉诸葛亮:"可以看出孟达至今仍然非常敬慕您,只是他觉得再也回不到蜀汉了。"这是一个重要情况,让诸葛亮陷入了深思,当时蒋琬和费诗也在场,诸葛亮对他们二人说:"回到成都后,得给子度写封信。"子度是孟达的字,尽管他杀了诸葛亮的大姐夫、曹魏的房陵郡太守蒯祺,于公于私诸葛亮都应该很恨这个人,但从诸葛亮的口气看,提起孟达仍然很亲切。费诗看不上孟达这样的人,对诸葛亮说:"孟达是个小人,先前侍奉刘璋就不忠诚,后来又背叛先主,这样反复无常的小人,还值得给他写信吗?"诸葛亮听了只是沉默,没有再说话。

回到成都,诸葛亮先向后主汇报了此次南征的详细经过,又对有功人员进行奖赏,忙完这些就过年了。次年年初,诸葛亮真的给孟达写了封信,信中写道:"去年南征,年底才返回,在汉阳县正好遇到了李鸿,从他那里知道了你的一些情况,你的感叹表明你仍心存大志,说明你不是只图虚名,只知道背主叛国的那种人。孟君,过去都是因为刘封侵犯了你,损伤了先主的待士之义。另外,王冲编造谎言,而你却能明了我的心迹,不被王冲的谎言所惑,我重温你说过的那些话,想起往日的友谊,不禁依依东望,所以给你写了这封信。"

诸葛亮在信中表明,当年孟达之所以反叛完全是受刘封欺凌的结果,现在刘封被杀了,先帝也不在了,所以别有什么顾虑,还是回来吧!信送去之后,诸葛亮又派人去永安,向李严说明情况,请李严也给孟达写信相劝。李严和孟达都是刘璋时期的旧人,二人交往更深,也更能相互了解。

李严按照诸葛亮的要求给孟达写了信,信中说道:"我和孔明都受托孤之重,深感责任重大,常常思念有良才相助。"信写得言真意切,意思也只有一个,劝孟达回归。诸葛亮和李严的信秘密送到新城郡,孟达接信后深思良久,虽然他没有立即表示什么,但心里已经有些动摇了。

到这一年的五月，突然传来了曹丕驾崩的消息，孟达知道他的靠山算是全倒了。不仅如此，司马懿以骠骑大将军的身份接替夏侯尚成为曹魏中线战场的总指挥，魏明帝明确司马懿"都荆豫二州诸军事"，成了自己的直接领导。看来，这一回不反也得反了。

二、诸葛亮上表出师

平定南中极大地增加了诸葛亮的个人威望，那些曾经怀疑过他的人也不得不佩服诸葛亮的才能，不仅有文韬，而且有武略。诸葛亮也一直牢记先帝临终前的嘱托，南征归来后不敢停歇，立即着手加强军事准备，等待时机发动更大规模的军事行动。

在诸葛亮早年为刘备制定的战略规划中，时机是非常重要的，对于如何北伐曹魏，"隆中对"共讲了三个要点：一是率益州方面的主力由汉中出关中；二是率荆州方面主力北上直捣宛县、洛阳；三是等待曹魏内部出现问题。诸葛亮认为，相对弱小的蜀汉要想战胜曹魏必须同时满足以上三个条件，只有这样霸业才能成就、汉室才能复兴。本来形势一片大好，三个条件逐渐成熟，但荆州丢失后情况又发生了变化，有一个重要的条件已经难以实现了。但这并不意味着统一大业不能成功，只是成功的难度更大了，而时机的作用也格外重要了，所谓"天下有变"，可以是曹魏统治区内发生了大规模叛乱，也可以是曹魏发生了宫廷政变，到那时就可趁乱出击，事半功倍。

现在曹丕死了，一个毫无政治经验的新人上位，是不是一次时机呢？这也许还算不上"天下有变"，但已经是难得的机遇了，诸葛亮决心抓住。南中之战消耗了蜀汉一定的军力，本应再多等一阵，好好恢复一下国力，但诸葛亮觉得不能坐等，必须抓紧北伐的进程，所以曹丕死后只过了半年左右他就决定行动了。

蜀汉建兴五年（227）三月，诸葛亮上表请求出兵伐魏。这份奏表就是著名的《出师表》，也称《前出师表》，在这份奏表里，诸葛亮首先阐述了北伐的动机和意义，他提出北伐是先帝的遗志，是先帝未竟的事业，作为继承者和后来者必须坚决完成，蜀汉上下，无论文臣武将大家都有这个决心和意志。接着诸葛亮针对后主年轻、主政经验可能不足提出了一些劝谏，对自己率军离开成都后的一些具体事项进行了必要的安排，诸葛亮特意谈到了"宫中""府中"，这是一个敏感问题，涉及"皇权""相权"，诸葛亮没有回避，作为托孤大臣他没有因为别人的议论而缩手缩脚、遮遮掩掩，而是正面提出了如何处理好二者的关系。

作为自己离开成都后的重要安排，诸葛亮特别向后主推荐了几个人，包括政务方面的郭攸之、费祎、董允，军务方面的向宠，诸葛亮告诉后主遇到问题可以多向他们征询意见。诸葛亮请后主要亲贤远佞，他说郭攸之、费祎以及尚书陈震、长史张裔、参军蒋琬等人都坚贞可靠，是可以信赖的人。最后诸葛亮还表明了自己的心迹，说自己誓将先主遗志完成到底。出师北伐不是平定南中那么简单，无疑将要冒着极大的风险，诸葛亮不顾这些坚持劳师远征，没有强大的精神力量为支撑是无法办到的。

诸葛亮的精神力量来自对先帝遗志的继承，为完成刘备临终前的嘱托，诸葛亮不计个人得失，不辞辛劳、一往无前，作为托孤大臣他深知自己肩上的重担，除了立志北伐、完成兴复汉室的大业外他还不避闲言，用了大量篇幅对后主进行劝谏，晓之以理、动之以情，没有矫饰、没有虚伪，忠心可鉴。

虽然只是一篇公文，篇幅也只有700多字，但里面的内容却很丰富，写得深沉、诚挚、亲切而流畅，既是一篇不可多得的优秀文章，也是诸葛亮政治理想和政治理念的集中表达，深为后世所推崇。在有限的篇幅里诸葛亮先后13次提到"先帝"，7次提到"陛下"，"报先帝""忠陛下"贯穿全文，处处不忘先帝"遗德""遗诏"，处处为后主着想，期望成就先帝未竟的大业，没有华丽的辞藻，没有深奥的典故，所言既不失臣子的身份，也切合长辈的口吻，平实中见忠贞，平淡中见真情。

同时，这也是一篇上乘的散文佳作，为表达忠贞、坚定的思想，诸葛亮用了率直质朴的语言形式，语言凝练，一气呵成，充满气势，文中有不少词汇经诸葛亮提炼成为成语，比如妄自菲薄、引喻失义、作奸犯科、苟全性命、斟酌损益、感激涕零、不知所云等，几百字的一篇小文章，产生这多被后世广泛使用的成语，在这方面没有任何一篇文章能与之相比了，可谓字字珠玑。

后人对《出师表》推崇备至，并给予高度评价，其中最推崇《出师表》的当数宋代的两个人，一个是名将岳飞，他以诸葛亮兴复汉室的精神为动力，毕生致力于抗金大业，据说由他亲手书写的《出师表》至今仍然能看得到。另一个是宋代诗人陆游，他每读一次《出师表》都有新的感受和发现，一生中先后写出了"出师一表真名世，千载谁堪伯仲间""出师一表通古今，夜半挑灯更细看""出师一表千载无""一表何人继出师""凛然《出师表》，一字不可删"等诗句。

孙策死时把年仅18岁的孙权当面托付给张昭，张昭相当于孙吴的"托孤大臣"；刘备死时把刘禅托付给诸葛亮，刘禅那一年也17岁了。论接班时的年龄，刘禅与孙权差不多，但结果差得太远了。孙权接班后迅速控制了局面，不仅外部把事业越搞越大，在内部也很快站住了脚，大权独揽、说一不二，张昭"托孤大臣"的作用反倒被淡化了，甚至有被孙权排挤出核心权力之外的趋向。刘禅接班后却成为人们心目中的"傀儡皇帝"，成为诸葛亮的影子，诸葛亮掌握了蜀汉军政大权，丞相府远重于皇宫，"府中"的实际影响力远高于"宫中"。

有人说张昭比诸葛亮老实，人家让他辅佐他就老老实实去辅佐，没有别的想法；有人说诸葛亮的野心比张昭大，他利用刘禅的软弱和无能不断培植自己的势力，逐渐把刘禅架空了。有这些看法的人很大程度上不了解当时的具体情况，在当时情况下，弱国蜀汉需要的是一位强势领导人，只有在强人的带领下才能自保和发展，这一点与孙策死时的情况也相同，不同的是刘禅不是强人也无法很快被培养成强人，而孙权可以，所以两次托孤才有不同的结果。

诸葛亮用权、集权是事实，但用权不等于篡权、夺权，集权也不等于霸权，权力本身无所谓正当与否，关键要看用权力来做什么。如果诸葛亮的着眼点只是权力本身，他就不会拿权力来冒险，征南中也就用不着亲自去，更不必着急北伐，他甚至在接到曹魏的"劝降"后可以考虑跟他们谈谈条件，像孙权受领曹魏吴王那样去领一顶"蜀王"的王冠，既避免劳师远征的艰辛，又不必担心失败带给个人的风险。诸葛亮没有这么做，因为他集权的目的是完成先帝的遗愿。

无论征南中还是北伐，都需要倾尽蜀汉全部国力才行，必须上下一心，思想上、行动上保持高度一致，必须形成一个强有力的权力核心，在权力结构上不可能既强化丞相府又保证皇宫的传统权力，那样势必导致两个核心的出现。所以"宫中""府中"必须成为一体，尤其在诸葛亮离开成都后，也必须保证这种格局的稳定，这是北伐成功的最大前提。

蜀汉建兴五年（227）三月，诸葛亮率蜀军主力到达汉中。这是诸葛亮第一次来到秦岭与巴山之间的这块平原，这里曾是汉高祖刘邦发迹的地方，是汉朝的"龙兴之地"，蜀汉以"汉"为国号，这里也是蜀汉的圣地。当时汉中虽然称为汉中都督区，但武都郡此时还在曹魏控制之下，都督区所辖主要是汉中一郡，魏延以镇北将军、汉中都督兼汉中郡太守的身份在此已驻守了7年。

这些年来，蜀汉的战事主要集中在东线和南线，北线倒相安无事，这也得益于魏延驻守有功。当年魏延向刘备夸下海口，敌人大军如果来攻汉中，他不仅"能拒"而且"能吞"，实际上他也做到了，他的做法就是在汉中盆地外围大量修筑坚固的军事堡垒，派遣重兵分别把守，把敌人拒之门外。

这些堡垒称为"围"，汉中被群山所环绕，缺点是没有战略纵深，敌人来攻时无法做大范围的穿插和机动，但优点是利于修筑工事以防御，本地又多土木石料，修筑这些堡垒也不太费事。魏延镇守汉中以来修建了大量的"围"，重要的至少有三处：一处是阳平关，这是汉中西边的门户，自古以来都是叩开汉中大门的锁钥，曹操和刘备取汉中都经过此处，张鲁在时阳平关已有相当规模，但经过几场大战，关隘遭到破坏，魏延对阳平关进行了重新修筑和加固；另一处是黄金戍，此地在汉中盆地的最东边，与阳平关左右对称，是汉中东边的门户，控制着汉水上的黄金峡，汉中向东就是孟达驻守的新城郡，此时是曹魏的控制区，守住黄金峡可防魏军溯汉水逆攻汉中；还有一处是兴势围，依兴势山而筑，位于黄金戍以西，既可作为黄金戍的第二道防线，又可控制秦岭三大栈道之一的傥骆道，防备敌军突然从栈道中杀出偷袭，此处要塞最早为魏延所修，后来果然在防备魏军出击傥骆道中发挥了重要作用，在此曾发生过著名的兴势之战。除了这些大的堡垒，遍布汉中盆地四周还有许多较小的"围"，利用这些"围"所构筑的防守体系，魏延实现了他当初的承诺。

魏延当时驻守在南郑，即今陕西汉中南郑区，这里是汉中的中心。诸葛亮到达汉中后却没有入驻南郑，而是将主力屯扎在阳平关、石马山一带，让大军在此集结休整。推测起来，诸葛亮带到汉中来的有10万人左右，这是战斗部队，除了他们还得调动大批人员负责军粮等物资的供应运输。汉中与成都之间隔着巴山，道路崎岖难行，运输更是个大问题，为此次北伐诸葛亮组建了庞大的运输队伍，除了征调百姓参与外，还要求官员子弟带头参加，其中就包括诸葛亮的养子诸葛乔。

此次北伐前，诸葛亮再派费祎出访孙吴，除增进双方友好之外不排除协商双方联合军事行动的可能。诸葛亮进驻汉中后，孙权又继续派兵袭扰曹魏南线、东线两个战场，孙权手下的将领周鲂在一次行动中还生擒了曹魏的将领彭绮，这些都让曹魏不能抽调出太多的兵马到西线战场来，孙权的行动确实支援了诸葛亮北伐。

诸葛亮下一步的进攻目标虽然是关中，但位于侧翼的凉州地位显然很重要，所以诸葛亮在汉中做出了一项重要人事安排，任命魏延为凉州刺史，同时兼任丞相司马。丞相府司马相当于丞相府里的长史，它们都类似于秘书长，只是一个掌武、一个掌文。表面上看这是一个奇怪的任命，因为魏延已官至镇北将军，品秩介于三公与九卿之间，而丞相司马的品秩只有千石，又是属吏，所以有人认为诸葛亮把魏延降级了。

其实这是误解，司马一职虽然品秩不高但职责很重要，负责协调丞相府里与军事有关的所有事务，也可以说是丞相府内所有武职的总牵头人，是诸葛亮在军事方面的第一助手，诸葛亮觉得这个岗位只有魏延担任最合适，这是对魏延的器重和信任。而且也不存在贬降问题，因为任命魏延为丞相司马后并没有免除他镇北将军职务的记载，兼任凉州刺史后也没有免除他原任的汉中郡太守一职，魏延的丞相司马、凉州刺史都是兼职。

三、文人造反，三年不成

诸葛亮在汉中没有马上兴兵，他在等孟达。孟达控制的新城郡即今陕南的安康、商洛大部分地区及鄂西北一带，位置十分重要，不仅是汉中的右翼，而且紧连着曹魏中线战场的宛县和襄阳，如果汉中郡与新城郡能连成一片，诸葛亮进攻曹魏的路线无疑多了新的选项。

诸葛亮对孟达寄予了很大希望，从他们之间书信往来的情况看，孟达也确实动了回归之心，李严在给孟达的信中说"思得良伴"，意思是不仅希望他回来，而且还会继续委以重任。但是孟达那边却一直没有动静，这让诸葛亮很着急。

孟达在等什么呢？难道他又动摇了吗？其实未必是动摇，接连失去了几座靠山，孟达重回蜀汉的决心还是挺大的，但他是文官出身，优点是心思缜密、虑事周全，缺点是失于果断。叛魏降蜀这样的大事，孟达总想做得万无一失，所以他总在思谋和筹划，而没有马上行动。

在此之前，孟达至少有三次回归蜀汉的好机会：第一次是在曹丕驾崩时，曹魏上下一片混乱，重臣们都去了洛阳，新城郡所在的中线战场在夏侯尚死后实际负责人还没到位，这是最佳的机会；第二次是孙吴发动江夏战役时，曹魏中线战场的焦点转向荆州的东边，司马懿还在洛阳处理新帝继位的事，这个机会也不错；最后一次是在司马懿刚到宛县时，他还需要一定时间熟悉情况，诸葛瑾又奉孙权之命北攻襄阳，司马懿的注意力被牵制到了那里。

但这几次机会都让孟达浪费了，孟达想得实在太多了，他想把每一步都走得稳稳当当。同时，对于蜀汉那边的态度孟达也不敢完全放心，李严信中的一些话孟达看了又看，觉得理解了对方的意思，但又不能确认，他为此给诸葛亮写了信，想进一步求证。

诸葛亮给孟达回信，信中说："李严的性格你知道，他处理事情干净利索，就像流水一样，进退人物决不犹豫含糊。"诸葛亮的意思是，李严给你信中说的那些话都没问题，都算数，只等你赶紧回来。但是，这似乎仍然没有打消孟达的疑虑，孟达还在犹豫。从他们双方写的信看，似乎都有些绕弯子，话说得都那么含含糊糊，这件事要换成吕布、张邈、袁术那样的人，直接说清楚你要什么条件、我能给什么条件就行了，但文人就是文人，正印证了那句话："文人造反，三年不成。"

这段时间，孟达一直保持着与蜀汉方面的书信联络，有一次孟达还随信送给诸葛亮一顶纶帽，一副玉玦。纶帽是丝绸做的帽子，表明他对诸葛亮的敬仰；玉表示坚贞，"玦"与"决"谐音，暗示自己决心已下。

从新城郡内部的情况看，孟达犹豫不决或许是有原因的。新城郡是曹魏合并原房陵、上庸、西城三郡设立的，但曹魏后来又设了一个魏兴郡，让地方实力派人物申仪当太守，此人先后依附于刘表、刘备和曹魏，由于在当地很有实力，所以并不把孟达放在眼里，但孟达的地位比他高，又假节，申仪得听从孟达的调遣。

申仪总想找机会把孟达扳倒或赶走，结果机会来了。孟达和蜀汉秘信往来频繁，纸里包不住火，时间一长就被申仪察觉了，申仪向朝廷告发，一开始魏明帝曹叡竟然不太相信。曹叡把这件事交给已经到宛县上任的司马懿处理，司马懿派参军梁几到新城郡访查情况，经过秘密调查，申仪的举报被证实。司马懿本来就不喜欢孟达，于是向魏明帝建议征召孟达入朝，如果没事，自然肯来；如果有事，一定不敢来。孟达当然不敢去，这才决定立即起兵。但是，时机已经完全不对了。

申仪是怎么察觉到孟达要反叛的呢？仅凭揣测显然是说服不了朝廷的，得有证据。有一个说法记载在史书中，申仪的证据来自一个叫郭模的人。根据这个记载，孟达迟迟不动手让诸葛亮有些着急，为尽早促成孟达反正，诸葛亮就派郭模去诈降曹魏，郭模路过申仪的防区，故意把孟达反叛的事泄露给了申仪。

按照这个说法孟达是被诸葛亮出卖的，即便不是阴谋至少也算是"阳谋"，对此司马懿似乎比孟达看得更清楚。这时候司马懿大概还没有准备好，为避免孟达马上反叛，司马懿专门给孟达写了一封信，信中写道："将军当初背离刘备，以身托付我曹魏，朝廷委将军以封疆重任，让将军图谋伐蜀之事，这一切，都像日月一样让大家可以看到。蜀人无不切齿于将军，诸葛亮想让咱们自相残杀，只苦于没有办法。郭模说的那些话，都不是小事，诸葛亮怎会轻易地告诉他并让他泄露出去呢？想想其中的道理，就应该明白了。"司马懿告诉孟达，诸葛亮策反你另有企图，你得想清楚了。

按照司马懿的逻辑，包括诸葛亮在内蜀汉大多数人心底里是比较厌恶孟达的，诸葛亮的战略意图其实是利用孟达和新城郡最大限度地牵制魏军中线战场的主力，让他们无法支援西线战场，如果孟达反叛成功，顶多为蜀汉增加了一些地盘而已。曹魏那边完全可以不理，伺机再予夺回，对诸葛亮来说最佳的局面是：孟达反叛，曹魏派大军镇压，孟达被消灭，曹魏付出代价的同时也受到最大牵制。要达到这个目标，既要策动孟达真的反叛，同时又要巧妙地将孟达造反的消息传递给曹魏那边，所以才有了郭模诈降。根据这部史书的记载，司马懿识破了诸葛亮的阴谋，并且用一封信稳住了孟达。

不管是阴谋还是阳谋，孟达已经没有其他选择了。如果轻信司马懿那些话，那就太幼稚了，但奇怪的是，都已经大祸临头了孟达仍然很乐观，他认为现在反叛依然有十足的把握。在孟达看来，司马懿远在宛县，东距新城郡1200多里，这是汉代的里，合今约420公里，没有高速公路，也没有公路，甚至没有像样的路，其间还有山路阻隔，著名的山峰包括今天的风景名胜武当山，要走完这一段路，需要相当长时间。

当时的行军速度一天约60里，这还算是比较快的，即使昼夜兼程至多也就100里，曹操赤壁之战前追击刘备，率虎豹骑创造了一昼夜300里的惊人速度，但那是虎豹骑，精锐中的精锐。要执行一个战役仅靠轻骑兵、特种兵是不行的，各兵种、包括后勤辎重在内都要跟进，这就是大兵团的集体行动，边走边修路架桥，速度更快不了。按照孟达的计算，由宛县到新城郡的这1200里，最快没有半个月魏军无法到达。

而且孟达熟悉魏军调兵的体制，魏军要展开这么大的行动，必须得身在洛阳的明帝批准方可进行，由宛县到洛阳又是800里，一来一回至少半个月。也就是说，曹魏那边即使接到了自己反叛的消息，人马要杀到新城郡至少得一个月。孟达已向蜀汉那边求援，一个月时间那边的援军怎么说都到了，一旦援军到达，孟达觉得自己也就算安全了。

可惜孟达把时间算错了，他根本不了解司马懿的办事风格。司马懿在宛县接到申仪的密报后立即向洛阳报告，报告归报告，司马懿不指望朝廷马上有什么指示下来，不是他不相信朝廷，而是他认为时间来不及。司马懿决定不待明帝诏书到达，立即起兵到新城郡平叛。手下众将都认为，没有明帝的诏令就出兵不妥，建议还是等等再说。众将当然知道"兵贵神速"的道理，但大家更担心谁来负责任，打赢好说，成功的案例谁来总结都是好案例，可一旦失手，就得追究责任，就得有人背黑锅，该请示的没请示、该汇报的没汇报，这就是黑锅，是大忌。

可要都这么想那就别干事了，四平八稳，没有风险，不会犯错，这样的官当然好当，但绝干不成大事。司马懿刚到荆州，还要慢慢树立威望，所以耐心向大家解释道："现在的形势已刻不容缓，必须趁孟达犹豫不定之机将其一举消灭，如果等蜀汉援军赶到，再夺下新城郡就难了！"

司马懿紧急调动驻宛县附近的军队，倍道兼行，直奔新城郡。1200里的路程他们只用了8天。孟达当时在上庸城，接到报告，已经晚了，司马懿率大军已杀至城外。上庸城三面阻水，孟达命人在城外修筑了很多木栅以自固。司马懿指挥魏军渡水，破其栅，直至城下，从四面向上庸城发起猛攻。说起来孟达也不是饭桶，真拼了命也是好样的，司马懿猛攻了半个月，未攻破上庸城。到第16天，孟达的外甥邓贤、部将李辅等开门投降。司马懿率军进城，抓到孟达，将其斩首，将首级呈报京师。此战共俘获一万余人，取得大捷。

新城大捷是司马懿第一次独立指挥大规模作战，打得很漂亮，从战役决策、筹划到实施都堪称完美。此战不仅消灭了孟达的势力，还顺便解决了在这一地区盘亘了数十年的申氏家族。魏兴郡太守申仪一向尾大不掉，由于在地方上势力太大，所以表面顺从，内心不太听从召唤。他认为这里天高皇帝远，所以多有不法，甚至私自授官，对这样的人只要有机会就一定得根除。

司马懿表面沉静，像是个文人，其实是个有霹雳手段的人，他认为既然来了一趟，干脆新旧问题一齐清算。消灭孟达后，荆州各地郡守都奉礼来贺，唯独不见申仪来，司马懿让人专程去提醒他，申仪想了半天，还是来了。申仪一到，司马懿立即下令把他抓了起来，质问他伪造朝廷命令私自授官的情况，之后把他押解到洛阳。

在消灭孟达之战中申仪出了不少力，为配合司马懿的行动，他断绝了蜀汉与新城郡之间的道路，让蜀汉援军无法及时到达，但这并没有帮助他免罪。申耽、申仪兄弟二人是新城郡一带的实力人物，他们是随孟达一起投降曹魏的，申耽当时被曹丕以一个怀集将军的名号调离了新城郡，迁居南阳郡，相当于一名人质，这也是申仪不敢轻易造反的原因之一。不过申氏兄弟在新城郡毕竟根深叶茂，为了控制住这一地区，申仪被押到洛阳后没有治罪，而是给他一个楼船将军的名义，让他住在洛阳，后来申耽、申仪兄弟都死在了异乡。

孟达的首级送到洛阳，魏明帝下令在洛阳的交通要道上焚烧示众。为了彻底肃清孟达以及申氏兄弟在新城郡一带的残存势力，司马懿挑选当地7000户人家迁往幽州刺史部。孟达失败引起了连锁反应，蜀将姚静、郑他等率部属7000多人随后降魏，这二人担任何军职、驻军何处不详，估计驻地与新城郡临近，在魏军的威压下无法自保，才选择了投降。

魏明帝下诏对司马懿给予嘉奖，司马懿回军后专程到洛阳向魏明帝汇报此战经过，魏明帝除听取了他的汇报外，还就一些军政大事向他垂询意见，其中问到蜀汉和孙吴两个对手，应该先征讨哪一个。就此，司马懿回答说："吴人以为我们不习水战，所以敢在东关驻军。要攻敌，必扼其喉而捣其心，夏口、东关是吴人的心喉。不如以陆军进攻皖城方向，引孙权主力东下，然后以水军向夏口，乘虚而击，如神兵从天而坠，必然能大胜。"魏明帝听了，十分赞同，命司马懿仍回宛县坐镇，指挥中线战场。

四、魏延的"子午谷计划"

司马懿为魏明帝提出的作战方案涉及东线和中线两大战场，东关在东线，夏口在中线，所以他提出这样的建议并不算越权。在曹魏三大战场中，司马懿是中线战场的总指挥，东线战场的总指挥是曹休，而西线战场一向由曹真负责，只是曹休此时并不在长安，他已被任命为大将军，留在洛阳协助魏明帝处理军务，在长安坐镇的是曹魏安西将军、都督雍凉诸军事夏侯楙。

夏侯楙是夏侯惇的儿子，他的妻子是曹操的清河公主，清河公主是曹操的大女儿，与曹操的长子曹昂都是刘夫人所生，从年龄上看她比曹丕可能还要大，所以夏侯楙应该是曹丕的姐夫，曹叡得叫姑父。

曹丕跟夏侯楙从小一起长大，二人关系很好，曹丕继位时就任命夏侯楙为安西将军，但夏侯楙没什么军事才干，对养生却很有研究，而且他比较好色，身边养了很多伎妾，清河公主因此与他感情不和。

草包误大事，但这是父皇生前的安排，又是自己的长辈，所以魏明帝一直没有变动夏侯楙的职务，这无疑成为曹魏阵营比较薄弱的一环。魏延看到了这种情况，向诸葛亮提出了一个大胆的作战方案："曹魏在长安的守将是夏侯楙，是曹家的女婿，此人怯而无谋。现在给我5000精兵，再派5000人专门负责运粮食，由褒中出发，沿秦岭向东，走子午道北行，不用十天就可以到达长安。夏侯楙听说我突然杀到，必然乘船而逃。夏侯楙一走，长安只剩下御史、京兆尹这些官员，长安附近有横门邸阁的粮仓，加上百姓手中的散粮，足可以供人马食用，曹魏关外人马聚合好杀到长安，最少得20天，而丞相您率领大军从斜谷出来，绝对能赶到，这样就可以一举拿下咸阳以西的地盘！"

魏延的这个作战方案，就是历史上有名的"子午谷计划"。子午谷就是子午道，是汉中与汉中之间的三条著名栈道之一。这三条栈道中最东边的就是子午道，与长安直线距离较近，出北面的午口即是关中平原，长安就在眼前，但此道最险；西边还有一条叫褒斜道，出南面的斜口之后是郿县，即董卓当年筑郿坞之处，此道路途较远，但路况相对较好。子午道和褒斜道之间还有一条傥骆道，因南口称傥、北口称骆而得名，此道几乎荒废，无法通行。魏延的计划是由子午道和褒斜道同时出击，先在褒斜道佯攻，吸引和迷惑对手，然后把主攻方向放在子午道，出其不意拿下长安，之后两路大军会合，占领关中。

但是，这个作战计划被诸葛亮否决了。诸葛亮认为这个计划太冒险，成功的可能性并不大，拿上万蜀军将士的生命作赌注，他不能干。魏延的"子午谷计划"因此没有机会实施，魏延觉得很遗憾，以至于以后仍对此念念不忘，后世也有不少人认为魏延的这个计划是可行的，诸葛亮过于保守了。

持这种观点的人认为，魏延久居汉中，对当地情况十分了解，在蜀、魏军力

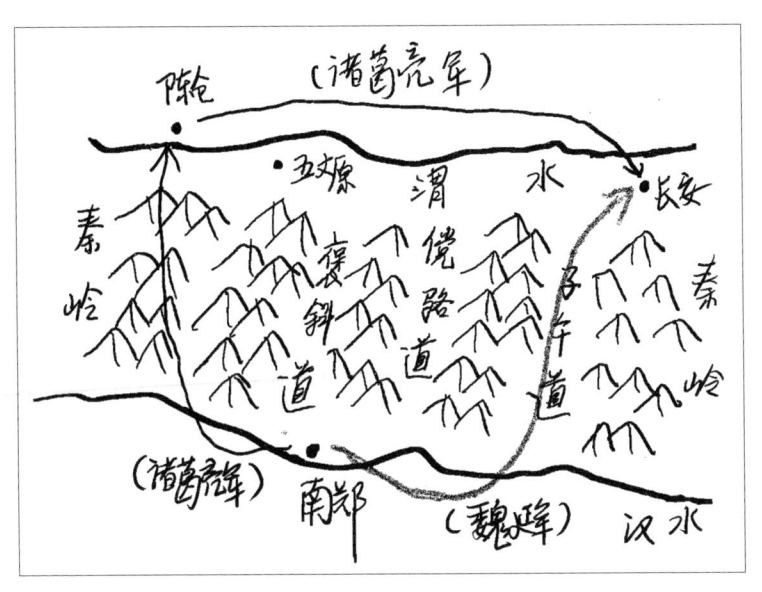

魏延"子午谷计划"模拟示意图

不对等的状况下，弱小的一方应出奇制胜，魏延的计划正可以达到这样的目的。但客观地说这个计划确实过于冒险，要取得成功，关键是出其不意，但上万人、十多天的军事行动不让敌人察觉是不可能的，曹魏一定会在沿途派出很多侦察兵，一旦知晓蜀军动向，一方面，会在山中依托险要地势进行袭扰和阻击；另一方面，会调集重兵把守午口，使蜀军不得入关中。

即使费尽千难万险、做出重大牺牲后杀到长安城下，面对这个千年古都，能否立即得手希望也很渺茫。所以魏延的"子午谷计划"不是出奇制胜，而是纯粹的军事冒险。《孙子兵法》说："凡战者，以正合，以奇胜。"也就是说常规战法为"正"，出其不意为"奇"，二者必须结合起来，脱离常规战法的基础，一味出奇则未必制胜。以5000能战之兵去攻长安，虽是奇兵，但缺少常规战法作为基础就会成为孤军。

夏侯楙虽然不是名将，但也不会看到区区几千人就弃城而逃，一旦夏侯楙不逃，魏延的计划就输掉了一大半。在冷兵器时代，兵家怕的不是野战，不是守城，而是攻城，即使一座孤城，久攻不下的战例也不胜枚举，魏延想率5000人攻进长安，可行性几乎没有。

诸葛亮决定不走栈道，而是出兵陇右，由左翼向曹魏发起进攻。具体部署是：由镇东将军赵云、中监军邓芝率一路人马兵出褒斜道，作战略佯攻，吸引魏军的主力，诸葛亮自己率大军由汉中向西攻击，占领战略要地祁山，进而攻占曹魏控制下的陇右地区。

随诸葛亮进攻陇右的蜀将有刘琰、吴壹、王平、张翼、马岱、马忠、廖化等人，参谋人员有杨仪、爨习、马谡、向朗等。这些人大部分都介绍过，只有张翼、马岱还比较陌生。张翼字伯恭，之前当过蜀汉梓潼郡太守，马岱是蜀汉已故骠骑将军马超的从弟，随马超征战，后一同归附蜀汉。还有一个刘琰，之所以把它排在吴壹等人之前，是因为他的资历、地位都比众人高，他在刘备当豫州刺史时就追随左右了，后主继位后升任后将军，在名义上仅次于前将军李严。刘琰生性风流、善谈论，好车服饮食，被人视为奢靡，缺乏实际才能，同时他脾气不好，虽居高位却经常跟人闹意见，其中跟魏延关系尤其不和。

大军随后行动，赵云、邓芝率一部分人马进入褒斜道，大造声势，给人以杀入关中、直取长安的感觉，而诸葛亮率蜀军主力悄悄开往此战的首攻目标祁山。祁山位于今甘肃省礼县以东，是汉水上游一条连绵50余里的小山脉，它西起北岈、东至卤城，汉水从其南面流过。此山虽小，却风景优美，每一座山峰都很秀美、挺拔，诸峰相对。之所以把首战的目标定在这里，是因为祁山有独特的地理位置。祁山往西北可通南安、陇西二郡，东北通天水郡，往南以及西南方向可通达汉中郡以及汉中通往益州的咽喉阴平，祁山因为扼蜀陇咽喉，控攻守要冲而成为兵家必争之地。

也就是说，无论从益州还是汉中，要去陇右必须过祁山，而占领了祁山，也就打开了通往曹魏凉州地区的道路。凉州是曹魏的西部屏障，由于历史原因，曹魏在这里的控制相对薄弱，攻取的难度最小。如果能占领凉州，就可以居高临下，向东直取雍州，诸葛亮认为这是攻取曹魏比较保险的做法。凉州虽地广人稀，但它的陇右地区人口相对集中，河水丰沛，灌溉便利，自古便是粮食的重要产区，蜀汉国力有限，得到陇右可以增强国力，在与曹魏的对抗中可以增加胜算。陇右和凉州还盛产好马，对于以步兵为主的蜀军来说，这更是宝贵资源。

到达祁山后，诸葛亮给后主上了一道奏表，其中介绍了他所看到的祁山的一些情况："祁山距离沮县500里，有一万户居民，站在山顶远望，可以看出这个地方确实很富有。"根据这份奏表可知，祁山之中有一座城堡，里面有上万户居民，这在当时绝对是大数目了，尤其是在偏僻的凉州。

五、陇右争夺战

诸葛亮西取祁山，是出其不意的一笔。祁山属曹魏雍州刺史部的天水郡，在汉中的西北方向，两地直线距离 200 公里，汉中与长安的距离与此大体相当。由汉中去祁山必须经过武都郡，该郡传统上属凉州刺史部管辖，后属曹魏的雍州刺史部，郡治下辩在今甘肃省成县西北，当年刘备取汉中时曾派张飞、马超等在此与曹洪、曹休有过交战，蜀军在那次作战中失利，退出了下辩。诸葛亮由武都郡顺利进军祁山，说明该郡要么大部分地区已成蜀汉地盘，要么曹魏在此力量薄弱，所以位于今甘南地区的军事重镇下辩未能迟滞诸葛亮大军的行动。

对突然到来的蜀汉大军，曹魏陇右地区的官员和少量驻军竟然毫无防备，纷纷投降。史书上说投降蜀汉的包括南安郡、天水郡和安定郡。常说陇右，其实不是一个行政概念，古人以东为左、以西为右，所以江东又称江左，而陇右即指陇山以西。陇山主要指的是今甘宁分界的六盘山，汉末三国时的陇右地区主要包括曹魏治下的陇西、南安、天水等郡。

南安郡在天水郡的西面，天水郡告急，南安郡肯定也不保，但安定郡也响应了蜀军，问题就严重了。安定郡在天水郡的东北方向，今宁夏回族自治区固原市和甘肃省平凉市都在该郡范围内，这里不仅与天水郡相隔较远，而且两郡并不相邻，中间还有一个广魏郡。如果史书记载属实，那么曹魏雍州刺史部西部地区几乎都"沦陷"了。

雍州刺史部西边还有一个凉州刺史部，当时设有金城、武威、张掖、西平、敦煌五个郡，这几个郡一下子就与关中失去了联络，蜀军如果彻底占领了陇右地区，下一步攻取凉州刺史部就易如反掌了。所以诸葛亮兵出祁山这一招其实很厉害，如果一切顺利，那么就以最小的代价拿下了曹魏一个半州的地盘。离祁山最近的县城是其东北方向的天水郡西县，属今甘肃省礼县，蜀军占领祁山后又攻下该县，诸葛亮把总指挥部设在了这里。

雍州惊变，震惊了曹魏朝野上下。在此之前，为应对诸葛亮的进攻魏明帝已经做出了人事调整，把夏侯楙调回洛阳任尚书，把大将军曹真派回长安坐镇。曹真刚到长安就接到情报，说蜀军在褒斜道有大动作，似乎要从这条栈道攻击关中。还有情报说，蜀军将第一个攻击点确定为郿县。

曹真不敢怠慢，立即集合人马进驻郿县，在此展开堵截。但这个时候突然传出陇右告急的消息，而且情况变化之迅速让人根本来不及反应，关中地区也受到了波及，人心惶惶。曹真有些慌了，远在洛阳的曹叡也坐不住了。魏明帝紧急召集大家商议对策，朝臣们一时竟拿不出什么好办法来，魏明帝只得自己给大家打气道："诸葛亮只会以山势为依托，今天他这是自投罗网，正合兵法上说的'致人之术'，肯定能击破他！"

"致人之术"是什么？不太清楚。曹叡估计也只是这么一说，为的是不让大家失去信心。为进一步安抚人心，魏明帝决定御驾西征。有人反对这么做，钟繇的儿子钟毓时任散骑侍郎，上疏谏道："最好的办法应该是在朝堂上战胜敌人，国君不离宫殿却能在千里之外赢得胜利。陛下应当坐镇京师，以为各个方向的威势源泉。陛下亲率大军西征，对壮大前线军威固然有很大作用，但因此消耗的资源钱财也会更大。而且在炎热的暑期用兵应当慎重，现在还没到您万尊之躯出动的时候。"

此时应该是曹魏太和二年即蜀汉建兴六年（228）的正月，"暑期用兵"的说法似乎与实情不合，也许钟毓是出于大规模军事行动时间上有一定提前的考虑吧。钟毓的建议未被采纳，魏明帝仍决定亲征长安，他下令迅速组建一支万人的先头部队，由右将军张郃率领支援西线战场。此时张郃驻军于荆州刺史部，按理归骠骑大将军司马懿节制，但他曾长期协助夏侯渊驻守汉中，对西线战场的情况更熟悉，所以派他去。

魏军主力要赶赴陇右还需要时间，在此之前只能依靠雍、凉二州的官员和少量驻军与蜀军周旋了。曹魏此时的雍州刺史是郭淮，他是并州刺史部太原郡人，曹丕当太子时他是曹丕的属官，后转任征西将军夏侯渊的司马，夏侯渊战死时军中大惧，郭淮等人收拢散卒，推时任荡寇将军的张郃为主将，诸营方安。曹丕继位后派郭淮到西部任职，担任镇西将军府长史，因为是嫡系所以升得很快，被提拔为雍州刺史。同时任命徐邈为凉州刺史兼任护羌校尉。

诸葛亮一方面应对徐邈等人的反击，一方面向东西两个方向扩大战果。在西面，诸葛亮派兵攻击陇西郡，遇到了顽强抵抗。曹魏的陇西郡太守游楚面对蜀汉大军毫不惧怕，召集吏民说："我素无恩德给大家，今蜀国大军已至，其他几个郡已经叛降，我看这是诸位取得富贵的好机会。我为朝廷守郡，义在必死，诸位可以拿我的人头去换富贵！"大家听完深受感动，一致表示："愿与明府同生死，绝无二心！"游楚说："既然如此，我有一个想法。现在我们东面的两个郡已经丢了，敌人马上就来，我们在此坚守，如果朝廷的救兵到了，蜀兵必退去，到时候咱们一郡之人都坚守了大义，人人都将获得奖赏。如果救兵没来，而蜀军攻势又急，你们可以取我的人头去投降，到时候也不算晚！"

于是大家都去守城，蜀军到了，游楚派遣郡政府长史马颙出门设阵，自己站在城上对蜀将说："你们能断绝秦陇大道，让东来的援军无法到达，只需要一个月，陇西郡的百姓不攻自降，如果做不到，你们只会白费力气！"游楚命马颙鸣鼓出击，魏兵士气高昂，将蜀军打败。在这场曹魏陇右保卫战中游楚是立下大功的人，魏明帝后来听说了他的事迹，专门召他到洛阳相见，并任命他为驸马都尉。

再说东边，在这个方向蜀军的行动也不太顺利。诸葛亮指挥蜀军占领天水郡时，该郡太守马遵正陪同曹魏雍州刺史郭淮一行在洛门视察工作。雍州刺史管理的地盘很大，除了关中地区的冯翊郡、京兆尹、扶风郡、北地郡，还有陇右地区的南安、天水、陇西以及广魏、安定等郡，除此之外，武都、阴平两个郡也都归雍州刺史部管辖，只是它们的大部分地区目前已被蜀汉控制。

当时郭淮接到报告说天水郡郡治冀县可能已被蜀军占领，现在无法回去，郭淮吃惊地对马遵说："看来诸葛亮来者不善！"渭水的上游流经天水郡，冀县就在渭水边，洛门在冀县的西边，今甘肃省天水市那时称上邽，是陇右地区一处军事重镇，位置在冀县沿渭河往东。郭淮判断上邽仍在魏军手中，于是决定绕过冀县，连夜回上邽，这个决定遭到了随同郭刺史视察的一名官员的反对。这名官员对马遵说："明府应当回冀县！"马遵一听急了："我不信任你们，你们已经通敌叛国！"双方不欢而散，马太守跑到上邽避难去了。上邽成为天水郡境内魏军集结的一处重地，诸葛亮后来派兵进击上邽，但在郭淮等人的防守下，上邽无法攻克。

劝马太守回冀县的这个人不得不说，因为他就是日后大名鼎鼎的姜维。姜维字伯约，他的老家就在冀县，他的父亲姜冏曾是天水郡功曹，羌、戎叛乱，姜冏挺身与乱军作战，不幸战死沙场，姜维因此受赐为中郎。中郎是天子身边的属官，承担宿卫天子的任务，姜维被授予此职只是一种荣誉，他本人没有到洛阳任职。姜维平时很好学，尤其喜欢郑氏学，也就是当代大学者郑玄开创的学问，但他并不想当一名学者，他有志于功名，好结交江湖朋友，不想过普通老百姓的日子。

姜维后来担任了本郡上计掾，又被任命为州里的从事，相当于州政府的一名处长，同时他还参与本郡的军事谋划。姜维幼年丧父，母亲一手把他拉扯大，他很孝顺，母亲现在就在冀县，他无论如何不会撇下母亲不管，这是他竭力劝马太守回冀县的主要原因。马太守走了，姜维仍不死心，他跟其他几位官员一起去追马太守，希望把太守追回来。马太守的马跑得太快，姜维他们一直追到上邽城外也没有追上。这时城门已经关闭了，姜维在外面叫门，里面的人不给开，因为他们不清楚姜维等人是否也参加了叛乱。姜维等人无奈，回到了冀县。

这时蜀军尚未来到，但城里的人已经高度紧张。有一个记载说，姜维等人又在城外叫门，但城门也没开，原因与上面一样，城里的人怀疑他们已经投降了蜀军，姜维等人走投无路，只好投奔了诸葛亮。另一个记载是，冀县城里的官民见姜维回来，把他们迎进了城，这时大家一商议，觉得根本无法自保，一致同意投降蜀军，太守等郡里的主要官员都不在，姜维是目前最重要的官员，大家于是推举他去见诸葛亮。这次见面改变了姜维的一生，这一年他27岁。诸葛亮见到姜维很高兴，让他回冀县安抚那里的百姓。可姜维还没到冀县时，魏军的增援部队就赶来了，他们重新接收冀县，姜维只得回到诸葛亮那里。

诸葛亮这才有时间跟姜维好好谈谈，姜维世居陇右，对这里的情况很熟悉，诸葛亮一定有很多事情要了解。经过一番深谈，诸葛亮对这个年轻人有很高的评价。在诸葛亮看来姜维是个不可多得的人才，诸葛亮在写给留府长史张裔以及参军蒋琬的信中说："姜伯约此人忠于职守，勤于理事，思虑周密，这些都是他的长处，永南、季常等人都不如他，堪称凉州一带的一流人才。"永南是李邵，曾担任诸葛亮丞相府的西曹掾；季常是马谡的大哥马良，是诸葛亮格外看中的人之一，在诸葛亮眼里他们都不如姜维。诸葛亮任命姜维担任丞相府仓曹掾，很快又提升为奉义将军，并奏请后主封姜维为当阳亭侯。

从这些安排可以看出诸葛亮对姜维不是一般的喜爱，奉义将军是高级将领，姜维此前的职务不过是个州政府里的从事，授予一个中郎将都算是破格了，直接提拔为将军，显得很不一般。也是27岁那年诸葛亮与刘备第一次相见，诸葛亮当时被人称为"卧龙"，虽是一介布衣却名声在外，刘备对诸葛亮十分欣赏，之后诸葛亮在赤壁之战中立下大功，又被刘备赋予重任，而诸葛亮那时担任的职务，才不过是一名中郎将。

虽然姜维来投是一大收获，但陇右战局眼看就要陷入僵持中，这让诸葛亮很着急。诸葛亮原来认为西取陇右是出其不意的一招，避免了军事上的冒险，是非常有把握的一件事，现在看来这种判断多少有些乐观了。以蜀军的实力全部平定陇右继而拿下凉州肯定不是问题，但时间却拖不起，如果陷入对峙，曹魏援军开到，那西取陇右的计划也就失败了。

六、街亭发生了什么

蜀军攻下了冀县，下一步将转攻上邽，拿下陇右全境眼看指日可待，这时传来曹魏右将军张郃率五万大军星夜驰援而来的消息。情况有些紧急，诸葛亮决定立即派出一支人马前去堵截，为陇右战役的最后胜利赢得时间。这个任务至为重要，此去阻击只能成功、不能失败。派谁去呢？在众人的心目中至少有两位合适人选：一位是魏延，一位是吴壹。魏延自不必说，镇北将军兼凉州刺史，早就独当一面。吴壹是刘备吴皇后的哥哥，讨逆将军兼关中都督，在军中的威望也很高。

然而，诸葛亮却派了另外一个人，这就是马谡。马谡时任丞相府参军，是诸葛亮身边的高级军事参谋，从他的资历来看，当过县令、郡太守，但在军队里的履历只是参谋，没有独立带过兵，执行如此重要的任务，行吗？大家都在怀疑，但丞相已经做出了决定，也没人说什么。结果大家也知道了：马谡此去一败涂地，损兵折将，更为重要的是打乱了诸葛亮陇右战役的部署，诸葛亮被迫仓促撤军。

诸葛亮用马谡守街亭，的确匪夷所思。有人认为是马谡自己主动要求去的，他信心十足，保证守住街亭，为此还立下了军令状，诸葛亮虽然犹豫，还是派他去了。但这个说法没有史料依据，只是小说演义之言。事关重大，如果诸葛亮心里真的犹豫不决，马谡说得再天花乱坠估计也没用。派马谡去，一定是诸葛亮觉得他合适。对马谡这个人，刘备生前有不同看法，他在临终前曾专门对诸葛亮说马谡言过其实，不能大用，希望诸葛亮好好观察他，但诸葛亮并不这么看。此前征南中时马谡提出的心战思想让诸葛亮印象深刻，所以对他很器重。诸葛亮让马谡当他的高级参谋，经常与他谈论问题，有时常常忘记吃饭睡觉，如果马谡只是纸上谈兵的赵括，估计诸葛亮不会这么重视他。

有人分析认为，从诸葛亮对马谡的态度看有刻意培养之意，马谡在诸葛亮心目中的地位现在远远超过姜维，或许在诸葛亮心中马谡就是未来军事上的接班人，为马谡创造锻炼的机会符合诸葛亮的初衷。有人进一步分析认为，马谡的哥哥马良与诸葛亮情同兄弟，在蜀汉政治格局中诸葛亮是荆襄派的代表，得到马氏、杨氏、习氏等荆襄人士的支持，所以对他们也格外照顾，杨仪、马谡等人就是在这种背景下受到重用的。

这种观点看似有一些道理，但说服力却不强。诸葛亮重用马谡、杨仪、蒋琬等荆襄人士，但他也重视张裔、杨洪、费祎、董允等益州本地出身或在益州长期生活的士人，作为执掌蜀汉朝政的大臣，他在用人方面一直兼容并蓄，说他因为派系斗争的需要而力排众议使用某一个人，是站不住脚的。但这一次确实派了没有带兵经验的马谡去守街亭，又如何理解呢？这的确不好理解，也许当时有很多具体的情况，诸葛亮派马谡去必定有他的考虑，只是这些已无法得知了。

由关中来陇右必走关陇大道，汉初的西北疆界只到黄河，为打通西域商路，汉武帝派人翻越陇阪，了解沿途地理和敌情，选定了关陇大道的基本路线，为保证这条路线的畅通，汉武帝在其沿线设置郡县，每隔五里设一烽燧，10里设一墩，30里设一堡，50里设一寨，从而使关陇大道成为一条重要的交通干道。

关陇大道的基本走向是：由长安出发，经过今甘肃省陇县，再过固关镇，翻越陇阪，到达今甘肃省张家川县境内的分水驿，沿马鹿、闫家店、弓门寨、张川、龙山一路西行，最后到达今甘肃省天水市。在这条路上有一处极佳的伏击地点，名叫街亭，具体位置在今甘肃省秦安县陇南镇，秦陇大道由此经过，两边高山，中间是一条坦途，此地名为"街亭"，意思就是它处在大道的中间，正好堵住这条魏军的必经路线。

魏军长途奔袭，来的几乎全是骑兵，为了争取时间只能走关陇大道，也只能过街亭，抢先占领该地，以利用有利地形展开阻击。诸葛亮具体给了马谡多少人马史书没有记载，有的说是10万人，这也是小说演义的，诸葛亮此次西出祁山的总兵力大约也不过10万人，不可能都交给马谡。而且，真有10万机动部队可用也就不必打阻击了，直接把张郃的五万人马放进来围歼就行。

当时蜀军的兵马应该分布在陇右的几个郡，诸葛亮能临时调集起来的人马并不多，推测应该在一万人左右，用一万人去阻击五万人，打得好的话也勉强够用。诸葛亮命王平以副将的身份一同行动，王平现在的军职是裨将，诸葛亮把从南中夷人子弟中选调出来的无当飞军交给王平统领，参加街亭战役的应该就有这支人马，之所以做出这样的安排，也许考虑到无当飞军善使弓弩，正好是骑兵的克星。除了王平，参与街亭阻击战的还有张休、李盛、黄袭等人，他们的军职应该与王平相当或稍低。

马谡带着这支人马火速赶往街亭，幸运的是他们先到了。马谡立即观察周围的地形地势，抢占有利位置，做好伏击准备，马谡的任务是占据街亭要塞，堵住敌人，不让他们通过，把他们拖在这里一段时间就算胜利。可是马谡看完街亭的地形，决定对诸葛亮的部署进行修改，具体说就是舍弃下面的要塞上山。

街亭在山谷中，两侧的山都很高大，其中一侧被称为南山的，顶部平缓，向下三面皆陡峭，马谡决定把人马拉到南山上，待敌人前来攻打，居高临下，把敌人打败。王平是一位很有经验的将领，他一眼就看出了这项作战计划有致命的缺点，赶紧劝阻马谡，但马谡不听。

马谡指挥蜀军上了南山，这时张郃率领的大军也到了。张郃是一位名将，作战经验十分丰富，他打了一辈子仗，马谡还是个小朋友的时候他已经是袁绍手下的高级将领了。张郃看到蜀军不占大道上的要塞反而上了山，立即猜出蜀军的意图，下令不急于攻山，而是断了山上取水的道路。山上有上万名蜀军将士，还有马匹，随时需要大量水源，时间短了还能忍忍，时间一长就麻烦了。马谡这才吃惊地发现，原来水道是他的软肋，眼看不能久拖，马谡只好硬着头皮下令从山上向下面出击。结果可想而知，蜀军大败，四散逃命，只有王平率领的一支人马，临战不慌，他们不断敲击战鼓，张郃以为有伏兵所以没敢猛追，蜀军守街亭的一万人马最后只剩下王平带回来的1000多人。

看了这个过程不免会产生许多疑问：马谡为何固执地认为上山更好？王平从哪些方面看出来上山不利，他有没有告诉马谡？马谡虽然没有带兵的经验，但应该也是位出色的参谋，否则诸葛亮不会重用他，在显而易见的事实面前，他为何仍然固执己见？蜀军毕竟也有上万人，何以败得如此迅速和彻底呢？

这又是一个困惑，就像诸葛亮为什么派马谡守街亭一样，马谡为什么把仗打成了这个样也实在让人不解，马谡除非是曹魏派来的卧底，否则他的指挥怎么看都让人匪夷所思。

而这一切又都真实地发生了，要找出合理的解释，或许只能结合街亭的地理状况来推断了。如果现在去古街亭战场做一番实地考察，就会发现此处确实十分险要，两边的山很高，魏军舍中间的大道便无法通过，尤其是他们的骑兵，不走山谷中间便无路可走。秦陇大道行至此处，鬼斧神工地出现了一道地质断层，西边比东边高出十多米，成为一处断崖，街亭要塞就是以此为依托修成的。

也就是说，关陇大道走到这里形成了高度落差，西高东低，蜀军占领街亭这个要塞，正好可以居高临下堵住魏军，要想通过必须向上攻，类似于攻城，这是冷兵器时代所有将领都头疼的事，以一万人守住五万的进攻是可能的。但是当马谡来到街亭时他看到的或许是另一番景象，都知道街亭有处要塞，但这处要塞早已年久失修、残破不全，敌人来攻很多地方都可以轻松下手，原来固若金汤的街亭要塞现已不复存在了。

有这种可能吗？有，这与街亭两边的区域环境有关。街亭所在的天水郡一直是曹魏的控制区，街亭要塞的作用实际是防范由东面而来的敌人，对西面之敌却没有任何作用，如果陇右一带有人造反，他们会想起街亭，用它来抵挡曹魏的大军，反之则毫无意义。因此曹魏控制街亭后不会下力气整修这处工事，为防今后出现不测，刻意对其破坏都是有可能的。

对马谡和蜀军来说，这是一个极为严重的新情况。现在修整工事时间来不及了，张郃的大军马上就到。在这种情况下，马谡想到了上山。在实战经验丰富的王平看来山上固然很好，但并不利于防守，因为山上没有水源，上万人马齐聚山顶，假如敌人不急于求战，来个困而不打，山上的人就惨了。

假如王平提出了这样的看法马谡还会坚持吗？也许会，因为在马谡看来，张郃为什么不急于求战呢？如果他真的不战，在这里慢慢耗着，那不是更有利啦？他的任务就是拖住魏军，不管用什么办法，只要拖住他们一段时间，就算完成了任务。所以在马谡看来，心急火燎地从东面赶来的魏军一定会发了疯地攻山，到那时他们依托居高临下的地形，只要用弓箭、连弩去招呼敌人就行了。

马谡可能认为水源也是个问题，但问题不大，他是荆州人，后来长期生活在益州，都是南方，整天发愁的是如何防水防涝，在他的脑子里还没有因为缺水而带来麻烦的经历。况且他得知，南山上面没有水却有水源，有这个还怕什么。但如此一来水道就成了蜀军的软肋，这一点岂能逃过经验丰富的张郃的眼睛，张郃一下子抓住了蜀军的要害，导致蜀军全面溃败。

水道被破坏后蜀军仍不至于立即大败，一天不喝水有点儿难过，但不至于这边没水那边就会死人，马谡还有反击的机会。但他是参谋人员，有智商也有情商，却缺乏胆商，关键时刻他方寸大乱，拿不出绝地反击的办法了。而且马谡在军中缺乏足够威望，他是参谋出身，跟大家在一起的时间也短，还没有建立起足够的亲和力和默契度，水道被断后众人对他肯定充满了指责和埋怨，马谡已经控制不了局面了。

以上多重因素叠加，注定了蜀军在街亭必败。

七、有没有"空城计"

京剧有一套传统剧目叫《失空斩》，由《失街亭》《空城计》《斩马谡》三个折子戏组成，剧情相连，起因都是马谡丢失街亭。根据剧情，马谡失街亭让蜀军措手不及，为避免全线溃败诸葛亮不得不上演了一出《空城计》，骗过了魏军统帅司马懿，之后蜀军安全撤回汉中，诸葛亮追查街亭失利的责任，马谡被斩。以上情节与历史事实大体相合，失街亭、斩马谡都是有的，但其中一些细节并不符合史实，尤其《空城计》这一段。

街亭大败的消息肯定会让诸葛亮很震惊，他当时在哪里呢？他在祁山附近的天水郡西县，前面说过，诸葛亮占领西县后把大本营就放在了这里。街亭在广魏郡，西县的东北方向，两处直线距离在200公里以上，中间山水阻隔、道路险峻，以魏军的行进速度，即使由街亭直奔这里也得好几天才能到。

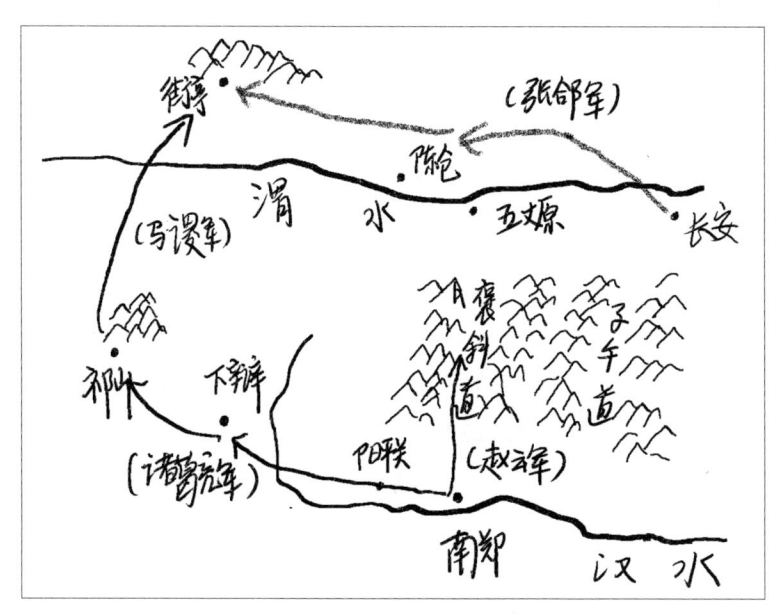

诸葛亮第一次北伐示意图

而此时整个陇右地区蜀军兵力仍占上风,张郃的任务只是打前站,控制住局势,并不是寻找蜀军主力决战,所以放下陇右其他重镇直接进攻西县,这种可能性不大。尽管如此,诸葛亮仍决定马上撤退。张郃的五万人马虽不足虑,但随后就会有大批魏军源源不断开来,拿下陇右继而攻占凉州的计划已经失败了。诸葛亮命令各部撤退,他自己离开西县时还随队带走了该县1000多户人家,把他们迁到汉中。

所以这次撤退是从容的,并不需要上演"空城计"。那么,至今妇孺皆知的《空城计》又是怎么来的呢?晋朝有一部史书,讲晋初扶风王司马骏守关中,他手下有几位中下级官员在一起议论诸葛亮的功过,大家对诸葛亮多持讥评,认为他托身蜀汉不当,力量小却想办大事。有个叫郭冲的人站出来为诸葛亮鸣不平,说了诸葛亮的五件事,把这几位官员说住了,司马骏听后十分感慨,称赞郭冲说得对。

这就是有名的"郭冲五事",其中一件就是诸葛亮的"空城计"。按照郭冲的说法,诸葛亮有一次屯兵在外,魏延率主力东进,他只留有一万人马守城,这时魏军主将司马懿率20万大军来了,和魏延率领的主力错道而行,蜀军因此没有发现,等诸葛亮知道情况时敌人距此只有60里了。诸葛亮想派人通知魏延,但相去已远,魏延即便回军也来不及了。城中将士皆失色,诸葛亮却镇定自若,他下令军中偃旗息鼓,不准随便走出营帐,又下令大开城门,并派人洒扫街道。

司马懿知道诸葛亮一向持重,而今却摆出如此虚弱无力的样子来,怀疑诸葛亮有伏兵,于是率领人马向北上了山。第二天到了吃饭时,诸葛亮对左右的人拍手大笑道:"司马懿必然认定我装出胆怯,一定会有伏兵,所以遁山而走。"侦察兵报告确实如诸葛亮所说,司马懿后来也知道了这件事,后悔不已。

这大概是诸葛亮用"空城计"骗司马懿这件事的出处,只是郭冲说的"空城计"并非发生在西县,而是阳平关。这样就有漏洞了,因为司马懿从来没有率兵到汉中腹地阳平关与诸葛亮交过战,而一次出动20万人马也不可能。并且,司马骏是司马懿的儿子,郭冲作为司马骏的下属,胆敢在儿子面前非议他老子,可能性更小。所以,晋朝这部史书所载的"郭冲五事"虽然细节逼真、过程齐全,但可靠性并不强。然而这成为小说家进一步发挥创作的素材,也就有了诸葛亮在西县用"空城计"吓退司马懿15万大军的故事。

司马懿现在根本不在陇右,而在千里之外的荆州。这次陇右保卫战曹魏虽然从中线战场抽调了一些人马支援西线，但作为中线战场的总指挥司马懿本人并没有来，带队的是张郃。张郃没来西县，司马懿更不可能来，说诸葛亮在西县摆下"空城计"，那他对付谁呢？再退一步分析，如果司马懿真的能率15万大军突然围住西县，诸葛亮能不能摆出空城计呢？答案也是否定的。

作为一座县城，规制有着严格的限制，城池的周长不过十来里，与现在县城的概念完全不同。可以看一下北京西南郊的宛平城，这也是个县城，大体上是古代县城的标准版，该城有四座城门，城中的主要街道其实只有两条，也就是连接四座城门的街道，站在任意一处城墙上都可以把城内的情况一览无余。

古代县城里的常住人口一般也不多，在汉末三国时，即使中原地区超过一万户的都算是大县了，像西县这样的边地小县，人口很难超过5000户，这还是全县的总人口，不是住在县城里的人。诸葛亮撤退时带走了西县1000多户，这大概占了西县全部人口的绝大部分。也就是说，西县的城池很小，站在城外随便一个制高点上就可以看清城里的一切，不用15万人，只需一万人马就能把它围成铁桶，即使司马懿真的来到城外，诸葛亮并没有施展"空城计"的条件。

而且，这么小的县城里也藏不了多少人，即使司马懿胆小，怕杀进去遇到埋伏，那也肯定会先围起来再说。事实上，西出祁山的这一路蜀军撤退得还算顺利。

再说另一路蜀军，他们在赵云、邓芝率领下由褒斜道发起佯攻，在箕谷与曹真率领的大军相遇，由于寡不敌众，被魏军打败。褒斜道是秦岭山中大体呈东北—西南走向的一条栈道，两侧有一些溪谷，箕谷是其中之一，今即伐鱼河谷道，因形如簸箕故称"箕谷"。有人考证伐鱼河本名叫伐魏河，因蜀汉经此伐魏而得名，秦人"鱼""魏"音近，相沿日久讹传为伐鱼河，该河又古称磻溪，相传姜太公垂钓即在此河，今河上建有钓鱼台水库。

箕谷的位置靠近褒斜道南口，附近有蜀军的重要军需仓库赤岸，如果从褒斜道出击曹魏，赤岸是最近的后勤补给基地，所以赵云开始让邓芝守住赤岸，自己由箕谷北上，深入褒斜道深处。这一段栈道有近百里，非常险峻，一端悬于崖壁之上，一端凌空，栈道之下全靠立柱支撑。登过华山的人应该有体会，站在这种凌空栈道之上，有恐高症的人一定吓得不敢动弹。

赵云本来只是佯攻，任务是吸引曹真大军的注意力，让他不得不在褒斜道的北口重兵驻防。没想到曹真主动出击，沿着褒斜道杀了进来，赵云兵力有限，不敢在秦岭山中与魏军过多纠缠，于是后退。蜀军退、魏军追，在褒斜道里一直追到了箕谷。再往前就是汉中盆地，如果曹真追出来，汉中就保不住了。危急关头赵云下令把栈道烧了，魏军无法前进，只得退去。火烧栈道虽然保住了汉中，却使蜀汉蒙受了巨大损失，因为如果今后再想从褒斜道出击，必须先修好这条栈道。

所幸的是这一路蜀军损失并不大，诸葛亮后来问邓芝："街亭失败后各部兵将都失散了，兵不知将，将不见兵，而箕谷退军时却能做到将不离兵、兵不离将，是什么缘故呢？"邓芝如实回答："赵将军亲自断后掩护撤退，所有军资装备一点儿都没有丢弃，兵和将也没有分离。"同样是兵败，马谡吓傻了眼而赵云却能镇定从容，这就是老将与新手的区别，这不仅靠胆识，更是身经百战所积攒出来的经验，还有长年累月和将士们之间形成的默契与相互信赖。赵云军中有不少富余的绢帛，诸葛亮让赵云拿出来分赐给部下，赵云对丞相说："仗没有打好，还要什么赏赐？所有的物资请全部存入赤岸的府库中，等到冬天发给大家过冬吧！"

八、马谡该不该杀

第一次北伐就这样结束了，总的来说打了败仗。诸葛亮回到汉中，还来不及休整就着手检讨此次战败的原因，追究相关人员的责任。毫无疑问，街亭惨败是此战被迫逆转的关键，马谡是战败的第一责任人。可这时大家才发现，马谡找不到了。蜀军从街亭败下来，一万多人只剩下1000多人，他们是在王平等率领下回来的，而马谡下落不明。

马谡干什么去啦？他潜逃了。街亭战败，马谡知道这个祸闯得太大了，他又悔又怕，没敢回去，逃跑了。他是怎么逃的、逃到了哪里，史书没有详细交代，只有马谡的好朋友向朗知道一些细节，向朗此时正以丞相府长史的身份在汉中供职。

打了败仗，已经犯下大错；又私下逃走，一错再错。可最终，马谡还是回来了，是自己跑回来的还是被抓回的史书没有记载，诸葛亮命令把马谡下狱审查。诸葛亮与马良、马谡兄弟感情很深，他们之间的交往可以追溯到青年时期，尤其是马良，是诸葛亮的至交，马良称诸葛亮为"尊兄"，按当时的习惯非亲戚关系一般不这样称呼。马良为国尽忠后诸葛亮视马谡为自己的后辈，对他的才华也十分欣赏。但感情代替不了国法军规，诸葛亮不会徇任何私情。

在狱中马谡也知道罪责深重，给诸葛亮写信说："您一向拿我当儿子看，我也把您当作自己的父亲，愿您能体察舜杀了鲧却能起用禹的大义，使我二人平生之交不因此事而亏损，我虽死了，也无恨于黄泉！"马谡说的是一段上古往事，那时洪水滔天，舜命鲧治水，但无功，舜杀鲧于羽郊，但舜不因此废人，后来又命鲧的儿子禹去治水，禹治水功成。马谡说此话有两层意思：一是想说街亭之败虽罪不容赦，但不是自己刻意为之，就像鲧治水无功一样，都是天命使然；二是想以此向诸葛亮托付后事，希望诸葛亮能一如既往善待马氏族人。马谡有子女，但情况不详。马良的儿子马秉在蜀汉任骑都尉，很受诸葛亮和后主的信任。

马谡该不该杀？大家对此还有不同意见。胜败是兵家常事，打了败仗不一定就犯了死罪，关键要看打的是什么样的败仗、仗又是如何败的，除非有特别的情况、造成了十分严重的后果，一般情况下败军之将可以被降职、撤职，却很少有立即砍头的。只凭打败仗马谡还不至于死，但这是影响全局的街亭之败，杀他也应该。所以，杀马谡，说得通；不杀马谡，也不算枉法。但马谡不该犯下第二个大错，那就是逃亡，这一条也是大罪，不说打败仗的事，仅这一项也能定死罪，马谡离死刑又近了一步。

但仍然有人建议不要杀马谡，蒋琬正好由成都来汉中，劝诸葛亮："当年晋楚相急，楚王杀了成得臣，可以想见晋王是多么高兴。现在天下未定，却杀才智之士，岂不可惜？"成得臣是楚国名将，他指挥楚军在城濮与晋军会战，结果楚军大败，大家都跑去向晋文公道贺，晋文公却忧心地说"楚军主帅成得臣还在，我们的灾难恐怕还没结束"。但楚王因打了败仗而斩杀了成得臣，晋文公听后如释重负，喜不自胜，比打了胜仗还高兴。

诸葛亮明白蒋琬的意思，人才确实也难得。但诸葛亮内心已坚定杀马谡以明军纪的想法，听完蒋琬的话他流下了眼泪，对蒋琬说："孙武之所以能决胜于天下，在于他用法严明。所以昔日杨干乱法，魏绛杀其仆人。现在天下分裂，兵争正起，如果不讲法纪，拿什么讨伐贼人呢？"诸葛亮讲的也是晋国故事，那是在晋悼公时，他的弟弟杨干犯法，大夫魏绛处斩了杨干的仆人，晋悼公认为魏绛做得好，命魏绛主持晋国军队。现在正因为大业未兴，处在用人之际，所以更要讲法纪，这样才能吸引更多的人才。

诸葛亮还是把马谡杀了。蜀军将士听说马谡被杀，无不为之流泪，诸葛亮也亲自为他祭奠，后来待马谡的遗孤如自己的亲生孩子一样。就诸葛亮杀马谡一事后世的史学家曾提出过不同意见，晋代史学家习凿齿认为，蜀国居于偏僻之地，优秀人才本来就少，现在杀俊才，只能退收庸才，诸葛亮虽然强调了法纪，却害了人才，还能成就什么大业？但这个逻辑是讲不通的，如果是个人才就可以不受法律的约束，那这个世界会恐怖成什么样？

参加街亭战役的其他几位将领也受到了处罚，张休、李盛与马谡一同被杀，另一位将领黄袭被夺去了兵权，没有被追责的只有王平，因为他曾力谏马谡，兵败后又能组织有效撤退，减少损失，所以不仅没有受罚，而且由裨将军进位为讨逆将军，封亭侯。赵云虽然组织撤退有功，但毕竟箕谷还是打了败仗，诸葛亮奏请后主，将赵云的镇东将军降为镇军将军，相当于由兵团司令降职为军长。

向朗知道马谡潜逃的事却没有报告，因此也受到连累，诸葛亮二话不说，把向朗一撸到底。向朗的仕途本来一直被看好，在诸葛亮着意培养的人中，向朗是最有前途的人之一，资历和地位都远在蒋琬、费祎等人之上，但此事严重影响了他的发展，虽然数年后他重新复出，但也只是在朝廷里担任光禄勋的闲职。

马谡手下有一位姓陈的参军也因为此事受到处罚，被诸葛亮处以髡刑，即剃去头发的一种有期徒刑。此人有一个儿子，特别好学，后来拜蜀中大学者谯周为师，他就是《三国志》的作者陈寿。有人认为，正是因为陈寿的父亲此次受罚，加上诸葛亮死后陈寿又被诸葛亮的儿子诸葛瞻所轻视，才影响到他著史的忠实性，在《三国志》里陈寿评价诸葛亮"随机应变和用兵的谋略不是他的特长，缺乏应敌之才"，又评价诸葛瞻"只善于书法，名气很大但没有实才"。这些评价都不客观，受到大家的批评。

说《三国志》不忠史其实并不客观，只要认真读完陈寿为诸葛亮所作的传记，就会发现他对诸葛亮是极为推崇的，在《三国志》里陈寿对诸葛亮有大量的赞颂，并明确地说诸葛亮是治世的良才，可以与管仲、萧何相匹敌，不存在有意诋毁。诸葛亮的第一部文集也是陈寿编著的，因为他的努力诸葛亮的许多作品才得以保存下来。至于诸葛亮的将略，这是个有争议的话题，陈寿的看法至少算是一家之言吧。

该杀的杀了，该罚的罚了，诸葛亮认为对此事的追责还没有结束，有一个人也要受到惩罚，这个人就是他自己。为此，诸葛亮向后主上表，主动承担责任："我以浅薄的才能，占据着不能胜任的职位，执掌军权，督率全军，却不能按照规章，严明法纪，面临大事而不慎重，发生了马谡在街亭违抗军令的错误以及赵云在箕谷戒备不严的过失，这些都是我用人不当造成的。我清楚对下属不了解，考虑问题不周全，按照《春秋》里提出处罚主帅的原则，我应当受到处罚。请将我的官职降低三级，以惩罚这个罪过。"这次打败仗诸葛亮的确负有责任，正如这份上疏中所说，他的责任在于用人不当，错用了马谡，造成了无可挽回的损失。但是谁没打过败仗呢，谁又没走过麦城？曹操一生打过多少败仗？孙权也打过，刘备也打过，有胜就有败，普通将领兵败受罚，但对于大军统帅，还没怎么听说过打败仗受惩罚的，诸葛亮自己不提，不会有人去追究他的责任。但诸葛亮一向执法严明，马谡有错，他不包庇，赵云、向朗他本可以睁一只眼闭一只眼，但也不马虎，轮到自己，更是带头执法。后主接到奏疏，按照诸葛亮的意见，下诏将他由丞相降为右将军，代行丞相职权。

九、石亭之战

魏军在西线战场取得大捷，消息传到合肥，负责东线战场指挥的大司马曹休既感到鼓舞，也感到了压力。曹魏东线战场主要指的是扬州，对手是孙吴。曹操在世时魏吴双方多次在这一线交战，主要战场一是合肥，二是长江边上的濡须口，双方互有胜负。曹丕在位时，东线的主战场逐渐移向了濡须口以东的广陵郡一带，曹丕不止一次亲征广陵郡，但都无功而返，双方以长江为轴线展开了攻防，长江以北除少数地方外基本都为曹魏控制。

近年来，孙吴趁曹魏政权交替之际不断向长江以北蚕食，孙吴实际控制线已经向江北深入了很远，最北端离巢湖都不太远了，孙吴在这里建立了皖城基地，濡须口也一直在孙吴掌控之下，这些地方过去属孙吴的庐江郡，后来一度纳入新设的鄱阳郡管辖。曹魏三大战场中数东线最被动，这让曹休的压力很大。他是大司马，是曹魏品秩最高的朝臣，如果长期被动下去会很没面子，所以他一直想找机会反击，至少把孙吴的势力全部赶到长江以南。

想什么就有什么，机会突然来了。孙吴的鄱阳郡太守名叫周鲂，原本倒也没什么名气，曹休对他也所知甚少，这个人却突然派人秘密前来联络，表示愿意举全郡投降曹魏，这让曹休又惊又喜。鄱阳郡的郡治在江南的鄱阳，即今江西省鄱阳县，他提出投降让曹休并不敢轻信，但也不想放弃这个机会，曹休于是派人秘密渡江，潜入鄱阳郡进行调查。

调查的结果，周鲂投降居然是真的。周鲂字子鱼，少时好学，举孝廉，有一定才干，担任过县长，孙权的老家钱塘县发生了彭式等人聚众作乱事件，周鲂因为有能力，被任命为钱塘侯相，上任一个月即斩杀彭式及其党羽，周鲂被孙权提拔为丹杨郡西部都尉。这时鄱阳郡发生了彭绮叛乱，攻陷城池，聚众数万，孙权任命周鲂为鄱阳郡太守，在吴将胡综的协助下进行征讨，最后把彭绮活捉，孙权命周鲂以郡太守的身份兼任昭义校尉。这是一个有本事也有业绩的人，正为孙权所重用，怎么会投降呢？据密探报告，就在不久前孙权派人到鄱阳郡检查工作，查出了周鲂不少问题，孙权治下一向严厉，周鲂吓坏了，自己剃光头发到郡政府门口请求宽恕。

接到这些密报曹休对周鲂的怀疑解除了，决定接受周鲂的投降，以此为契机展开东线战场反击，不仅能肃清孙吴在江北的势力，而且可以占领江南的鄱阳郡，如果一切如愿，东线战场的形势将立刻改观。孙吴的传统势力范围在吴郡一带，现在着力经营着荆州，鄱阳郡正好处在二者中间，如果在这里站住脚，等于把孙吴拦腰斩为两截，令其首尾不得相顾。但这毕竟是一项重大决策，曹休不敢直接做主，于是向魏明帝进行了报告，同时还上报了一份详细的作战方案。

魏明帝接到报告也挺高兴，西线战场刚刚大胜，如果东线战场再胜一局，意义显然不只是锦上添花。魏明帝同意曹休的作战计划，为配合曹休的行动，魏明帝给在荆州的骠骑大将军司马懿下达密诏，要他在中线战场同时发起进攻，攻击孙吴控制下的荆州重镇江陵，另外又命令建威将军贾逵率兵攻击濡须口。江陵、濡须口都是掩护，目的是让曹休的东线反击计划实施得更顺利。三路大军同时行动，你孙权这一回还如何应对？

设计得很好，可惜落入了对手的圈套。魏明帝不知道的是，所谓周鲂来降不过是一个陷阱，目的就是要钓曹休这条大鱼。诸葛亮第一次北伐结束后曹休急于建功，这个心理被孙权及时捕捉到，于是给他下了一个大饵。

孙权开始设计的方案是，让周鲂秘密寻找鄱阳郡的那些被清剿过、又为曹魏那边熟知的部族首领，说服他们为孙吴效力，之后让他们去诈降曹休，但周鲂认为这个办法不够稳妥，因为这些部族首领让人信不过，所以建议由自己直接去诈降。周鲂给曹休写了一封密信，信中说他对孙吴原本忠贞不贰，无奈受到了陷害自身难保，现在已祸在眉睫，所以愿意归顺曹魏。信中故意透露，近期孙权正在秘密筹划一次对曹魏的大行动，拟派吕范、孙韶进攻淮河方向，派全琮、朱桓进攻合肥，派诸葛瑾、步骘、朱然进攻襄阳，派陆逊、潘璋征讨梅敷，孙权本人将举武昌一带的主力进攻石阳，如此一来武昌就将空虚，届时守城的兵力不足3000人。

信中说，鄱阳郡的百姓虽然愚昧，但都是一根筋，上面征发赋役没人搭理，你招呼大家造反却保准一呼百应，前鄱阳郡太守王靖就想投降曹魏，只可惜事情败露而被杀，鄱阳郡及其周边几个郡的百姓都曾举过事，他们都羡慕曹魏的老百姓，如果听说要投奔曹魏，谁不争先恐后呢？周鲂为曹休勾画了一幅更加诱人的蓝图：只要曹休派大军前来，他将去历口进行接应，大军过江后鄱阳郡及周边各郡就将闻风而动，孙权的军事部署就会被打乱，曹魏可趁武昌空虚之际将其一举夺下。

周鲂派去秘密联络的人是他的心腹董岑、邵南，为把戏演得更逼真，周鲂在信中反复说此二人跟随他多年，情谊深厚，自己待二人如儿子一般，所以请求务必做好保密工作，以免二人的家眷有杀身之祸。周鲂同时开出了此次叛降的价码：请曹魏为他的手下颁发侯印、将军印各50枚，郎将印100枚，校尉、都尉印各200枚，以激励士众。50个将军、偏将军、裨将军，200个校尉、都尉一级的军官，这个要价太离谱了，至于侯爵，曹操当年平定荆州后为奖励荆襄士人也只给了十几个而已，一口气要50个侯爵，简直疯了。

但是，看起来越不讲理就越像是真的，曹休不怕对方要价高，怕的是对方给他玩阴的，只要事情顺利，什么条件都可以先答应下来，至于将来，那还不是一切由自己说了算。周鲂把这封信送出前，专门抄写了一份给孙权秘密送去，请孙权过目、核准。孙权批准了。

孙吴黄武七年（228）八月，距离诸葛亮第一次北伐结束约半年，曹魏东线战场迎来了一场悄悄进行的大战。曹休正在秘密准备，而孙权和陆逊也神不知鬼不觉地来到了位于江北的皖城，和他们先后来皖城的，还有分头秘密开至的数支人马，总兵力多达六万人。

孙权在皖城成立前敌指挥部，任命陆逊为大都督，朱桓、全琮为左右督。孙权亲手将诛杀部属用的黄钺交给陆逊，命陆逊代行王事，统领包括自己禁卫部队在内的所有吴军，孙权亲自为陆逊执鞭，众将都对陆逊行参拜礼。陆逊做出布置，将各支人马分别安排就位，形成一个包围圈，只等曹休送上门来。此时曹休还浑然不知，他也准备就绪了，按照与周鲂的约定，他先接收皖城，之后再图过江。曹休亲自率魏军主力浩浩荡荡地由合肥南下，越过双方的实际控制线继续前进，奔皖城而来。

由合肥到皖城大部分是山路，山路的北口叫夹石，南口叫石亭，中间数百里山势险峻，很容易被伏击。随同出征的琅邪郡太守孙礼提醒曹休注意，建议暂停进军，曹休认为自己兵力足够强大，吴军即便有埋伏也不足为惧。好不容易走过了这段死亡地带，石亭皖城也就在不远处了，大功即将告成。曹休很兴奋，然而吴军的伏击战开始了。吴军六万精兵同时上阵，利用有利地势向魏军发起突然进攻，魏军在石亭惨败，被迫原路退回。

魏军在山路上狂奔，又经受了巨大的损失，终于到了夹石。这时有一支魏军前来接应，他们是贾逵派来的。本来贾逵的任务是攻击濡须口以策应曹休，但他感到有些不对劲，就派出一支人马向曹休方向赶来，在夹石挡住了吴军，掩护曹休撤离。

战前吴军左督朱桓认为曹休如果被打败必然沿原路返回，夹石是其必经之地，于是向孙权建议："曹休因为是皇亲才得以重用，其实算不上智勇双全的名将，料定他此战必败，之后必然逃走。他有两条路可走，一条经过夹石，一条经过挂车，这两条都是凶险的窄路，如果派一万人用树木石头把路堵死，定可把曹休及其人马全部俘虏。"朱桓请求派他去执行这项任务，认为如果把曹休活捉，而他又愿意归降，吴军就可乘胜长驱，直取寿春、淮南，进而攻占许县、洛阳，朱桓认为这是千载难逢的好机会，机不可失，时不再来。孙权觉得朱桓的建议看起来也有道理，但又觉得不会那么容易，他于是向陆逊询问，陆逊一听就否决了这个计划。

现在，曹休果然败回夹石，如果此时真有一支吴军埋伏，把魏军的归路堵死，那么即使有贾逵的援军前来接应，魏军的损失也将更惨重，说不定曹休真的就回不去了。是陆逊失算了吗？不是，陆逊是对的。这是因为，此次胜算的关键是出其不意，这是周鲂诈降的目的，所以务必要做到保密，如果魏军发现是圈套一定会随时退回，所有的努力也都前功尽弃了。按照朱桓的计划，一万吴军必须深入数百里穿插到敌后，再隐蔽也会弄出动静，那样就因小失大了。

　　石亭之战吴军取得大捷，此战斩杀和生擒魏军一万多人，曹休大军远袭，随行带着大量车辆辎重，逃命时都顾不上，全部成为吴军的战利品。孙权下令在皖城摆下酒宴庆贺，席间专门来到周鲂面前，对他说："你为了大义而削去头发，这才成就了孤的大事，你的功名一定记入史册！"孙权升周鲂为裨将军，赐爵关内侯。酒席宴上，孙权提议此战的总指挥陆逊跳舞，陆逊跳时孙权上前与陆逊对舞。舞毕，孙权脱下所穿的白鼯子裘赠予陆逊，又脱下钩络带亲自给陆逊穿上。陆逊要回西陵，孙权又赠送自己的翠羽车盖给他，命陆逊假黄钺，这是一种授权，比"假节""持节"级别更高，孙权还亲自为陆逊执鞭。这么高的荣耀对陆逊来说也是应该得到的，他成为吴军高级将领以来参与了夺取荆州之战，指挥了夷陵、石亭两大战役，全部取得大捷，对孙吴事业的贡献无人可比。

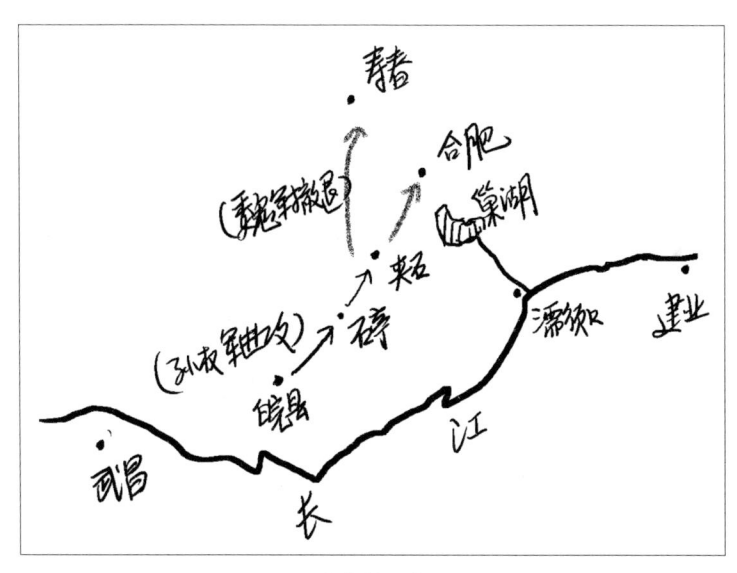

石亭之战示意图

　　胜者喜气洋洋，败者垂头丧气。曹休退回合肥后上表请求治罪，魏明帝下诏不予追究。但曹休是个要面子的人，又愧又气。曹休认为自己虽然姓曹却不是官二代，他今天的地位是一仗一仗打出来的，以前都是他追着别人打，很少被人修理成这样。曹休越想越难受，背上竟然长了一个疮，这种因心情郁结而长的背疮叫背疽，弄不好会要命，刘表就是得这个病死的，而这一次真的又要了曹休的命,没出一个月曹休就死了,年仅40来岁。

曹丕临终前指定的四位托孤大臣,才两年就死了一个,而且是曹魏政坛的头号人物。魏明帝任命前将军满宠接替曹休担任东线战场的总指挥。过去这类职务非曹即夏侯,司马懿算是唯一的另类,现在"诸夏侯曹"纷纷谢幕,唯有曹真硕果仅存,不用外人也不行了。从这个意义上说,石亭之战也是曹魏国运的一个重要转折点。

十、"王业不偏安"

曹魏大败于石亭,消息传到汉中,诸葛亮认为这又是一次难得的机会,于是决定第二次北伐。这段时间诸葛亮一直在汉中厉兵讲武,为继续北伐做准备。从第一次北伐失败的情况看,兵力不足似乎是一个问题,有人劝诸葛亮增加兵力,诸葛亮不同意:"当初我军无论在祁山还是箕谷,人数都比敌人多,不能破贼反而为贼所破,原因不在于兵少,在于我一个人。如今我想精减兵将,明罚思过,今后能灵活变通。如果不能这样,即使兵多又有什么作用?从今以后,诸位要为国尽忠谋虑,要经常指出我的不当之处,那么大事可成,贼可死,胜利指日可待!"

要增加兵力,就要加大在益州各地征兵的力度,但诸葛亮非常了解益州的实际情况,在人口总量有限的情况下,大量增兵意味着增加百姓的负担,为这次北伐,已经临时对征兵工作进行了调整,在常备军八万名员额的基础上有所增加,如果再增兵,那就超过了国力所能承受的极限。按照诸葛亮的想法,兵不仅不能再增,还要精减兵员,在数量有限的前提下,把提高部队战斗力的突破口放在加强训练上,以此弥补自己的短板。

诸葛亮考虑到,孙吴在东线战场得手后曹魏上下必然十分紧张,将极大地牵制魏军主力,让他们不敢大量向西线战场增兵,现在再次举兵北伐正是最佳机会。但是年初刚从陇西败回,不到一年又要北伐,势必会有一些人不理解,为了统一思想、坚定决心,诸葛亮再向后主刘禅上了一份奏表,重申北伐的意义,向后主同时也向蜀汉民众解释又要北伐的原因。

这就是《后出师表》,在这份奏表中诸葛亮首先申明了先帝的遗志,表明不北伐没有出路的道理,否定那种"王业偏安"的思想,认为不征伐曹贼先帝所创建的事业就会丢掉，与其坐着等待灭亡，不如去讨伐敌人。在这份奏表的最后，诸葛亮还说："我将小心谨慎地为国家奉献出我的一切，直到死为止。至于事业是成功还是失败，是顺利还是不顺利，那就不是我的智慧所能够预见的了！"

前一份奏表读起来激昂热烈，与之相比，后面这一份奏表或许更重说理，因而显得气势不如之前，言语之中也多了许多悲壮。这是因为，首次北伐遇挫对诸葛亮的心理势必产生不小的影响，他更清楚地看到敌我之间力量对比上的差距，所以《后出师表》强调了困难，强调了完成先帝遗志的艰巨性，但是决心未变，理想未变，胜利的信心也未变。仔细品读《后出师表》，看到的是一个更加真实的诸葛亮。这份奏表中多次谈到曹操一生遭遇过的失败，似乎隐约透露出诸葛亮此时面临的处境，虽然不会有人公开谈论他的过失，但第一次北伐就以失败而告终，他面临着很大的压力。诸葛亮希望大家理解失败是正常的，尤其对手那么强大。

但是，这份奏表中出现了一处明显的错误，致使大家怀疑到它的真实性。在这份奏表里，诸葛亮提到赵云已死，这是不对的。《三国志》有明确记载，赵云死于蜀汉建兴七年（229），中间差了一年，诸葛亮上这道奏表时，赵云仍然健在。所以，陈寿著《三国志》，收录了《出师表》而未收录《后出师表》，《后出师表》最早记录在张俨的《默记》里。张俨几乎是诸葛亮同时代人，在孙吴做官，于是有人怀疑这篇奏表是张俨的伪托之作，但这也说不通，奏表中对孙策、孙权都有不敬之语，张俨不可能作此语。

无论如何，有一点是肯定的，即使有人伪托，作这篇文章的时间也很早，必须在三国那个时代。从《后出师表》的思想、气势以及语言习惯来看，都符合诸葛亮的风格，文中的内容正与诸葛亮那时的心境相吻合，是诸葛亮作品的可能性更大，所以《汉晋春秋》也加以引用，裴松之、司马光都予以转录。

如果是诸葛亮所作，为什么说赵云已经故去？这确实是一个无法解释的问题，有一种看法是，《三国志》中关于赵云的卒年不准确，赵云就是死于蜀汉建兴六年而非建兴七年。这种观点也并非毫无理由，因为参加完首次北伐后，在后续的几次北伐中都再也没有关于赵云的任何记载了。

蜀汉建兴六年（228）秋天，诸葛亮第二次北伐。在路线选择上诸葛亮进行了调整，这一回没有再出陇西，而是兵出大散关，由此直插陈仓，该地即今陕西省宝鸡市，是关中西部的门户，也是关中通往巴蜀的枢纽。不选择再出祁山至少有三方面的考虑：一是蜀军在陇西新败，再去那里大家心理上多少会有些障碍；二是陇西各郡降而复叛，曹魏再次收复陇西各郡后亲蜀汉的势力尽被清洗，再去不会得到之前那样的欢迎；三是此次必须抓住战机，趁魏军被其他战场拖住的机会发起突然进攻，出陇西过于迟缓。

　　本来，秦岭山中有子午道、傥骆道、褒斜道三条栈道通行，魏延曾建议由子午道北伐，被诸葛亮以太多冒险而否决；傥骆道年久荒废，很难行走；褒斜道倒是一个不错的选择，但几个月前赵云、邓芝经此道撤退时把栈道全烧了，目前还来不及修复。所以诸葛亮没有太多的选择，只能走大散关。

　　对手也清楚这一点，曹真重新收复陇西后已经料到诸葛亮再次北伐一定会走陈仓这条路线，所以事先做了准备，派郝昭、王生守陈仓，加紧修整守城工事。郝昭字伯道，并州刺史部太原郡人，为人雄壮，年轻时就加入军籍，多次立下战功，从部曲督一步一步升为将军，说起来也不是无名小卒。曹操病逝前后武威郡发生了叛乱，武威郡太守毌丘兴向金城郡太守苏则求援，苏则认为叛军虽然气势很旺，但人心不齐，如乘机进攻，叛军内部必然发生分裂。郝昭当时是金城驻军将领，上面命令他原地驻防，不得西渡，郝昭根据当时的形势做出判断，支持苏太守的建议，违令救援武威郡，结果把叛军打败。

　　郝昭镇守河西地区十多年，当地汉人和外族都表示顺服。在魏将中郝昭的名气远不如张辽、张郃，很大一个原因是他久在河西地区服役，内地知道他的人并不多，但他绝对是一名出色的职业军人，久在军旅、经验丰富，敢打敢拼，又深得带兵之道，是打仗的一把好手。郝昭驻防后立即准备守城器具，等待蜀军的到来。

　　蜀军来了，总兵力接近10万人，而陈仓城里的守军只有1000多人。按理说城里的人应该望风而逃，因为这个仗根本不用打，也没法打。诸葛亮开始也不想打，他听说一个叫靳详的人跟郝昭是太原郡老乡，关系不错，就派他去劝降。靳详到了陈仓城外，郝昭站在城楼上对他说："魏朝的法律先生都熟悉，我的为人先生你也都清楚。我受到的国恩很重，而家族的人口也多，你就别再说了，我只求一死。请回去转达我对诸葛亮的谢意，请他直接来攻城吧！"

　　说得很实在，靳详只得回来禀报诸葛亮。诸葛亮不想放弃，又让靳详去劝说，告诉郝昭实力无法匹敌，不要做无谓牺牲，郝昭这次对靳详说："前面已经都说完了，我认识先生，箭却不认识你！"诸葛亮只得下令攻城，一场最著名的攻防战打响了。

攻城的一方占有绝对优势，势在必得；守城的一方信心十足，誓死守住，仗打得很激烈。在冷兵器时代，主要的攻城方法有三种：一是用云梯、冲车直接进攻，通过云梯往城墙上爬，用冲车撞城门；二是在城外树起高楼，高度超过城墙，站在上面朝城里射箭，使守军所依赖的城墙高度优势丧失；三是往城里挖地道，办法笨一些，但隐蔽性高。这几招蜀军都用了，却未能奏效。守军用燃着火的箭逆射云梯，云梯着火，梯上的人都被烧死，又用绳拴上石磨砸冲车，冲车被砸折；对树在城外的敌楼，守军通过不断加固城墙的办法抵挡住进攻；对地道，守城的人也挖，他们横向挖，将攻城的地道阻截。20多天过去了，陈仓城仍未攻破。

一耽搁，曹魏的援军就到了。这次来的不是曹真，仍然是左将军张郃，本来他已重新归司马懿节制，驻扎在方城，这次魏明帝又调他率部增援陈仓，之所以做出这样的安排，大概曹魏方面还没有完全看清蜀军的意图，担心陈仓是佯攻，所以曹真在长安没有轻举妄动。

张郃第二次成为"救火队队长"，他率三万人马从方城星夜往关中赶，路过洛阳时魏明帝特意在城南设宴为他洗尘，张辽、徐晃、乐进、于进等名将已先后辞世，魏明帝对张郃格外看中。席间，魏明帝问援军到后诸葛亮会不会撤军，张郃说："诸葛亮孤军远征，粮草困难，臣料想不等我方援军到达，诸葛亮自己就会撤退。"果然如张郃所料，诸葛亮主动撤军了。第二次北伐就这样匆匆结束，又是一次劳而无获，唯一的胜利是在回师途中将追击的魏将王双斩杀。

陈仓一战让郝昭成名，魏明帝赐郝昭为列侯，并亲自召见。郝昭到了洛阳，魏明帝对他十分赞赏，召见时朝廷中书令孙资也在场，魏明帝知道郝昭和孙资都是太原郡人，高兴地对孙资说："你们太原郡有郝将军这样的人才，朕还有何忧愁？"但郝昭不久就因病去世了。史书上也记载，郝昭临终前对儿子郝凯说："我为将，深知为将的不易，我几次挖掘别人的坟墓，用棺材板做攻战用具，知道死后厚葬对死者没有用。所以，在我死后下葬时用普通的仪式就行了。人啊，活着的时候有处所，死了要那些有什么用呢？把我葬在离本族的墓地远一些的地方，不管东西南北，你自己安排就行了。"魏明帝对郝昭的死深表痛惜，悲伤之情超过对普遍大臣的礼制，为此饭量较平时减去不少。

陈仓之战，10万人用了20多天没有攻下1000多人防守的一座县城，算是一个败仗了，这成为诸葛亮军事生涯的低谷，有人非议诸葛亮的军事才能常以此为例。有人认为陈仓之败缘于指挥失误，如清人曾国藩说："孙权攻合肥，被张辽打败；诸葛亮攻陈仓，被郝昭打败。这都是开始势头太猛，锐气过后而衰竭。"也有人认为陈仓之败缘于攻城的不易，如元人胡三省说："攻城很困难，守城相对容易。如果评论攻城和守城谁更优，基本上都会倾向于守城的一方，不是能守城的人的才能优于攻城的人，而是由主客位置所决定的，所以从用兵上看，攻城是最难的事。"

"守则不足，攻则有余"是《孙子兵法》里的话，道出了冷兵器时代城池攻防战的艰辛，曹操为这句话作注时也说："我们之所以要守，是因为能力不够；之所以攻，是因为能力有余。"之前讲到过，袁绍、曹操等人都有面对孤城久攻不下的记录，有的长达数月甚至一年。陈仓虽是汉末的一个县城，但历来是军事重镇，汉灵帝中平五年（188）十一月凉州人王国举兵起事，重兵包围陈仓，结果攻打了80多天未破，只得退去。

郝昭驻守陈仓后对城池进行了加固，在陈仓旧城附近新修了一座新城，这座新城建在一块台地上，后倚原麓、前横高岸，依势所筑，地险而城坚。这样的城池20多天打不下也正常，不能因此就否定诸葛亮的军事才能。

而且，对诸葛亮发起此战的意图还有另外一种理解。从战术上看，三万增援的魏军在张郃率领下驰援陈仓，当时蜀军有10万人，似乎可以一战，但诸葛

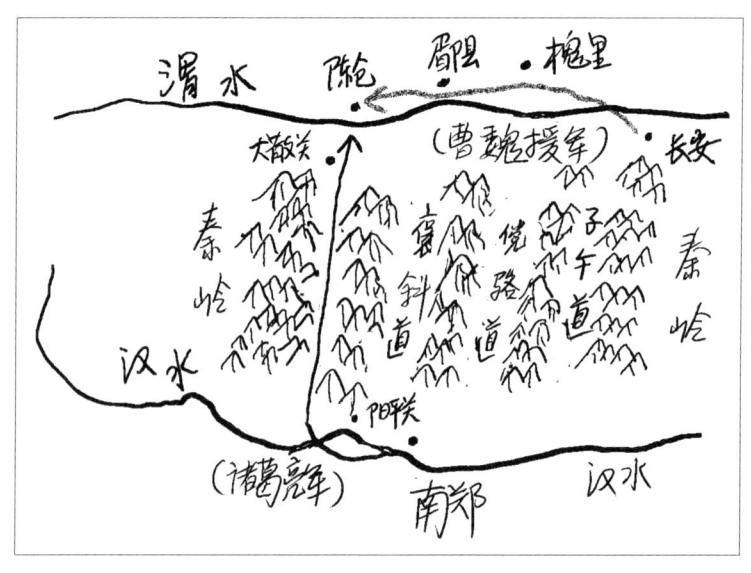

诸葛亮第二次北伐示意图

亮退得很干脆，似乎说明这里面另有隐情。当看到诸葛亮写给哥哥诸葛瑾的一封信时，似乎找到了这个疑问的答案，这封信容易被大家忽视，因为正史都没有收录，它保存在一部地理志里，诸葛亮在这封信中说："有一个叫绥阳的山谷，山崖险要，溪水纵横，行军困难。以前侦察兵在这一带往来，都走的是险要的小道。现在我命令先头部队砍伐树木，修建道路，以便通往陈仓，足以牵制敌人，让他们不能分兵去进攻孙吴。"

从信的内容看应该写于陈仓攻城战打响前，这封信至少可以说明几点：一是在大战即将拉开帷幕的时候，诸葛亮还与远在孙吴的哥哥通信，保持着信息上的沟通；二是此次北伐诸葛亮做了大量准备工作，派出侦察人员前往陈仓一带做过侦察；三是信中特意讲到蜀军的行动可以起到牵制魏军的效果，让他们不能分兵攻打孙吴。

尤其是第三点，透露出蜀军此次军事行动的目的就是配合孙吴，所以大战将至的紧张时刻诸葛亮还有精力给哥哥写家书，因为这不是普通的家书，而是通过哥哥向盟军通报情况的重要信函。刘备死后吴蜀重新交好，在军事上双方多有配合，诸葛亮第一次北伐期间孙权也出兵牵制了曹魏，这种配合应该是双方面的，既有孙吴配合蜀汉，也应该有蜀汉配合孙吴。

石亭之战发生在曹魏太和二年（228）八月，是秋天，诸葛亮第二次北伐也在这一年的秋天，从时间上看两次军事行动是同时酝酿的，周鲂诈降从五月就开始了，因为高度机密，事先不大可能把细节都通报给蜀汉，但可以知会蜀汉方面正在筹划一次大战役，请这边出兵攻打曹魏的西线，减轻孙吴的压力。

诸葛亮接到孙吴方面的请求后就立即行动了，在西线战场发起进攻，不仅牵制了西线战场魏军总指挥曹真，使其不敢乱动，而且调动原属荆州战场的张郃率部回援。诸葛亮的战略是，如果进军关中顺利，不妨直捣长安；如果不顺利，也能调动魏军主力，配合盟友的行动。后来魏军增援部队赶来了，这时孙吴那边也完成了石亭大捷，诸葛亮也就没有恋战，迅速回防。所以，对于这次"大败而归"，一向严于律己的诸葛亮没有再次做出反省或自罚。

第十八章 巨星陨落

一、孙权武昌称帝

石亭之战巩固了孙吴的长江防线，加上蜀汉在关中方向频频向曹魏施压，魏军在长江一线不得不进入守势。三雄争衡天下，孙吴本来弱小，内部又有山越这个老问题，处在被挤压的状态，但孙权掌权至今，战略上一直保持了主动，没有出现重大失误，几次关键战役都取得了胜利，现在的势力已经超过了蜀汉，虽然比曹魏还有些不足，但也能始终保持长江防线不失。

石亭之战后孙权的个人威望达到了顶峰，劝他称帝的呼声高涨起来。次年即孙吴黄武八年（229）春天，孙吴公卿百官一齐劝孙权正尊号。新皇帝上位本来称"登基"，但曹丕称帝不称登基称"禅让"，以示帝位不是他硬夺的；刘备称帝不称登基称"继位"，以示他仍尊汉室，不是夺权而是继承了汉献帝的大位；孙权也一样，避开"登基"这个词而称作"正尊号"，因为在孙吴公卿百官看来，孙权早就是皇帝，现在只是正名而已。

如同其他皇帝登基前一定会出现各种祥瑞事件一样，此前孙吴各地纷纷报告黄龙、凤凰等出现，预示一个新纪元就要开始了。与此同时，兴平年间在吴县一带流传过的一首童谣也在社会上重新流行起来，童谣唱道："黄金车，班兰耳；闾昌门，出天子。"意思是：车上黄金放光，挡泥板颜色闪亮，打开西边昌门，出来一位皇上。昌门是吴县的西城门，为战国时吴王夫差所筑。这首童谣流行的时间正是孙策开拓江东的时候，现在这首童谣重新流传，说明孙权称帝的民意基础已经具备。

这一年的四月，在曹魏、蜀汉分别立国称帝八年之后孙权也正式在武昌城南的郊庙称帝，成为三国时代第三位皇帝。之前孙吴是曹魏治下的吴国，已有年号黄武，孙权称帝后国号仍为吴，因为不是统一的王朝，故习惯上仍称"孙吴"，年号改为黄龙。

接着，孙权以孙吴皇帝的名义向天下诏告："汉朝享国二十四世，经历了434年，最后行气数终，禄祚运尽，天下率土分崩，以致让孽臣曹丕窃取了神器，曹叡接着作乱。我孙权生于东南，志在平世，奉辞行罚，以安天下。群臣将相、州郡百城都认为汉氏已绝于天，皇帝位目前虚置，郊祀无主，根据上天的旨意，将这些祥瑞加于我，我畏天命，不得不从。希望上天保佑我吴国，永终天禄。"根据这篇文告的说法，自刘邦建立汉朝迄今共434年，而根据曹魏方面的看法汉朝在八年前已经不存在了，所以曹丕的登基文告里说汉朝国运是426年，双方统计上的差异反映出孙权并不承认曹魏是汉室的继承者，这八年汉朝仍然存在，只是帝位空置。

这篇文告集中抨击了曹魏篡夺汉室政权的违法行为，但对于蜀汉却只字未提。蜀汉一直认为自己是汉室的延续，孙吴下一步如何处理与蜀汉的关系，这是一个棘手的问题，不提蜀汉，就是把这个问题先搁置起来，为后面留有余地。

孙权下诏追尊父亲孙坚为武烈皇帝，母亲吴氏为武烈皇后，哥哥孙策为长沙桓王，立长子孙登为皇太子。孙权没有马上立皇后，他的第一位夫人是谢夫人，之后又娶了袁夫人、徐夫人、步夫人，而他最宠爱的是步夫人。步夫人不仅长得漂亮，性格也好，不妒忌，得宠于孙权。步夫人没有儿子，给孙权生了两个女儿，大女儿取名叫孙鲁班，字大虎；小女儿取名叫孙鲁育，字小虎。孙权很喜欢这两个女儿，步夫人因此更加受宠。

孙权的长子孙登的母亲地位低贱，死得也早，没有留下姓氏，孙登从小由徐夫人养大，孙登视徐夫人为生母。但徐夫人后来不被孙权宠爱，被送回吴郡居住。鉴于废长立幼的教训已实在太多，孙权不敢弃孙登立其他儿子为太子，他试图让步夫人与孙登多接近，以培养"母子"二人的感情。步夫人每次送给孙登东西，孙登不敢推辞，但仅拜受而已。如果是徐夫人派人送东西来，孙登必先沐浴再去接受。

孙权为吴王时就已立孙登为王太子，当时孙登对父亲说："本立才有道生，要立王太子，请先立后。"孙权问他："那你说说你母亲现在在哪里？"孙登回答："在吴郡。"孙权听罢，只能默然。问题是孙吴的群臣也支持孙登的观点，认为应该立徐夫人为王后，孙权曾试着提过立步夫人的事，结果众人一致反对，坚持要求立徐夫人，孙权一生气，谁都不立，王后之位一直空着。孙权称帝后又想立步夫人为皇后，但他知道如果提出此议群臣还会反对，所以干脆作罢，让皇后位子空在那里。

为了纪念称帝庆典和黄龙现身，孙权命人制作了一面黄龙大旗立在中军帐，作为指挥各军的旗帜，命老同窗胡综作《黄龙大牙赋》昭示天下。胡综是孙权的"大笔杆子"，这篇赋写得很有气势。孙权相信天运命数，此时著名术士吴范已去世，常在孙权身边负责占卜测运的是赵达。孙权让赵达推算一下他当天子能持续多少年，赵达说："汉高祖封王称帝共12年，陛下将会达到24年。"孙权此时48岁，按照赵达的推算，他至少能活到70岁以上，曹操活了66岁，刘备活了62岁，曹丕只活了40岁，如果能活到70岁以上那绝对是长寿了，所以孙权听了赵达的话感到很高兴，左右也都向他道贺。

在称帝大典上，孙权看到眼前的百官百感交集，他首先想到了周瑜，对大家说："如果没有周公瑾，我称不了帝啊！"接着，还想到了鲁肃："当年鲁肃曾向我提到过建号称帝的事，他真可称得上明了时势的人啊！"孙权的话勾起了许多人的回忆，他们回想起这些年来一道走来的披荆斩棘的岁月，为终于有了孙吴建国的这一天而感到欣慰和骄傲。

当然，也有人会在心里默默反省，比如张昭。孙权当初为吴王时没有任命众望所归的张昭为丞相，而是任命了资历和名望都差得远的孙邵，孙权任命张昭为绥远将军，让他和滕胤、郑礼等人参照周、汉两朝的做法撰定本朝礼仪。现在，按照惯例大臣们在这个大典上应当称颂帝王的功德，等张昭跪在那里举笏板要开口说话时，孙权突然道："如果当初听了张公的话，现在该去要饭了吧？"

张昭惭愧万分，伏地流汗不止。不久，张昭便以老病为由辞去一切职务，孙权念其是三代老臣，拜他为辅吴将军，改封为娄侯，食邑万户，朝会时的班位仅次于三公。张昭彻底离开了政坛，待在家里没事，开始读书著述，曾撰有《春秋左氏传解》和《论语注》等著作。

孙邵已经去世，孙权提拔原吴国尚书令顾雍接替他。顾雍是大学者蔡邕的学生，出身于吴郡大族，孙权对他相当器重，顾雍不喜欢饮酒，也不爱多说话，举止行为都很恰当，孙权曾感慨地对人说："顾先生不轻易说话，一说话就会切中要害。"

孙权提升辅国将军陆逊为上大将军、左将军诸葛瑾为大将军，大将军一向被认为是军职中的最高者，但孙权又发明了一个"上大将军"，那么陆逊就相当于是军职中的第一人，诸葛瑾仅次于陆逊。孙权把荆州地区的长江防线分为两段，由左、右都护分别任总指挥，左都护治所公安，右都护治所武昌，陆逊兼右都护，同时仍兼荆州牧，诸葛瑾兼左都护，同时兼豫州牧。豫州是曹魏的地盘，这个任命只有象征意义。

上大将军、大将军以下是骠骑将军、车骑将军，孙权分别任命了步骘和朱然，同时让步骘兼任冀州牧，让朱然兼兖州牧。再往下，全综被授予卫将军，兼任徐州牧；朱桓被授予前将军，兼任青州牧；潘璋被授予右将军，兼任襄阳郡太守；吕岱被授予镇南将军，兼任交州刺史；孙韶被授予镇北将军。

程普、黄盖、韩当、甘宁、朱治、贺齐等名将已去世，老将里还有一个吕范也深得孙权的器重，孙权曾把鲁肃比作邓禹，把吕范比作吴汉，孙权本来想让他担任大司马，该职务掌四方军事，位在三公之上，可与丞相相匹，但官印和绶带还没有发下来吕范就因病去世了。

孙吴的文官体系一向相对次要，所以丞相以下九卿的设置无法考全，只知道太常卿是由蜀汉投降过来的潘濬担任，孙权对他一向器重，为儿子孙虑娶潘濬之女，结成儿女亲家。光禄勋卿是刘繇的儿子刘基，孙权为儿子孙霸娶刘基之女，也结成儿女亲家。与九卿地位相当的文官还有侍中，是皇帝的高级秘书兼顾问，孙权分别任命了徐详、胡综，深为孙权信赖的是仪担任尚书，他们仍然在孙权身边掌管文秘、机要。

二、吴蜀"分天下"

孙权称帝虽是意料之中的事，但在政治上算是一件大事，对蜀汉来说也是一道难题。如果蜀汉跟着反对，那么与孙吴的联盟关系将再次被动摇，现在要北伐曹魏又离不开孙吴的支持；如果不反对，又是一件很尴尬的事。称帝后孙权派使臣到蜀汉告知相关情况，并表示今后将继续维护孙刘联盟，同时尊吴、蜀两位皇帝。

从理论上说蜀汉是刘汉的延续，视天下为一统，讨伐曹魏正是因为"皇纲失统"，所以不能承认孙吴政权。而且，蜀汉大多数人认为和孙吴继续交往下去已没有太大作用，当初孙吴内外皆不稳定，需要蜀汉的支持才不得已结盟，现在孙吴的局势越来越稳定，孙权称帝后主动向曹魏出兵的意愿将大为降低，所以不少蜀汉人士建议应该表明立场，公开与孙吴断绝盟友关系。孙吴和蜀汉这一对盟友的确有太多的纠结，有时团结如一人，同仇敌忾；有时又是杀红了眼的仇人，恩怨无解。关羽被杀、先帝兵败，蜀汉内部有一股仇视孙吴的力量，虽然前一阶段双方的关系有所缓和，但大家的气一直在憋着，需要找个发泄口。

孙权称帝眼看将成为不满情绪的发泄口，如果是那样将正中曹魏的下怀。看到这种情况，在汉中的诸葛亮感到很着急。人是感性的，政治和外交却必须理性，只靠蜀汉自己的力量很难完成灭魏大业，只能联合孙吴，利用吴魏之间的矛盾推动北伐事业的完成。从大局出发，孙刘联盟不仅不能断，而且还要强化。

为统一大家的思想，诸葛亮写了一篇文章阐述与孙吴断绝盟约的损害。孙权称帝问题的核心是名分，正如孔子说的"天无二日，地无二王"，但这样的理论问题一旦讨论起来就会没完没了，所以诸葛亮干脆也把其定性为僭越之举，避免大家争议不休。但理论无法完全代替现实，从现实来看孙吴对蜀汉仍然很重要，至于孙权称帝后会不会继续积极进取、与蜀汉一道对付曹魏，诸葛亮认为是会的，大家的顾虑大可不必。

为答谢孙吴使者来访，诸葛亮决定派人回访。此次出使意义非同寻常，使臣的人选十分重要，本来邓芝是合适人选，他与孙权不仅多次见过面，而且私交很好，孙权对他很认可。但邓芝此时在汉中前线，任扬威将军一职，作为赵云的副手带领一支人马，赵云刚刚去世，邓芝离不开。

费祎也是人选之一，此次北伐他以侍中的身份改任丞相府参军，在军前效力，作为诸葛亮着力培养的"后备干部"，最近诸葛亮准备改任他为中护军，回到成都协助张裔、蒋琬的工作。最后诸葛亮决定由朝廷尚书令陈震出使孙吴，为了表示此行的隆重，诸葛亮奏请后主升陈震为九卿之一的卫尉。尚书令品秩只有六百石，卫尉品秩二千石，"级别"高得多。

出访前陈震专程到汉中当面听取诸葛亮的指示，诸葛亮向陈震交代了此次孙吴之行应坚持的原则和注意事项，诸葛亮还专门给大哥诸葛瑾写了封信让陈震带上，信中说："孝起这个人，为人忠诚质朴，经过时间的磨炼而更加坚定，让他奉命敬贺吴主称帝，沟通吴蜀双方的关系，使双方保持友好往来，和睦相处，对联盟有可贵之处。"孝起是陈震的字。

陈震率使团进入吴国边界，诸葛瑾以孙吴大将军的身份驻扎在公安，陈震一行路过公安时，一定会将诸葛亮的信转呈，诸葛瑾也会对他们的行程给予关照。过去蜀汉多次派人出使孙吴，但这一次不同，因为对方也有了正式的国号和皇帝，现在是两国之间的交往，都说外交无小事，如何确定双方的称呼和交往中的礼仪，都需要谨慎对待。陈震为此专门给沿途的吴国守将写信，表明此行的意图，并称蜀汉为西国，称孙吴为东国，称孙权为东尊，这些外交辞令都是反复斟酌的结果，既合乎外交礼仪，又不让自己一方尴尬，可谓用心良苦。

陈震一行顺利抵达武昌，对于他们的到来，孙权给予热情欢迎，在此之前，蜀汉方面对自己称帝是否承认，孙权心里也没有底，蜀汉使团的到来，让孙权心里的一块石头落了地。陈震首先以蜀汉特使的身份祝贺孙权登基，接着根据行前诸葛丞相交代的原则与孙吴就下一步的合作进行商谈，双方谈论的焦点不是名分问题，而是一旦灭掉曹魏领土该如何划分。

这看起来虽然不现实，但又是当下最务实的事。双方以东汉原有的13个州为标准，把曹魏占领的豫、青、徐、幽、兖、冀、并、凉州以及司隶校尉部一分为二：豫州、青州、徐州、幽州归孙吴，兖州、冀州、并州、凉州归蜀汉，司隶校尉部以函谷关为界，西边归蜀汉，东边归孙吴。不知当时双方具体是怎么谈的，可能也只是站在地图前挥手一划拉就定了，否则不会把并州、冀州给蜀汉而把它北面的幽州给了孙吴，真那样的话幽州就成了孙吴的一块"飞地"。

没认真，说明没必要认真，这一点双方都心知肚明。即使曹魏将来真的被灭了，双方能不能按照这份协约去分领土呢？很难说。说不定到那时又会再提枹鼓、重开战事。但现在只谈政治和外交，将来的事将来再说吧。谈判进展得很顺利，孙权挺高兴，他觉得还应该再搞一个隆重的仪式重新誓盟，纪念双方的合作，顺便造一造势，于是下令筑起誓坛，之后亲自登坛，与蜀汉特使陈震歃血盟誓。

誓文还是由胡综撰写，写得辞气慷慨，气势十足。根据誓约，吴蜀双方正式建立起军事同盟关系，之前双方虽然视对方为盟友，也有过军事上的配合，但以书面形式立誓约确定军事同盟还是首次，双方规定当一方受到别国攻击时另一方有义务出兵相助。在誓约中孙吴称自己为吴国，称蜀汉为汉国，这是对现实的尊重。誓约中还有一段文字对蜀汉丞相诸葛亮进行了赞扬，这在两国外交中是少见的，这反映出孙权对诸葛亮一贯力主孙吴联盟的感激。

为落实誓约，孙权决定把国都由武昌迁回建业，表明自己无意在西面与蜀汉相争的诚意。此前孙权任命步骘遥领冀州牧、朱然遥领兖州牧，根据双方关于领土的划分，孙权下令解除步骘和朱然的这两项兼职。蜀汉也迅速回应，把鲁王刘永的封号改为甘陵王，把梁王刘理的封号改为安平王，原因是鲁、梁二地属于未来孙吴的地盘。

孙吴黄龙元年（229）九月，孙权正式迁都建业。建业本来就是孙吴的大本营、屋舍、衙署一应俱全，孙权下令各机构回迁后一律利用原有设施办公，不再增加新的建设项目。孙权走后，武昌这边留太子孙登驻守，上大将军陆逊、大将军诸葛瑾、尚书是仪等留下辅佐。陆逊本来兼任着荆州牧，孙权又下令把原属扬州刺史部的豫章等三个郡也交由他掌管。

陆逊生性耿直，看不惯的地方就说，孙权的儿子建昌侯孙虑喜欢斗鸭，在厅堂里做了一个斗鸭栏，颇为精巧，陆逊看到后批评说："你应当勤览经典，不断充实自己，干吗玩这个？"孙虑一听，赶紧把它毁了。孙权的侄子孙松是射声校尉，在所有子侄里孙权最喜欢他，但孙松根本不是带兵的料，队伍让他带得松松垮垮，陆逊根据军法撤了他的职并判处髡刑，该刑罚是剃光头发并罚做苦役五年。

当时曹魏江夏郡太守逯式经常率兵骚扰孙吴，陆逊听说逯式与魏将文休不和，于是想出一条计策除掉逯式。文休，是赤壁之战前从刘表那里投降曹魏的老将文聘之子。陆逊给逯式写了封信，信中写道："看到你的来信，感觉你诚恳之至，知道你与文休嫌隙已久，势不两存，你想来归附，以密信相报，你现在暗中先做好准备，具体接应日期到时候再通知你。"陆逊故意让魏军士卒得到这封信，士卒得信后呈报给了逯式，逯式惶惧，就以送妻子儿女为借口回了洛阳。大家听说这件事，认为他有通敌的嫌疑，不敢和他交往，逯式最后被免官。

有陆逊辅佐，荆州的事孙权可以放心，唯一让孙权觉得不安的是太子的性格。在孙权看来这儿子一点儿都不像自己，毫无霸气，遇事也不果敢、坚强，生性内向和敏感。孙登出去打猎，一定会盼咐手下人走大路，远避农田，不能践踏庄稼，要休息时也总选择空地。有一次，孙登骑马外出，忽然有一颗弹丸飞过，左右立即搜寻，发现有一个人刚好手持弹弓，身上还有弹丸，大家认为刚才那一粒弹丸必然是这个人射的。此人喊冤，左右要打他，孙登制止了，他让人去寻找刚才那粒弹丸，竟然找到了，跟这个人身上带的弹丸进行了比对，发现并不一样，孙登下令将其释放。还有一次，孙登有个镶着金马的水盂丢了，抓住了偷盗的人，原来是自己身边的工作人员，孙登不忍处罚他，把他叫来责备了一番，遣送回家，还专门告诉左右不要把这件事张扬出去。

一个善良的人，一个谦虚、谨慎富有同情心的人，很容易赢得百姓的好感和身边人的感恩爱戴，但不一定是个好国君。孙登此时20岁，他有些像魏明帝曹叡，都出身在豪门，一个生母不受宠、一个生母卑贱，从小习惯看别人的眉高眼低，性格上不敢张扬，显得谦卑甚至怯懦。孙权想改变孙登，所以给他挑选了有名望的老师授业，同时在群臣中选拔一些才能出众的子弟陪他读书，诸葛瑾的长子诸葛恪、张昭的次子张休、顾雍的孙子顾谭和陈武的庶子陈表等人入选，他们被称为孙吴的"太子四友"。

孙权让孙登重点学习汉朝历史，熟悉当代的事情，张昭在这方面很有研究，孙权就让张休先从张昭那里学习，之后由张休转授给孙登。孙登成为皇太子后建立了太子府，上面这几个人都在太子府里有了正式职务，其中诸葛恪担任太子左辅，张休担任太子右弼，顾谭担任太子辅正，陈表担任翼正都尉，加上太子府里的谢景、范慎、刁玄、羊衜等人，一时间太子府人才济济，他们成为孙吴政坛的新生代。

三、魏吴的秘密战

孙权称帝的消息传到曹魏，反响却不强烈。孙吴和曹魏早已翻脸，孙权称帝一点儿都不让人吃惊，从魏明帝到群臣，没有人太多议论这件事，也没有人建议因孙权僭越而去讨伐他，洛阳对孙权当上皇帝这件事的反应不是平静，而是平淡。

魏明帝曹叡这段时间在忙什么呢？曹叡现在有些心烦，也是关于儿子的事。魏明帝出生于赤壁之战的前两年，现在已经23岁，即使在民间，也早已有几个孩子了，三年前他的第一个儿子出生，取名曹冏，宝贝得要命，赶紧封了个清河王，但不知什么原因，当年这个儿子就早殇了。去年，曹叡又有了一个儿子，取名曹穆，封为繁阳王，千呵护万呵护，但今年又死了。最终魏明帝一生都没有养活一个儿子，最后还是养子继的位。这让曹叡很烦心，看来不能怪后宫，只能怪自己的遗传基因不好。

按说曹家的遗传基因不应该有问题，曹操一生有过25个儿子，很出色的就有好几个，曹丕的儿子没有那么多，但也有10个，而且没有早殇的，偏偏到了魏明帝就出了问题。所以，也有风言风语传出来，说他根本就不是曹家的后人。史书没有记载曹叡的具体生年，只说他死于青龙三年（239）正月，说完这句话按惯例就结束了，但史书上还有一句话，说曹叡死时享年36岁。

细心地品一下这几个字，会发现很有问题，因为按照时间往前推，曹叡应该出生于建安九年（204），而这一年的八月曹军才攻克邺县，即使曹丕一见到曹叡的母亲甄宓就迎娶了她，她也来不及当年生下曹叡。有人认为这是史书的笔误，曹叡死时应该是35岁；也有人认为"三十六"和"三十五"笔画上有明显区别，不可能在编书和出版的过程中不小心被抄错，史书里专门写上曹叡的年龄是故意的，是想说曹叡的生父另有其人，不是曹丕。

不是曹丕，那是谁？甄宓在嫁给曹丕前是有夫之妇，她的丈夫是袁绍的儿子袁熙，曹叡如果不是曹丕的儿子，那就应该是袁熙的了。如果真是这样的话，这个玩笑就开大了，曹操的孙子成了袁绍的孙子！有人相信这是真的，他们认为史书在此使用了曲笔，不敢明说曹叡的身世，只好委婉曲折地表达，理由是曹丕生前迟迟不立曹叡为嗣，直到最后才立曹叡，而甄宓又是被曹丕突然赐死的，凡此种种都说明里面有不可告人的内幕。

其实这不大可能，曹叡是不是曹家的后代，别人搞不清，曹丕肯定清楚，即使曹丕当年出于对甄宓的痴情而故意忽略了此事，曹操也不会装糊涂，曹操生前对自己的这个长孙很喜爱，走到哪里都带上，曹叡15岁时就跟他的叔父们一起被封了侯，是曹操孙子中封侯最早的，这些迹象表明曹叡不可能是袁氏后代。但谣言、绯闻这些东西之所以流行，就是因为不会给当事人以解释的机会，曹叡特殊的身份和神秘的少年生活难免会成为被八卦的重点，虽然没有人敢在曹叡面前直接挑战他血统的纯正性，但风言风语总是一种困扰。

这时候自己的两个儿子相继早殇，曹叡的心情低落到了极点。曹叡觉得有些事还是提前说清楚好，于是在孙权称帝的这一年七月颁布了一份诏书。诏书很长，中心意思不是说君王没有儿子该由谁来继位，而是讲继了位的人应该明白作为后人的大义，绝不能随便建立尊号以扰乱大统。什么意思呢？就是假如曹叡到最后都没有亲生儿子，根据古制将在侄子里选一个作为继承人，曹叡的侄子有一大把，人倒不愁找，曹叡告诫他们，继位可以，但你得明白是以过继的身份继的位，要尽继子的义务，到那时不能为生父、生母建尊号。曹叡命人把这份诏书刻在竹简上，藏在宗庙里，记录在国家的法令里，总之要确保不得推翻，谁要违背，立即诛杀。

除了这件事，曹叡还有一个烦心事，有人在拉帮结派，搞小团伙。干这事的不是那些老臣、重臣，而是一帮年轻人，是曹魏政坛的新生代，他们这些人职位都不太高，但都有显赫的背景，或者说是清一色的"官二代"。他们平时在一起交游唱和，不仅沽名钓誉，而且以各种各样的名号互相标榜，相当无视朝廷。

散骑常侍夏侯玄、尚书诸葛诞、邓飏等人互相吹捧，把夏侯玄、田畴等四人称为"四聪"，把诸葛诞等八人称为"八达"，刘熙、孙密、卫烈三人虽不及他们，但其父官职显赫，被称为"三豫"。"四聪""八达""三豫"共有15个人，史书没有把他们的名字全都列出来，一般认为他们包括以下这些人：何晏、夏侯玄、诸葛诞、邓飏、荀粲、李胜、丁谧、毕轨、孙密、卫烈、钟会、司马师等。

何晏是曹操的干儿子，也是女婿；夏侯玄是夏侯尚之子，夏侯尚是夏侯渊的侄子，跟司马懿是儿女亲家；邓飏是东汉名臣邓禹的后人，荀粲是荀彧的小儿子，丁谧是曹操故友丁斐的儿子；李胜的父亲是名士李丰，毕轨的父亲是魏臣毕子礼；孙密的父亲是孙资，刘熙的父亲是刘放，他们都是魏明帝跟前的大红人；卫烈是名臣卫臻之子，钟会是名臣钟繇之子，司马师是司马懿之子；诸葛诞是诸葛丰的后人，算起来是诸葛亮的本家，有人说他是诸葛亮的族弟，但史书没有明确记载，他虽然没有诸葛亮、诸葛瑾的名气和成就大，但也是一位风云人物。

这些人喜欢结交，整天搞在一起，引起了曹叡的警觉。曹叡少时长年独处深宫，加上他有口吃的毛病，所以性格比较内向，不喜欢那些夸夸其谈的人。更重要的是，对于互相吹捧、拉帮结派、左右舆论这些事他从内心里深恶痛绝。但是这些人都有很深的背景，盘根错节，互相勾连，已成势力。

经过一段时间的观察和调查，曹叡暗中掌握了这些人的主要情况，这时老臣董昭上书，痛斥这些人的不端，魏明帝借势下诏，将其中华而不实的人予以罢官，把他们全部撤销职务，不再任用，这就是著名的"浮华案"。该案所涉及的人一时都淡出了历史舞台，但这是暂时的，他们后来还将重新活跃起来。

因为这些烦心事，曹叡没有像父亲那样在军事上积极进取，更多的是以守为主，但也不是完全消极，他曾对孙吴发起过一次秘密战，并险些成功。

这场秘密战，更确切地说是间谍战。就在孙权称帝后不久，曹叡突然秘密召见了一个人，跟他有一次神秘的谈话，之后这个人就从曹魏消失了。这个人的名字叫隐蕃，史书里没有他的传记，连他字什么都不清楚，只知道他的祖籍在青州刺史部。孙吴黄龙二年（230）他突然出现在江东，表示要投降归顺。

当时隐蕃只有22岁，也没有多少知名度，一开始并没有引起孙权的注意。隐蕃给孙权上书，并且到了孙权的手上，正是这份上书改变了隐蕃的命运。隐蕃在这份上书中写道："在下听说纣王无道，所以微子出逃；汉高祖宽明，所以陈平来投。在下今年22岁，舍弃了在魏国的荣华富贵来投，归命于有道的君王，多亏上天的庇佑才能安全到达。但在下到吴国已经很多天了，您却把我和一般的投降者一样，没有特别对待我，使得在下有许多好的言论和计策没办法告诉您。我在家中一日三叹，害怕自己这辈子就这样度过。"

孙权很在意自己的形象，他想当汉高祖，不想被视为殷纣王，所以就破例召见了隐蕃。在这次召见中孙权问了隐蕃一些问题，隐蕃都对答如流，说起当今时务更是滔滔不绝，很有见地，也很有条理，让孙权刮目相看。召见中，孙权少年时代的同窗、江东大笔杆子胡综也在，隐蕃退下后，孙权问胡综对隐蕃的看法，胡综认为此人有点像东方朔，又有点像祢衡，但才华不如他们，言下之意没有真才实学。

孙权问胡综隐蕃适合担任什么职务，胡综建议不能安排他到地方上治理百姓，先给他在京城安排一个小职务试试。鉴于隐蕃谈论中涉及刑狱方面的东西比较多，孙权就任命他当廷尉监。廷尉是九卿之一，负责刑狱和司法，廷尉监是廷尉的属官，品秩六百石，与县令相当，隐蕃的这个职务类似于司法部下面的一名掾。

职务虽不是很高，但隐蕃的活动能量很大，很快就在江东积攒了不少人气，左将军朱据以及隐蕃的顶头上司廷尉郝普都称赞他，认为他有王佐之才，还争着巴结他，隐蕃家门口常车马云集，宾客盈堂。尤其是郝普，经常为隐蕃鸣不平，认为他当个掾太屈才了。这个郝普，就是原来在刘备手下担任零陵郡太守的那位，吕蒙当年越湘江、取三郡，郝普投降，孙权相当信任他，让他当了廷尉。

也有人觉得其中有问题，太常卿潘濬的儿子潘翥争相交好隐蕃，给他送粮送钱，潘濬知道后很生气，写信责骂潘翥，让他把送给隐蕃的礼物要回来，并自行受杖一百，大家都觉得潘濬实在不讲人情，有些过了，但事后才发现潘濬多么有先见之明。

隐蕃确实是曹叡派来的卧底，他到孙吴来肩负着重大使命。在行前的那次秘密谈话中，曹叡让他到孙吴后想办法当上孙吴的廷尉，掌握大臣们的情况之后控告他们。本来隐蕃仕途一片看好，离廷尉也越来越近，但后面发生的一件事打乱了他的计划。上次诈降曹休让孙权尝到了甜头，他想给曹魏再使一招反间计，这一次让中郎将孙布去诈降，诱使魏军进攻。这是一个重大机密，隐蕃得到了情报，眼看事态紧急，来不及通知曹魏，隐蕃于是冒险仓促起事，试图打乱孙吴的部署，后因消息走漏，隐蕃出逃。

隐蕃被捉，遭到严刑拷打，孙权要他供出同党，隐蕃倒是条汉子，闭口不说。孙权亲自审问，对隐蕃说："身体是自己的，为何替别人受罪呢？"隐蕃说："孙君，大丈夫干这样的大事怎会没同伴？但我可以殉难，却不能牵连别人。"隐蕃最后缄口而死。

这是一个相当诡异的间谍案，隐蕃看来确实是三国时代一个经天纬地的大才，他的才学能骗过众人、打动孙权，还能让曹叡坚信只要把他派到敌人那里就一定能混个廷尉当，这样的才干恐怕不亚于卧龙、凤雏，祢衡肯定比不了，东方朔估计也难以办到。

孙权非要审出结果，这样来看此案的内幕可能要复杂得多，隐蕃也许不是一个人在战斗，他还有不少同伙，只是随着隐蕃一死这些也都永远成为秘密了。即使如此这个案子也连累了不少人，其中郝普受到的责难最多，作为隐蕃的直接上级，又是力挺隐蕃的人，郝普承受了巨大压力，孙权当面对郝普说："你之前到处称赞隐蕃，又埋怨朝廷屈才，这才让隐蕃反叛，这都是你造成的！"郝普和隐蕃一样都是降人，仅受到责备还罢了，如果受到怀疑就跳进长江也洗不清了，郝普于是自杀。左将军朱据被软禁，但他是孙权的女婿，孙权最后原谅了他。

这件事让孙权吃了一个亏，孙权也在"秘密战线"上回了一招。孙权听说曹丕驾崩后曹魏的振威将军吴质受到猜疑和排挤，觉得可以做做文章，于是让胡综伪造了几封吴质的请降信，故意让这些信在社会上流传出来。

吴质不是小人物，与司马懿、陈群同为曹丕的"太子四友"，曹丕当上皇帝后改革军制，在全国设立几大军区，负责人称为"都督某某诸军事"，第一个被派出去的就是吴质，职务是都督河北诸军事，相当于是曹魏北方军区司令员。但吴质怙威肆行，性格有问题，跟谁都合不来，在曹魏政坛是一只有名的孤鸟，曹丕死后吴质失去依托，又跟北方的几个州刺史、郡太守关系不好，心情一直很郁闷，多次向曹叡提出辞职。

胡综一共伪造了三封信，其中一封信伪称是吴质的同乡黄定潜逃送来的，另一封信诈称吴质已做好内应准备，除了所部人马可作接应外，吴质还准备了3000多匹马，只等孙权派兵北上，大功即可告成。这些都是假的，也经不起调查，但把这样的消息主动散播出去，就会形成舆论战，弄得人心惶惶。不知道是不是舆论战起了作用，魏明帝很快便下诏把吴质召回，解除了他的兵权，改任侍中。石亭之战后，魏吴之间的主战场不知不觉转向了舆论战、间谍战，因为在西线战场被蜀汉牵制，曹魏暂时无力组织对孙吴的大规模进攻。

四、诸葛亮第三次北伐

就在孙权称帝的这一年，诸葛亮在汉中又有一次大的军事行动，这一年的春天诸葛亮再次兴兵北伐。距陈仓之战还不到三个月，诸葛亮又主动发起攻击，不禁让对手吃了一惊，这从侧面再次证明了，第二次北伐在陈仓遇阻算不上一次意外，更不是一场惨败。此次北伐没有再攻陈仓，也没有出兵陇右，而是重新规划了路线，出击曹魏控制下的武都郡和阴平郡。

武都郡是汉中郡的西邻，诸葛亮第一次北伐时曾率领大军从这里经过，阴平郡在武威郡的西边，这两个郡属于魏、蜀拉锯地带，双方经常在此展开争夺，第一次北伐失利后，这两个郡大部分地方被曹魏掌握，但它们又与长安相距遥远，孤悬于外。摊开地图，汉中郡、武都郡、阴平郡由东向西一字排开，祁山和陇右大约在汉中郡的左上方，所以从方位上看攻取武都、阴平二郡不算"北伐"，应该称"西征"。

前两次北伐无功，蜀汉上下被失败的阴影所笼罩，急需来一场胜利，把相对易攻取的这两个郡拿回来，也是对士气的一次鼓舞，这大概是诸葛亮急于发动第三次北伐的原因。即使如此诸葛亮也不敢有丝毫怠慢，而是进行了周密部署，他派将军陈式率兵去取武都、阴平二郡，陈式参加过猇亭之战，在刘备时期就是蜀军的高级将领。

陈式只是诸葛亮派出的诱饵，目的是吸引魏军的主力。身在长安的曹真在陈仓胜利的喜悦中过了一个快乐的新年，天气刚刚转暖，他根本没料到诸葛亮还会出击，加上魏军主力分散，武都、阴平偏远，所以被打了个措手不及。

曹真命雍州刺史郭淮组织就近的魏军前去救援，郭淮领命，带领人马朝陈式迎来，这正是诸葛亮想看到的。诸葛亮立即亲自率领主力包抄过去，攻击建威。建威即今甘肃省成县，距曹魏的陇右重镇上邽仅数十里。幸亏郭淮发现得早，赶紧撤退，否则就被蜀军包围歼灭。打退了来增援的魏军，武都、阴平二郡没费多大力气就被占领了，这两个郡被纳入蜀汉的版图。

第三次北伐规模不大，历时也不长，但收获很大。武都、阴平二郡的面积都不小于汉中郡，此战使蜀汉北部边防区扩大了三倍，并把北部防线连成一体，为以后再出祁山、攻击陇右打通了道路。尤其是收复了阴平，从而控制了著名的阴平道北面的入口，对于防止魏军利用这条古道偷袭蜀汉意义十分重大。

诸葛亮在武都等地稍作停留，按照征服南中的成功经验，对当地的氐族、羌族等少数民族部落首领进行了一番安抚，之后率兵回到汉中。胜利的消息传到成都，后主立即下诏对诸葛亮予以嘉奖："街亭之败，原因都在马谡，但您却勇于承担责任，自贬职务，寡人不愿违背您的意愿，所以顺从了您的意见。年前出师，斩杀了敌将王双，今年再出征，又赶跑了郭淮，招降了一批氐、羌部族，收复武都、阴平二郡，以神威震服了凶暴的敌人，建立了显赫的功勋。如今天下仍战乱不宁，最大的敌人仍然未除，您承担着讨伐敌人的大任，是国家的支柱，却长期贬抑自己，这不利于发扬宏大的伟业。所以，现在恢复您丞相的职务，您务必不要推辞！"以右将军的身份行使丞相职权毕竟有许多不便，对于后主恢复自己丞相职务的诏书诸葛亮也没有再推辞。

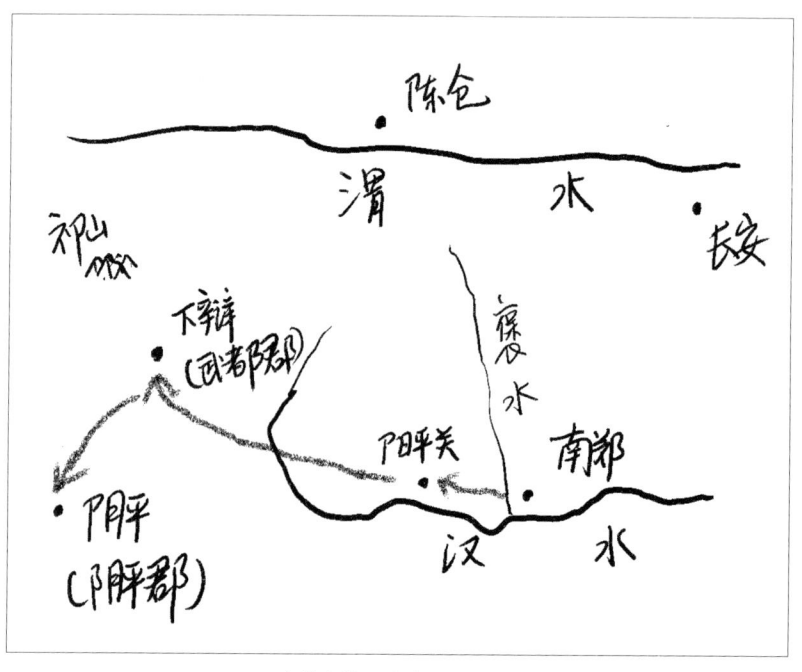

诸葛亮第三次北伐示意图

回到汉中后,诸葛亮继续加紧汉中的建设。汉中的首府是南郑,诸葛亮率大军来到汉中,考虑到人马太多,大本营一直没有进驻南郑,而是安扎在阳平关附近一个叫石马的地方。为了今后长期在汉中驻军,诸葛亮利用这段相对空闲的时间,命人修筑了两座新城,巩固汉中的防卫。

一座新城在沔阳县,即今陕西省勉县附近,称汉城;一座新城在城固县,即今陕西省城固县附近,称乐城。这两座新城的位置,一个在南郑的东边,一个在南郑的西边,加强了汉中的防务。诸葛亮把大本营也迁往南山之下,这里位于沔阳县城之南,是一处通往巴中的平原地带,地势开阔。诸葛亮抓紧这段相对平静的时间,发展汉中的生产,依托新城的修建,扩大屯耕面积,积蓄粮食,加强训练,为再次北伐做准备。

在治军、选将方面,诸葛亮更是花了不少心思。诸葛亮素来以治政、治军严厉著称,他认为只有纪律严明才能提高战斗力,他主张平时严格训练,战时才能保持严明的纪律。他亲自抓作战训练,有些地方管得还很细,他曾发布过一道命令:"听到擂五通鼓的号令,应举黄、白两块幡合成的旗子,摆设三面对敌的圆阵。"在选将用人方面诸葛亮也倾注了大量心血,他写了不少这方面的文章,内容包括好将领应有什么样的素质、有什么样的气度,应具备什么样的机变权谋,如何振奋士气、提高军队战斗力,如何肃军容、扬军威,如何发挥幕僚的作用,什么是将领的软肋,什么是不合格的将领等。

第三次北伐进攻武都郡的第一天,为砍敌人的鹿角,竟然一口气用坏了1000把斧子,幸好敌人已经跑了,否则再有敌人来就没有斧子可用了。这让诸葛亮很纳闷,不知道为什么斧子这么不经用。回到汉中,诸葛亮又让人制作了几百把斧子,用了100天还没有坏,这才知道先前主管制作刀斧的官员不负责任,应当拘捕治罪。通过这件事,诸葛亮告诫大家:"这不是小事,如果再拿那种质量不合格的斧子与敌人交战,就会破坏整个军事行动!"

五、秦岭山中的大雨

武都、阴平二郡丢失后,曹真有些气不过。曹真已接替曹休的职务成为大司马,仍驻守长安,负责西线战场,曹真的大将军一职由司马懿升任,司马懿仍然驻守宛县，负责中线战场。在所有"诸夏侯曹"中曹真目前是硕果仅存的一个了，是曹魏名副其实的中流砥柱，但也很孤独。诸葛亮第三次北伐后，曹真专程赶到洛阳，向魏明帝提出了一个主动出击的计划。

曹真认为，蜀军连年侵略边地，总防守也不是办法，应该发起进攻，数路共进，可以取得大胜，其具体计划是：由他率主力由褒斜道进攻，作为主攻方向，再派数路魏军从其他方向进攻，让蜀军无法兼顾，最后在汉中腹地会合，一战至少可收复汉中。

魏明帝一时拿不定主意，把曹真的计划交给司空陈群看，陈群反对，理由是："武皇帝过去经阳平关攻张鲁，收割了敌人占领地区大量的豆子、麦子作为军粮，然而敌人还没有被打败，粮食就吃光了。如今到敌人那里抢不到粮食，而且褒斜道地势险峻，进退困难，运送粮食又容易被敌人抄了后路，如果留下太多的兵力保护运输通道，又会分散兵力，这些都不得不深思熟虑啊！"陈群当过镇军大将军，但本质上是个文臣，站在军事的角度看他的见解只能说一般，按照他的说法汉中永远都无法收复了，困难始终摆在那里，总得想出个解决的办法。但作为政治家，他的见解又或许是对的，同时面对蜀汉、孙吴两个对手，要不要主动出击、什么情况下主动出击的确应当谨慎。

魏明帝其实也不愿意主动出兵，他赞同陈群的意见。但曹真很执着，把作战方案修改了一下，又重新上报，新方案的主攻路线由褒斜道改为子午道，其他不变。魏明帝又把曹真的方案给陈群看，陈群仍然反对，并列举了不宜出兵的具体理由，重点谈到了军费开支问题。魏明帝再次把陈群的反对意见批转给曹真，他没有直接否决曹真的计划，但倾向性已很明显，他并不是很积极，但曹真不这么看，他觉得皇上没有否决他的计划等于是批准了，把陈群的意见转来只是让他参阅。

曹魏太和二年（230）秋天，曹真精心策划的汉中之战开始了。这已经是曹魏第三次征汉中了，前两次都是曹操亲自带的队，这一次曹真志在必得，共集合了约20万大军，分三路大军同时出击：第一路由他亲自率领，由长安以南入子午道，出子午谷后直取汉中的南郑；第二路由张郃率领，由郿县入褒斜道，经斜谷出汉中，向南郑方向会合，张郃现在已升任车骑将军一职，是魏军的第三号人物，目前也在西线战场，归曹真调度；第三路由大将军司马懿率领，由新城郡沿汉水溯流而上，水陆并进，向南郑挺进。司马懿在荆州时曾打算训练一支水军进攻孙吴，现在先用到了这里。

消息传到汉中,大家都有些紧张。诸葛亮马上派人通知吴帝孙权,告知曹魏的大军已向汉中方向集结,中线战场兵力空虚,请孙权在中线、东线两个战场上同时采取行动,趁机抢占曹魏的地盘,至少拖住曹军主力,让他们不敢轻易向西线增兵。

诸葛亮把汉中地区的蜀中主力集结起来,除分守南郑、汉城、乐城等要地外,重点布兵于赤阪,此地位于子午道南出口附近,一旦曹真的大军从子午道杀出,这里必将有一场恶战。鉴于汉中兵力不足,诸葛亮请前将军李严速从江州抽调两万人马北上,由李严亲自率领来汉中增援。

这时,诸葛亮却遇上了意外的麻烦。危急关头李严本应火速增兵前来,但他却给诸葛亮回了封信,信中故意透露司马懿在秘密拉拢他,李严就此说到了开府的事。开府就是组建自己的工作机构,没有开府,你的官再大,也是给人家跑腿的;开了府,你就成了掌柜的,目前蜀汉只有诸葛亮一人开府,李严觉得他也是托孤大臣,曹魏的托孤大臣司马懿能开府,自己也应该效仿。

接到李严的信,诸葛亮一定很生气,但为了确保他赶紧增兵汉中,诸葛亮不得已奏请后主,升李严为骠骑将军,并升其子李丰为江州都督,接替李严的位置,仍旧镇守江州。这样,李严才带着临时抽调的人马前往汉中。

先不说曹真是如何进攻的,先说说孙权。接到诸葛亮的请求后孙权立即行动,让江北地区的吴军向外放出话来,要攻打合肥。曹魏东线战场的总指挥目前是征东将军满宠,听到消息不敢怠慢,立即征调兖州、豫州各地兵马向合肥方向集中,以备吴军来攻。但吴军只是做做样子,没有真打,大家以为这是吴蜀之间玩的老把戏,那边开打,这边虚晃一枪的目的是牵制,孙权顶多是出工不出力。

魏明帝下诏,让满宠把临时征调来的人马退回去。但满宠认为孙吴的真实打算未必只是虚晃这一枪,他们撤退也许是一种心理战,一定会趁这边没有防备之时,杀一个回马枪。满宠上表,要求暂不退兵,魏明帝诏准。

果然让满宠料对了,这一次孙权的打算不仅是帮帮场子,而且要抓住时机真干一回,他先声夺人,之后又示弱而退,都是心理战,目的是让合肥的守军放松戒备,然后集合大军突然攻击合肥。由于满宠早有准备,合肥兵力充足,吴军无法得手,只得退回,但如此一来,魏军在东线受到了牵制,诸葛亮协同孙吴行动的目的也达到了。曹魏中线战场总指挥大将军司马懿接到魏明帝的诏书,让他配合曹真攻打汉中。司马懿远没有曹真那么积极,此战获胜出名的是曹真,他的威望定然进一步增加,与自己拉开差距;如果此战失利,损失的是曹魏基业,自己也白忙一场。

尤其是溯汉水而上的作战路线,司马懿肯定更有意见,他有理由怀疑这是一帮参谋对着地图拍着脑袋拟订的方案,汉水汹急,一路穿山越岭,虽有部分河段可通航,但顺流而下与逆流而上完全是两回事,自古征汉中,都是自北向南,或者出大散关,像这样由东南方向往西北攻的很少,走水路逆流而上根本就没听说过。但司马懿仍得执行诏令,他由宛县赶到新城郡,由那里出发,组织人马水陆并进,溯汉水向汉中方向攻击,但他们的进展没法太快,因为这一带很多地方都没有路,他们一边走还得一边开路。

秦岭中间的两条栈道里,曹真和张郃分别指挥大军进攻。这时是农历的八月,秦岭山中出人意料地下起了大雨,一口气下了30多天。山中道路本来就难行,现在到处是水,不停地有滑坡、泥石流,没法休息,冷得要死,吃不好,睡不了,简直如同进入人间地狱,有人建议撤军,曹真急了,不许。

在洛阳,太尉华歆也上疏建议撤军:"陛下的圣德堪比成康,即便有吴蜀二贼,也不过苟延残喘。用兵,不得已而用之,愿陛下以治理国家为第一要事,然后再考虑征伐。千里运粮,越险深入,劳而无功。我听说今年征战已严重影响到生产,为国者以民为基,民以衣食为本,如果天下百姓没有饥寒之患,他们也就没有离土之心,吴蜀二贼,可坐而平定。"

魏明帝还想等等看,就回复华歆道:"先生考虑得很深,我感到欣慰。但是,贼人凭借山川之险,武皇帝、文皇帝在世时,也多次未能平定,我何德何能,可以指望不费力就把他们消灭?先试探一下,如果天时未到,再说撤兵不迟。"

又过了几天,雨还在下,少府卿杨阜上疏说:"现在吴蜀未平,上天频频降下凶兆,大军刚出发,大雨就下个不停。目前大军已困在山中多日,粮草转运都靠肩挑背扛,十分费力,《左传》说'见可而进,知难而退,军之善政也',应该赶紧退兵。"王朗的儿子、散骑常侍王肃也上疏说:"古说'千里馈粮,士有饥色,樵苏后爨,师不宿饱',这说的还是平途行军的事,何况现在深入险境,凿路而前,劳力必百倍。加之现在大雨,山路湿滑,行军速度很慢,粮草又难以保证,这些都是兵家所忌。"看到大家一致反对,魏明帝知道不能再坚持了,下诏让包括曹真在内的各路魏军撤回。

魏军撤退，诸葛亮命魏延和吴壹分别率人马攻击曹魏控制的陇右，魏延和吴壹越过武都郡，向西攻入曹魏南安郡境内，曹魏后将军费曜、雍州刺史郭淮率兵来迎，魏延和吴壹打败了他们，取得了胜利，蜀军随后退回。这是第三次北伐获胜后紧接着的又一次胜利，诸葛亮把魏延在丞相府里的职务由丞相司马提升为丞相前军师，并上报后主，将魏延的爵位由亭侯晋为南郑县侯；上报后主擢升吴壹为左将军，由亭侯晋爵为高阳乡侯，魏延留下的丞相司马一职提拔费祎来担任。

有人把阻击曹真这一仗，以及魏延、吴壹主动出击陇右也看成单独的两次北伐，其实这两仗属于同一场战役，这场战役是曹魏一方主动发起，不能算严格意义上的北伐。

六、诸葛亮的新对手

曹魏太和二年（230），曹魏大司马曹真策划的伐蜀之战以失败而告终，这让曹真跌了个大跟头，因为这一仗是在他力排众议下打的。曹真病了，情况跟石亭战败后的曹休有些类似，这容易让他联想起袁绍和袁术，他们都自认为高人一头，风云际会，时势造就英雄，他们也都干出了一番事业，然而一旦遭受打击却一蹶不振。在乱世争雄必须有一个强大的内心，在这方面他们远不如曹操、刘备这些创业者，回顾曹操、刘备等人的一生，吃过无数苦，多次身处绝境，打过许多败仗，但都以乐观的心态挺了过来。

曹真一病不起，魏明帝赶紧命他回洛阳养病。曹真回到洛阳后病情不断加重，魏明帝亲自到府邸探望。不久曹真去世，魏明帝谥其为元侯，爵位由长子曹爽继承，曹羲、曹训、曹则、曹彦、曹皑等几个儿子也全都被封为列侯。曹真的去世是个标志性事件，作为"诸夏侯曹"第二代的核心人物之一，他的离世标志着这个把持了曹魏30多年军权的集团已逐渐淡出，虽然此时"诸夏侯曹"中的第一代人物曹洪仍健在，担任着属于荣誉性职务的骠骑将军，虽然"诸夏侯曹"的后人中还有多人在军中任职，但他们已经没有太大影响力了，目前掌握曹魏军权的是司马懿、张郃、满宠、蒋济等一批异姓将领。

在曹魏三大战场中，西线无疑是重中之重，魏明帝决定把坐镇中线战场的司马懿调到那里以接替曹真。魏明帝给司马懿发去了诏书，其中写道："现在西线战场出现了问题，非你去不行啊！"话说得虽然殷切，但这也许并不是魏明帝内心的真实想法，曹休死后魏明帝心里感到了一丝孤单，对曹休、曹真两位叔父他是完全放心的，对司马懿，他有些吃不准。之前魏明帝之所以同意曹真伐蜀，也是基于对曹真的进一步扶持，希望以此打压司马懿，但事不凑巧，一场大雨扰乱了好事。

现在，魏明帝不得不依靠司马懿，他下诏升司马懿为大将军，同时升张郃为车骑将军，车骑将军在班次上略低于曹洪担任的骠骑将军，但此时在魏军里是事实上的二号人物，让军界排名前两位的将领同时集结在一个战场，显示出这是一项非同寻常的安排。

蜀汉建兴九年（231）诸葛亮决定再次由汉中北伐，这已经是他指挥的第四次北伐。诸葛亮做了精心的准备，其中一项重大调整是，他命令此前一直驻守在江州的李严率两万人马来汉中，之后让他以中都护的身份留守汉中，处理丞相府行营的各项事宜，重点保证前线的军粮供应。诸葛亮还派人联络孙权，请他同时向曹魏发起攻击。每次北伐前诸葛亮都会通知孙权，这已经形成了惯例，而孙权也都尽可能给予配合，因为对他们来说这同样是一次进攻的好机会。

这一回孙权又使出了诈降计，他安排中郎将孙布向曹魏扬州刺史王凌诈降。不久前周鲂诈降，曹休被打得大败，王凌觉得孙权再笨也不会把刚使完的招数拿出来又用吧，所以竟然相信了。王凌是汉末名臣王允的侄子，出身于著名的太原王氏家族，年轻时曾在曹操手下任职，曹丕在位时对他很器重，让他当兖州刺史，又兼建武将军，是曹魏政坛的新生力量。在石亭之战中曹休率领的魏军失利，王凌指挥所部拼死突围才使曹休得以安全撤退，后任扬州刺史。

王凌有些心高气傲，把顶头上司征东将军兼西线战场总指挥（都督扬州诸军事）满宠也不放在眼里，二人关系较差，王凌不断让人写告状信，想把满宠赶走。对孙布投降这件事满宠觉得可疑，王凌认为这是满宠怕他建功，于是越过满宠直接向魏明帝报告了情况。王凌和孙布进行了一段时间的接触和试探，最后王凌彻底相信孙布投降是真的。但满宠仍然认为这里面有阴谋，就以王凌的名义给孙布写了封信，说自己这边兵力不够，让他再等等，时机成熟时再行动。这时，魏明帝突然下诏让满宠回洛阳商量事情，满宠一走，王凌就加紧了与孙布"里应外合"

的准备，想在东线战场创造出一个奇迹来，这场戏无论怎么演，都牵动了曹魏东线战场的注意力。

而在中线战场的荆州方向，自从司马懿离开后还没有明确新的接替人选。这样一来，形势对蜀汉就十分有利，在曹魏三大战场中，西线战场的总指挥刚刚上任，中线战场的总指挥还没有明确的继任者，东线战场的总指挥临时被召回，暂时负责的人又被孙权的反间计所吸引，在历次北伐中，没有比这更好的机会了。

对第四次北伐，诸葛亮选择的路线是陇右，汉中西边的武都、阴平二郡已被蜀军掌握，所以蜀军轻易就攻至祁山堡，将其包围，魏军守祁山堡的将领是贾栩和魏平，他们赶紧上报雍州刺史郭淮，请求支援。司马懿已经到了长安，他以大将军、都督雍梁二州诸军事的身份召集车骑将军张郃、后将军费曜、征蜀护军戴陵、雍州刺史郭淮等重要将领开会，研究对策。

张郃认为陇右固然重要，但更重要的还是关中，应分兵驻扎在汉中的雍县、郿县等要地以防不测，司马懿不同意这个看法，他认为："如果前面的人马能挡住敌人，将军这么说有理；如果挡不住，把人马分成前后两部，这就如当年项羽把人马一分为三，反被黥布所打败一样。"汉高祖十一年（前196）楚将黥布叛逃，项羽出兵阻截，把楚军分成三部，他的想法是，如果一部被打败，另外两部可以增援，但结果却不是这样的，黥布击败其中一部后其他两部便迅速瓦解了，这说明分散兵力容易被对手各个击破。

但张郃的意见也并非没有道理，现在的主战场看起来是陇右，但如果蜀军在那边只是佯攻，而将主力暗藏在秦岭山中，待魏军主力西进后，蜀军主力迅速从秦岭里的各条栈道杀出直击关中，那形势就严峻了。张郃久在西部，与蜀军打过很多交道，著名的街亭之战就是他指挥的，他的建议自然有一定道理，但司马懿仍坚持自己的看法。这其实是一种赌博，赌的是诸葛亮没有从秦岭栈道用兵的计划。

司马懿随后率魏军主力前进到隃糜，此地在今陕西省千阳县境内，之后命费曜、戴陵率4000人马前往天水郡境内的要地上邽，自己率其余主力赶往祁山，以解祁山堡之围。

那么，诸葛亮有没有在秦岭山中留一支奇兵呢？没有。不是他智谋不足或不敢冒险，而是蜀军无此实力。经过前三次北伐，蜀军损耗很大，在综合实力方面蜀汉本来就远逊于曹魏，也不如孙吴，由于总人口有限，蜀汉的常备军人数一般只有10万人左右，即使临时加大征兵的强度，总兵力也不会超过15万人，分出三分之一守全国各处，能集中在汉中的顶多10万人。这10万人马其实也无法同时全部调用，因为士兵有轮休制，一般情况下五分之四在军，五分之一轮休，"在岗"的士兵总数只有八万人上下。如果有充足的兵力，诸葛亮当然可以分兵两处，根据对手的反应相机确定主攻方向，但现在却不能，要么把主力拉到陇右，要么兵出秦岭栈道，二者不可兼得，而将希望寄托在秦岭山中的那几条栈道，一直都不是诸葛亮看好的方案。

此前诸葛亮和司马懿从未有过直接交锋，听说曹魏新任的这位大将军亲自来了，诸葛亮立即调整部署，命王平率部屯扎在祁山附近的南围，继续攻击祁山堡，自己率蜀军主力去迎战魏军。但诸葛亮没有直奔司马懿本人而来，而是向上邽发起了攻击，由于双方兵力相差悬殊，郭淮、费曜被打败，蜀军占领了上邽，司马懿随即率主力赶来，在上邽以东扎营。

蜀军求战，魏军却避战不出，这是司马懿的策略，他认为蜀军的弱项一是人数不占优势，二是后勤保障不足，所以经不起耗，司马懿命令魏军凭借各自险要地势加强防守。雍州总体上还是曹魏的地盘，陇右与关中的交通还算通畅，蜀军难以获得补给而对魏军来说则不是大问题，司马懿耗得起。在求战不能的情况下，诸葛亮决定撤退。蜀军后退，魏军就往前移，始终保持一段距离，仍不进攻。就这样，蜀军一直退到祁山跟前，魏军索性进到尚未被蜀军攻克的祁山堡，司马懿命令军士在山上抓紧修筑工事，摆出一副凭借高山深谷长期据守的姿态。

对大多数魏军将领来说，过去跟着曹真和张郃时还从来没有这么窝囊过，敌人在面前不停地叫阵，自己却龟缩在营垒里不敢出来，多让人丧气！贾栩、魏平等将领多次请战，司马懿一律拒绝，他们实在想不通，觉得堂堂大魏的军队还不至于这么胆怯吧，他们对司马懿说："您畏惧蜀军就像见到老虎，就不怕天下人耻笑吗？"敢直接叫板顶头上司，如果这不是一时的激愤之语，那只能说明司马懿在这里还无法服众。的确，这里的大部分将领对司马懿都比较陌生，之前有人可能会认为曹真的接班人应该是张郃，司马懿这个不速之客横插一道，怎能让人服气？

司马懿不怕天下人耻笑，因为只有笑到最后才是王道，他认真研究过蜀军的战法，知道其优劣所在，在当前情况下守而不战无疑是正确的选择，但这些道理要让每个人都懂也是一件难事。又过了几天，魏军将领都来请战，司马懿知道再不打就要出问题了。

五月十日，司马懿下令出击，他让张郃率一支人马进攻南围的蜀将王平所部，自己率主力进攻诸葛亮。魏军放弃有利地势发起主动进攻，这是诸葛亮求之不得的事，他立即指挥蜀军全面应战，结果魏军大败，被蜀军斩杀3000人，蜀军同时缴获玄铁打造的铠甲5000副、弓弩3100张。张郃在南围方面的进攻也受阻，别看蜀军攻坚不行，防守却是一流的，尤其是他们的弓弩很厉害，对付骑兵相当有效，再凌厉的攻势也穿不透如蝗的箭雨，南围攻击无果。事实证明一退再退的蜀军不是纸老虎，它的爪子和牙齿都锋利得很，对付它只能小心翼翼，这一仗让那些对司马懿不服的人暂时消停下来。

双方继续对峙，对蜀军来说越来越不利。此时已到了夏秋之交，开始下起连阴雨，蜀军本来就很脆弱的运输线终于出了问题，李严派参军狐忠、督军成藩突然来到前线，向诸葛亮报告说，由于阴雨连绵粮食实在无法供应，李严报告了后主，后主诏令诸葛亮回师。

诸葛亮让李严留守在汉中，让他负责丞相府里的事，遇到问题李严应该先向自己汇报，是否撤兵应该由自己来定，李严不打招呼直接向后主做了汇报，这让诸葛亮十分不快。现在双方对垒，拼的是意志和决心，蜀军有困难，魏军也一样，这就要看谁能坚持到最后了，轻易撤军，那前面的所有付出岂不是白费了？如果要撤，干吗还要等到现在呢？

但现在诸葛亮没有别的选择，粮草供应不上，的确难以再支撑下去，更重要的是，一向不太管事的后主居然下诏让他回师，他只能服从。于是诸葛亮下令撤退，这一回不是佯退而是全面撤退，在祁山堡的司马懿也看到了这种情况，下令追击，张郃对此又表示反对："兵法说，围城一定要给个出口，撤退的敌人不要追击。"然而司马懿仍然坚持追击，并且点名张郃率队。

张郃不理解，也很无奈，但他是军人，懂得服从，于是领兵去追。张郃率部沿着蜀军主力撤退的方向一路追下去，一直追到了木门道这个地方，这是一条古道，东西两面雄山壁立千仞，中间一线空谷，宛若门户，当地百姓称其为峡门，具体位置在今甘肃省天水市秦州区西南40公里的木门村附近。

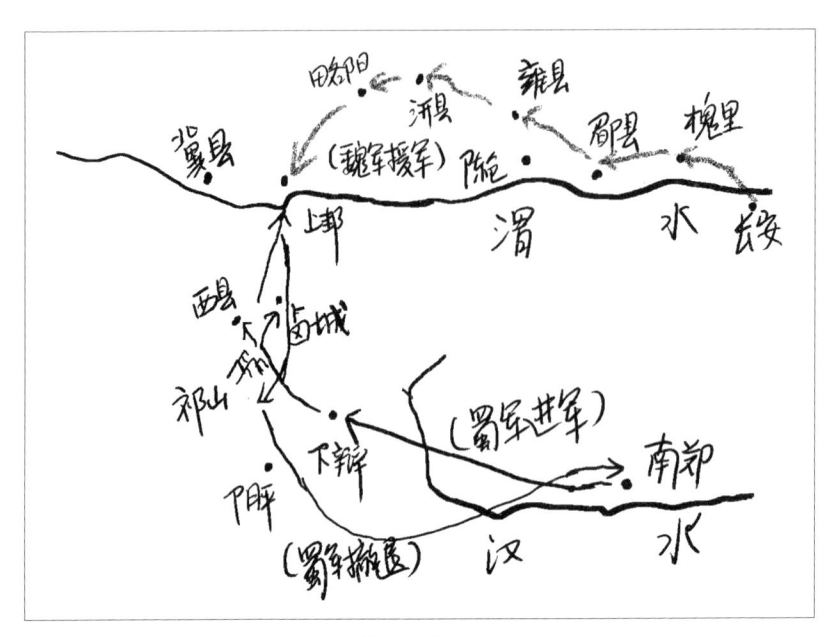

诸葛亮第四次北伐示意图

这样的地势是打伏击最理想之处，诸葛亮果然在此设下了伏兵，魏军到时，埋伏在峡谷两侧的弓弩手万箭齐发，魏军将士纷纷落马。有的史书说，一支冷箭射中了张郃的右膝。还有的史书说，射中的是张郃的髀骨，总之张郃中了箭。还有一部史书记载得更详细，说张郃一路追到木门道，突然发现路边有一棵大树被削了皮，上面题写着"张郃死此树下"几个字，张郃正迟疑间，蜀军埋伏在两侧的数千张强弩一齐向魏军射来，张郃死于乱箭。细节上尽管略有些出入，但结果却是一样的：魏军大败，损失惨重，堂堂的曹魏车骑将军也被射死了。这一仗让魏军充分领教了蜀军弓弩手的厉害，这是一支在当时最为强悍的弓弩兵，他们手中持有一种特制的武器——诸葛连弩，这是诸葛亮革新兵器的一项发明。

张郃之死无疑是诸葛亮第四次北伐的最大战果，在这件事上，除了诸葛亮的巧妙布兵以及蜀军弓弩兵的威力，司马懿发挥的作用历来也受到人们的怀疑，不少人认为是他借蜀军之手除掉了张郃。

之所以这么说，是因为司马懿下达的那道追击令很突兀，存在不少疑点：一是这道命令与司马懿一贯的应敌指导思想不符，司马懿在与诸葛亮的历次交锋中——包括后来的五丈原之战，都执行的是"消极进攻，积极防守"的方针，因为他抓住了蜀军远师来攻、后勤困难的弱点，这一招很奏效，也百试不爽；二是这道命令与兵法的基本常识不符，正如张郃所说"归师勿追"，这是兵法上的一条原则，有人说错了，不是说"宜将剩勇追穷寇"吗？但那是"穷寇"，是被打败的，而蜀军是主动撤退的，不是"穷寇"，以诸葛亮的缜密，撤退方案里肯定有阻击敌人追击的安排，陇右地势复杂，可打埋伏的地方很多，比如木门道；三是这道命令与一般的指挥体制不符，如果司马懿非要冒个险，派一般的将军就行了，派张郃亲自去有些不妥，因为张郃此时任车骑将军，相当于曹魏的全国武装部队副总司令，让他带队执行这样一个冒险任务，除非别有用心，否则不太妥当。

所以，司马懿难以摆脱借刀杀人的嫌疑。张郃战死时的情形也很可疑，按照史书上的说法，无论箭射中的是张郃的膝盖还是髀骨，都不像咽喉、命门、眼睛、胸口那样要害，一般来说不会一箭致命。所以，后世有人论说张郃受伤后的情景充满诡异，有许多东西解释不清，隐含的意思是，张郃其实是被自己人干掉的。

所有疑点联起来都指向了司马懿，这不是阴谋，简直是赤裸裸的"阳谋"了。那么，司马懿为什么要对张郃下死手呢？原因很简单，因为张郃不服司马懿，对司马懿的威胁又很大。司马懿到西线战场负责指挥以来，张郃多次反对他，二人意见不一致，而张郃久居西部，对敌人更了解，在西线魏军中的威望也特别高，著名的街亭之战，要论功的话跟当时的曹真和现在的司马懿都没有半毛钱关系，完全是张郃一手创造的。张郃不仅在自己的阵营里很有威望，就连对手也很害怕他。张郃还深得魏明帝的信赖，曹真死后魏明帝虽然用司马懿去主持西线战事，但多少有些无奈，因为他对司马懿的信任程度并不高，一边用一边防范，所以在任命司马懿为大将军的同时又提拔张郃为车骑将军，用张郃牵制司马懿，这个用意很明显。不服自己、又威胁着自己的地位，这是司马懿向张郃下手的原因。

问题是，司马懿就不怕这么做的后果吗？他难道不担心因为此事引起魏明帝更大的猜疑，从而对自己不利吗？司马懿肯定考虑过这些，但他之所以果断地向张郃下达了追击的命令，肯定也把这些事都已经想明白了。放在曹魏鼎盛时期，即使司马懿已经像今天这么得势，但也一定不敢做，因为那时曹魏名将如云。放在几年前他也不大敢，因为当时还有曹真和曹休两位重量级人物在。但现在司马懿敢，"诸夏侯曹"只剩下一位早就靠边站又行将入土的曹洪，所谓的"五子良将"

也只剩下眼前的这位张郃。

魏文帝登基以来曹魏"将运"不佳,名将纷纷凋落,凋谢的速度有些快。生老病死,表面上看都是自然的规律,但背后隐含的则是曹魏用人体制上的落后和迟缓,在新生代的培养方面,曹魏的步伐太慢了。司马懿表面低调、隐忍,实际上他无时无刻不在机警地观察着形势并伺机而动,抓住机会、奋力一击是他的拿手好戏,木门道就是他实现自保、自固的一次最佳机会,他抓住了。

张郃死后的次年,曹洪也死了,"诸夏侯曹""五子良将"全部退出历史舞台,司马懿成为曹魏军界的唯一耀眼明星,要对付诸葛亮,离了司马懿谁来都不行。张郃之死损失最大的无疑是魏明帝,明知道里面有文章却不敢去追究。同时,对司马懿的依赖就像严重失眠的人与安眠药的关系一样:明知有副作用,但离不了。要知现在,何必当初呢?当初提拔张郃为车骑将军,为什么不让他独当一面?一个战区里同时挤进大将军和车骑将军,这样的人事安排能不出问题吗?但现在,说什么都晚了。

魏明帝听到张郃死讯的时候正在与司空陈群谈事,魏明帝悲伤地对陈群说:"蜀国未平,张将军却死了,你说该怎么办啊?"魏明帝的心情陈群也许最能体会,但他也只能应道:"张将军确实是一代良将,是国家的依靠啊!"魏明帝下诏谥张郃为壮侯,爵位由其长子张雄继承,其余五个儿子中有四人被封为列侯,一人被封为关内侯。

七、李严被废事件

诸葛亮率军回到汉中,而孙权那边的诈降计划也因为满宠等人的高度戒备而未能成功,此次北伐除射杀张郃外没有什么实质进展。回到汉中后,诸葛亮最急切想弄清楚的是后方究竟出了什么问题,后主得到了怎样的报告才给前方下诏回师,而解开这一切疑惑的关键就是李严,但让诸葛亮大吃一惊的是,李严走了。

在诸葛亮回到汉中之前,李严已请病假去了沮漳,后来又去了江阳。沮漳应指沮水和漳水,但它们不在蜀汉,而在孙吴的控制区,所以有人怀疑史书上的这个地名是笔误,应该是哪里已经不太清楚了。江阳在蜀汉,它指的是新设立的江阳郡，在成都的东南方向，但李严不是江阳郡人，也从未在那里任过职，他的祖籍是荆州刺史部南阳郡，在犍为郡当过太守，所以有人认为江阳也是笔误，应该是江州才对，李严长期驻守江州，前不久离开江州后，他的儿子李丰任江州督，仍负责江州的防务，所以回江州的可能性最大。

  李严如果真的回到了江州，那问题就相当严重了，大概他已意识到自己有一场政治危机即将到来，回江州是要与诸葛亮彻底翻脸的前奏，他可以携江州自重，与诸葛亮公开叫板，甚至可以投降曹魏。但到后来，李严在参军狐忠等人的反复劝说下还是回到了汉中，大概他认为无论公开撕破脸还是投降敌人，都没有太大的把握吧。

  让诸葛亮不解的是，李严回到汉中后对之前的事情不仅没有做出合理解释，反而对撤军一事表示惊讶，他说："军粮很丰富，您为什么要撤呀？"这当然是糊弄不过去的，诸葛亮让人马上回成都，调阅了李严这段时间上给后主的所有奏章，诸葛亮惊讶地发现，在李严给后主的奏章里竟然有这样的话："现在让大军撤退是假的，目的是引诱敌人一战。"李严采取了两边欺骗的办法，一边告诉诸葛亮，后主让他撤军；一边告诉后主是诸葛亮要求撤军的，撤军是一种战略战术。李严之所以这么做，是因为他办事不力，加上又遇到了连阴雨，他负责筹办的军粮出了问题，为掩饰过失才想出这样一个不太高明的办法。诸葛亮把李严写给自己的信以及给后主所上的奏章都拿出来，摆在李严的面前，前后矛盾之处无法抵赖，李严只得认错，连连叩头谢罪。

  事情弄清楚了，但怎么处置李严却让诸葛亮犯了难。如果就事而论，李严这次绝对犯下了大错，他不仅误事而且欺瞒后主，致使第四次北伐前功尽弃，这样论起来杀了他都不为过。但李严跟自己一样，都是先主生前亲自指定的托孤重臣，如果处理得太重，势必给人一种权力斗争的印象。

  诸葛亮平时很注意和李严处好关系，尽量给予包容甚至忍让，第一次北伐时诸葛亮就想抽调李严所属人马来汉中，但李严却不理会，反而写信劝诸葛亮加九锡，又提出设立巴州，由他当巴州刺史，最后调兵的事也不了了之。曹真进犯汉中时，汉中的兵力实在有限，诸葛亮再次请李严增兵，但李严又提出了新条件，说他走后必须让儿子李丰任江州督，诸葛亮无奈，只得上表后主，擢升李严为骠骑将军，并同意由李丰负责江州的事务，这样李严才肯来。诸葛亮也听到一些议论,说李严平时情绪挺大,常发牢骚,觉得自己同是托孤大臣却没有得到相应的实权,心里很不满,常因此影响工作。

考虑再三,诸葛亮决定这一次不再忍让,于是向后主郑重上表,回顾了近年来李严的种种不端行为,并说李严来到汉中后,自己把各种事务都交给了他,群臣都怪他对李严太宠爱了,而自己之所以那么做,是因为北伐大业正在进行,很多事情还没有头绪,与其批评李严的短处,不如发挥他的长处和优点,但李严不能理解,竟然犯下了这种不能宽恕的错误。

在这份弹劾表里,诸葛亮最后说:"如果这件事不去解决,将会造成更严重的后果。这也怪我平时不够敏感,不能及时发现问题。不再多说了,多说更增加了罪责!"值得注意的是,这份弹劾表并非诸葛亮一人所上,后面还有20多位蜀汉大臣共同联署,包括车骑将军刘琰、征西大将军兼凉州刺史魏延、前将军袁綝、左将军兼荆州刺史吴壹、右将军高翔、后将军吴班、丞相长史兼绥军将军杨仪、扬武将军邓芝、征南将军刘巴、中护军兼偏将军费祎、偏将军许允、笃信中郎将丁咸、偏将军刘敏、征南将军姜维、讨虏将军上官雝、昭武中郎将胡济、建义将军阎晏、偏将军爨习、裨将军杜义、武略中郎将杜祺、绥戎都尉盛勃、武略中郎将樊岐等,从这份名单里,大致可以看到当时蜀汉的主要权力结构。结果李严被后主解除了所担任的一切职务,夺去俸禄,收回节传、印绶、符策,削去都乡侯的爵位,以一个老百姓的身份到梓潼郡居住。

李严的儿子李丰不适合继续留任,但诸葛亮没搞株连九族那一套,而是让李丰以中郎将的身份到丞相府任参军,诸葛亮担心李丰有心理负担,还专门写信劝慰他,信中写道:"我和你父亲同心协力辅佐汉室,不仅世人知晓,也是神明所知的事。所以,我推荐你父亲到汉中任职,委托你在东部要地镇守,也是不想让那些议论是非的人有话柄。我只想实心实意感动于人,始终保持其中的友情,谁又能想到中途会出变故呢?"李丰后来到了成都的丞相府,蒋琬是丞相府留守的长史,诸葛亮还鼓励李丰与蒋琬精诚合作,李丰也不负诸葛亮的一片真诚,跟蒋琬合作得很好,后来被提拔为朱提郡太守。

但是,毕竟是一位托孤大臣弹劾另一位托孤大臣,所以历来也有人认为李严案有"内幕",是诸葛亮争权或为第四次北伐失利找借口而制造出的冤案,但这种看法只能算一种揣度,缺乏事实依据。

事实上,诸葛亮在这件事的处理上既坚持了原则又充满人情味,李严本人虽被罢免，心里却不恨诸葛亮，后来诸葛亮死了，李严听到消息十分悲痛，认为从此以后不可能有人还能理解他。后世有史学家就此发出过感慨，认为水很平所以人们拿它作为标尺，镜子里的人很丑但人看了不会发怒，水和镜子之所以能穷物尽态而人们却无怨，因为它们是无私的。水和镜子因为无私，所以能避免别人的诽谤，大人君子心怀好善之心，有宽恕之德，法行于不可不用，刑加于犯罪之人，赐给爵位不因为关系好，诛杀犯罪不因为自己被触犯，天下哪有不服的？

八、巨星陨落五丈原

在蜀汉建兴九年（231）第四次北伐之后，有两年时间诸葛亮一直没有大规模用兵，他在做着各种准备，其中一个重要的工作就是修复秦岭山中的栈道，并在里面修建粮仓。到建兴十一年（233），斜谷的粮仓里已经储备了大量粮食，之前被烧毁的褒斜道栈道也基本修复完成。次年二月，天气转暖，秦岭山中的积雪融化，诸葛亮决定进行第五次北伐。

与每次北伐一样，这一次诸葛亮也给孙权写了信，约定共同行动，信里写道："汉室遭遇不幸，朝廷的法纪被废弛，从曹操篡逆开始，已蔓延到了今天，我们双方都有剿灭曹贼的想法，但是一直到现在还没有达成目标。我承蒙昭烈皇帝的重托，不敢不尽忠竭虑。现在大军已集结于祁山一带，敌人即将被消灭于渭水之滨。恳切盼望您按照同盟的约定，命令将领北征，一同平定中原，共扶汉室。书不尽言，万望明鉴。"从信里透露的意思看，此次北伐的路线似乎还要西出祁山，这与在秦岭山中正在做的大量准备工作不符，其实这只是个笼统的说法，或者是为了保密的需要故意放出的烟幕弹。

孙权接到来信后立即进行了部署，蜀汉经过这么长时间的沉寂再举北伐，孙权知道这次的力度肯定会超过以往，所以他也想抓住这个机会，在东线和中线两个战场同时给曹魏制造强大的压力，因而此次的配合行动也超过了以往。吴军主力悉数全出，分三路向曹魏发起进攻：一路由孙权亲自率领，总兵力达10万人，由皖城等地出发，出巢湖，攻击合肥；一路由上大将军陆逊、大将军诸葛瑾率领，由江夏郡出发攻击曹魏南部重镇襄阳；一路由镇北将军孙韶、奋威将军张承率领攻入淮水，目标是曹魏的六陵、淮阴。魏明帝接到报告，感到事态很严重，他命负责东线战场的征东将军满宠、负责中线战场的荆州刺史毌丘俭等加强守备，同时抽调其他州郡的兵马前去支援。

蜀汉建兴十二年（234）二月初，发生了太白侵荧惑的天象。太白是金星，也被视为天神；荧惑是火星，也被视为战神。金星追赶上火星，是少有的天象。身在洛阳的魏明帝让人占卜，报告说今年将有一场大战。

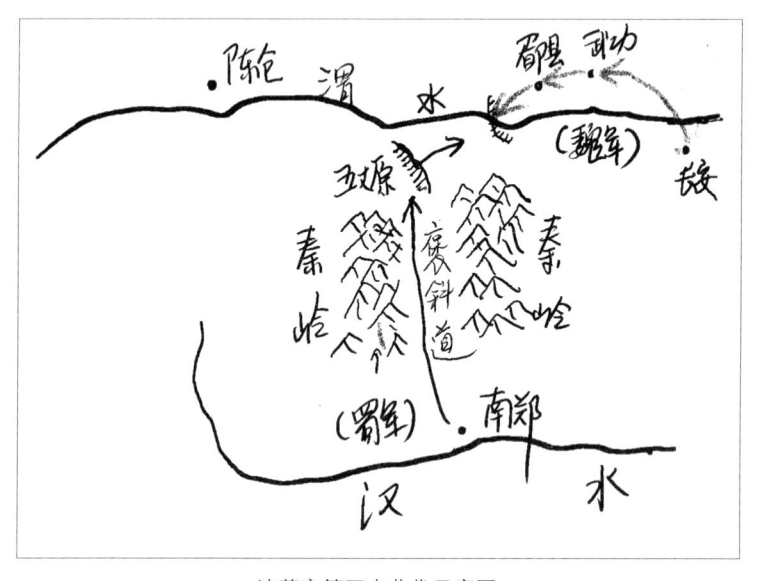

诸葛亮第五次北伐示意图

蜀军就是在这时发动的第五次北伐，之前的四次北伐，两次西出祁山，一次出武都、阴平，一次出大散关，用兵的重点基本都在西边，以夺取陇右为目标，这个战略有一定的正确性，但也有明显的缺点，那就是魏军如果一味采取避战的办法拖着不打，你也没有太好的办法。所以诸葛亮改变了策略，这次北伐兵出秦岭山中的褒斜道，以最快的速度把主力拉到关中，寻找魏军主力，让其不得不决战。但这个想法也被司马懿想到了，第四次北伐结束时有些谋士和将领认为等到第二年麦子成熟时诸葛亮还会再次来攻陇右，司马懿不同意这个判断，他认为："诸葛亮两次出祁山，一次攻陈仓，都遭遇挫折而撤军。即使后面再出兵，他也不会攻城，而会谋求野战，而且地点是陇东而不是陇西。诸葛亮每次都恨其粮食太少，这次退兵，必然会积蓄粮食，我料定他不到粮食成熟，收足三季，不会再出兵。"

事实完全如司马懿所料,包括蜀军进攻的时间和路线,当然这也可能是史家故意美饰司马懿。不过,司马懿坐镇长安以来也没闲着,为了防备蜀军的进攻他也做了不少工作,比如奏请魏明帝同意,从冀州等地迁徙了大量人口补充关中和陇右,又整修了关中的成国渠,修筑了晋陂,大力发展关中地区的农业,不断积蓄力量。

诸葛亮命征西大将军魏延为前部,其余各部随后,蜀军总兵力仍然在10万人左右。对54岁的诸葛亮来说,这一次北伐也几乎穷尽了他个人的全部力量,他甚至有了一些不好的预感,所以在行前上表后主,破天荒地交代了一些后事:"如果臣出现了不幸,国家大事请托付给蒋琬。"诸葛亮曾对后主表示过,他将为蜀汉的大业战斗到最后一息,也许他对自己越来越差的身体状况感到了担忧,所以才有这样不同寻常的举动。

西线战场的紧急军情也立即传到了洛阳,面对三大战场同时受敌,魏明帝感到空前的压力,他深知西线战场尽管形势最紧张,但有司马懿在那里可以完全放心,倒是孙权本人来攻的东线战场让他放心不下。满宠向魏明帝提出了一个大胆的作战计划,想放弃合肥,让敌人纵兵来攻,待魏军增援部队赶到时向其发起总攻,这个计划过于大胆,一旦失手后果很可怕,魏明帝没有批准。魏明帝决定亲征合肥,大军未到前派出一支人马急行合肥,命他们多带旌旗,四处擂鼓,故意制造声势。

尽管剩下的兵马已经不富裕了,魏明帝仍抽出两万人,由骁骑将军秦朗率领增援关中,归司马懿调度。秦朗与何晏一样成为曹操的继子,算起来是魏明帝的叔父。魏明帝曹叡幼时藏于深宫,因为母亲失宠又被杀,所以从小尝尽人生冷暖,性格上与其祖其父很不相同,反倒与这个过继给曹家的叔父很能谈得来。秦朗本是一个公子哥,没什么实际才能,也不像何晏那样成为一个大学者,但魏明帝仍然给他以宠信,每次呼他都叫他"阿苏"。魏明帝改任秦朗为征蜀护军,所部受司马懿节制。秦朗还带来了魏明帝的谕示,魏明帝认为蜀军属于远途作战,他们必然希望速战速决,所以让司马懿不要急于求战,坚守营垒,以挫其锋,如果敌人不得进,停留太久粮食就会吃完,必然会撤退,等他撤退的时候追击,是全胜之道。

司马懿听了很高兴,因为这也正是他对付蜀军的一贯思想,他也认为拖是最好的办法,上次在祁山他已经试过蜀军的战斗力,他发现这支部队人数虽然处下风，骑兵的比重也不多，但训练相当有素，野战经验十分丰富，能攻能守，交起手来一定会吃大亏。司马懿完全不担心拖不过蜀军，诸葛亮虽然在汉中进行了大量准备，但这两年他在关中也没闲着，经过长时间的备战，尤其是大修水利工程，已积蓄下足够吃的粮食，即使不从关内调粮，也足够了。

这时，诸葛亮已率领蜀汉大军出了褒斜道进入关中，在褒斜道的北谷口扎下大营，魏延率一部人马在十多里外另扎下一座营垒。此地属曹魏雍州刺史部扶风郡的郿县，马超、法正、孟达都是扶风郡人。诸葛亮没有指挥人马去攻打郿县的县城，因为当年董卓被封为郿侯，在此修筑了著名的郿坞，城池异常高大，里面可以储存无数的粮食，想必不会比陈仓更好打。

蜀军扎营的地方是渭河的南原，此处虽然也属关中平原，却是其最东端，平原并不开阔，中间是渭河，南面是突起的秦岭，北边是北原台地，南北可以相望。司马懿率郭淮、胡遵、周当等部随后也赶到了，他们在渭河的北岸扎下营垒，与蜀军隔河对峙。雍州刺史郭淮认为诸葛亮必然会去争夺北原，应当先占据，但其他人都不同意他的看法，认为诸葛亮攻击的重点是郿县县城，之后是长安，所以防御的重点应该放到东面。

郭淮仍坚持自己的看法，他认为："如果诸葛亮渡过渭河占有北原，就会在北山地区连成一片，从而断绝关中与陇中的通道，使汉夷各族震动，使我方处于不利的地位。"司马懿认为郭淮的话有道理，就命他率所部进屯北原。郭淮立即率军赶到北原，并马上开挖壕堑，没等挖好，蜀军的一支人马就赶到了，由于有先到之利，郭淮指挥魏军将蜀军击退。

诸葛亮确实看到了北原的重要性，无奈被郭淮抢先了一步，于是他改变策略，让一部分蜀军向西面佯动，继续做出大举西进的姿态，而其实想夺取的，是战略要地阳遂。阳遂这个地名已失考，"遂"通"燧"，可能是魏军设在渭河沿线的一处重要营垒，位置应在蜀汉大营的东面。魏将普遍认为，诸葛亮攻击的目标是西围，这个地名也无考，之前诸葛亮第四次出祁山，曾分兵王平让他占据南围，它们也许不是固定的地名，是以方位划分的营垒名称，相当于魏军的西大营。

郭淮又不同意这种判断，他的理由是蜀军突然制造声势要向西面攻击，这有些不合常理，可能是佯动，敌人的目标不在西面而是东面，具体说就是阳遂。郭淮的建议再次得到司马懿的支持，于是命郭淮和胡遵率兵赶赴阳遂。蜀兵果然来攻,由于魏军早有准备,攻击无法得手,退去。

初战看起来并不顺利,诸葛亮决定既不往西,也不往东,干脆就地屯兵,他看好了一个屯兵的好地方,就是渭河南岸的五丈原。"原"通"塬",是西北黄土高原地区因流水冲刷而形成的一种地貌,一般呈台状,四周陡峭,顶上平坦,这种地势适合扎营,因为四面不是深沟就是峭壁,利于防守。不过在这样的地方扎营,必须解决好水源问题,一旦断水,后果不堪设想。五丈原就是一块高出周边的台地,当时属郿县以东的武功县,如今属陕西省宝鸡市岐山县,现在它的具体位置在岐山县城以南20公里处,背倚秦岭大山,面前是渭河。诸葛亮之所以选择在这里扎营,因为不仅其南北皆有阻隔,利于防守,而且这个地方东西也有深沟,是天然形成的壕堑。当地人传说,当年秦二世胡亥某年的秋初西巡,在此看到一股旋风刮起五丈高,形成奇观,挥笔写下"五丈秋风原",此地因而得名。在渭河北岸的司马懿完全可以用目视的方法看着蜀军主力上了五丈原,那一刻他似乎松了一口气,他对部下说:"诸葛亮如果真的厉害就会出武功,沿着南山向东攻击,如果上了五丈原,那就没什么可忧虑的了!"

蜀军主力退守五丈原,司马懿决定将魏军主力趁势推进至渭水南岸,这让众将有些吃惊。按照大家的看法,既然拖着不打更为有利,那么待在渭水北岸岂不更好?渭水可以作为屏障,如果蜀军来攻,正好沿渭水展开阻击;如果蜀军不来攻,那就这么耗下去。司马懿解释了攻击渭水南岸的理由:"这一带的百姓都在渭水南岸聚居,这是非争不可的。"

原来,渭水行进到这一段,不是从南原与北原正中间走过的,而是偏向北原,让渭水南岸一带拥有了大片耕田,人们也习惯于在南岸居住,从陈仓至郿县几乎都如此,如果不过河,让蜀军一一占领这些地区,那蜀军的粮食就会得到大量补充。三国时的陈仓,往东是郿县、武功。五丈原背倚大山,俯瞰脚下、虎视左右,确实不易进攻,其视野之内的确有大片的农田。也许这就是诸葛亮据守五丈原的真实用意,他仍然坚持"稳扎稳打"的策略,以五丈原为战略支点,不急于向东攻击,而是先占领陈仓到武功这一线的大片地区,好与魏军长期相持。

司马懿看到了这一点,所以坚持让魏军主力渡过渭水。渡河后,魏军在五丈原附近扎下营垒,司马懿命部将周当率一部人马驻扎在阳遂附近,本意是想把这作为诱饵,待蜀军来攻时从后面包抄,但蜀军没有任何行动。渭水在此有一支流叫武功水，诸葛亮命步兵监孟琰驻扎在武功水以东，司马懿派人进攻孟琰，诸葛亮命人在武功水上搭建竹制浮桥，过河射杀魏军。

魏军一时无法得逞，诸葛亮干脆在五丈原附近搞起了分兵屯田，做长驻的打算。蜀汉的屯田兵和渭水岸边的百姓杂居在一起，大家相处得很好，百姓乐于接受，蜀军也军纪严明，后世对此评价很高。

诸葛亮用尽了各种办法引司马懿来战，但渡过渭水后的魏军始终避而不战。诸葛亮多次派人到司马懿那里下战书，还送给司马懿一些女人的服饰以激怒司马懿，司马懿把衣服收下，既不生气也不出战。

魏军将领却没有这么好的脾气，纷纷请战。开始还好办，时间一长司马懿也有了压力，于是他郑重其事地给魏明帝写了一封请战书，言之激昂，请求出战，为表示郑重，司马懿特意让手下的主要将领们一一署上名。魏明帝当然明白司马懿的用意，知道司马懿快扛不住了，到他这里搬救兵来了，于是派卫尉辛毗为特使前往军前，名为慰问，其实是阻止众将的请战行为。

辛毗是曹魏老臣，被称为骨鲠之臣，事曹氏父子三代，以耿直著称，一旦认定的事就会坚持，谁的面子都不给，曹叡命辛毗兼任司马懿的大将军军师，持节，前往关中前线。蜀军又来挑战，司马懿顶不住压力，表示要出营迎战，辛毗拿出魏明帝赐给的节，立于营前，魏军不能出。

姜维回来把这件事告诉了诸葛亮，忧虑地说："辛毗一来，魏军不会再出来交战了。"司马懿的把戏瞒不过诸葛亮，他对姜维说："司马懿本来就不想出战，之所以再三向上面请战，是做给下面的人看的。为将的，率大军在外，君命有所不受，如果他有办法对付我们，用得着向千里之外请战吗？"

这样相持长达几个月，在此期间双方也有一些往来。司马懿每次视察军阵都相当隆重，必然穿戴全副武装，他没见过诸葛亮，不知道诸葛亮平时穿什么，就派人出去看，有人报告说诸葛亮坐着一个简单的小车，头戴葛巾，手里拿着羽毛扇指挥三军，蜀军随他的号令整齐进退，司马懿听完，感叹道："诸葛先生真有名士风采啊！"

有一次，司马懿会见诸葛亮派来的使者，不问军中大事，只问诸葛亮的日常生活，问得很详细。在两国交战期间主帅的一切都是军事机密，包括健康情况、生活规律、个人嗜好等，从这些蛛丝马迹中可以推测出对方很多有用的信息来，从这一点看司马懿挺贼。蜀国的使者显然警惕性不高，对司马懿有问必答："诸葛丞相日夜操劳，睡觉很少，军中二十杖以上的处罚他都亲自过问，饭量也小，每天不过数升。"蜀汉使者走后，司马懿对大家说："诸葛亮的身体状况很差，坚持不了太久。"

诸葛亮的身体状况确实很糟糕。长年的操劳，正可以用"积劳成疾"来形容，加上战事胶着，劳力之外更劳心，诸葛亮真的病倒了。转眼到了秋天，秋风起，天气凉，秋风萧瑟，又容易让人感伤，诸葛亮的病情竟然严重起来。消息传到成都，后主刘禅大为惊愕，赶紧派朝廷尚书仆射李福星夜赶往五丈原，一方面探视丞相的病情；另一方面还有大事相问。李福赶到五丈原时，看到诸葛亮的病情已经很重了。

李福在病床前向丞相询问对国事方面的交代，听完后就急忙回成都复命。走了几天，李福突然想起来还有重要的事没有问，于是又返回来重新面见丞相，诸葛亮已知道了他的来意，对李福说："我知道你的意思，想说的很多，再说一天也说不完，你想问的，公琰合适。"公琰是蒋琬的字，李福道："前几天确实忘了问您这件事，就是您百年之后谁可以接替大任，所以又回来。我还想再问您，蒋琬之后，谁可以接任？"诸葛亮回答："文伟可以。"文伟，是费祎的字。李福又问费祎之后谁合适，诸葛亮不再回答。诸葛亮给丞相长史杨仪等人留下遗命，自己死后葬于汉中的定军山下，借助山势做坟，墓冢大小够容纳棺材就行了，殓葬时穿平时的衣服就行，不用陪葬的器物。

蜀汉建兴十二年（234）八月里的一天，诸葛亮病逝于五丈原，终年54岁。有史书说，诸葛亮病逝的那一天有星赤而芒角，自东北向西南流射，落于蜀军大营。还有史书说，诸葛亮临终前不仅饭量很小，而且心情不好，有史书说他还吐过血（亮粮尽势穷，忧恚欧血）。吐血不是咳血，加上饭量不大，容易让人联想到消化系统的疾病，有人认为诸葛亮得的病是消化道出血，具体病症是消化道溃疡或者胃部肿瘤。

还有人推测诸葛亮的病或许与血吸虫有关，他长期生活在荆州，无论是襄阳的隆中还是南阳的卧龙岗，在当时都在血吸虫疫区内，尤其靠近汉水的襄阳，在那时血吸虫病情更重，时常大规模发作，诸葛亮有长达十年的躬耕生涯，接触血吸虫的可能性是很大的。另外，引起大量吐血的疾病除消化系统还有可能是呼吸系统的原因，如果患有肺癌或严重的肺结核也会大量咳血，此外，脊椎性结核也可以导致吐血，有人认为诸葛亮得的正是这种病，史书记载诸葛亮作战时经常坐着小车而不太骑马，这正是脊椎有问题的表现。

无论是哪一种情况，积劳成疾和精神压力太大都是诸葛亮病倒以致过早辞世的根本原因。北伐以来，虽经多次努力，但或因为天时或因为地利或因为内部原因，前几次都未取得成功，这让诸葛亮很忧心。诸葛亮觉得对不起先主的托付，又感到长期消耗下去没法向后主和蜀汉官民交代，这种沉重的压力和过度的操劳都是常人难以想象的，最终夺去了他的生命。

历史不应以成败论英雄，诸葛亮不惧艰难挑战、矢志不渝的精神受到后世的肯定，他公而忘私的品质也受到高度赞扬。在人们看来，诸葛亮具备治国治军的突出才能，又有济世爱民、谦虚谨慎、廉洁奉公的品格，为后世树立了榜样。回顾诸葛亮的一生，他的忠贞、济世、敬业、至公、廉洁、谦虚等都为帝王、将相以及普通百姓所称颂，已然成为帝王心目中理想的人臣、人臣治国理政的榜样和普通人平时学习的楷模。

九、魏延的悲剧

五丈原上的这一夜，可谓漫长。大敌当前，孤军悬外，主帅突然病逝，这个打击实在太大了，敌人如果得知这个消息一定会趁机发起攻击，所以丞相去世的事在蜀军中只有极少数几个人知道。

此时论职务魏延最高，他是蜀汉的征西大将军，比征西将军还要高，论品秩更在九卿之上，地位远远高于丞相长史杨仪、丞相司马费祎。打个比方说，如果魏延的军衔是上将，杨仪、费祎连大校都算不上。但丞相去世时魏延却不在身边，也没有在第一时间得到消息，所有的事都是杨仪、费祎等人处理的，知道消息的还有姜维、王平、马岱等几个将领。姜维这几年军职升得很快，魏延就任征西大将军后，姜维接任了他的征西将军一职，相当于魏延的副手，而王平当时还只是讨寇将军，马岱与王平的职务相当，或者更低一些。

诸葛亮临终前对杨仪、费祎、姜维等人交代了后事，让他们秘密撤军，同时对撤军的计划也进行了安排，让魏延负责断后，姜维次之，还特意强调，如果魏延不执行命令，大军可直接出发。之所以做出这种奇怪的决定，大概是考虑到蜀汉内部的团结问题。魏延跟杨仪之间关系很差，二人平时一见面就争论不休，势如水火，有一次魏延甚至举刀要杀杨仪，杨仪痛哭不已，费祎则尽可能居中调解，看见他们实在争执不下，干脆就坐在他们中间，两头做工作。诸葛亮把撤军的事托付给了杨仪，实际上由他来统筹负责，这样就不得不考虑魏延的态度了，所以才做那样的安排，诸葛亮去世后，杨仪心里没底，就让费祎到魏延那里试探态度。

那么，魏延此时在哪里呢？魏延应该在五丈原下的军营里，他是作为蜀军先头部队率先开进关中的，驻军五丈原后，魏延可能仍率一部人马在附近扎营，具体位置应该就在五丈原脚下。史书有个记载，说刚来到关中时魏延有一天晚上做了个梦，梦见自己头上长出了角，军中有个叫赵直的人善于占梦，魏延就把梦中的情景告诉他，问问吉凶，赵直向魏延说："这是吉兆，你看麒麟，长着角但从来没用它，这是敌人不战而破的预兆啊。"说得魏延挺高兴，但赵直没说真话，他下来秘密告诉朋友说："角这个字，上面是刀，下面是用，头上用刀，看来是凶兆啊！"

当然，所有这些占星占梦都是附会之说，如果真有此事也纯属巧合。现在费祎来到魏延营中，通报了丞相病故的消息，这让魏延大吃一惊，当他听说现在的事都由杨仪来安排时，心里更厌恶了，他没有直接说反对杨仪，而是提出反对撤军："丞相虽然死了，我还在。丞相府的官员护送还葬，我来率领众军击破敌人，怎么能因为一个人的死废掉天下大事呢？再说我魏延是什么人，应当接受杨仪的指挥，做一个断后将军吗？"

魏延说得其实有道理，我堂堂一个上将难道要听一个大校的指挥？论资历、论威望杨仪都差了十万八千里，为什么杨仪说撤就得撤？魏延的态度虽不让费祎感到意外，但也让他感到了忧虑，魏延把费祎留了下来，要跟他一起重新制订作战计划，计划完成后魏延又逼着费祎和自己共同签署，并向下面的将领们宣布。费祎现在只想脱身，就哄魏延说："我现在就去向杨长史解释，杨长史是个文官，过去很少参与军事，他一定不会违背您的命令。"在耍阴谋诡计方面魏延显然不行，他相信了费祎的话，放他走了。费祎一出营门就赶紧打马飞驰而去，这让魏延感到有些不对劲，想去追赶已来不及。

魏延派人打听五丈原上的情况，报告说杨仪等人正按丞相生前的部署进行撤军，魏延知道自己真的被费祎耍了，于是勃然大怒。你们不是要撤军吗？那我就先撤了。魏延也不向杨仪等人通报，抢在大队人马之前撤了军，这是完全可能的，因为褒斜道的谷口在五丈原右侧，五丈原上的人马如果撤退，也得先从五丈原上下来。魏延做得更绝，自己通过后命人一把火把栈道烧了，等杨仪、费祎、姜维等人率其他各部蜀军撤到这里时只得在秦岭山中重新开辟道路。

如果魏军这时得到消息趁机发起猛攻，困在秦岭中的蜀军必受重创，但蜀军的保密工作似乎做得不错，等司马懿明白是怎么回事时已经有些晚了。首先发现蜀军有异样的不是魏军，而是五丈原附近的百姓，他们看到大批蜀军离开军营撤走就报告了司马懿，司马懿这才下令追击，蜀军已有准备，负责断后的姜维突然率部反过头来，挥舞旗帜、鸣响战鼓，做出进攻的架势。

这让司马懿有些吃不准了，担心是诸葛亮的诡计，诸葛亮求战不能，会不会故意卖个破绽等我们进招呢？司马懿产生了狐疑，于是又下令退回大营，所以后来百姓中流传死的诸葛亮也能吓跑活的司马懿，这个谚语在当时就流传开了，甚至司马懿本人也听说了，他倒不生气，自我解嘲说："我可预料到他活着的事，没办法预料到他已经死了呀！"

蜀军撤走后整整一天过去了，看到五丈原上确实没有了动静，斜谷口方面也没有重兵埋伏的迹象，司马懿才命魏军向五丈原前进，上去后发现是一座空营，司马懿亲自过去察看，特意看了看蜀军留下来的营垒以及诸葛亮生前生活的地方，不禁叹道："真是一个天下奇才啊！"

在蜀军营寨内还发现来不及带走或销毁的文书档案，还有大量粮食，直到这时魏军内部仍然有人认为撤退没准是诸葛亮的计谋，魏明帝派来的特使辛毗尤其坚持这种看法，看来诸葛亮确实给对手造成了很大的心理阴影。司马懿认为不是，他分析说："军事家所看中的是军事文书、兵马粮草，现在这些都不要了，哪里有人肯把五脏拿出来以求生的道理？"司马懿下令追击，他们同样要在秦岭山中边开路边前行，关中生长着很多蒺藜，司马懿命2000人穿着软木平底的木屐背着蒺藜在前面开道，路不好的地方就把蒺藜铺上，人马再前行。就这样，魏军一口气追到了赤岸。

赤岸的位置在褒口附近，褒斜道的北口叫斜口，南口叫褒口，也就是说，再往前追就到汉中平原了，这时魏明帝派人送来了诏书，要司马懿撤军。有人认为史书的这个记载不符合常理，这么好的机会，为何不趁势拿下汉中？但仔细想想，魏明帝的这个决定或许更为明智，汉中是蜀汉多年经营的重镇，不是那么容易一口就吞下的，魏军至少在汉中打过两次大败仗了，每一次都影响深远。蜀军是主动撤退的，在没有做好充分准备的情况下贸然攻入汉中平原，是福是祸还真不好说，不如见好就收吧。

还有一个重要原因，就是最近东北的形势突然吃紧，辽东的公孙渊势力不断壮大，魏明帝派人清剿却吃了败仗，如果汉中失利或被拖住，公孙渊那边又趁机向南扩张，局面就严重了。当然撤军也符合司马懿的想法，他已经成为魏军的头号人物，放眼军中已没有任何人能向他发起挑战，只要对手继续存在，他的作用就只会越来越重要，真要把蜀汉一举灭掉，对他个人来说未必有利。司马懿于是下令，让追击的魏军全部撤回关中。

再回到蜀汉方面，魏延和杨仪等人分别率一支人马回到汉中，双方既已翻脸，势必战场上一决高下，杨仪命王平去战魏延。真打起来王平未必能占到便宜，但他会心理战，在战场上王平斥责魏延的手下："丞相刚刚去世，尸骨未寒，你们怎敢如此？"

当时的情况是，除魏延以外蜀汉所有重要人物都在杨仪这一边，魏延给人一种造反的印象，他的手下感到理亏，于是不战而散，最终魏延只带着几个儿子一起逃往南郑，杨仪派马岱前往追拿，马岱将魏延父子抓住，就地斩首。杨仪终于看到了魏延的首级，他一脚踏上，骂道："狗奴才，看你还能作恶不？"杨仪下令夷灭魏延的三族，看来不是一般的恨。

成都方面，先是接到丞相病逝的消息，后主和群臣深感震惊和悲痛，接着更令人震惊的消息不断传来，魏延和杨仪一天好几拨地派人来报告情况，各说各的理。后主不知道该信谁，就问侍中董允和丞相留府长史蒋琬，蒋琬、董允都为杨仪担保，对魏延表示怀疑。大家商量了一下，命蒋琬率一部禁军北上接应，蒋琬刚出发几十里，杨仪的报告就来了，说魏延已死，蒋琬便领兵回到成都。平息这场内乱后，杨仪、费祎、姜维等人按照诸葛亮生前的遗愿，把他的遗骸安葬在汉水旁边的定军山下，后主刘禅在成都素服发丧三天，并派左中郎将杜琼为特使前往汉中宣读册命，册命说："您是文武全才，既聪明又睿智，一生忠诚，接受先帝的遗诏辅佐寡人，致力于复兴汉室，平息战乱。您统率大军，连年征战，神威显赫，压倒八方，为蜀汉建立了卓越的功劳，一生的建树可以和伊尹、周公相比。人生为何如此不幸？在统一大业即将完成之际，您患病身亡，让寡人无限悲伤，肝胆欲裂！"

后主在册命中追赠诸葛亮忠武侯的谥号，之前他的爵位是武乡侯，于是后世遵称诸葛亮为武侯。在成都，一些在诸葛亮手下任过职的官员想立即前往汉中奔丧，但这既不符合诸葛亮的遗愿，又影响到蜀汉的正常秩序，后主发现后，立即下诏禁止。也有跑得快的，《三国志》作者陈寿的老师谯周在诸葛亮手下担任过劝学从事，他听到消息没做停顿就直接走了，等到诏书发出时他已走了很远，结果只有他到了汉中。

回顾魏延事件，的确令人唏嘘，不仅一代名将以悲情落幕，也使蜀汉实力大损，实在是亲者痛、仇者快。也有史书站在魏延的一边进行了不同记载，重要的一点是说，诸葛亮临终前其实把事托付给了魏延，让他代行丞相之职，诸葛亮临终前魏延不仅在跟前，而且诸葛亮还对他说："我死之后，你们好好守住现在的江山，千万别到这里来了。"根据这部史书的记载，魏延按照诸葛亮的遗令指挥秘密撤军，到褒口后才发丧。杨仪见魏延代理丞相指挥部队，担心被他所害，于是扬言说魏延将率众投降曹魏，并带人来攻魏延，魏延根本无心投敌，所以并不应战，结果被追上杀了。两种记载截然不同，一个说魏延不听遗令，是造成蜀军分裂的主要责任人，失败被杀咎由自取；另一个说魏延忠实地执行了遗令，是杨仪挑起内斗，魏延死得很冤枉。

尽管前一种说法占据了主流，但也留下了许多谜团：诸葛亮为什么那么不信任魏延，宁愿把权力交给资历差得多的杨仪也不愿意交给魏延？既然不相信魏延，为何又让他身居高位、手握重兵？诸葛亮难道没有想过杨仪和魏延势必会自相残杀的一幕吗？也许这就是诸葛亮的无奈，在二人只能选择一个的情况下，诸葛亮不得不把蜀汉的未来放在最有把握的一方，不管魏延想不想造反，等待他的注定只有悲剧。

十、倔强的杨仪

诸葛亮突然去世，蜀汉内部所造成的剧烈震荡还没有结束。问题仍出在杨仪身上，这是个很有才干的人，所以深得诸葛亮的赏识，凡是诸葛亮交代的事，杨仪不仅干得很好还很利索，诸葛亮十分倚重他，让他当了丞相府长史。但此人是出了名的臭脾气，不仅与魏延不和，之前跟刘巴等人也闹过很深的矛盾。有能力却不会团结人，这样的人不适合负责全面工作，所以诸葛亮生前秘密指定蒋琬做接班人。

提起蒋琬，杨仪更不服气了，关羽留守荆州期间，杨仪当过关羽的功曹，后到成都在刘备的左将军府里当兵部掾，而同时期蒋琬只是广都长，还因为干得不好，差点儿被刘备砍头。刘备称汉中王，刘巴任汉中王府尚书令，杨仪是尚书台的一名尚书，蒋琬则是一名秘书郎，杨仪连顶头上司刘巴都看不上，当然不会正眼去瞧蒋琬，在杨仪心里蒋琬一直是他的下级。但蒋琬进步得更快，而且显然更深得诸葛亮的器重，北伐开始后丞相府一分为二，汉中、成都各有一个，诸葛亮让蒋琬担任成都留府长史，让杨仪来汉中，二人虽然都是诸葛亮的长史，但论重要性显然杨仪比不了蒋琬。

安葬完诸葛亮，处理完魏延事件，杨仪、姜维等人率主力回到成都，汉中方面留吴壹镇守，他是刘备穆皇后的哥哥，原来的职务是左将军，现被提拔为车骑将军，姜维回到成都后改任辅汉将军，车骑将军是蜀汉此时的最高军职。按照诸葛亮的交代，蒋琬被任命为朝廷尚书令，同时兼益州刺史，又代行总都护一职。都护类似于监军，总都护相当于全国军队的总监军，大概考虑到蒋琬只是一介幕僚出身，在军中毫无建树，不宜贸然成为全军统帅，所以没有直接任命他为大将军，但后主同时授蒋琬"假节"，让总都护有了类似于大将军的职权。蒋琬集军政大权于一身，跟诸葛亮比也只差一个丞相的名义。

杨仪回去后却被"挂"了起来，丞相不在了，丞相府也就解散了，杨仪唯一正式的职务自动解除，蒋琬给他安排了新的工作——中军师，这是一个不知所云的职务，看名号相当于中军参谋长一类的角色，但中军在哪里杨仪恐怕并不知道，他也没有下属，整天闲着。杨仪深为不满，不仅把不满之情表露无遗，而且一天到晚恨得心颤肝疼。杨仪仗着资格老，发牢骚、说怪话也从不避人，一般人都不敢应和他，只有费祎常来劝劝他。杨仪在费祎面前没少有怨言，有一天说激动了，甚至说了过头的话："丞相去世时我如果举兵联合魏延的话，怎么会落魄到今天这般光景呢？想想真是追悔莫及！"

费祎就把这些话上报了，于是杨仪被后主废为平民，指定其迁往汉嘉郡居住。经过这个打击，按理说杨仪应该有所反省，但他更不服了，上书后主表达不满，言辞更加激切。后主一生气，命郡里将其收捕下狱，其实也许只是吓唬吓唬他，挫挫他的性子，但杨仪一生高傲刚烈，哪能受此大辱，结果就在狱中自杀了。

在孙吴方面，孙权指挥三路人马攻击曹魏，来势凶猛，但最后也无果而终。三路人马中，攻击合肥的这一路由孙权亲自带队，对外号称10万人，兵力最强，算起来这是孙权第四次带队来攻合肥了。曹魏负责东线战场的征东将军满宠组织人马拼死抵抗，战斗进行得很激烈，满宠组织了一支数十人的敢死队，用松枝扎成火炬，又在上面浇上麻油，在顺风口放火，烧毁了吴军的攻城器具。

乱战中，孙权的侄子孙泰被射死，他的父亲孙匡是孙权的亲弟弟。这时吴军中又流行疾病，不少士卒病倒了，孙权又听说魏明帝亲率大军来援，于是下令撤退。孙韶率领的另一路是配合攻击合肥的，同时撤退。

三路大军中只有荆州方向还在继续，陆逊和诸葛瑾指挥吴军向襄阳一带的魏军发起进攻，其间陆逊派身边一个叫韩扁的人去给孙权报告军情，但韩扁在路上被魏军巡逻队生擒了，情报落入魏军手里。诸葛瑾一听相当紧张，赶紧去找陆逊商量对策，见陆逊倒挺轻松，还像平时一样跟部属下棋、射戏，又催促大家继续在占领区种蔓菁、豆子。

诸葛瑾不敢随便乱说话，等其他人退去，陆逊对他说："现在敌人肯定已知道主公那边退兵了，因而没有什么顾虑，必然会全力向我们进攻。现在的情况已经很严峻，各要害之处恐怕已被敌人占据，只有巧施计谋才能安全撤退，如果直接撤退的话，敌人知道我们露怯，必会全力相攻，到那时就是必败之势。"陆逊和诸葛瑾密谋，由诸葛瑾率领船队做好撤退准备，陆逊亲自率一部人马在陆上集结，仍然向襄阳发起攻击。魏军听说陆逊亲自前来，紧张地收缩进城，等待对方来攻城。利用这个间隙，陆逊和诸葛瑾指挥吴军迅速撤退了。

孙权回到建业后，听到诸葛亮去世的消息，感到很紧张。孙权不担心魏军趁机向孙吴发起进攻，他担心的是曹魏会不会借此机会把蜀汉给灭了，孙权立即命陆逊、诸葛瑾向蜀吴边界地区的巴丘增兵，以防不测。与此同时，孙权也接到报告，蜀汉方面也在向他们控制下的白帝城等地增兵。

孙权做了两手准备，如果蜀汉能顶住曹魏的进攻，他就去救援；如果蜀汉顶不住，他就命吴军攻入蜀地，跟曹魏瓜分蜀汉。过了一阵，发现曹魏那边没有大举进攻蜀汉的打算，司马懿也退回到长安，孙权这才松了口气。诸葛亮是孙刘联盟的缔造者和坚定维护者，他的去世对孙刘联盟无疑是个重大打击，诸葛亮的继任者蒋琬对孙刘联盟的态度如何？值不值得信任？孙权对此还没有太大把握。

在蜀汉方面，建兴十三年（235）四月后主下诏，正式擢升蒋琬为大将军，同时分管朝廷尚书台的工作（录尚书事），朝廷尚书令一职由费祎接任。处理好内部的事，蒋琬大概也考虑到孙吴方面的担忧，于是主动派右中郎将宗预去建业拜见孙权。宗预做过诸葛亮的丞相主簿，到了建业，孙权开门见山地问他："东国和西国就像一家人，但听说西国增加白帝城的守军，不知是什么原因。"这个问题不好回答，宗预是这么答的："我认为东国增加巴丘守军，西国增加白帝城的守军，都是当前事态下的自然之举，都没有什么可问的。"孙权闻听大笑，认为他回答得很诚恳，这次出使进一步巩固了双方的联盟关系，消除了彼此的疑虑和误解，宗预在建业期间受到孙吴方面的盛情款待。

不久，孙权派侍中是仪回访，是仪长期在孙权身边掌管机要，所担任的侍中一职位同九卿，地位很高，按说派个级别低一些的官员去更合适，但他是蒋琬的姨兄，所以是最合适的人选。经过一段时间的往来，吴蜀之间的关系继续得到了巩固。

第十九章 曹马之争

一、孙权的海上冒险

就在诸葛亮去世前后，孙权还摊上了另一件闹心事。孙权应诸葛亮之约亲征合肥的前一年，即嘉禾二年（233）年初，辽东的公孙渊突然派人坐着船从海上来到江东，表示要向孙权称臣。这是一件挺稀罕的事，自汉末以来公孙氏三代统治辽东，他们都听命于曹氏，曹丕称帝后直接接受曹魏的任命，与孙吴并无来往。

魏明帝继位后拜公孙渊为扬烈将军，仍兼辽东郡太守。公孙渊这个人生性不安分，早晚会闹出事来，必成曹魏的心腹大患，侍中刘晔曾一针见血地指出："公孙氏在汉朝时依附，其后世代相承，他们凭恃山海阻隔，如胡夷一样难以制约，随时会发动叛乱，如不早些诛伐，以后必成大患，到那时，如果他们已心怀二心再出兵，麻烦会更大。不如趁公孙渊新立，其内部既有反对势力也有仇人，干脆先动手，大兵压境，不必动刀动枪，只需悬出重赏、分化瓦解即可成功。"但魏明帝没有接受刘晔的建议，仍延续之前对辽东的政策。公孙渊可能意识到自己处境不妙，所以在努力扩充势力的同时，他也积极拉拢曹魏的敌人，试图建立一个反曹魏的联盟。

曹魏的敌人其实不用费心去找，都在那里摆着，一个是蜀汉，一个是孙吴，蜀汉距离辽东太远，中间全是陆路，想去也去不了，与孙吴虽然陆路也不通，但从海路可直达，公孙渊决定先联络孙吴。公孙渊派来的使者是校尉宿舒和郎中令孙综，他们带着厚礼，还有写给孙权的奏章，表示愿意臣服。孙权很高兴，欣然接受，为表示庆贺，孙权特意下诏大赦。孙权准备封公孙渊为燕王，加九锡，派太常卿张弥、执金吾许晏和将军贺达率领一支上万人的船队去辽东，宣布对公孙渊的任命。

孙权这边热血沸腾，但孙吴的大臣们却反应冷淡，自丞相顾雍以下，群臣几乎一致反对这么做，他们都认为公孙渊反复无常，信誉很差，对他不能太轻信，更不能过于厚待。群臣建议，即使接受公孙渊称臣，顶多派个低级官员和少数人马就可以了，没有必要这么隆重，但孙权仍坚持己见。

这件事成了孙吴上下争论的热点，不仅在建业，孙吴在各地的许多重要官员也都参与了讨论，他们纷纷建议孙权慎重处理辽东问题。远在交州的虞翻也听到了，虞翻之前因得罪孙权被流放到交州，他也认为这件事不靠谱，想上书劝谏又有点儿害怕，不说又不甘心，于是写了封信，请负责交州事务的吕岱替他转呈。

赋闲在家的辅吴将军张昭也跑来劝谏，张昭认为公孙渊称臣只是权宜之计，这种事最不可靠，按照公孙渊的性格，说不定哪一天又会轻易倒向曹魏一边，到那时派去的使者都回不来，将被天下耻笑。孙权还是不听，反而想尽办法去说服张昭，张昭也更加坚持自己的观点。谁也说服不了谁，孙权急了，手握刀柄，生气地说："吴国士人入宫拜我，出宫就拜先生，我敬先生，已经到了极限，但你多次在公开场合顶撞我，我真怕做出不愿意做的事！"张昭愣住了，望了望孙权，最后说："臣虽然知道有些话陛下不会采纳，但我仍然竭尽忠心，不敢不说，这是因为太后临终前呼老臣于床前，吩咐我辅佐陛下的那些话犹在耳边啊！"张昭一边说一边涕泗横流，这让孙权也大受感动，把刀扔在地上，与张昭对泣，但哭归哭，孙权仍然一意孤行。

就这样，孙权派张弥、许晏等人出发了，这两位九卿特使率领着一支船队由海路前往辽东，随行携带着大量赏赐给公孙渊的金银财宝和江东特产，还有册封公孙渊的诏书以及各项九锡用具，之前介绍过九锡的具体内容，又是车马、仪仗，又是衣服用具，仅这一套东西估摸着就得装好几船。

但到了辽东，果然与张昭预言的一样，公孙渊反悔了。联络孙权的想法大概是公孙渊一时冲动下做出的，看到孙吴把场面做得这么大，又要封他为燕王，公孙渊有些害怕了，冷静下来想了想，公孙渊觉得孙吴路途遥远，无法作为依托，还是跟着曹魏更安全。结果，公孙渊把张弥、许晏等人杀了，把首级送往洛阳，上表魏明帝报告此事，当然得隐去派人联络孙权的这一段，把自己包装成拒绝孙权拉拢、坚定站在曹魏一边的形象。魏明帝接到报告后很高兴，派傅容、聂夔为使者，拜公孙渊为大司马，晋封为乐浪公，持节，仍兼任辽东郡太守。

公孙渊的这一手玩得真不错，孙权的礼物照单全收，魏明帝这边加官晋爵，如果事情就此了结，这笔买卖就赚大了。然而事情无法了结，因为孙权肯定不干。消息传回建业，孙权如五雷轰顶，咆哮道："我活了60岁，人间的艰难困苦全都尝过，现在居然被鼠辈玩弄，要把人气死！不把这个鼠辈的头砍下来扔到海里，就没脸君临万国。即使把国家搞亡了，我也要干！"

盛怒之下，孙权决定亲自率兵讨伐公孙渊，主意打定，谁都劝不住，群臣吓傻了，不知道该怎么办，只得不停地上疏劝谏。朝廷尚书仆射薛综在上疏里写道："水火无情，十分危险，帝王不宜接受。辽东是一个蛮荒小国，如果陛下决心攻打，一定能把它征服，但辽东地方贫苦寒冷，那里的人都擅长骑马，听说大军来到，将一哄而散，到时候占了一块空地，毫无意义。"

远在武昌的上大将军陆逊听到消息也大吃一惊，立即上表劝道："陛下有神武之姿，承天受命，开创基业，破曹操于乌林，败刘备于夷陵，擒关羽于荆州。这几个人都是当世雄杰，陛下皆摧其锋。眼下正要扫荡中原，统一天下，却不能忍耐小小的气愤而发雷霆之怒。陛下乘船跨海远征，敌人定会抓住这个机会。臣听说立志行万里路的人不会中途停步，胸怀四海的人不会因细小的事危害大局。如果大事告捷，公孙渊不讨自服，何必为了辽东的人口马匹而对江东万世基业毫不珍惜呢？"陆逊的弟弟陆瑁时任尚书台选曹尚书，上疏道："曹魏是与我们土地相接的强敌，稍有疏忽，他们就会抓住机会，所以现在不应该越海求马征讨公孙渊，应该把重点放在眼前，除腹心之疾。公孙渊老奸巨猾，跟曹魏没有完全决裂，他们可以唇齿相依，而我们孤立无助，短时间无法把他消灭，到那时山越趁机起事，恐怕不是万安之策啊！"孙权怒气难消，不听不听，全不听！

大家只好接着劝，陆瑁又上疏劝道："现在元凶未灭，边境上不断传来敌情，不应当把公孙渊作为优先考虑对象。愿陛下息怒，暂时停止出兵，然后秘密策划，等条件成熟再做打算。"最后，在众人的不懈努力下孙权终于冷静下来，取消了亲征辽东的计划。孙权是性情中人，却不是愣头青，待怒气消散一些他也能想到，此时发兵辽东并没有多少胜算，反而会引来大祸。

二、还得老将出马

公孙渊真会玩，但玩过了头就要招祸。孙权收拾不了他，不意味着他就能高枕无忧了。傅容和聂夔奉命出使，又送官又送爵，本应好吃好喝好招待，但这二位也跟孙吴使者一样差点回不去。到了辽东，他们被安排在学馆里，一连几天没见公孙渊来受拜，情况十分异常。

原来，辽东郡的计吏刚好这时从洛阳回来，他了解洛阳的情况，向公孙渊报告说这些使者都勇力超群，不是一般人，其中有个叫左骏伯的人更十分了得，言下之意，是魏明帝派这些人来明为加官授爵，其实是来执行"斩首行动"的，公孙渊向来多疑，听完大怒。公孙渊派了步兵和骑兵把学馆重重包围，之后才进去受拜，完事之后又对二位使臣恶言恶语一番。傅容、聂夔受此大辱，回去后就向魏明帝告了状。魏明帝也生气了，本来他是向着公孙渊的，多少人劝他解决公孙渊，他都没听，公孙渊却不领情。魏明帝与公孙渊不是盟友而是君臣，他派去的人哪怕职务再低也都是上差，如同他本人亲临，公孙渊羞辱使臣就是打他的脸。

魏明帝下定决心后，就命幽州刺史毌丘俭积极筹备，条件成熟后即动手解决辽东问题。毌丘俭字仲恭，祖籍司隶校尉部河东郡，曹魏原将作大匠毌丘兴的儿子，早年在曹植的平原侯府供过职，魏明帝继位后担任尚书郎，后升任为羽林监、洛阳典农校尉，很得魏明帝的赏识，是曹魏的政治新星。

毌丘俭后被提拔为荆州刺史，孙权三路大军攻魏，毌丘俭率兵直接抵抗陆逊、诸葛瑾，结果吴军败退，算是打了个大胜仗，魏明帝发现毌丘俭是个军事人才，更加委以重任。决定讨伐辽东后，魏明帝把毌丘俭调往幽州，仍任刺史，但加了度辽将军的头衔，同时兼任护乌桓校尉，把北方的军政大权都一并交给了他，临事可决断。

毌丘俭立即整顿幽州一带的魏军，于曹魏青龙四年（236）率大军直扑辽东，前锋进至襄平，幽州以北各少数民族部落首领，包括右北平乌桓单于寇娄敦、辽西乌桓都督率众王护留以及当年追随袁尚逃到辽东的残部合计5000余人都纷纷来降，毌丘俭请求魏明帝封其中的各级渠帅共20多人为侯，并赏赐舆马缯彩等物。对毌丘俭来说开局相当不错，如果此战彻底解决了辽东问题，毌丘俭无疑将在魏军中一跃而起，在宿将纷纷凋零的情况下，他将成为无可辩驳的新一代接班人。

但是，平辽东这样的大事绝非轻易可以做到，一个只有不到两年"军龄"的人，既不熟悉军务，又缺乏足够威望，控制军队的能力本就大打折扣，加上立功心切，轻军冒进，失败也就难免了。公孙渊发兵与魏军战于辽隧，魏军作战不利，这时天又下起了大雨，一连下了十几天，辽水大涨，魏军长途奔袭，轻装而来，面对洪水一筹莫展，只好撤回右北平。

既已撕破了脸，公孙渊索性自称燕王，还给自己取了个"绍汉"的年号，"绍"有恢复、继承的意思，公孙渊的用意跟刘备当年称帝差不多，打的都是延续刘汉王朝的旗帜。公孙渊在控制区内任命百官，一切均照曹魏朝廷去设置，又遣使持节，封拜北方的各族首领，煽动他们出兵袭扰曹魏。

魏明帝深感忧虑，恰在这时司徒董昭、司空陈群先后去世，三公一下子走了两个，他们都是始终追随曹魏的肝胆忠臣，魏明帝越发感伤起来。魏明帝下诏，将次年改元为景初，希望能给曹魏带来新气象，之后擢升尚书令陈矫为司徒，尚书台左仆射卫臻为司空，又把司马懿由大将军改任为太尉。

景初元年（237），北方连遭水灾，冀州、兖州、徐州和豫州灾情最重，造成重大的人员和财产损失，魏明帝只好把主要精力用在救灾上，他不断派出侍御史巡察各处灾区，统计损失情况，开官仓赈救，辽东的事只得搁一下了。当时社会上到处传播着流言，说魏明帝继位以后大兴宫室，为了个人的享受而不惜损害经济和军事，招致上天的震怒，这才以水灾警示，有些话传到魏明帝的耳朵里，让他很郁闷。

说起魏明帝大修宫室，的确是实情，他虽然也是个励精图治的人，但在大兴土木方面有偏好，以致达到自我陶醉的程度，这一点也许与他少年时代的经历有关，受母亲的影响，他少年时代长期生活在局促的屋院内，形成了压抑的个性，一旦君临天下，自然要弥补回来。

虽然遭到众多朝臣的反对，但魏明帝仍我行我素，不惜财力物力修建了大量宫殿，包括太极殿、式乾殿、昭阳殿、总章观、黄龙殿、寿安殿、竹殿、闾阖门等，无不高大壮观，外表雄武，内里装修豪奢。魏明帝还命人引谷水入宫，直达皇家园林芳林园，形成一个很大的人工湖，名天渊池，用挖掘天渊池的泥土堆成景阳山，从太行山、谷城山等地运来白石英、紫石英、五彩文石等进行装饰，园中遍布松竹花草、奇禽异兽。为修建宫室苑囿，魏明帝还派公卿百官和太学的学生们参加义务劳动，他自己也去干活，亲自挖土给大家做榜样。宫室建成后魏明帝经常在里面游宴泛舟，或歌或舞，或登山或畅饮，美得很。

除了洛阳城里的宫室，在郊外也修建了大量皇家园林和射猎场，高柔上过一份谏章，据他的统计，其中有一个射猎场里养着大小老虎600只，狼500只，狐狸10000只。一只老虎每三天就要吃一只鹿，一年就是120只，喂食600只老虎得另养72000头鹿才行。这些行为自然引起群臣的不断进谏，但魏明帝似乎铁了心，根本不听，不过他的脾气还好，至少比他父亲好，言辞再激烈的奏章，他也顶多叹口气放到一边，很少因此对大家免官降职。

到了景初二年（238）正月，水灾过去了，魏明帝决心再度讨伐辽东。考虑到毌丘俭的资历和能力确实弱了些，魏明帝决定另派一位得力的重臣去指挥此次战役，看来看去，只有司马懿最合适。于是，司马懿奉命由长安回到洛阳，魏明帝问他如果讨伐辽东需要多少人马，司马懿说至少四万，理由是公孙渊已经公开造反，知道迟早会遭到打击，所以日夜都在做着准备，从兵法而言已无当年太祖皇帝率一支轻军直捣乌桓大本营那样出奇制胜的可能，只能靠实力，人马少了不行，但多了也不行，因为路途遥远，人马太多后勤保障困难。

魏明帝又问，如果公孙渊知道大军来讨伐，他会如何应对，司马懿为公孙渊制定了上、中、下三策："我要是公孙渊就弃城逃走，这是上计；盘踞在辽东以拒大军，这是中计；坐守襄平而困守，是下计，必然被擒。公孙渊如果能审时度势，考虑彼我实际，从而有所舍弃，这是高明的做法，但公孙渊做不到，他会想我们长途而来，地势孤远，后勤补给困难，加上此前新胜，所以会有侥幸的心理，臣料想他会先拒辽水，再守襄平，也就是自寻下策。"经司马懿这么一分析，魏明帝信心大增，最后又问司马懿此次平定辽东需要多长时间，司马懿回答："大军此去路上需要100天，双方交战需要100天，之后回师也需要100天，再加上60天时间去休整，算下来360天，也就是一年吧。"计算得很精确，这不是专业，是自信。

魏明帝于是命司马懿率领四万人马征讨辽东，出发前散骑常侍何曾提议，此次出征辽东有4000多里，为确保万无一失，不如派一位有能力有威望又忠诚可靠的重臣做司马太尉的副手，万一有不测的事发生，不致群龙无首。何曾也是曹魏的"官二代"，他的父亲是前太傅何夔，这番意思可做两种解读，一是这种超远距离的作战的确得有所准备，万一主帅身亡，大军远在数千里之外，很容易陷入群龙无首的境地；二是司马懿以太尉的身份手握重兵，犯了所谓"五大不在边"之忌，为了制衡，也应该派人在他身边看着，以防作乱。魏明帝何尝没这么想过，但他知道这样一来容易招致司马懿的不满和抵触，毕竟现在征讨公孙渊才是头等大事，所以不仅没接受何曾的建议，还把他从身边调离，出任河内郡太守，算是惩戒，当然也是为了做给司马懿看的。

三、司马懿平定辽东

正月还没有过完，征辽大军就出发了。魏明帝亲自送行，车驾一直送到洛阳西明门。考虑到大军此去刚好路过司马懿的老家河内郡温县，魏明帝特意让朝廷尚书台右仆射司马孚和散骑常侍司马师代表自己把司马懿再送到温县。司马孚是司马懿的弟弟，"司马八达"中的老三，司马师是司马懿的长子，已经30岁了，刚刚被任命为散骑常侍。对于这项细致的安排司马懿还是挺感动的，自从年轻时离开家乡到曹丞相身边任职，屈指算来已30年了。

司马懿到了温县老家，河内郡太守、本郡典农校尉率地方各级官员集体前来拜见，他们是接到天子的诏书专程前来的，带来了天子所赐谷帛牛酒。司马懿于是在附近一个叫虢公台的地方设宴招待乡邻和故旧，宴会整整持续了一天。之后魏军主力继续北进，进入幽州刺史部境内后加快了行进的速度，经孤竹、碣石，最后抵达辽水之畔，时间是当年的六月，比预计100天的行军时间稍晚了一些。

大兵压境，尽管公孙渊没有马上逃跑，但心里还是挺紧张的，这一次来的是司马懿，公孙渊知道此人是个够狠的角色，当年以霹雳手段收拾孟达的就是他。情急之下公孙渊想到还得跟孙吴结盟，于是主动取消了伪朝廷，再次派使者去江东向孙吴称臣，乞求孙权举兵北伐以救辽东。

公孙渊派的使者叫什么名字史书没有记载，但这个使者显然胆子够大，因为只要有正常的思维都清楚，他根本见不到孙权就得被拉出去剁了，然而有个叫羊衜的人建议孙权不妨见见："杀他们是匹夫之怒，而非霸王之计也。不如因势利导答应公孙渊，遣奇兵秘密前往助阵，如果司马懿伐公孙渊不克，而我军远赴助战就是恩结遐夷、义盖万里；如果公孙渊与司马懿打得难解难分、首尾不得相顾，那我们就趁机夺其领土，以报昔日之仇。"孙权是干大事的人，想了想觉得有理，于是接见了公孙渊的使者，答应出兵相助，并让他给公孙渊捎话："我一定与弟同休戚、共存亡，即使因此死在中原我也心甘情愿！只是司马懿所向无前，也深为老弟忧虑啊！"

辽东方面，大战已经开打，公孙渊派卑衍、杨祚率步骑数万屯兵在辽隧，在那里修筑了两座围堑，一南一北，相距60多里，形成呼应，摆出决战辽水的架势。司马懿分出一部人马做疑兵，故意制造声势，让敌人以为将重点攻击其南部围堑，结果辽东的人马上当，把主力几乎都调到了南面，而魏军则在北面悄悄渡过辽水，直趋北围堑之下，司马懿命令把舟船毁了，做破釜沉舟之势。

辽水天堑已不在，众将认为此时正可以攻击，司马懿不同意，他向众将解释了原因："敌人营坚垒高，想在这里拖死我们，如果强行进攻，正中其下怀，这就是王邑当年不攻昆阳的原因。古人说'敌虽高垒，不得不与我战者，攻其所必救也'，现在敌人的主力在此，那么他们的老巢必然空虚，我们现在直指襄平，则敌人必然恐惧，主动来找我们决战，必然大败之！"

　　魏军不管当面之敌，直奔战略要地襄平而来，此地即今辽宁省辽阳市，为辽东必保之地，公孙渊就在城里，卑衍等人果然率主力跟了过来，双方大战于首山，魏军大破卑衍，之后三战三捷，卑衍率残部退保襄平，魏军将襄平包围了起来。

　　这时已是农历的七月，也是辽东的雨季，大雨又开始没完没了地下起来，毌丘俭当初也打到了这里，就是因为大雨而前功尽弃。雨越下越大，在襄平城外扎营的魏军吃尽了苦头，有人建议移营，到地势稍好的地方躲躲雨，司马懿不许，明令敢言移营者斩，都督令史张静以为太尉只是说说，没当回事，又进去劝司马懿移营，被当即斩首，全军惊愕。

　　既然不移营，那就加紧攻城吧，司马懿也不同意，有一个叫陈圭的司马，当年随司马懿参加过讨伐孟达的战斗，他对此十分疑惑，问司马懿："昔日咱们攻上庸，八部并进、昼夜不息，所以能在半个月时间里拔坚城、斩孟达。如今道路更远，但来了以后攻势却更安缓，属下实在困惑不解。"司马懿向陈圭以及众将解

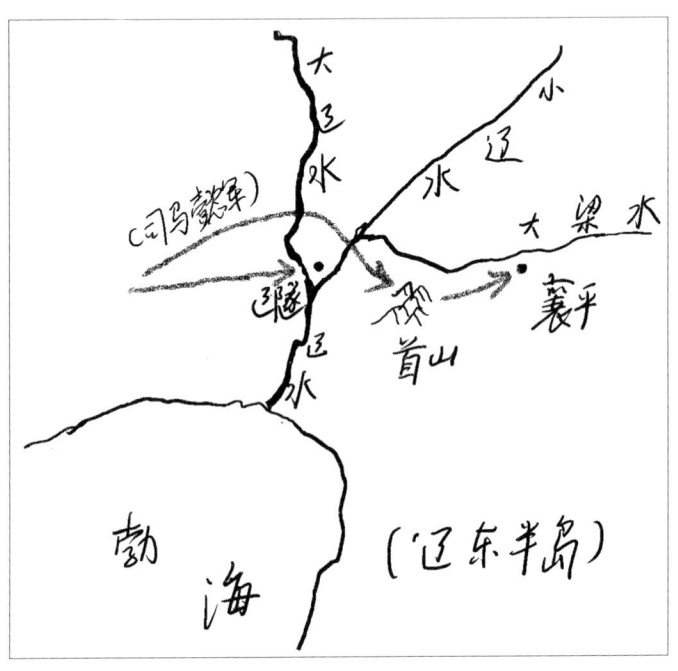

司马懿平定辽东示意图

释说:"孟达手下人马不多,但备下的粮食够吃一年,当时我们将士四倍于孟达,而存粮不足一个月,以一月图一年怎能不速战速决?而且当时是以四击一,胜算在手,所以不计死伤也要攻城,实际上是在与存粮赛跑。如今贼众我寡,贼饥我饱,情况完全相反,不过遇到点雨水罢了,暂缓几天,攻守之势不会改变。"

说完这些,司马懿又进一步解释了他的策略:"自京师出发以来,我不担心敌人来攻,只担心他们弃城而逃。在敌人粮草殆尽之时,掠其牛马、抄其樵牧,这是故意要驱赶他们让他们逃。兵者诡道,应因事而变。趁着敌人以雨水而自恃、虽饥困却未至绝境之时,应减少攻势以安抚,为了一些小利而把敌人惊醒,并不划算。"与此同时,辽东大雨的消息也传到了洛阳,不少人跑到魏明帝那里,认为雨水暂时无法退去,此役已无全胜的可能,建议下诏让大军还师,魏明帝不许,他认为司马懿会临危制变,一定可擒公孙渊。

幸运的是雨停了,于是司马懿指挥攻城。魏军各种攻城方法一齐使用,挖地道、起楯橹、用钩橦,襄平城下矢石如雨,魏军将士人人争先、个个效命,攻势猛烈,昼夜不停。说起来,攻城这种事谁都没有把握,它不以人多人少为胜负的先决条件,有时很邪门,城在眼前,可纵然十倍于敌也进不了那一尺,三国时代这样的例子比比皆是。

决定城池能否守住的最关键因素是守城者的意志和决心,对于襄平城来说尤其如此。就在这个关键时刻,老天继续眷顾着司马懿,在攻城战打得最激烈的当口,一颗白色流星拖着长长的耀眼的尾巴,从襄平城西南向东北方向划去,最后坠落在梁水方向。这本是一次正常的天文现象,但在当时人们看来这是上天发出的某种警示,襄平城里的军民都认为这是大凶之兆,因而深为震慑,士气大伤。公孙渊也害怕了,派自己的"相国"王建以及"御史大夫"柳甫出城乞降……

司马懿的回答只有两个字:"不许!"司马懿命人把王建、柳甫斩首,公孙渊不死心,又派"侍中"卫演等人前来乞降,司马懿对卫演说:"现在有五种可能:能战就战,不能战就守,不能守就走,以上是三种,其他两种是降与死,公孙渊不肯把自己绑了亲自来求降,到底想选哪一种呢?"

公孙渊知道遇上硬茬了,他原来还幻想来一场假投降,只要能躲过眼前这一关这一劫怎么样都行,待魏军一撤,他又能在辽东东山再起,现在看来司马懿已识破了他的心思,丝毫不给自己留后路,公孙渊无奈,只得冒死突围,这正是司马懿希望的,他下令纵兵追击,追至梁水把公孙渊击杀,有的史书附会说,杀公孙渊的具体地点就是那颗白色流星坠落的地方。

四、曹魏第二次托孤

魏军攻入襄平城,立即展开了一场大屠杀。司马懿下令,把公孙渊伪朝廷里任职的所有公卿百官全部诛杀,各级官员以及军队里的将领被杀的有2000多人,还有一部史书甚至记载,城中15岁以上的男子都被杀掉了,前后多达7000余人,杀的人实在太多,首级集中在一起堆成了一座小山,称为"京观"。

公孙渊的叔叔公孙恭仍在世,当初公孙渊把他囚禁起来,夺走了他的权位,司马懿命人把公孙恭释放。公孙渊还有个哥哥叫公孙晃,以人质的身份待在洛阳,公孙晃多次上书魏明帝说公孙渊会造反,请朝廷出兵讨伐,公孙渊败亡后魏明帝不忍将公孙晃斩于市中,下令在狱中把他杀了,廷尉高柔负责审理此案,上疏为公孙晃求情,魏明帝不允,遣使者带上金屑到狱中,命公孙晃及其妻子、儿子饮下自杀,之后赐他们棺衣殓葬。魏明帝大概也明白公孙晃跟公孙渊不是一路人,因无罪自然不当死,但为了彻底消除公孙氏在辽东的影响,不得不斩草除根。至于公孙恭,他身体有残疾,又缺乏治国的能力,因而保住了一条命。铲除完公孙氏的势力,辽东郡以及公孙渊原控制的附近其他各郡国重新纳入曹魏版图,仍归幽州刺史部管辖。幽州刺史毌丘俭也参加了此次战役,事后因功被晋封为安邑侯,食邑高达3900户,毌丘俭之后继续坐镇幽州。

春天出发,夏天赶到,秋天把仗打完,司马懿基本履行了对魏明帝所做的承诺。经过一段时间休整,已经到了冬天,东北地区的冬天异常寒冷,士兵们带来的衣服难以御寒,有人建议再给每人多发一件棉衣,在公孙渊的府库这样的东西多得是,但司马懿不同意:"这些是国家的财物,我无权处置。"

回师前,司马懿向魏明帝上表,请求让60岁以上的军人复员回家,涉及1000多人,同时为征战中死去的士兵发丧。大军回师到蓟县,也就是今北京附近,遇到魏明帝派来的劳军使者,魏明帝下诏增加昆阳县为司马懿的封地,加上之前的舞阳县,司马懿的封地已经有两个县,当个县侯已算位极人臣,现在是两个县的县侯,那更是极为荣耀了。魏明帝让司马懿仍回长安镇守,可以直接回去，不必再绕道洛阳了。

司马懿继续率军回返，在半路上连续几天都做了一个奇怪的梦，在梦里魏明帝枕在他的膝上，让他看自己的脸，之后就醒了。司马懿不知道这是何寓意，但内心感到了不安。行进到一个叫白屋的地方，此地距洛阳大约400里，司马懿突然又接到魏明帝的诏书，三天之中有五次之多，诏书都是魏明帝亲笔所书，这也相当罕见，内容是让他以最快的速度回洛阳，越快越好！

结合最近总在做的那个梦，司马懿预感到将有大事发生。当时最快的战马一日可行300里，司马懿仍嫌慢，他调来一种更快的交通工具——追锋车，这是一种很精巧的车子，由多匹战马拉着在驿道上奔驰，司马懿改乘它一夜之间竟然跑了400里，回到了洛阳。

司马懿被迎候的人直接带入宫里的嘉福殿，在这里见到了魏明帝，让司马懿吃惊的是，在他走之前还一切正常的魏明帝，此时竟然躺在一张病床上奄奄一息了！魏明帝曹叡这一年只有36岁，正值人生壮年，但自从夏天开始他便病倒了，而且病得越来越重，宫中御医均束手无策。

寿春有个农妇，自称天神下凡，魏明帝也视其为神人，称其为"登女"，让她护佑帝室安康，有人得了病，这个女人就给他们喝一种"神水"，或者用这种水为他们洗疮，不少人真的好了，魏明帝在宫里为她营建了堂馆，对她优礼以待，等到魏明帝一病不起，大家让这个女人用"神水"为魏明帝治病，却不见效果，这个女人就被杀了。魏明帝得的是什么病，史书没有记载，不管是哪种疾病，恐怕都与心理因素有关，长期的压抑与内敛让魏明帝的心理健康很成问题，他又是一个极为克制的人，但越是克制就越对健康不利。

魏明帝大概是在拼尽最后的力量等待司马懿的到来，君臣之间已经来不及再叙其他的话了，魏明帝颤抖着拉起司马懿的手，看着他，一字一句地对他说："我留了一口气，就在等太尉到来。我有后事相托，现在还能相见，我死也没有遗憾了！"说完，魏明帝叫来两个孩子，分别是齐王曹芳和秦王曹询，魏明帝指着八岁的齐王曹芳对司马懿说："我死后，此子继大位，您要看仔细，别弄错了！"说完魏明帝又让曹芳上前，曹芳抱着司马懿的脖子，司马懿已泣不成声，颤抖着对魏明帝说："陛下还记得先帝将陛下嘱托给老臣吗？"当天魏明帝曹叡就驾崩了，这一天是曹魏青龙三年（239）正月初一。

这是司马懿第二次受命托孤，按照魏明帝临终的安排，除了他，同时受命托孤的还有武卫将军曹爽。曹爽是曹真的长子，作为曹氏的第三代，从小就生活在优越的环境中，少年时代便凭宗室的身份可随意出入宫廷，魏明帝继位后让他担任散骑侍郎，后又出任洛阳城城门校尉、武卫将军等，受到重用。除了侍卫在天子近前曹爽并无在州郡任职的经历，也没有任何野战之功，论年纪、论资历、论功绩都与"托孤大臣"这个身份相差悬殊，难道曹氏宗亲里再也选不出人来了吗？

司马懿也许就有这样的疑问，他长期不在洛阳，近一年来又远在辽东作战，对朝廷里的情况并不知情。他不知道的是，围绕托孤的安排，前一阵朝廷内部曾发生了一场激烈的斗争，他原本并不在托孤大臣之列，后来戏剧性地被加了进来。魏明帝最初确定的托孤大臣是燕王曹宇，他是曹操的儿子、魏明帝的叔父，他的母亲是环夫人，神童曹冲是他同父同母的兄弟。魏明帝少年时代接触的人不多，曹宇是其中之一，二人因此感情很好，魏明帝继位后加封曹宇为燕王。

魏明帝自感来日无多，想任命曹宇为大将军，让他带着领军将军夏侯献、武卫将军曹爽、屯骑校尉曹肇、骁骑将军秦朗等共同辅政，夏侯献是夏侯氏族人，曹肇是曹休之子，秦朗是曹操的继子，这个托孤阵营是清一色的"诸夏侯曹"。但这个托孤方案最终又被放弃了，一方面是曹宇不愿意干，他性格软弱，在政治上没有野心，只想荣华富贵地过上一辈子，不愿意操心担风险；另一方面也是最关键的，有人从中搞了破坏。

搞破坏的人是刘放和孙资，他们分别担任中书监和中书令，是中书台的一、二把手，朝廷的秘书局一向是尚书台，魏明帝想进一步抓权，就逐渐以中书台相取代，刘放、孙资这么多年来一直是魏明帝的左右手，参与军机，深得信赖，同时也招致曹爽、夏侯献这些人的忌恨。一天，夏侯献看到有只鸡栖身在树上，故意对曹肇说："你看那只鸡，它们还能蹦跶到哪一天？"这几句话恰巧被刘放、孙资听到了，也许是凑巧听到的，也许是夏侯献故意说给他们二人听的，总之刘放、孙资十分紧张。恰在这时，魏明帝与他们商量燕王不愿意担任大将军一事，魏明帝问他们，燕王是谦虚呢还是真的自感没有这个能力？二人当然抓住这最后的机会，"一致认为"燕王不是谦虚，确实难当此任。

魏明帝又问他们谁更合适，二人趁机推荐了曹爽，你一言我一语，把曹爽一通猛夸，魏明帝于是诏见了曹爽，当场就把辅政的事定了下来，并且又明确司马懿共同辅政，这当然也是刘放、孙资"力荐"的结果。刘放、孙资可能考虑到，曹爽即使辅政,但他的能力相当有限,很容易又跟夏侯献、曹肇他们搞在一起,到时候结果仍然一样,为防止曹氏和夏侯氏独揽大权,必须引入异姓重臣做牵制,而司马懿无疑是最佳人选。多年来魏明帝对刘放、孙资二人一向言听计从,几乎所有重大决策都听取他们的意见,对于司马懿共同辅政的事,经刘放和孙资左右一"分析",他估计也深以为是。

曹肇的弟弟曹纂时任大将军司马,听到一些风声,立即向曹宇、曹肇等人通报,几个人觉得不妙,赶紧进宫,但天已经黑了,宫门关闭,刘放、孙资利用掌握的权力吩咐任何人不得入宫,曹肇不甘心,天亮了又去,还是不让进,曹肇越想越害怕,竟然主动跑到廷尉那里请罪。其实也没干啥,既没犯罪又没造反,请的什么罪?说到底是恐惧,觉得在政治斗争中失败了,只想保住命、保住富贵,曹家这些子弟,其实只有这点儿出息。夏侯献后来费了好大的劲见到了魏明帝,再提辅政人选的事,魏明帝说已经定了,你出去吧,夏侯献流泪而出。

但后面还有波澜,魏明帝对曹爽是放心的,但对司马懿实在放心不下,病榻上传出诏令,停止先前所议,刘放、孙资听到消息后第一时间赶来见驾,力主维持原议,经过他们又一番"洗脑",魏明帝同意了。刘放、孙资担心再变卦,请魏明帝马上发布诏书,魏明帝当时病情已经比较重了,对他们说:"我现在疲乏已极,回头再写吧!"长期担任秘书的人,性格往往沉稳有余而勇毅不足,尤其在重大时刻到来时容易犹豫,但刘放和孙资不是一般的秘书,他们是秘书中的极品,刘放上前抓住魏明帝的手,手把手地帮着魏明帝勉强写下了诏书,二人立即出宫宣布。除宣布了正式诏书,二人还夹带了"私货",假传魏明帝的话让燕王曹宇等人今后不得再入宫中。

五、大将军曹爽

曹魏景初三年(239)正月太子曹芳继位,由于曹芳去世时没有庙号,所以史书称其为少帝或齐王。少帝登基后宣布大赦天下,尊郭皇后为皇太后,称永宁宫,追封郭太后的父亲郭满为西都定侯,封郭太后的母亲杜氏为郃阳君。魏明帝有两任皇后,分别是毛皇后和郭皇后,毛皇后一度受宠,后又失宠。郭皇后出身于河西大族,后期深得魏明帝的宠爱,有一次魏明帝去园中游玩,把妃嫔都召去饮宴，唯独不叫当时还是皇后的毛氏，郭皇后那时只是夫人，她对魏明帝说应该把皇后请来，魏明帝不仅不准，而且专门交代左右不得对毛皇后提起此事。但毛皇后不知从什么渠道得知了这件事，很生气，第二天见到魏明帝时故意问昨天后园游玩好不好玩，魏明帝当即恼怒，追查是谁泄的密，最后杀了十几个人。魏明帝仍气不过，竟因为这件事将毛皇后赐死。

魏明帝临终托孤时，除指定曹爽、司马懿辅政外，还册立郭氏为新皇后。然而，毛皇后和郭皇后都不是少帝曹芳的母亲，魏明帝有过三个儿子，分别是清河王曹冏、繁阳王曹穆和幼子曹殷，但他们都早早地死了，后来过继了一个曹询为养子，其生母、生父均不详，但曹叡觉得仍不放心，于是又过继了曹芳。曹芳的生母、生父也不详，大概刻意要保密，一种说法是，他可能是任城王曹楷的儿子，是曹彰的孙子、曹操的曾孙。通常来说，幼子继位，皇太后是影响朝政的重要力量，但郭太后不是少帝的生母，曹爽也不希望她在政治上有太大的影响力，所以把她迁往永宁宫。

少帝下诏给曹爽、司马懿都加侍中衔，假节钺，都以都督中外诸军、录尚书事的身份辅政。侍中的品秩只有二千石，但它通常是加官，即兼职，拥有这个身份才能出入禁中。假节钺比假节更进一步，意味着得到的授权层级更高。曹爽担任大将军，司马懿担任太尉，二人的本职都与军事有关，说起来大将军在三公之上，曹爽的地位应高于司马懿，但司马懿担任太尉之前就是大将军了，无论从哪个方面讲都是曹爽的前辈，两位辅政大臣的地位谁更高，还真不好判断。

魏明帝只是让曹爽和司马懿共同辅政，并没有说二人谁主谁次，如果他们的权力一样大，遇到意见不统一的时候谁来裁判和调解呢？魏明帝生前没有交代。一般来说，在这种情况下有两个人出面最合适：一个是天子，一个是皇太后。但天子只有八岁，还是个未成年人，大人的事他管不了；郭太后倒是很有见地，也很有威望，但曹爽不想她过多参与，因为这个女人做事太有主见。所以，为了表明大家是"共同辅政"，宫中的禁军也分别由二人掌管。这是魏明帝临终前的安排还是曹爽主动提出来的？抑或司马懿与曹爽斗争来的结果？已经不好说了。只能说，能做出这样的安排，可谓煞费苦心。

对于"各统兵三千，更直殿中"，有人理解为曹爽和司马懿各自率领3000禁卫军，隔一天由一方轮流守值于宫中。如果这样理解，那就错了。后宫不算小，但可供居住的面积并不大，3000人都住进去是不可能的，而一天换防一次，就更不可能了，非乱套不可。魏承汉制，在后宫禁卫制度方面有严格规范。根据制度，宫中的禁卫工作主要由光禄勋负责，光禄勋是九卿之一，其职掌如秦代的郎中令，负责宫殿门户的宿卫，也负责掌管宫廷部分杂务。到了东汉，光禄勋下面编制了七大部门，称为七署，即五官中郎将、左中郎将、右中郎将、虎贲中郎将、羽林中郎将，还有羽林左监、羽林右监，全部是武官，正常情况下编制约3000人。除此之外，还有谒者、光禄大夫等文职官员，名义上也归光禄勋管，但有更大的自主性。所以，光禄勋在九卿中是一个重要职务，因为他们掌管着御林军。

但是，负责首都安全保卫工作的不仅有光禄勋，还有北军、城门校尉、卫尉、执金吾等，他们的职责有所不同。北军驻扎在城外，下面编制为五营，不是五个"营"，而是五个军种，五营满编情况下有4150人；城门校尉负责守卫城门、城墙，编制约为2000人；执金吾、卫尉负责城墙以内、宫城之外，编制分别为750人和2700人；光禄勋负责宫城之内、省禁之外，编制已如上述。

洛阳有南、北二宫，规模宏大，基本上占了城内三分之二的面积。天子在这里办公、接见大臣、举办重要仪式，还有一些办事机构如尚书台、国家档案馆、国家图书馆等也设在宫里，同时后宫的女眷们也生活居住在这里。男男女女，进进出出，不方便管理，于是宫里又设了一道岗，划出"省"来，省内是天子和女眷们的生活区，男人不得入内，有资格进入的官职前面要加侍中。

总体来说，京师的守卫部队分属各个部门掌握，正常情况下编制在12000人至15000人，这些都是帝国的精锐之师，其中防卫位置越靠里面说明越要害。这些力量，在天子强势时由天子掌握，宦官当道时由宦官掌握，权臣用事时由权臣掌握。安全保卫工作的这种分工布局，好处是可以充分制衡，避免所有禁卫部队由一个部门掌握所带来的危险。但缺点是各部门之间不好衔接，信息不畅，无法充分配合，当突发事件来临，往往不知所措，这就给政变分子以可乘之机。东汉末年，宫廷政变频频发生，而且成功率很高，与这种防卫机制的漏洞有关系。为改变禁卫军职责分散的状况，曹操在丞相府下设中领军、中护军二职，其职责是统掌禁军、主持武官选拔、监督管制诸武将，蜀、吴二国随后也予借鉴。中领军地位稍高，中护军为其助手，由于他们可以典选下级武将，很容易形成忠于自己的军事势力，所以多由绝对信任的重臣担当，如孙吴的周瑜、蜀汉的李严都曾担任中护军之职。

除了上面这些武装部队，地方力量也不容忽视。在东汉的行政体系中，洛阳令是非常特殊的一个职务，虽然它只是个县级领导的编制，品秩才千石，但当许多重大事件发生时，总会有它的身影。作为地方行政首长，洛阳令手里掌握着地方治安力量。洛阳令的上级河南尹，河南尹的上级司隶校尉虽是政务官，却也在左右政局方面有不容小视的能力。

司马懿身为太尉，按名义直接分管光禄勋和卫尉，掌握着禁卫后宫的主要力量。当然，这是名义上的，汉末至曹魏，三公越来越成为一种荣誉，如果不加侍中，连宫省都不能随意出入，如果不都督诸军和录尚书事，日常军事政务也无法插手。名义上，北军和南军由大将军执掌，但他们距皇宫较远，中间隔着好多层，从以前历次宫廷政变的情况看，左右成败最关键的力量是直接守卫皇宫的虎贲、羽林，待政变的消息传到北军五营，那基本上大局已定了。

从以上分析可以推断，所谓"各统兵三千，更直殿中"，意思是守卫皇宫的虎贲、羽林以及卫尉、执金吾这些人马总共约6000人，曹爽和司马懿各执掌一半，他们本人则轮流在宫中值守。这样一来，权力就可以得到制衡，谁想闹事都不容易。

六、"台中有三狗"

说起来曹爽跟司马懿还有亲戚关系，他应该称司马懿为"表叔"：曹爽是曹真的儿子，曹真有个妹妹嫁给了夏侯渊的侄子夏侯尚，也就是德阳乡主，夏侯尚的女儿夏侯徽是司马师的妻子，虽然此时夏侯徽已经死了，但亲戚关系还在，按这个关系论下来夏侯徽就是曹爽的表妹，司马师就是曹爽的表妹夫，而司马懿是曹爽的"表叔"。既然有亲戚关系，开始大家还是比较客气的，尤其是曹爽，在司马懿面前处处以晚辈自居，遇到什么事都不敢独自做主。除辈分关系，曹爽更知道司马懿的厉害，也知道自己有几斤几两，所以他的这种低调和谦恭不是装出来的。

但时间长了这种格局逐渐无法维持，说到底还是权力在作怪。俗话说"一山不容二虎"，老虎的天性是好斗，温和谦让的是熊猫，在政治斗争中，客客气气、你谦我让只能在演戏的时候用，即使曹爽愿意一直低调下去，他周围的人也不干。曹爽掌权后周围聚集起一帮人，主要成员有何晏、夏侯玄、邓飏、丁谧、李胜、毕轨等，他们都出身于权贵之家，也都有一些浮名，并且都热衷于权力。何晏字平叔，之前已多次提到，他是曹操的养子，著名玄学家。夏侯玄字太初，他是夏侯尚的儿子，也是著名的学者，更是政治上的活跃分子。邓飏字玄茂，东汉开国功臣邓禹的后人，少年时即得名于京师，先后担任过尚书郎、洛阳令、中郎等职，后任职于中书监，曾是刘放、孙资的部下。丁谧字彦靖，出身于曹氏故乡沛国谯县著名的丁氏家族，他的父亲丁斐与曹操关系亲近，他也在尚书台供过职，曾任度支曹郎中。李胜字公昭，他的父亲李丰也是曹魏的高官，李胜少游京师，雅有才智，与曹爽的关系最要好。毕轨字昭先，其父毕子礼曾任典军校尉，毕轨年轻时就以才气出名，曹叡为太子时毕轨任太子属下的文学掾，算是魏明帝的旧部。魏明帝对他很喜欢，继位后不仅加官毕轨为黄门郎，还把自己的女儿嫁给了毕轨之子。

这群人打着学术、清谈的旗号，其实骨子里对功名利禄无不趋之若鹜，他们平时互相标榜，如前所述，他们曾整出了"四聪""八达""三豫"等名号，在社会上影响很大，其实也就是你吹我捧、互抬身价，魏明帝对他们很反感，把他们视为"浮华党"，曾经给予打压。曹爽掌权后这些人重新活跃起来，聚在曹爽的周围，在政治上不断得势。

何晏提醒曹爽，重要的权力必须牢牢抓在自己手里，不能与人分享，丁谧等人也劝曹爽说司马懿野心很大，心机深不可测，同时又极得人心，不得不提早预防。经他们反复陈说，曹爽的心也乱了，在何晏、丁谧等人的策划下，曹爽通过明升暗降的办法，奏请少帝将司马懿由太尉改任太傅，提拔对曹魏一向忠诚的满宠为太尉，用以牵制司马懿。太傅虽然位次高于三公，但属于荣誉性职务，司马懿任太傅后，虽然保留了与曹爽一起统率军队的名义，但是重要的主持朝廷日常事务一项没有了。

同样用明升暗降的办法，曹爽等人把护军将军蒋济升为领军将军，而派曹爽的弟弟曹羲出任中领军，夏侯玄出任中护军，把老臣蒋济架空了，从而控制了禁军，曹爽的另一个弟弟曹训出任武卫将军，负责管理北军五营。还是用明升暗降的办法，曹爽等人以天子的名义加刘放为右光禄大夫，孙资为左光禄大夫，这都是荣誉性的职务，又授予他们享受三公的待遇，二人在中书台的职务虽然没有免除，但曹爽悄悄把权力重新移往尚书台，中书台逐渐被弱化。

之后，曹爽派何晏出任尚书台负责人事工作的尚书，原来负责此项工作的卢毓也被明升暗降，担任尚书台的副长官尚书仆射，曹爽又把邓飏、丁谧都安排进尚书台担任尚书。毕轨原任并州刺史，曹爽改任他为司隶校尉，同时让李胜担任洛阳令，以后又提拔他为河南尹，这样一来，从宫里的禁军到城外的北军，从尚书台到首都各级行政机构全换成了曹爽一伙的人。尤其尚书台，作为朝廷权力运行的中枢，是最要害的部门，曹爽独自分管尚书台后，尚书令裴潜的父亲恰巧去世，按礼制裴潜当回家守丧三年，裴潜是曹魏老臣，忠心耿直，曹爽一伙原来觉得他有些碍事，这下子就不用担心了，裴潜走后，曹爽不着急另选尚书令，等于直接把尚书台管了起来。

在尚书台，上面有曹爽，下面有何晏、丁谧、邓飏等人，完全成了这个小团伙的天下。何晏担任吏部曹尚书，主要职责是选举，也就是选任官员，结果他所提拔的人都是跟他关系好的。丁谧为人外似疏略而内多忌，在尚书台供职期间经常假公济私、打击报复，不断有人弹驳他，弄得人见人烦，但仗着上面有人撑腰，没人动得了他。邓飏特别贪财，喜欢受贿索贿，有个叫臧艾的人为了巴结他甚至把自己父亲的一个小妾都送给他，邓飏字玄茂，京中民谣说"以官易妇邓玄茂"。

曹爽弄了这几个人上来，纯粹是成事不足，败事有余，他们或图虚名或贪实利，手握重权却不干正事，时间长了自然怨声载道，当时京城中还流传着一段顺口溜："台中有三狗，二狗崖柴不可当，一狗凭默作疽囊。"意思是：尚书台里卧着三条狗，两条狗张着大口要咬人，指的是何晏和邓飏，意思是说他们无顾忌、没底线、为人张狂；另外一条狗更坏，是毒疮中的毒疮，这指的是丁谧。曹爽的小名叫"默"，这些狗凭借"默"的支持，没有任何功劳和本事却受到了重用，把坏事干尽干绝。

权力是毒药，不仅容易上瘾，更会把自己送上绝路，曹爽一伙试图用夺权的办法打压司马懿，不用司马懿反击，他们自己就已经把路走得越来越窄了。可惜，曹爽一伙还没有觉察到。

随着权力的不断膨胀，曹爽这伙人越来越无法无天。曹爽吃的、用的、穿的都跟皇帝一样，平时他尤其喜欢收藏珍贵玩物，搜刮了很多宝贝。曹爽拥有很多妻妾，甚至还私自从宫里带走了魏明帝的七八个才人做自己的妻妾，在曹爽家里有一支由将吏、师工、鼓吹、良家子女共33人组成的伎乐队，专供其享乐。曹爽听说武皇帝曹操生前的宫人们在歌舞方面水平最高，至今无人能超越，为提高自己家伎乐队的演奏水平，他还伪造诏书，先后派出了57个人去邺县"进一步深造"。

宦官头目张当千方百计巴结曹爽，后宫里的才人石英能歌善舞，被曹爽看上了,张当便偷偷把石英以及另外10名才人送出宫,献给了曹爽,此事尽管做得很隐蔽,但最后还是泄露了消息,知道的人无不瞠目结舌。"独乐乐,不如众乐乐",曹爽不仅自己享乐,还把何晏等人叫上,为此他们专门营建了一处秘密窟室,擅取太乐乐器和武库御制兵器进行布置,内部装修极其豪奢,曹爽多次与何晏一伙人在其中饮酒作乐。

在曹爽的纵容下,何晏把洛阳、野王原来属于典农校尉管理的数百顷桑田划为己有,有什么官家东西只要被何晏看上都直接往家里搬,何晏还公开向各州郡索贿,由于他手里掌握着官员升迁大权,没有人敢说半个"不"字。看到这种情景,曹爽的弟弟曹羲十分忧虑,多次提出劝谏,但曹爽不听,曹羲还写了三篇文章陈述因过度骄淫奢侈将导致祸患的道理,言语极为恳切,曹爽看了很不高兴。

这段时间,魏、蜀、吴三国的局势曾一度平静,诸葛亮去世后蜀汉方面相对沉寂,司马懿远征辽东期间,主持蜀汉朝政的蒋琬看到了机会,他亲自前往汉中,酝酿新的北伐。蒋琬认为诸葛亮生前多次出兵陇右和秦川,但在这个方向上道路艰险,来往不便,因而没有成功。为此,蒋琬提出了一个新的方略,那就是从汉中沿汉水东下,取曹魏的魏兴、上庸二郡,之后再取曹魏控制下的荆州。

这个方案十分大胆,却与孙吴方面的想法不谋而合。少帝正始二年(241),孙吴方面也制订了一个新的作战计划,准备兵分四路出击曹魏:以扬武将军全琮所部进攻淮南,以威北将军诸葛恪所部进攻六安,以车骑将军朱然所部进攻樊城,以大将军诸葛瑾所部进攻柤中。以往孙吴进攻曹魏,主攻方向基本在东线战场,即合肥一线,中线战场的荆州一线多是策应,新的作战计划提出两线同时出击,而荆州方向也是进攻的重点。

全琮所部首先从淮南发起了进攻,一直打到曹魏经营多年的粮食主产区芍陂,让曹魏损失惨重,在新任扬州刺史孙礼的拼死抵抗下才勉强维持住局面,紧接着孙吴的其他各路大军同时行动,魏军在各个方向上应接不暇。幸好这个时候蒋琬病倒了,否则蜀军再由汉水东下发起进攻,那曹魏就更不好应付了。蒋琬提出新的作战方略后,在蜀汉内部却未达成一致看法,许多蜀汉官员认为水路出兵虽然容易,但万一失败了却不容易回撤,不同意沿汉水出击的方案。

这种考虑是现实的,对蜀汉而言尤其如此,当年先主刘备沿长江东下伐吴,结果兵败夷陵,仓促之间大军无法回撤,数万人战死,教训十分深刻。后主大概也是这个看法,所以派尚书令费祎、中监军姜维专程去汉中劝阻蒋琬。

费祎和姜维到汉中后说服了蒋琬,三人重新谋划,决定继续兵出凉州,请后主任命姜维为凉州刺史,从陇右出兵(出军西北),蒋琬率军后继,驻军在涪县,后主批准。蒋琬于是从汉中进驻到涪县,结果病情不断加重,按照诸葛亮生前的遗愿,蒋琬主动把益州刺史一职让给了费祎,逐渐向费祎交权。蒋琬于三年后病逝,但因为身体的原因,加上蜀汉内部意见不统一,出击荆州的方案就此搁置。

蜀汉虽然没动,孙吴方面却来势凶猛。曹爽等人玩权术在行,打仗实在都是外行,危险时刻只得再请司马懿出山,司马懿分析了敌情,认为孙吴四路大军中,柤中这一路最不好对付。柤中位于今湖北省南漳县一带,当时属汉人与蛮人聚居区,近处就是战略要地樊城,一旦有失,荆州方向将全面陷入被动。司马懿建议由他亲往樊城前线阻击樊城、柤中两路之敌,东线战场则由新任征东将军王凌和扬州刺史孙礼负责。

当时有人认为敌人远道来围樊城,无法立即攻下,目前受挫于坚城之下,不去理会,敌人也可自退,合肥才是关键。司马懿曾久居荆州,很了解那里的情况,尽管吴军历次进兵都以合肥为首攻目标,但这一次情况有些不同,所以坚持去樊城。这一年六月,司马懿督师南征,少帝将其一直送出津阳门。司马懿率部到达荆州后,派出轻骑前去挑战,吴军遁走,魏军追至三州口,斩获万人,少帝派中常侍前来劳军,增加食郾、临颍两个县为司马懿的封地,加上之前的封地已达四个县,有一万户,司马氏另有子弟11人被封为列侯。

在此期间孙吴大将军诸葛瑾病逝,他在军中的地位仅次于上大将军陆逊。这样,荆州方向的危机就基本解除了,司马懿把重点又放在了扬州方向,指挥王凌、孙礼等人趁机收复了一些近年来被孙吴占领的地方。

少帝正始四年(243)九月,司马懿亲自来到扬州,指挥魏军收复舒城,吴军负责守城的将领是诸葛瑾的儿子诸葛恪,听说司马懿亲自来了,人马又数倍于己,于是下令焚烧积聚,主动撤走。司马懿向朝廷建议,为防范孙吴今后大举进攻,应在扬州的广大地区兴修水利、进行屯田,这一政策曾在关中地区推行,效果非常好,既减轻了朝廷的负担又充实了地方,朝廷批准。司马懿于是在扬州一带主持屯田,他在这方面有一定经验。除了屯田、搞建设,司马懿还注意发现人才,三国后期的一代名将邓艾就是他发现的。

七、兵败傥骆道

司马懿在扬州搞屯田，朝廷里的大事就由曹爽和他身边的那几个人继续把持着，这些人最关心的无疑是如何巩固权力，思来想去，他们觉得如果没有军功，仍不足以威慑群下。

军功确实是这批富家子弟的软肋，看看司马懿，跟随太祖武皇帝南征北战就不说了，其后击斩孟达、拖死诸葛亮、平定辽东、南退孙权，任何一件拿出来都让人无话可说，司马懿在魏军中威望很高，那不是吹出来的，是一仗又一仗打出来的。要打倒司马懿就要建立比他还大的军功，众人一合计，那只有灭蜀或者灭吴了，如果能完成其中任何一项，绝对会超越司马懿，让他无话可说。

孙吴和蜀汉相比，蜀汉相对弱一些，所以应先伐蜀汉，对这件事最上心的是邓飏，他联合李胜等人不断劝说曹爽，让他通过伐蜀建立个人威望，曹爽同意了。夏侯玄也很积极，他主动请缨参战，曹爽就以天子的名义任命夏侯玄为征西将军，负责整个西线战场。夏侯玄毕竟是文官出身，没打过仗，对军事一窍不通，于是又拉来了叔父夏侯霸。

夏侯霸字仲叔，是夏侯渊的次子，与其他"诸夏侯曹"的子弟不同，他一直在军中任职，担任过偏将军，他的父亲被蜀将蜀军所杀，夏侯霸经常咬牙切齿，一心要报仇。他以先锋的身份参加了曹真策划的汉中之战，率前锋部队一直攻至兴势山，被蜀军围攻后夏侯霸亲自上阵厮杀，后被援军解救。夏侯玄让曹爽任命夏侯霸为右将军、讨蜀护军，随大军行动，同时还建议把司马懿的小儿子司马昭也拉进来，担任征蜀将军。夏侯玄的姐姐夏侯徽是司马师已故的妻子，两家是亲家，曹爽、夏侯玄等人虽然竭力孤立司马懿，但与司马师、司马昭兄弟之间来往比较多，司马昭曾任洛阳典农中郎将，目前是散骑常侍，平时比较清闲，夏侯玄让他也到前线去建个功。

当然，更重要的还是堵住司马懿及其支持者的嘴，伐蜀这么大的事自然有人支持也有人反对，司马昭如果参加进来，反对的人就会少很多。司马昭倒是挺愿意参战，曹爽、夏侯玄很高兴，司马师此时也是散骑常侍，曹爽高兴之下就给了他一个中护军的职务，让他去做些具体的事。

伐蜀大计确定后夏侯玄先到长安进行准备，待各项准备完成后，少帝正始五年（244）正月曹爽也到了长安，他以大将军的身份亲自挂帅攻打汉中。远在寿春的司马懿听到消息立即上表劝阻，但未能奏效，曹爽执意伐蜀。不久，各路人马集结完毕，除夏侯玄、夏侯霸和司马昭统率的各支部队外，还有前将军兼雍州刺史郭淮、后将军牛金以及将军胡遵率领的各部，其中牛金是从荆州时期就跟随司马懿的老部下，被司马懿带到西线战场，参加过五丈原会战和征辽东之战，是司马懿的嫡系。

魏军各部加在一起约八万人，对外称10万人，曹爽身边小团伙里时任洛阳令的李胜被夏侯玄任命为自己的征西将军长史，负责出谋划策，实际上相当于魏军的参谋长。负责筹划的还有邓飏，他是尚书，但他曾任曹爽的大军将长史，向来是曹爽的智囊，曹爽把他也带来了。这场大战，实际上是曹爽挂名、夏侯玄指挥、李胜和邓飏总策划，说好听点儿他们是一帮书生，说难听点儿他们就是一群不学无术的纨绔子弟，数万魏军将士把生命交在他们手中，实在是一种悲哀。

之前多次提到，关中与汉中之间是秦岭山脉，其间有三条主要栈道相通，自东向西分别是子午道、傥骆道、褒斜道，褒斜道虽然线路最长，但也相对最好走，所以以往用兵多从此道，最近的一次就是诸葛亮的第五次北伐，来回都走此道。也有人主张走子午道，因为这条路线的南出口离汉中的中心南郑最近，北出口离关中的中心长安最近，出了北边的子午口长安就近在咫尺，所以当年魏延曾建议诸葛亮由此道攻击关中，但这条路线崎岖难行，也最容易受到伏兵的攻击，风险很大。中间的傥骆道很少有人提及，它开通的时间较晚，正式通行也就在东汉的末年，这条道北端是骆谷，南端是越傥水，中间有骆谷关、老君岭、八斗河、大蟒河、都督门、兴隆山、贯岭梁、白草驿等要隘，至少要穿过六七座分水岭，距秦岭的主峰太白山也最近，许多路段又窄又险，而且没有水源的路段也最长，适合游客探险却不适合大军行进。

那么，现在走哪条道攻蜀呢？从未带过兵、也根本不熟悉秦岭情况的李胜提出走傥骆道，没有什么理由，就是为了与众不同。结果，八万魏军一头扎进了骆谷。

蜀汉方面，以车骑将军坐镇汉中的吴壹已经去世，目前担负汉中守卫重任的是镇北将军王平，蜀军在汉中的总兵力只有两万多人，听说数倍于己的魏军正在开来，众人都大吃一惊。王平曾是一名魏将，担任过徐晃的副手，曹操最后一次征汉中时兵败被赵云所俘，自此转投蜀汉。他虽然是一个文盲，认识的字不超过

10个,但重要文书经他口授即可成文,既合章法又有条理。

王平召集众将商议对策,有人提出建议:"敌兵有近10万之众,汉中人马不足三万,众寡悬殊,不可力战,应固守汉、乐二城,把敌人放进来打,只要能守住,后方涪城的援军就会开到,魏军可退。"汉、乐二城即诸葛亮在汉中修建的汉城、乐城两座军事重镇,城防较为完备,如果放手让敌人来攻,守上一阵倒也没有问题,但王平认为这种办法不好:"汉中离涪城有上千里,万一守不住那麻烦就大了,现在应该分兵去守兴势,如果敌人也分兵进攻黄金城,我亲自率兵前往救援,到时候涪城的救兵刚好到来,这才是上策。"

但大家都不同意王平的意见,主要原因还是兵力太悬殊。关键时刻,众将中地位仅次于王平的左护军、扬威将军刘敏表态支持王平的看法,他认为汉、乐二城虽然坚固,但敌军众多,一旦有失,敌人就会像开闸的洪水一样瞬间涌入汉中,援军即使到了也无力回天。

在王平、刘敏的主持下蜀军确定了作战方案,将决战地点选在了兴势,此地为兴势山中的隘口,距阳平关不远,位于今陕西省洋县以北,魏军由傥骆道杀出取汉中,此地为必过之处。刘敏率所部抢占兴势要隘,为迷惑敌人,刘敏让人准备了很多旗帜,在兴势山上插得漫山遍野都是,左右绵延100多里,给敌人摆下了迷魂阵。

这一年的四月,魏军主力出了傥骆道,首站来到兴势山,发起攻击,未果。魏军拼命猛攻,仍不能得手。这也好理解,魏军将士在深山老林里钻了几十天,吃不好、睡不香,有时还没水喝,体力已严重透支,好不容易走出大山,以为光明在前,结果发现眼前并不是一马平川,而是难以攻取的要隘,再看对面,山林树丛间有没有人山人海虽不知道,但旌旗招展看得却很明白,大家心情一定相当沮丧,士气大受影响。

从曹爽到夏侯玄,再到李胜、邓飏,耍嘴皮子还可以,打仗的活儿从来没干过,更不要说打硬仗了,面对此情此景也束手无策,只有严令各路人马猛攻。

这下坏了,人马比对手多的优势转化成了劣势,因为后勤保障眼看就要出问题。到人家地盘上去打仗,当然得自带干粮,从秦岭山中运粮,艰辛程度可想而知,数万大军每天都有巨大消耗,这让魏军渐感吃力。为加强运输,曹爽命人征调了大批关中百姓,让他们在山中运转粮草,人数不足,还征调了很多氐人、羌人,山中顿时热闹起来,但条件实在太艰苦,负责运输的百姓怨声载道。而在蜀汉方面,大将军费祎已亲自率领增援大军赶来,在涪城集结的人马已有数万之多,不久将到达汉中,受这个消息的鼓舞,蜀军将士更加士气高涨。

这一天魏军正在攻城,天突然暗了下来,瞬时如同黑夜。这其实就是一次日食,但在当时大家都认为这是上天发出的不祥征兆,如果不迅速撤兵大难就会临头,于是纷纷劝曹爽撤退。曹爽知道撤退就意味着失败,不仅出征的目的达不到,而且会极大地损伤自己的形象,甚至动摇自己的地位,所以说什么都不同意撤,他告诉众人,已从关中和洛阳搬兵,要大家加紧进攻。有个参军名叫杨伟,还在曹爽面前据理力争,结果跟邓飏、李胜吵了起来,杨伟急了,大骂道:"邓飏、李胜败国败家,应斩!"这个时候,曹爽接到了散骑常侍钟毓写来的一封信,也是劝他撤兵的。

夏侯玄这边也接到司马懿写来的信,夏侯玄在司马懿面前一向以晚辈自居,表面上对司马懿一直十分尊重,还曾向司马懿请教过治国之道,司马懿得知前线情况后也挺着急,写信给夏侯玄,是想让他带话给曹爽,信中写道:"当年武皇帝再入汉中,几乎大败,这是你所知道的。兴势山地形险要,蜀人已经抢先攻占,如果不能迅速取胜就应该马上撤退,不然就有全军覆灭的危险!"夏侯玄看了很害怕,他内心一向佩服司马懿,对这封信他不敢隐瞒,于是也去劝曹爽。曹爽想了半天,终于下令撤退。

但曹爽等人不知道的是,费祎已率数万蜀军到了汉中,人家也是劳师远征,你想悄悄溜走,人家还觉得亏呢。费祎亲率一支人马绕过兴势山,秘密进入山谷,在一个叫三岭的地方设伏,要在魏军撤退的路上打一场伏击。三岭其地不详,大约是傥骆道中某三处山岭的交会处,地势肯定很险要。

兴势山方面,王平、刘敏等发起反攻,他们夜袭魏军大营,让魏军的士气更加低落,不战而乱。夜战中,征蜀将军司马昭正在军帐中睡觉,突然被外面的喊声惊醒,发现敌人已攻至营帐外,司马昭干脆躺在床上一动不动,反而没惊动敌人,直到敌兵退去。

魏军实在撑不住了,败入了傥骆道,想从原路返回,行至三岭时遭遇埋伏,魏军将士经过一番苦战,最后只有少数人马突围成功,担任后勤运输的队伍以及驮运物资的牛马或死或失,损失殆尽。曹爽、夏侯玄、夏侯霸、李胜、邓飏以及司马昭等人倒是跑得快，勉强回到了长安。

此战魏军元气大伤，曹爽等人更是丢尽了面子，但他们的脸皮比较厚，回到洛阳后跟没事人一样，该干吗继续干吗，曹爽还当他的大将军，主持朝廷的日常事务，何晏、毕轨一帮人依然围着他转，夏侯玄、李胜、邓飏这几位败军之将依然过得很滋润。兵败被讥，夏侯玄在军中名声扫地，但此人心理素质不错，之后就以征西将军的身份待在长安不走了，成了西线战场的总指挥，既无能力又无功绩，郭淮、牛金、胡遵等久经沙场的老将如何心服？

八、真正的演技派

打了大败仗，曹爽等人不好好反思自己，反而千方百计为自己开脱，曹爽回来后又看了看钟毓写给他的信，觉得这封信写得很晦气，一生气把钟毓的散骑常侍免了，外派他去魏郡当太守。钟毓有个弟弟叫钟会，此时约20岁，看到曹爽一伙人实在太跋扈，于是跟司马师、司马昭兄弟不断走近。

这一时期担任过三公的有高柔、卫臻和赵俨等人，他们都是曹魏的三代老臣，也都对曹爽等人弄权不满，还有一批朝臣，也看不惯曹爽一伙结党营私、胡作非为，他们平时虽不敢明言，但心里多有怨愤。很多人对曹魏都是有感情的，尤其对武皇帝和文皇帝感情很深，但近年来的政局让不少人彻底寒了心，不说民心如何，只在官员们的内心就已逐渐在与曹魏分离了。

就在此前后，司马懿的夫人张春华病逝了，司马懿以自己生病为由不再参与政事，但一些对曹爽等人不满的官员仍经常来到太傅府，向司马懿吐露自己的心声，孙礼就是其中的一位。孙礼当过曹爽的大将军长史，但他为人耿直、刚正不阿，曹爽不喜欢他，让他出任荆州刺史，在司马懿统一指挥下参加了不久前的荆州保卫战，因战功被晋升为冀州牧。

冀州刺史部的清河郡、平原郡因为地界划分相争不下，前后争了八年，两任刺史都没能解决问题，孙礼到任后，在府库中翻出当年刘汉朝廷分封平原王的原始地图，根据图上所载将争议地区划归平原郡，但曹爽私下里接受了请托，已答应照顾清河郡，所以用公文的形式通知冀州，地图不算数，还要再进行实地勘查，孙礼不满，上疏力争，曹爽大怒，马上指使人弹劾孙礼，捏了个罪名，把孙礼判处五年有期徒刑。这明显不公，不少人同情孙礼，纷纷替他说话，曹爽无奈，只得从轻发落，让孙礼在家居住，不用服刑。后来匈奴王刘靖不断崛起，鲜卑人又屡屡侵扰边境，并州一带形势吃紧，急需选派一名能干的官员担任并州刺史，选来选去，发现孙礼最合适，于是孙礼被起用。

行前，孙礼专程去拜见司马懿，见面后孙礼一直不说话，脸上始终有怒气，司马懿劝慰他说："这次能去并州已经很不错了，为什么还有怨言？是不是还在为之前冀州受到的不公？如今远别，重任在肩，国事为重，要振作精神啊！"孙礼长久以来憋在心里的怨言一下子爆发出来："太傅您为什么这样说？我再没有什么德行，也不会把官位和往事放在心上。我忧心的是，如今国家已处于危难之中，天下动荡不安，这是我心情沉重的原因啊！"说到动情处，孙礼竟然痛哭不止，司马懿明白孙礼的心迹，但也不好说什么，对孙礼说："别哭了，不能忍也要忍！"

有一天，何晏做了个梦，梦见数十只青蝇集在鼻子上，驱之不去，何晏不知何意，于是请著名术士管辂来解梦，管辂问清梦里的情形，对何晏说："鼻子是天中之山，高而不危，所以象征富贵。青蝇以臭恶集之，意味着位高者将被颠覆，轻豪者将要败亡，做了这样的梦不可不想想盈亏之数、盛衰之道。山在地中叫作'谦'，雷在天上叫作'壮'，愿君侯上追文王六爻之旨，下思仲尼象象之义，然后青蝇可驱啊！"这番话说得很直接，等于当面打脸，弄得何晏极不高兴。管辂回到馆舍，他有个舅舅正好在洛阳，于是他就把见何晏的事说了一遍，舅舅认为他说错话了，谁知这位预言大师竟说出一句惊人的话："我是在跟一个死人说话，有什么怕的？"

何晏不仅不知道反省，野心反而越来越大，甚至有了废帝的想法。少帝曹芳一天天长大，到弱冠之年还不还政的话就会受到诟病，这成了曹爽、何晏等人最头疼的事。根据以往的"经验"，废帝另立是个好办法，在皇帝未成年前废掉他，另立一个小皇帝，就可以继续辅政，待小皇帝快要成年时再把他也废掉，又立一个小皇帝……如此周而复始，不就能长期把控政权啦？

曹爽、何晏等人秘密策划，想在条件成熟时就对外宣称天子得了重病，之后将其秘密杀掉。宫里有不少他们的人，张当就挺适合办这种事，曹爽、何晏与张当密谋，想很快就动手。然而，杀掉天子容易，收拾之后的局面却比较困难，曹爽等人并没有足够把握，所以一直没敢实施，他们担心的是朝中一些人聚集在一起反对他们，如果对手形成合力就不好办了。在曹爽等人看来，称病在家的司马懿无疑是这股力量的核心，他目前的真实情况很重要，曹爽等人决定找机会去探探虚实。

河南尹李胜改任荆州刺史，按照规矩应该向太傅及三公辞行，曹爽等人就让李胜以此为由去司马懿府上做近距离观察。李胜到了太傅府，被让进客厅，过了好半天司马懿才在两名婢女的搀扶下进来，人瘦了，背也弯了，目光呆滞，不说话都气喘吁吁，司马懿披着件衣服，他想伸出手扶一下，结果反而把衣服弄掉到了地上。

司马懿似乎连话都说不出来了，口渴了只能用手指指嘴，婢女会意，就拿粥来让他喝，司马懿端不动碗，全靠婢女喂，结果粥洒得胸前都是。见到此状，李胜说："听说太傅只是旧风发作，不想尊体竟然如此啊！"司马懿颤巍巍地说："我老了，疾病缠身，死在旦夕，你屈尊去并州上任，并州与胡人很近，平时当妥善准备。今天一别，恐怕今后难以见面了，今以犬子司马师、司马昭两兄弟相托，请为照顾！"李胜纠正他："我要去荆州，不是并州。"司马懿似乎没听清："君才到并州？"李胜重复说："此去荆州！"司马懿说："我年老意荒，不解君言，这次你回归本州，愿早建功勋！"李胜回来，向曹爽等人报告说司马懿虽然还活着，但已经离死不远了，人已毫无精神，完全不用顾忌，曹爽听完，一块石头像是落了地。

但这都是假象，是司马懿演的戏。自从20多岁来到曹操手下做事，迄今的40年里司马懿不仅与敌人作战，还与曹氏几代人斗争，曹家的人既用他又防他，他不得不处处小心，把自己隐藏起来。数十年明争暗斗的生活培养了司马懿强大的忍耐力，他一忍再忍，低调做人，不与强手争高下，只与对手拼耐力。忍耐是司马懿的法宝，别人看不开的，他能看得开；别人做不到的，他能做得到。通过隐忍，司马懿还巧妙地引导了人心向背，他虽然称病在家，却一样能借助民意来悄悄拉拢反曹力量，树立自己被打压、受排挤的形象，从而争取到了更多的支持。

九、迎来决战时刻

转眼到了曹爽辅政的第十个年头，即少帝正始十年（249）。折腾了这么长时间，家业该败的也败了，人心该散的也散了，到了算总账的时候。就在这个冬天，人们发现西北风刮得特别猛烈，吹倒了大树，掀翻了房屋，灰尘蔽天，管辂悄悄对朋友说，这寓意着有大人物要倒霉。

　　新年一过，按惯例天子要去洛阳以东的高平陵拜谒。高平陵是魏明帝曹叡的陵寝，位于洛水南岸的大石山，距洛阳90里，合今37公里，位于现在河南省汝阳县境内。按照往年的做法，除少帝曹芳外，大将军曹爽以及众多的宦官、宫人、散骑常侍、宫廷秘书、羽林、虎贲、武卫营都要去，整个队伍至少数百人，包括曹爽的几个弟弟中领军曹羲、武卫将军曹训、散骑常侍曹彦等也都在随行人员之列。

　　有个人觉得似乎不太稳妥，劝曹爽还是留一手。这个人名叫桓范，字元则，时任大司农，他是世族出身，大概在建安末年进入曹操的丞相府，很有学问，也很有智谋，善于分析事情、能出主意，由于他的祖籍也在沛国，与"诸夏侯曹"是同乡，又由于他与蒋济素来不合，而蒋济为曹爽等人所厌，所以一来二去桓范就与曹爽等人走到了一起，是曹爽的头号智囊，曹爽经常向他咨询一些事情。桓范大概意识到某种危机正慢慢袭来，所以劝曹爽："你们兄弟几个总万机、典禁兵，不适合一块儿出城，如果有人趁你们不在关闭城门，你们怎么还能回得来？"但曹爽认为这完全是多虑，反问道："谁敢？"

　　桓范的担心并不多余，真有人敢，这就是司马懿。在家养病的司马懿一直都没有闲着，他知道曹爽是个对权力贪婪无度的人，一味忍让与退缩不是办法，迟早有一天曹爽一伙人会对他发起总清算，所以必须抓住机会抢先发起反击。曹爽和他几个兄弟都离开洛阳，这是个绝好的机会，司马懿把大儿子司马师叫来，跟他秘密商量，大概是觉得小儿子司马昭还不够沉稳，暂时没叫他。

　　应该说，曹爽一伙虽然很无能，但也不是什么事都没做，经过十年的经营，朝廷上下、洛阳内外遍布了他们的心腹和死党，统统解决他们并不是容易的事，司马懿现在能依靠的主要是司马师手里掌握的一支力量。司马师秘密地养了一帮死士，人数多达3000人，他们散落在民间，现在正是派上用场的时候。死士，指敢死的勇士，有的是江湖侠客，有的是民间奇人，他们一般都重义轻利，为了报恩而向主人卖命。在耳目众多的京城，司马师能做到这一点相当不简单，这得益于他担任的中护军这个职务。

　　中护军不仅是禁军的统领，也负责典选武官，主要是中下级的武官，司马师上任后完善了规章制度，规范选人用人的标准，很受称道。当然，这是明面上的，有没有私心其实得看指什么，提拔个军官，马上就收钱受贿，这当然是私心，不收钱而收买人心其实也是私心，只是更高明，司马师利用中护军这个职务干了不少收买死党的事。

只有这些还不够，司马懿又利用自己的影响，秘密得到了担任三公的蒋济和高柔的支持，蒋济多年掌管禁军，威望很高，对曹爽一伙早就恨之入骨，高柔为人耿直，一向敢说敢干，曹爽一伙视之为眼中钉，还有担任太仆卿的王观，他跟司马懿有旧交，一向支持司马懿，担任朝廷尚书仆射的三弟司马孚更不用说了，有了上面这些人的支持，司马懿觉得应该有把握。

谒陵的队伍将于正月初三离开洛阳，前一天晚上司马懿才把计划告诉小儿子司马昭，说明天行动，司马昭感到既兴奋又紧张，一个晚上都没睡好。谒陵的队伍将于早上出城，司马懿决定中午就动手，具体计划是：集中500人交给司马昭，任务是监视南宫和北宫，但不要攻打两宫，只保证不出不进就行；司马懿自己率一部分人去占领武库，那里集中存放着兵器，平时为防有人突然作乱，对兵器有严格的管理制度，巡逻、守卫时可带兵器，其他情况下要把兵器交武库保管，曹爽在城里的嫡系人马再多，把武库占了，他们中的大多数人也就没了战斗力；司马孚和司马师率一部分人攻占司马门，这里是皇城的外门，也是皇城与百官居住区联系的中枢，控制住这里，至少文武官员不会发生异动；高柔带人去曹爽的大将军营，出示皇太后的诏书，之后以代理大将军的身份临时接管军权；王观带人去武卫将军营，同样出示皇太后的诏书，之后以代理中领军的身份坐镇那里，防止禁军和北军五营反攻；如果上述安排顺利完成，意味着洛阳城已经被有效控制，司马懿与蒋济一起率兵出城，占领洛水之上的浮桥，迎击曹爽一伙人的反扑。

整个计划做得相当周密，每一步都抓住了要害。但也有难点，比如太后的诏书。郭太后迁居永宁宫后，实际上被软禁在了那里，她愿意不愿意写这份诏书？如果愿意写，又能不能秘密地带出来？这些都是问题。司马懿在这个问题上早有布局，他很早就注意与郭太后一家拉近关系，郭太后的叔父郭立任宣德将军，他有个儿子叫郭德，司马懿让司马师把一个女儿嫁给郭德为妻，此女短命早死，司马懿又让司马昭把一个女儿嫁给郭德为继室。冷庙反而要多烧香，没有预料到今天这一步的话，就不会做出如此精心的安排。所以，郭太后早已暗中站在了司马懿一边，加上曹爽一伙对她的排挤和迫害，她也愿意把这伙人除掉，为此冒些风险也都情愿，有了她的全力配合，诏书自然会想办法送到司马懿手中。郭太后的支持对司马懿来说非常关键，这增加了此次行动的合法性，不至于让人诟病为谋篡。

第二天早上，谒陵的队伍出发了，很隆重、很威风。午后，各路人马同时行动，尽管计划做得很周密，但仍然漏掉了一个重要的地方，这就是曹爽的府邸，当司马懿带人去攻占武库时，恰好要路过曹府，结果引起一阵恐慌，曹府还有不少家兵，有人想出来进攻，又发现太傅本人也在其中，有些犹豫。

曹爽的妻子刘氏有一定见识，意识到问题不简单，把守卫曹府的守督叫来，对他说："大将军不在，请你发兵，阻止太傅等人的叛乱！"这位守督答应一声即登上门楼，正好看到司马懿，马上拿来弓弩，注满箭，照着司马懿就准备射。关键时刻，有个手下扯了扯守督的衣服，小声说："今后的事情如何发展，不好说啊！"一句话提醒了守督，让他犹豫起来，箭没有射出，但想了想，他还是准备射，这位手下又提醒了一次，守督三次要射，三次被提醒，最后还是没射，司马懿顺利通过。史书没有留下这位守督的名字，但他的那个手下名字却留下了，他叫孙谦，也许他是司马师安排在曹府的卧底，但更大的可能只是曹府的普通一兵，不过他很关心时局，知道大势所趋和人心向背，所以在关键时刻才冒死进言，他的几句提醒也许至关重要，如果司马懿此时真被射死或者被射成重伤，后面的局势会如何发展还真不好说。之后，各路进展都很顺利。城里乱了起来，官员们听到异动，都预感到发生了大事，也能猜出个大概，大部分人对曹爽一伙都很失望，也知道他们成不了大事，所以干脆闭门不出，静观其变。

高柔、王观分别接管了曹爽兄弟的军营，也没有遇到太大麻烦。看到局势已基本控制，司马懿拿出了早已准备好的奏疏，上奏少帝："大将军曹爽背弃顾命，败乱国典，对内僭越，对外专权；破坏祖制，尽领禁兵，群官要职皆授予身边所亲之人；殿中宿卫的旧人尽被斥出，全部用他自己的新人。同时，又与黄门张当等狼狈为奸，离间二宫，伤害骨肉。天下汹汹，人怀危惧，陛下已形同摆设，岂得久安！这并非先帝诏陛下以及臣升御床时相托之本意啊。臣虽朽迈，怎敢枉言？昔赵高专权，秦氏灭绝；吕后、霍光专断，汉祚不永。这些都应成为陛下之大鉴。太尉蒋济、尚书令司马孚等人，都认为曹爽有无君之心，他们兄弟不益于执掌禁卫，臣与他们把上述想法上奏永宁宫，皇太后敕臣如奏施行。臣已经令有关部门以及黄门令罢曹爽、曹羲、曹训的兵权，以侯爵的身份待在家中，不得在外随意逗留，如有稽留便以军法从事。臣已将兵屯洛水浮桥，以应非常之需。"司懿提出只解除曹爽兄弟的兵权，但不剥夺其爵位，对其他人也没有提及，这无疑是明智的。随后，司马懿和蒋济一起率兵出城，屯驻在洛水之畔，防备曹爽等人的反击。

桓范没跟曹爽一起走，看到司马氏父子发动了兵变，他想逃出去给曹爽等人报信，他的儿子以及大司农府里的官员们都劝他不要去，但他不听，跑到洛阳的平昌门，这时城门已关闭，守城门的是他曾举荐过的一名故吏，桓范假称奉诏书出城，这名故吏就把他放走了。有人报告了司马懿和蒋济，蒋济叹息道："智囊走了！"司马懿不以为然，对蒋济说："桓范虽然是个智囊，但曹爽是平庸之人，就像劣马的眼睛只能盯着马厩里的那一点儿豆料一样，所以桓范的建议曹爽是不会听的。"

十、一场无情清算

曹爽等人还陪着少帝在高平陵，听到消息一下子傻了。堂堂的大将军，此时脑子里一片空白，不知该何去何从，这时候桓范来了，他建议曹爽护送少帝的车驾去许昌，之后召集各路人马以平叛的名义讨伐司马懿，但曹爽不敢下决心。

桓范急了，赶紧去找曹羲，对他说："现在的形势很明朗，你还看不明白吗，那么多书都白读啦？像你们这样的家族，再想求贫贱都不可能了！匹夫尚且有求生的欲望，你与天子相随，如今号令于天下，谁敢不应？你麾下有一别营离此很近，洛阳典农校尉所部都在城外，他们都能听你的召唤。现在去许昌，用不了太多时间，许昌有军需仓库，还有粮库里的谷食，大司农的印章就在我身上带着，要取就取，要拿随意。"在主见方面曹羲比曹爽强点儿，但这么大的事也拿不定主意，随行的侍中许允、尚书陈泰等人则劝曹爽早日归罪，至少能保住性命，曹爽动心了，派许允、陈泰回洛阳去见司马懿。

司马懿让许允、陈泰给曹爽捎话，保证不会伤害他的性命，荣华富贵也可以继续享受，为让曹爽放心，司马懿还派一个曹爽比较信赖的叫高阳的侍中一同前往，并让蒋济给曹爽写了封信，保证曹爽等人的安全，曹爽看到人和信，大喜。桓范还在那边做着进军的准备，命人伐木做鹿角，又征调了附近数千屯田兵前来护驾，曹爽让他把兵遣散，桓范大惊，曹爽说："我干脆去当个富家翁吧！"桓范当场哭了，骂道："曹真英雄一生，竟然生了你们这帮兄弟，简直猪都不如！你们就等着被灭族吧！"

曹爽和兄弟曹羲、曹训、曹彦等人回到洛阳，之后被集中起来居住，地点就是曹爽的府邸，平时在家里可以自由活动，但不得出府门。这是被软禁的节奏啊，说好的富家翁呢？曹爽等人紧张起来。过了几天，家人报告说府邸四周突然来了不少人，看起来都是乡下人打扮，足足有好几百，把府邸围住，不知何意。曹爽也很困惑，要抓人应该派当兵的来，派这样一群人来干什么？

很快就有了答案，这群人是来干活的，他们在曹爽府邸的四个角上各修建了一座高瞭望台，站在这些瞭望台上，曹府内的一举一动都被看得清清楚楚。曹爽等人在府里困着，不让出门，时间一久，曹爽觉得越来越烦闷，就试着出来遛遛，他平时喜欢用弹弓打鸟，于是拿着弹弓来到后园，还没打，瞭望台上的人就大声喊了起来："故大将军往东南方来了！"曹爽受到惊吓，不敢轻易出门，兄弟们在一起商量对策，曹羲出了个主意，让曹爽给司马懿写封信，说被困日久，家里断粮了，请求给一些粮食。如果司马懿给了，说明他不打算杀人；如果司马懿不给或者置之不理，那就凶多吉少。

曹爽认为这个主意不错，就给司马懿写了封信，信中说："贱民曹爽我现在哀惶恐怖，自感罪孽深重，甘愿受屠灭之刑。前几天派家人出去弄粮食，至今未返，现在家里已经快没有吃的了，恳请给些粮食，以继旦夕。"不久司马懿的回信就来了，还是亲笔所写，其中写道："真不知道府里已经缺粮，实在不好意思，已经命令下去，将拨给米100斛，还有肉脯、盐豉、大豆等，随后就送来。"东西很快送来了，曹爽大喜，以为司马懿不打算要他的命。

对于曹爽的同党，包括何晏、邓飏、丁谧、毕轨等人，也都要求他们住在家里，不许随便出入，他们跟曹爽一样都很恐惧，但也怀着一丝侥幸，希望能从轻发落。但司马懿并不打算放过他们，他只是还在做准备。不久，一桩案子被揭发，清算行动开始了。这桩案子说的是宦官头目张当私自选了11名才人给曹爽，事情已彻底查清，人证物证俱在，廷尉将张当收监，进一步追查。张当在狱中招供，除了这件事，曹爽还有谋反的计划："曹爽与尚书何晏、邓飏、丁谧，还有司隶校尉毕轨、荆州刺史李胜等人阴谋反逆，计划都已制订好了，时间就在今年的三月。"

曹爽、何晏等人确实在秘密策划废掉少帝而另立，所以张当的供词也许不是他在严刑之下瞎编的。这一下问题就严重了，已不是作风问题和道德问题了，牵涉谋反，还是团伙，少帝下诏实施抓捕。曹爽、曹羲、曹训、曹彦、邓飏、丁谧、毕轨、李胜等人被抓了起来，里面竟然没有何晏，不仅没抓他，司马懿还给他派了个重要任务：负责审理此案。

眼见大势已去，何晏为保命，所以查得很仔细也很彻底，很多事其实他都亲自参与了，所以查起来并不困难。案子很快办完，何晏呈上结案报告，建议将上述八个人全部诛杀。司马懿看完，摇了摇头："不够，还得再查。"何晏傻了，哆哆嗦嗦地问："莫非还有我？"司马懿微微一笑："恭喜你，答对了！"何晏于是一同被杀，加上他，这个集团的九名主要骨干都被夷灭三族，一同被杀的还有勇于揭发的张当，以及他们的智囊桓范。

夏侯玄此时还在长安，司马懿以朝廷的名义诏他回京，改任大鸿胪卿，西线战场总指挥由郭淮接替。夏侯霸一向跟郭淮不和，认为夏侯玄走后自己必定凶多吉少，就劝夏侯玄跟他一起逃跑，夏侯玄不敢。夏侯玄回到洛阳，从此被解除了兵权，在朝廷担任一个挂名的九卿，但由于政变前他不在洛阳，好歹暂时保住了一条命。夏侯霸逃往蜀汉，走的是阴平道，一路很狼狈，因为不熟悉地理环境，在山中迷了路，粮食吃尽，只得杀马步行，脚也扭伤了，实在走不动，最后躺在岩石下休息，绝望之际遇到了蜀汉那边的人，把他接到了成都。

张飞的夫人也姓夏侯，她是夏侯渊的侄女，是在战乱中被张飞抢去的，论起来就是夏侯霸的从妹，夏侯氏为张飞生了个女儿，就是后主刘禅的皇后，夏侯霸见到后主刘禅还得被喊一声表叔。刘禅还真认这门亲，不仅厚待夏侯霸，还反复向他解释："你爹，也就是我表爷爷他老人家死在乱军之中，可不是我父皇亲手杀的啊！"刘禅还把儿子叫来与表舅爷相见，指着儿子对夏侯霸说："这是夏侯氏的外甥！"

第二十章 淮南三叛

一、姜维北伐

夏侯霸到蜀汉后被任命为车骑将军，此时大将军是费祎，姜维担任的卫将军在名义上还在夏侯霸之后。当然这也只是名义上的，夏侯霸在蜀汉的处境还比不上当年的马超，对降将大家一向是看不起的。一次，夏侯霸想与荡寇将军张嶷交个朋友，对张嶷说："我虽然与足下素昧平生，但心里却像老朋友一样知心，希望您明白我的心迹。"

说起来夏侯霸算是张嶷的领导，但张嶷一点面子都不给："我不了解你，你也不了解我，大道理在你那里，哪里谈得上知心？现在咱们也才刚刚认识，这些话三年以后再说吧！"夏侯霸被弄得很没面子，但姜维对夏侯霸挺重视，专门跑来向他请教曹魏方面的事，姜维问夏侯霸："司马懿现已夺取了权力，他有没有对外征伐的意思？"夏侯霸回答说："司马懿现在最重要的是巩固权力，目前尚没有余力对外攻伐。不过那边有个叫钟会的人，虽然现在还年轻，但有朝一日得到重用的话，将成为蜀、吴两国的大患。"

钟会就是钟毓的弟弟、前太傅钟繇的小儿子，曹爽当政时他还只是尚书台的一名尚书郎，尚书台是曹爽的大本营，司马懿夺权后重新恢复了中书台的作用，朝廷的日常办事机构由尚书台和中书台共同承担，过去长期在中书台供职的刘放年老病重，不久就去世了，被曹爽一伙架空的孙资被任命为中书台的中书令，20多岁的钟会则被直接提拔为中书台的中书侍郎，但钟会的长处在军事方面，日后果然大有作为。

姜维向夏侯霸打听曹魏的情况，是因为他正在准备北伐。蒋琬主政期间北伐处于停顿状态，蒋琬死后，姜维与费祎共同辅政，从职务上说以费祎为主，但费祎偏于内政，军事方面的事姜维考虑得更多。

就在司马懿发动政变的这一年秋天，在姜维指挥下蜀汉发起了一次北伐，路线还是祁山方向，主攻曹魏治下的雍州刺史部，姜维让夏侯霸一同随征。

蜀军很快越过了祁山，继续向西，攻占了麴山附近的麴城，麴山即今岷山，麴城位于今甘肃省岷县以东。姜维做出稳扎稳打的态势，下令在麴城附近修筑了两处要塞，让句安、李歆等人把守，以此为中心不断向曹魏的陇右地区扩张。

姜维就是这一带的人，对这里的情况十分了解，蜀军动作很快，扩张势头很猛，曹魏征西将军郭淮与雍州刺史陈泰商量对策，郭淮继夏侯玄之后成为曹魏西线战场的总指挥，陈泰是已故重臣陈群的儿子，几个月前还是朝廷尚书台的一名尚书，因为父亲的关系，司马懿本就对陈泰有好感，又因为陈泰劝曹爽投降而对陈泰更加亲近，掌权后立即任命陈泰为雍州刺史。

但这不是为了投桃报李，因为陈泰确实有能力，尤其在处理边疆事务方面很有经验。陈泰曾任并州刺史，同时兼任护匈奴中郎将，所辖地区及周围一带民族众多，陈泰很注意对当地各少数民族采取怀柔政策，在少数民族中威信很高。当时京城里的权贵们经常托他在边地购买奴婢，为此送来很多礼物，陈泰把礼物都挂在墙上，从不打开，他当了九年的刺史，调回京城时把所收到的礼物全部退还。

所以陈泰靠的不是父亲，而是自己的才干。面对蜀军的进攻，陈泰向郭淮建议："麹城虽然坚固，但离蜀国的控制区太远，所有粮草供应都要长途运输，姜维只能大量征调羌人、夷人去运，他们苦于劳役，未必肯屈从。现在只要把敌人围起来，不用进攻就可兵不血刃地将其攻破。蜀军即便举兵来救，但这里山道险阻，他们想取胜并不容易。"

围而不攻、拖而不打是司马懿对付诸葛亮的制胜法宝，看来陈泰也领悟到了其中的真谛。的确，蜀军每次北伐都会为粮草接济不上而困惑，魏军以逸待劳，以己所长击敌所短，这才是用兵的正道，郭淮长期征战在西线战场，对这个道理自然也懂，于是同意了陈泰的建议。

郭淮命陈泰指挥围攻麹城的蜀军，所部包括讨蜀护军徐质和南安郡太守邓艾等，邓艾也是司马懿重点栽培的对象，他先在司马懿的太尉府当过一段时间的太尉掾属，之后到尚书台当尚书郎，再到夏侯玄手下任参征西军事，经过这些锻炼后被派到下面当郡太守。

陈泰等人指挥魏军把麹城围了起来，此时姜维不在麹城，魏军把城里的运输通道和水源阻断，只围不攻，蜀将句安挑战，魏军不应，时间一长蜀军受不了，只得把有限的粮食分给兵士，每天算着日子节省着吃，没有水就化雪水去喝，姜维果然率兵来救，蜀军兵出牛头山。

陈泰率魏军与蜀汉援军相对，陈泰对众将说："兵法贵在不战而屈人之兵，现在可以断绝牛头山的归路，让姜维无法返回，可将其生擒！"陈泰让众将坚垒不战，然后派人去见郭淮，提出由他率部南渡白水河，沿河向东，而请郭淮率军进逼洮水，两路大军齐进，目的是切断姜维的后路，郭淮认为这个作战方案可行，于是向洮水移动。姜维察觉情况有异，只得撤退，麹城的蜀军于是投降。

这是姜维第一次主持北伐，以后他主持的北伐还有 10 次之多，他的主要对手就是郭淮、陈泰、邓艾这些人。这次北伐，蜀军暴露出兵力不足的问题，以往诸葛亮每次兴兵都几乎倾尽蜀国的全部兵力而出，通常在 10 万人上下，这是因为要长途作战，对手是曹魏这样强大的敌人，总兵力至少要与对方不相上下才有取胜的可能，而姜维此次进取麹城，兵力居然只有一万人左右，失败也就不可避免了。

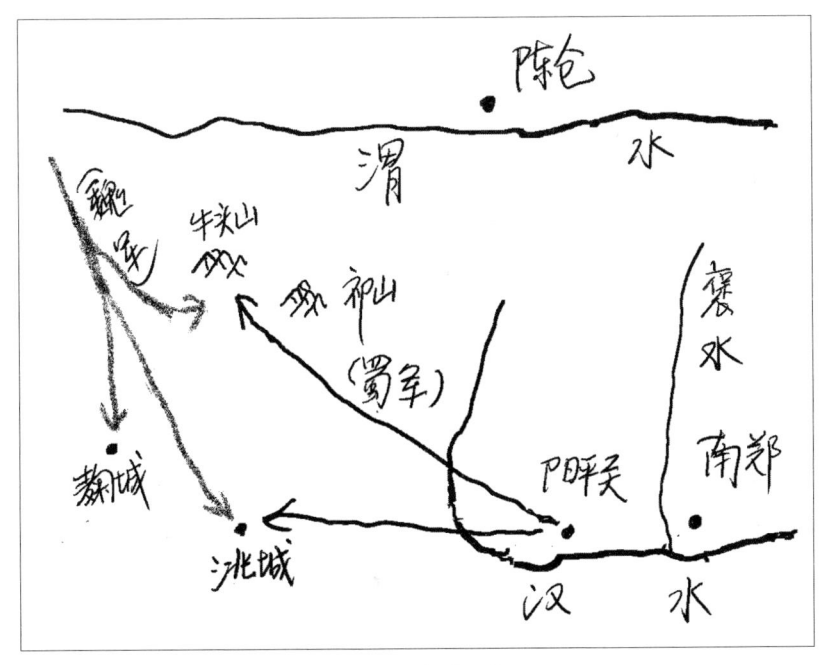

魏蜀牛头山之战示意图

姜维与费祎共同辅政，姜维认为自己熟悉陇右的情况，又能策动西北的羌人、胡人各部族为羽翼，所以在曹魏的侧翼发起进攻将其一举夺下相当有把握，但费祎对此并不支持，当然他也不能公开反对北伐，因为这是诸葛丞相生前制定的国策，于是就在暗地里做手脚，利用职权阻挠姜维调兵，姜维能调动的人马十分有限，费祎还对姜维说："咱们这些人比丞相差远了，丞相尚且不能北定中原，何况我等？咱们不如保国治民、敬守社稷，至于统一天下的功业，干脆等待日后出现有能力的人再去做吧，不要期望着侥幸决战而一举成功，如果不然，悔之不及啊！"

面对不思进取的费祎，姜维也很无奈。但这些话费祎并不敢公开地讲，他还得做出北伐的样子，先进驻汉中，后又移驻梓潼郡的汉寿县，梓潼郡是蜀汉在北部增设的一个郡，下辖梓潼、汉寿、白水、涪城、汉德驻五个县，其中汉寿县在今四川省广元市的西南。汉中如果是蜀汉北部第一道防线，梓潼就是第二道，费祎在这里开府治事，朝中所有大事都要先征求他的意见才能施行。

蜀汉延熙十六年（253），费祎在汉寿举办岁首大会，驻汉寿的文武官员都参加了，费祎在宴会上喝得很高兴，酩酊大醉，结果竟然被一名刺客瞅准机会给杀了。这不是一名普通的刺客，他叫郭循，是蜀汉的左将军，在军中的地位几乎与姜维相当。他是陇右人，原来是曹魏的一名中郎将，后被姜维俘虏，投降了蜀汉，大概他在陇右一带也有很大的影响力，所以被提拔为左将军。

看来蜀汉一向重视降将，马超来投，一开始被任命为平西将军，地位在关羽、张飞等人之上，后又担任车骑将军；姜维来投，年纪轻轻就被任命为奉义将军，后成为征西将军、卫将军；夏侯霸来投，被直接任命为车骑将军。如此厚待降将，而像张嶷这样一直忠心耿耿、屡立战功的将领，奋斗了几十年也不过是个荡寇将军，所以夏侯霸主动要跟张嶷交朋友，张嶷才那么冷淡。

郭循虽然投降了蜀汉，但内心却不愿意当蜀臣，他想找机会刺杀后主刘禅，利用向刘禅道贺的时机，一边拜贺一边趋前，希望接近刘禅，但总被旁边的人阻隔无法行动。郭循于是另找行刺目标，费祎举办岁首大会，郭循也在座，费祎是蜀汉的二号人物，干脆就朝他下手，郭循亲手刺杀了费祎，自己也被蜀人所杀。

曹魏这边得到消息，认为郭循是烈士，少帝曹芳下诏褒奖郭循，说他的行为是杀身成仁、舍生取义，论勇猛赛过战国时的著名刺客聂政、论功劳超过西汉初年的刺客傅介子，追封其为长乐乡侯，食邑1000户，爵位由郭循留在曹魏的儿子继承。

费祎死后，姜维都督中外诸军事，不久又正式继任大将军，他可以全力准备北伐了。而朝政方面，从诸葛亮到蒋琬、费祎，实际上是一种摄政的状态，后主并无多少实权，随着费祎的死这种局面得到了改变。姜维是费祎之死的最大受益者，考虑到郭循和姜维都是陇右人，郭循又是姜维收降的，于是有人大胆推测，认为郭循之所以刺杀费祎并非出于对曹魏的忠诚，而是姜维暗中指使的，但这种看法没有任何依据，只能算一种推测。

费祎之死改变了蜀汉的政治格局，由于历史原因，蜀汉内部一向存在派系之争，刘备、诸葛亮可以充分平衡各派的力量，蒋琬、费祎也基本能做到表面无事，而姜维缺乏相应的资历和基础，后主也无法完全掌控一切，自此之后蜀汉内部的斗争变得复杂化。

二、第一次淮南之叛

再回到曹魏，看看政变之后的时局。少帝正始十年（249）四月八日，距政变即将满百日，少帝下诏改元为嘉平。

本月，太尉蒋济去世，享年61岁。在此次政变中蒋济发挥了重要作用，事后司马懿以少帝的名义晋封蒋济为都乡侯，食邑增加到700户，蒋济立即上疏谢绝。蒋济的心情有些复杂，他支持司马懿推倒曹爽一伙，但他也向曹爽等人做过保证，保他们性命无忧，但结果与此相反，蒋济深感自责，他的死与此有很大关系。

在司马懿主持下，太尉一职由孙礼接任，他是坚定的"反曹派"，对曹爽一伙恨之入骨，此前孙礼已改任司隶校尉，他担任太尉后，司隶校尉一职由司马懿的另一名铁杆拥护者何曾担任。司马师担任卫将军，同时兼任中护军，军职虽然还不是最高的，但等于主持全国的军务，待时机成熟时再就任大将军一职。

少帝曹芳这一年18岁了，曹爽辅政时原本还指望有亲政的那一天，现在看来已经没戏了，出于对司马懿的敬畏，他主动提出拜司马懿为丞相，享受赞拜不名、入朝不趋、剑履上殿的特权，同时加九锡，这些东西指的是哪些内容之前已经说过，曹芳完全是按照曹操当丞相时的套路来的，但司马懿坚辞不受。

一方面，司马懿觉得这些都是虚的，没有实质性的作用反而容易落下口实，招来更多的攻击；另一方面，现在也只是大局初定，曹氏几代人不断经营，仍有不少人对他们怀有感情，暗中反对自己的人也不在少数，还不是通过加官和特权来树立个人威望的时候。

曹爽等人被杀后空出许多重要职位，司马懿借机安插那些自己认为可靠的人，除了之前提到过的邓艾、孙礼、何曾、钟会，还有王基、石苞、卢毓、傅嘏、傅玄、胡奋等人，这些人对曹魏感情较淡，或者受到过排挤和打压，绝对坚定地支持司马懿。朝廷最核心的机构是中书台和尚书台，中书台有孙资和钟会在那里，可以让人放心；尚书台方面，司马懿让三弟司马孚担任尚书令，又把卢毓等人调过去担任尚书，协助司马孚。在地方上司马懿也加快了布局，西线战场由郭淮坐镇，郭淮属于职业军人，不热衷政治，这一点让司马懿放心，司马懿也负责过西线战场，郭淮也算是他的部下了，经过磨合，郭淮已经越来越让司马懿感到满意，更何况在西线战场还有陈泰、邓艾两个"自己人"，那里应该不会出问题。

南线战场方面，司马懿曾在荆州主持军务多年，有一定基础，荆州刺史原来是李胜，就是到司马懿府上探病的那位，李胜被杀后荆州刺史空缺，司马懿安排王基去继任，司马懿担任大将军期间，王基曾在大将军府任过职，是老部下。王基任荆州刺史前只是朝廷尚书台的一名尚书，资历还不足以负责整个南线战场，司马懿就把王昶派过去，这是个大有来头的人，也是三国后期的一个重要人物。王昶字文舒，出身于著名的太原王氏家族，与汉末名臣王允为同宗，曹丕当太子时王昶曾任太子府中庶子，作为"太子四友"之一的司马懿那时便与王昶有很多交往。王昶后来担任过散骑侍郎、洛阳典农都尉等。魏明帝时期下诏让朝廷大臣推荐人才，每人只能推荐一名，时任太尉的司马懿推荐的就是王昶。在司马懿的关照下，王昶担任了兖州刺史、扬烈将军。

司马懿以少帝的名义晋升王昶为征南将军，假节，负责整个南线战场，王昶不负重托，在荆州刺史王基等人的支持下大力发展经济，加强军队训练，又在新野建立基地训练水军，曹魏在南线战场的实力大增。

三大战场中，只有东线战场让司马懿心里没底。负责东线战场的是王凌，目前已经78岁了，他有一个更显赫的头衔：车骑将军。论起来在军中的地位数他最高，司马师的卫将军也不及他，骠骑将军曹洪早已故去，大将军曹爽被杀，在名义上王凌如今是魏军的第一号人物。

跟王昶一样，王凌也出身于太原王氏家族，他与王允的关系更近，是王允的侄子，早年便到曹操身边任职，历经曹氏四代人，对曹氏忠心耿耿，职务不断上升，之前说过，满宠曾是王凌的上级，王凌根本不把他放在眼里，满宠离职后，曹爽对王凌进一步拉拢，让他负责整个东线战场。论年龄、论资格王凌都与司马懿不相上下，他在东线战场经营多年，势力很大，他不会轻易顺从司马懿，也不能用强力迫其就范，为此司马懿很费了一些脑筋。

司马懿以少帝的名义征王凌回朝廷任职，担任三公之一的司空，对这项任命王凌显然不感兴趣，找了很多借口一直不来就任。但王凌也知道这么拖着不是办法，必须主动出击，为此他找到兖州刺史令狐愚商量对策。令狐愚是王凌的外甥，作为"拥曹派"，他们目前的处境差不多，王凌派心腹秘密前往兖州，令狐愚提出以扬州和兖州为基地另立朝廷与洛阳分庭抗礼，令狐愚连新皇帝都想好了，这就是曹操的儿子、楚王曹彪。曹彪不仅辈分很高，而且跟曹植等人一样，长期以来过着被监视、限制的生活，而他生性不愿意逆来顺受，总想改变，他的封地目前就在兖州刺史部，是令狐愚控制的地盘。

令狐愚还听到一个传说，兖州刺史部东郡的白马河里出了妖马，夜里过官家牧场时发出鸣叫，众马皆应，天亮时有人看见这匹马的蹄印大如斛斗，一连数里，最后没入河中，不知什么时候在当地就有了一则民谣悄悄传唱起来，其中有"白马素羁西南驰，其谁乘者朱虎骑"的话。曹彪字朱虎，又是白马王，结合以上传说和民谣，令狐愚坚信拥立曹彪一定能成事。

令狐愚的计划让王凌动了心，但他的儿子王广还在洛阳，起事前必须把他接出来。王凌派人秘密到了洛阳，把计划告诉儿子，让他设法脱身，但王广反对父亲这么做，给父亲写了封信，信中说："司马懿内心虽然难以捉摸，但也没有做过大逆之事，现在他能擢贤用能，广树政绩，修先朝之政令以应众心所求，对于曹爽犯下的过错，全部予以改正，政令莫不以体恤百姓为先。况且，司马懿父子兄弟并握兵要，不是那么容易打倒的。"王广说得并不错，司马懿虽然是夺权上位的，好像不够光彩，但曹爽等人之前实在太差劲，早已失去了人心，司马懿掌权后的确面貌焕然一新，已深得朝野上下的拥护，此时举兵反对他并没有成功的基础。但王凌仍然决心一搏，因为他已经没有别的出路了。

然而，就在这个关键时刻却出了意外。王凌突然得到一个不幸的消息，令狐愚死了。整个计划都是令狐愚在策划，包括楚王曹彪那边的联络工作也都是令狐愚在负责，他突然不在了，王凌顿时傻了眼。

更不幸的事还在后面，令狐愚谋反有两个主要助手，一个叫杨康，一个叫单固，令狐愚死时杨康正好在洛阳出差，他是应司徒之命来谈公事的，听到消息不亚于一声晴天霹雳，起事成功的可能性本来就不高，主事的人不在了，结果可想而知，为了给自己和家人留条退路，杨康就在司徒府揭发了谋反的事。

此时的司徒是高柔，司马懿的坚定支持者，听到杨康的报告，高柔不敢怠慢，马上带他去见司马懿。司马懿仔细分析了兖州和扬州方面的形势，决定先隐而不发,告诉杨康这件事不要再提,让杨康仍回兖州,以免引起怀疑。之后,朝廷派了个叫黄华的人前去继任兖州刺史,这时王凌还在为要不要起事而犹豫不决,他不知道司马懿对他们的事已了如指掌,王凌甚至还派了个叫杨弘的将军去秘密联络黄华,约他共同起事。

黄华的来历史书没有太多记载,但可以肯定的是,在如此重要的关口,司马懿派他去兖州,说明他是司马懿绝对信任的人,王凌要跟这样的人合伙造反,连这点儿常识都没有吗?这件事不可思议,要么王凌之前与黄华就有一些来往,被黄华骗了,要么杨康回到兖州后和王凌玩起了"无间道",诱导王凌犯低级错误。

王凌一直拖着不去朝廷就职,还待在淮南的寿春,司马懿这边也不着急动手,就这样过了一年多。到了嘉平三年(251)四月,中原地区突然发生了一场地震,王凌觉得机会来了。王凌上奏朝廷,说得到情报,孙吴将利用涂水上涨的机会由水路向扬州发起进攻,他向朝廷申请调兵的虎符,以便就近调动各路魏军,报告很快被朝廷驳回。

这让王凌有些意外,以往遇到这种情况朝廷是不会不准的,他这才意识到事情可能已经败露了,马上再派杨弘到兖州,找黄华商议起兵的事。结果杨弘非但没有完成任务,还被黄华给策反了,黄华、杨弘联名给司马懿写信报告情况,把王凌的最新计划和盘托出。司马懿知道时机成熟了,于是亲率大军前往淮南讨伐。王凌发起的这场叛乱主要发生在淮南地区,被称为第一次淮南之叛,因为后面还有第二次和第三次。

司马懿以少帝的名义下诏对王凌谋叛行为进行揭露,有杨弘的密报,王凌所有计划包括行动细节都不再是秘密,王凌想抵赖都不能。但是诏书里同时回顾了王凌的功绩,说他也是一时糊涂犯了错误,只要迷途知返仍然可以原谅,如果主动投降,可以既往不咎。为了让王凌相信,司马懿还给他写了封信,信中言辞恳切,对王凌进行安慰,保证不会伤害王凌及其家人的性命。此时王凌的心里已经大乱,他几次派人下书,希望能与司马懿直接对话,开始未获回应,后来接到司马懿的回信,约他在一个叫丘头的地方相见。

王凌乘一叶小舟单独前往,随身特意带上印信、符节,他这时只想保命,他对司马懿说自己统重兵在外,执掌一方,却心怀不义,有负朝廷,今后别无所求,只希望与妻子儿女同在一处,子息后代平平安安地生活就行了,年近80岁的王凌在司马懿面前完全是一副乞怜的神态，哀求司马懿说："生我者父母，能让我活下去的是您啊！"

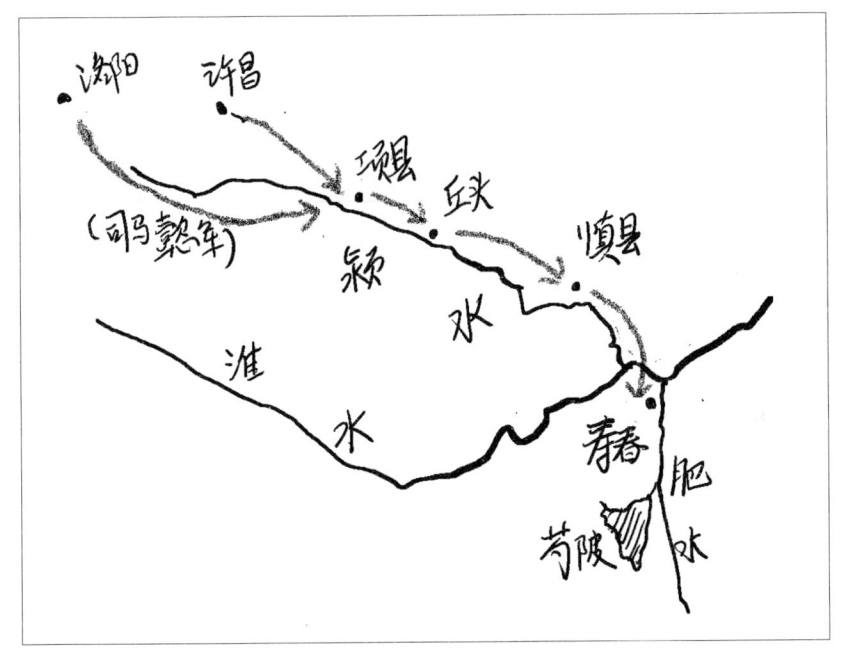

第一次淮南之叛示意图

司马懿没有当场杀了王凌，但也没有履行诏书和信中的诺言，而命 600 名步骑押解王凌由陆路返回洛阳。与曹爽当年一样，王凌很想知道司马懿是让他活还是让他死，于是向押解自己的军士要了几个钉子，说是用来钉棺材用，王凌请他们务必向司马懿报告一下。如果不给，说明还有活的可能，但请示司马懿后，王凌得到了钉子。王凌感到绝望，走到项县时，看到谷水岸边有一座祠堂，是贾逵的祠堂，过去同为魏臣，王凌更感悲伤。

王凌在贾逵碑像前大声呼喊："王凌我一生尽忠魏室，贾逵，你在天的神明知道吗？"之后，王凌服毒自杀。司马懿率兵继续进驻寿春，对王凌的家人、心腹和嫡系进行了一场大清洗，凡参与过谋反、事先知情而不报告的一律夷灭三族，王凌的儿子王广虽然反对父亲谋反，但也在洛阳被杀。令狐愚被开棺剖尸，与王凌的尸体一起在野外曝晒三天示众，之后就地掩埋，不用棺殓。

郭淮的妻子是王凌的妹妹，为拉拢郭淮，司马懿刚刚把王凌的车骑将军一职授给他。郭淮的妻子本应从坐，御史前往长安收捕，郭淮的手下以及羌、胡渠帅等数千人叩头请郭淮上表留下妻子，五个儿子也都叩头至流血，请父亲救母亲一命，郭淮不从。但到最后，郭淮还是给司马懿写了封信，请求宽恕妻子。司马懿接到郭淮的信，看了很久，最后同意特赦，但郭淮在司马懿心中的分量大减，两年后郭淮病故。

在审查中，令狐愚的另一个心腹单固宁死不屈，被杀。杨康虽然揭发有功，但负责审理此案的廷尉对这个人比较反感，在结案报告中说他与单固的对质中言辞错乱，很多事情没说清，建议一并问斩，司马懿同意。楚王曹彪也未逃过一劫，司马懿以少帝的名义下玺书予以谴责，曹彪为保妃嫔及儿子们一命，只得自杀，妃嫔和儿子们被降为庶人，流放平原郡，朝廷派来监视曹彪的官员都因犯了知情却不及时劝阻或报告的罪过处死。为防止有人再用分封在各地的曹氏王公做文章，司马懿让少帝下诏，把各位王公集中在邺县居住，命有关部门严加监管，不得与外人随便联系。司马懿的手段的确很残酷，说得好听一些，这叫作"敢爱敢恨"，对于他欣赏的人、看中的人，同时又认同他、支持他的，一律给予爱护、提拔和重用，对于反对他的人，则向来毫不手软。

嘉平三年（251）六月，司马懿率大军返回洛阳。走到一个叫五池的地方，遇到侍中韦诞一行，他们是奉少帝之命前来劳军的。又往前走，走到一个叫甘城的地方，又遇到太仆卿庾嶷一行，除了劳军，还带来了少帝的诏书，拜司马懿为相国，晋爵安平郡公，食邑增加到5万户，全族19名子弟都封为侯爵。司马懿仍不同意，上奏回绝。

平了这场叛乱，司马懿也病倒了，而且病得不轻。有史书说，司马懿病重期间梦见王凌、贾逵等人扮作厉鬼来索命，让他的心情很烦乱，加重了病情。七月，司马懿回到洛阳，病情进一步加重，司马懿知道这一次是大限将至了，于是向儿子们立下遗嘱，交代自己死后葬于洛阳东北方向的首阳山，不坟不树，陪葬就用一些平时穿的衣服就行，不设明器，日后也不与其他人合葬，子孙不得祭陵。

嘉平三年（251）八月五日，司马懿在洛阳病逝，享年73岁。少帝下诏授其谥号文贞，追封相国、郡公。他的孙子司马炎后来当了晋朝的皇帝，加他的尊号为宣皇帝，称其陵墓为高原，庙号晋高祖。

司马懿的一生可谓波澜起伏，20多岁来到曹操手下做事，43岁时被封侯爵，担任尚书仆射。他最辉煌的时期是在47岁到60岁，他两次被托孤，平孟达、抗诸葛亮、伐公孙渊、拒孙权，建立了不世功勋，获得了巨大的个人威望。司马懿由魏臣而走向"篡魏"，更多的原因也许是为自保，其中的是非曲直只能继续留给历史去评价了，但他开创了一个新时代，即使离开了人世，这也是一个无法改变的事实。

司马懿死后少帝下诏擢升司马师为抚军大将军，录尚书事，并擢升司马懿的三弟、朝廷尚书令司马孚为太尉，同时继续兼任尚书令一职，司马昭此时的职务是安东将军，主持淮北一带的军务，司马氏的权力基础巩固，没有因为司马懿的死而削弱。

三、孙吴"南鲁之争"

来说说孙权吧，他也步入了晚年。晚年的孙权对外的进取心大减，他的精力都被内部的纷争所占据，尤其在太子的废立上，孙权更是感到了烦恼。

孙权的第一位夫人是谢氏，死得比较早，后来陆续娶了徐夫人、袁夫人、王夫人、步夫人、潘夫人等。在这些人里孙权最宠爱的是步夫人，一是因为她长得很美；二是因她的性格好，不妒忌；三是因她为孙权生了两个可爱的女儿，即孙鲁班和孙鲁育。孙权很早的时候就有立步夫人为后的想法，但遭到群臣的反对，大家认为应该立太子孙登的养母徐夫人，但孙权又不愿意，结果谁都没立，后来干脆不再提这个话题了。

步夫人死时仍没有得到皇后的名号，孙权不甘心，授意臣下上书，请求为步夫人追赠皇后名号，孙权批准，追封步夫人为皇后，追赐印玺和绶带，并下册书。被身为皇帝的丈夫追封为皇后，步夫人还是历史上的第一例。从这件事也可以看出，孙权与太子孙登之间的关系似乎有些微妙，不过到了吴大帝赤乌四年（241），年仅33岁的孙登突然患病死了，他临终前向父皇上疏，希望立弟弟孙和为太子。

孙和这时19岁，生母是王夫人，他从小就很聪明，孙权特别喜欢他，常把他带在身边，孙和得到的珍宝、珠玩、衣物等赏赐在各皇子里经常是最多的。孙和爱好文学，善骑射，不仅聪明还善于思考，尊敬老师，爱护人才，孙权于是立孙和为太子，为示庆贺，孙权还下令把吴郡的禾兴县改名为嘉兴县，即今浙江省嘉兴市。

孙和虽然年轻却很有见识，被立为太子后曾向孙权上疏，认为当时各官府只是依照官样文书去办事，奸猾的人会按照自己的想法篡改公文，所以要求杜绝此类现象。还有两位官员不和，互相揭发，孙和对他们说："能居文武官位的人有多少呢，你们互相仇恨，图谋陷害，怎能得福？"这两位官员从此和好，互相友善。

吴大帝赤乌六年（243），孙吴第二任丞相顾雍去世，这时张昭、诸葛瑾、潘濬等重臣也已先后离开人世，孙权下诏拜陆逊为丞相，不再担任上大将军，但仍兼任荆州牧、右都护，统领荆州方面的一切事务。

这时孙权已经60多岁了，身体大不如前，开始生病。人一旦意识到自己来日无多就容易乱想，孙权焦虑起来，他最顾虑的是自己死后能给儿孙们留下怎样的政治遗产。在孙权看来，丞相陆逊能力强、威望高，年龄虽然只比自己小一岁，但身体却很好，太子孙和虽然善良、好学、待人诚恳，但缺少帝王的霸气，孙权担心他根本驾驭不了陆逊这样的大臣。也许正是出于这样的考虑，孙权突然做出了一个令人惊讶的决定，在孙和被立为太子后不久，他又突然下诏封孙和的弟弟孙霸为鲁王，并对他特别地宠爱，很多人意识到这是太子地位不稳的暗示。

孙霸生年不详，但此时也只有十几岁，孙权宠爱他，也许是因为他的性格更为刚毅果敢，但这样一来问题就复杂了，孙吴内部很快就围绕着孙和和孙霸形成了两个政治集团。孙权的大女儿孙鲁班跟太子孙和的母亲王夫人关系不好，孙鲁班十分讨厌王夫人，因此反对孙和而支持孙霸。孙鲁班先是嫁给了周瑜的儿子周循，周循死后她又改嫁全琮，全氏也是江东大族，全琮是孙权深为依赖的将领之一，时任大司马，地位仅次于陆逊，在孙鲁班的影响下全琮也义无反顾地站在了孙霸的一边。还有骠骑将军步骘，他是孙鲁班生母的同族，所以也支持孙霸，镇南将军吕岱、吕岱之子荡魏将军吕据、朝廷中书令孙弘等人也属这一派，他们结成了一个势力很大的集团。

但孙霸毕竟是弟弟，孙和毕竟是太子，在一些坚守正统观念的朝臣看来，未来的皇帝还应该是孙和的，持这种观点的有丞相陆逊、太常卿顾谭、太子太傅吾粲、左将军朱据、会稽郡太守滕胤、平魏将军施绩、尚书丁密等人。顾谭是顾雍的孙子，诸葛恪是诸葛瑾的儿子，施绩是名将朱然之子，朱然本姓施，过继给朱治后改姓，朱然死后施绩重新改姓为施。太子居南宫，孙霸是鲁王，上面两大集团围绕未来继承人的这场纷争又被称为"南鲁之争"。

孙鲁班亲自指导孙霸,让他主动结交知名人士。鲁王一派的全琮还给陆逊写信,对陆逊进行试探和拉拢,结果受到陆逊的警告。太子一派的顾谭则多次上书孙权,建议对孙和的太子之位再次予以明确,以绝他人之念,吾粲也上书,不仅建议申明孙和的太子之位,更建议让孙霸出驻夏口,把孙霸的心腹杨竺等人调离建业。

陆逊上书孙权,言辞更为恳切:"太子是正统,地位应如磐石之固,鲁王是藩臣,宠秩应当有差别,这样上下才得安定,我在此叩着头流着血向您禀报!"陆逊前后多次上书,却没有得到孙权的回应,陆逊请求由武昌回建业,当面与孙权讨论嫡庶之分,孙权下诏,不许陆逊来。种种迹象表明,孙权其实是站在鲁王一边的。

一次,孙权与鲁王一派的重要成员杨竺单独谈话,涉及二宫优劣,杨竺抓住机会竭力夸赞鲁王的才能,适合当太子,孙权当场表示赞同。但这场谈话并非没有第三者在场,有个到孙权这里送东西的小吏躲在了床下,把他们说的话全听到了,此人赶紧报告了孙和,孙和十分紧张,想向陆逊求援。恰好陆逊本族有个叫陆胤的人在尚书台担任选曹郎,正有公务要去武昌,孙和换了便服偷偷去见他,二人在一辆车上密议,决定由陆胤把有关情况告诉陆逊,让陆逊再次上表劝谏。

陆逊上表,谈到孙权与杨竺的对话,孙权大怒,认为是杨竺泄的密,但杨竺矢口否认。孙权知道杨竺是鲁王的死忠分子,也不可能把消息告诉陆逊,其中一定有隐情,就让杨竺调查。杨竺怀疑到了陆胤,他告诉孙权,陆胤刚好去过武昌,陆逊的上表紧接着就来了,消息一定是陆胤泄露的,孙权下令把陆胤抓起来拷问,陆胤为掩护太子,就说是杨竺告诉他的,孙权下令把杨竺也抓了起来。杨竺经不起拷打,只得违心承认是自己说出去的,孙权把杨竺杀了,陆胤反而保住了一命。

从上面这件事上看,两派的斗争相当激烈。为打击对手,全琮父子突然揭发了一件事,吴大帝赤乌四年(241)发生了一场芍陂之战,顾谭的弟弟顾承、张昭的儿子张休等随全琮父子参战,吴军获胜,本来这件事已经过去了,论功行赏也已结束,但全琮父子突然旧事重提,向孙权揭发说行赏不公,背后有问题。他们的理由是,此战他们父子功劳最大,但张休、顾承等人得到的赏赐反而更多,原因是张休、顾承与典军陈恂有私下往来,因此得到了更多的奖赏,孙权接到举报后命令有关部门予以调查，查来查去，顾承、顾谭都获了罪，被流放到交州。

这件事显然是冲着陆逊来的，因为顾谭、顾承不仅是顾雍的孙子，还是陆逊的外甥，孙权对陆逊已到了忍无可忍的程度，借此事向陆逊表达不满。不久，太子太傅吾粲也受人陷害，竟被孙权处死，在审查吾粲期间，发现吾粲曾多次写信给陆逊，通报建业的情况。孙权又抓住这个把柄，派人到武昌责问陆逊，陆逊又急又气，竟然忧患而死。孙权趁机擢升步骘当丞相，全琮升任右大司马，鲁王一派大获全胜。在这次人事调整中，诸葛瑾的儿子诸葛恪也异军突起，被任命为大将军，这是他父亲诸葛瑾生前担任过的职务。

孙鲁班则加紧了对太子的陷害，孙权生病，孙和到孙策庙里祈祷，希望父亲的病早点儿好。孙和的妃子张氏是张休的侄女，张休的府邸刚好在孙策庙附近，孙和祈祷完，张休邀请他到府中坐坐。孙鲁班一直派人跟踪太子，知道了这件事，觉得可以做文章。

孙鲁班跑到孙权那里告状，说太子根本没去庙里，而是跑到张休那里商量大事去了。孙鲁班还说，太子的生母王夫人听说皇上有病，不忧反喜。孙权听后大发雷霆，消息传到王夫人那里，她竟恐惧忧愁而死，孙权对孙和则更加失望。在芍陂论功事件中也牵扯到张休，朝廷中书令孙弘等人翻出旧账，孙权下令对张休进行审查，张昭的儿子、太子的岳父张休居然被赐死了。眼看孙和就要被废，孙霸坐上太子之位指日可待，孙权却停下了手。在一次与族人孙峻的谈话里，孙权道出了他的忧虑："子弟不和，臣下分成两派，将导致袁氏之败，被天下人耻笑。太子只能立一个人，怎能不引起争斗？"

犹豫了一年，孙权也只是下令将孙和软禁在宫中，仍没有废掉他。在这场"南鲁之争"中孙权的小女儿孙鲁育没有公开表态，但她的丈夫朱据支持太子，他上书为太子鸣冤："太子是国之根本，他为人雅性仁教，天下归心，现在猝然责罚他，将引发满朝疑虑。当年晋献公偏信骊姬而害申生，汉武帝听信江充而让戾太子冤死，臣担心太子不堪其忧而身亡，到时候再想建思子宫也无法使太子复生了！"朱据还联络了朝廷尚书仆射屈晃等一批朝臣跑到宫门外为太子请愿，他们把自己绑起来，叩头触地。孙权登上宫里的白爵观看到这番场景，非但没有引起触动，反而感到厌恶，他下诏斥责朱据、屈晃等人没事找事，但这件事毕竟涉及朝臣较多，又在外界产生了广泛影响，孙权没开杀戒，而是把朱据降为新都郡丞，把屈晃斥归乡里。朱据曾得罪过孙弘，他还没有到达新的任所，孙弘便私自冒用孙权的名义下发诏书，把这位堂堂的骠骑将军、孙权的女婿杀了，而事后孙弘竟未被追究。

斗来斗去，孙权实在厌烦了。孙权又做出一个更令人惊讶的决定：他要废掉太子，但不立孙霸，而是在其他儿子中另立新人。孙霸的下面还有两个弟弟，分别是孙奋、孙休和孙亮，其中孙亮年龄最小，却受孙权格外疼爱，孙亮的母亲潘夫人近年来也最受孙权宠爱，孙权有立孙亮为太子的打算。孙鲁班察觉到孙权对鲁王已不感兴趣，马上全力支持孙亮，她不断在孙权面前称颂孙亮，并把丈夫全琮的一个侄孙女嫁给了孙亮。

吴大帝赤乌十三年（250），孙权下诏正式罢黜孙和，贬为平民，放逐到故鄣，即今浙江省长兴县。同时立皇子孙亮为太子，此时孙亮只有七岁。孙霸的结局竟然还不如哥哥孙和，孙权下诏将其赐死，全寄、吴安、孙奇等孙霸身边的人全被诛杀，"南鲁之争"以双方的惨败而结束，此事牵涉范围之广、官员之多，在汉末三国的历次政治斗争中都首屈一指。

四、孙权也死了

孙权最后选定的接班人只是个七岁孩子，此时孙权已经68岁了，已来日无多。经过一场政治洗礼，朝廷上下一片黯淡，大家互相设防，不敢轻信任何人，一旦孙权不在，年幼的孙亮如何接好这个班，又让孙权头疼起来。

就在册立孙亮为太子的这一年，孙权还宣布接到神人所授的书册，将次年改元为太元元年，同时册立太子孙亮的母亲潘夫人为皇后。这位潘皇后是孙权第一位、也是唯一一位在任的皇后，她是会稽郡人，父亲是一名县吏，犯罪被判处死刑，按法律潘皇后和她的姐姐都被罚为官家奴婢，在宫里的织室做苦工，一次偶然的机会孙权看到她，把她召进后宫，后来生下了孙亮，从而改变了命运。史书对这位潘皇后评价不高，认为她为人阴险、妒忌，又特别会讨孙权欢心。步夫人死后，孙权最喜欢的人其实不是她，而是袁术的女儿袁夫人，袁夫人有节行，但没有生下儿子，孙权想立她为皇后，袁夫人因为自己没有儿子而固辞。潘夫人立为皇后，对袁夫人加以谮害，有些事已经在宫中传开了。

还是这一年，孙权听说临海郡的罗阳县出了位神人，名叫王表，这个人在民间被传得神乎其神，说他言谈饮食虽然与常人没有区别，但有本事让人看不到他的身体，是一位隐形人。孙权于是派中书郎李崇去把这个人迎进宫中，带去的有辅国将军、罗阳王的印绶，准备把这两项官职授予王表。张昭为孙氏三代人辛苦了一辈子，临死才是辅吴将军，一个江湖骗子轻松就能登此高位，张昭地下有知，情何以堪？

王表随李崇出来，还带着一个叫纺绩的婢女，一路之上与各地郡县长官交谈，没有能难倒王表的，每过高山大河，王表都让婢女鼓捣一些神秘仪式，说是与山神河神互通消息。王表到建业后，孙权在皇宫东门苍龙门外为他建起府邸，经常派大臣前去请王表预测水旱灾害，往往都能应验，孙权对王表深信不疑。

吴大帝太元元年（251）八月，江东有多地突遭大风袭击，江海涌溢，有的地方平地水深八尺以上，从曲阿传来消息，孙权父亲孙坚的高陵所有松柏都被大风吹倒了，吴郡郡治所在地南城门居然被大风吹起，又落到地上。太子、丞相不得善终，大臣广受株连，孙吴的国运就像孙权的身体状况一样一天不如一天了。孙权下诏大赦天下，此前他以中原尚未一统为由不同意郊祭，现在下诏在南郊进行祭祀。

这时已经到了冬天，从南郊祭祀回来后孙权受了风寒，病倒了。孙权不得不认真考虑身后的事，新太子年幼，看来也得效仿魏蜀来一次托孤了。孙权跟大家商议可向谁托付后事，朝中文武一致认为非诸葛瑾的儿子诸葛恪莫属。

诸葛恪是孙吴政坛新生代的领军人物，目前担任大将军，陆逊死后代替他统领荆州事务。孙权虽然从小就喜欢这个年轻人，这些年对他也刻意栽培，而且诸葛恪在平息山越与曹魏交战中立下不少战功，显示出一定才干，但孙权认为诸葛恪有刚愎自用的毛病，心中犹豫。孙峻上书孙权，认为诸葛恪足以辅国，朝中官员没有人能比得上他的才干，力保诸葛恪。孙峻是孙权晚年最信任的本家子弟，他的话还是有相当分量的，孙权于是下了决心，征诸葛恪回建业。

在病床前，孙权向诸葛恪托孤，在场的还有中书令孙弘、太常卿滕胤、将军吕据、侍中孙峻等人，滕胤是孙权堂弟孙奂的女婿，原任会稽郡太守，不久前被孙权召回担任太常卿，吕据是吕范之子，目前担任荡寇将军。孙权对诸葛恪等人说："我病得不轻，恐怕不能跟你们再相见了，国事就托付给你们了。"诸葛恪流着泪，对孙权说："我和众大臣身受陛下大恩，当不惜献出生命以执行您的诏令，希望陛下安定心情，减少忧虑，不要把身外之事挂在心上。"

孙权于是升诸葛恪为太子太傅，朝廷的日常工作由诸葛恪主持，只有杀人的大事需要事先禀报。孙权还升孙弘为太子少傅，仍兼任中书令；升孙峻为武卫将军，掌管禁军；升吕据为太子右都督，负责军事。这样就形成了以诸葛恪为首，以孙弘、滕胤、吕据、孙峻为辅的辅政班子，这种结构想必是孙权精心设计的。刘备托孤于诸葛亮，曹丕托孤于曹真、曹休、司马懿、陈群，曹叡托孤于曹爽、司马懿，在孙权看来都不成功，托孤给一个人，容易形成权臣，帝王反成傀儡；托孤给多人，不容易形成核心，大家互相设防，效率低下；托孤给两个人，就更不可取，不内斗都不由人。

孙权以诸葛恪为首辅，让他发挥才干，放手辅佐幼帝振兴孙吴，但又给他安排了一个助手团队，里面有宗室，有亲属，有近臣，也有老将后代，他们分别掌管军政事务和禁军，是助手也是监督者，诸葛恪如果有异心，无法一手遮天。诸葛恪上任后尽心尽力，对于国家法令中有不合时宜的都逐条列举向孙权禀报，孙权对他的意见均表示同意。

吴大帝太元二年（252）元旦，病榻上的孙权下诏，册立太子以外的其他几个儿子为王。孙权共有7个儿子，长子孙登、次子孙虑、四子孙霸已死，在世的除太子孙亮外还有三个，包括被废为庶人的孙和，他们都被封为王。孙和被废后一直过着提心吊胆的日子，突然接到诏令被封为南阳王，驻守在长沙；孙权的五子孙奋被封为齐王，驻守武昌；孙权的六子孙休被封为琅邪王，驻守虎林。孙权之所以这样安排，同样也是为巩固太子继位后的政权所考虑，孙权希望孙亮执政后有三个哥哥在外为依托，皇位坐得更稳当。

然而，有人对孙权确定的辅政方案有不同想法，这个人是潘皇后，她刚当上皇后没几天，野心就异常膨胀，潘皇后派人找到朝廷中书令孙弘，向他询问吕后称制的情况。汉高祖刘邦死后皇后吕雉之子刘盈继位，政权实际上由吕后掌管，刘盈后来死了，吕后干脆临朝称制，成为事实上的皇帝，分封吕氏子弟为王侯，掌管军权，又任命亲信审食其为丞相，掌握朝政。

按照潘皇后的想法她的儿子一旦登上天子之位，就不劳诸葛恪等人辅政了，她可以包办。可是潘皇后没成为第二个吕后，在侍奉孙权期间由于过度劳累，她病倒了，宫人们趁其昏睡，一起动手把她缢杀，之后假称是被恶鬼所害。看来潘皇后的人缘差到了极点，就连身边的人都这么厌恶她，只是纸里包不住火，这件事还是泄露了，导致有六七个人被杀。

到了这一年的二月，孙权再次下诏改年号为神凤。孙权病情加重，众人多次请王表为孙权请福，王表承受不住巨大的压力，找个机会溜了。

四月二十六日，孙权驾崩，享年71岁。在不到两年时间里，司马懿、孙权先后去世。陈寿评价孙权是勾践那样的奇才，是一代英豪，他继承父兄的事业，独据江南，与魏、蜀形成三足鼎立之势，成就了一番大业。但也指出孙权性格好犯忌，喜杀戮，到了晚年，这些缺点更加明显。裴松之则认为孙权废弃毫无过失的太子，为国家大乱埋下了祸根。

孙权死后太子孙亮继位，由于他中途被废，死后没有皇帝的庙号，也是一位"少帝"，史书用他被废后的爵位称其为会稽王。孙亮继位后改年号为建兴，谥父亲孙权为大皇帝，史书称吴大帝。建业附近有座钟山，因孙权祖父名孙钟，为避讳改其名为蒋山，孙权的陵寝就在蒋山之下，称蒋陵。今天的具体位置在南京市东郊的钟山南麓，随葬的还有步夫人和潘皇后。

五、长夜里的反抗

孙权驾崩的消息传到北方，曹魏方面有不少人觉得机会来了。司马师此时已正式升任大将军，加侍中、持节，都督中外诸军事、录尚书事，全面掌握了军政大权，朝廷名义上还是曹魏的，其实已不姓曹了。

紧接着从孙吴方面又传来消息，说几位辅政大臣间发生了内讧。原来，少傅兼朝廷中书令孙弘与诸葛恪一向矛盾很深，孙弘担心诸葛恪全面掌权后对自己不利，就想先下手为强，他打算假传圣旨将诸葛恪诛杀。这位中书令看来是三国时期最疯狂的人之一，他刚刚用假传圣旨的办法杀了皇帝的女婿，又把张昭的儿子张休陷害致死，现在要用同样的办法解决首席托孤大臣。"战绩"如此辉煌，可惜史书对他着墨却不多，他姓孙，也不知是不是孙权的族人，作为孙权晚年接触最多、也最信任的人之一，是孙氏族人的可能性很大。但孙弘跟孙权的另一位族人孙峻似乎关系也不好，孙峻提前知道了孙弘的密谋，暗中通知了诸葛恪，诸葛恪邀请孙弘过来议事，孙弘不知有危险，就去了，结果被当场斩杀。

这些消息陆续传到曹魏这边，不少人认为这正是灭吴的绝好机会，征南大将军王昶、征东将军胡遵、镇南将军毌丘俭等人纷纷上表请求征吴，他们分别负责曹魏的中线战场和东线战场，"四征将军"高于"四镇将军"，所以从名号上区分的话，王昶相当于中线战场总指挥，毌丘俭相当于中线战场副总指挥，而胡遵相当于东线战场总指挥，他们都提出了具体的作战计划，但内容各不相同。至于如何不同，史书没有详细说明，司马师把这三份作战计划交给尚书傅嘏看，让他发表意见，傅嘏看完后写了一份很长的奏疏谈自己的看法。

傅嘏的奏疏首先简要总结了这三份作战计划的不同：一个主张采取水路强攻的办法征吴，之后不断扩大占领区，利用占领区征集粮食，作长期战争的准备；一个主张多路出击，齐头并进，从四个方向对敌人发起进攻，之后发起间谍战、诱降战，等待其内部瓦解；一个主张在自己这边先搞大规模屯田，抓住机会从各个方面向前逐步推进，最后一举突破。傅嘏认为，这三份作战计划都是讨贼的常用办法，相对来说最后一种最好，更加稳妥。但他的意见没被采纳，司马师最终采纳的是在"四路进军"基础上的修改方案，具体如下：由王昶率部攻打南郡，由毌丘俭率部攻打武昌，由胡遵和东线战场镇东将军诸葛诞率部攻打东兴，三路大军中以东兴这一路为主攻。

嘉平四年（252）十一月，司马师下达了作战命令，各部分头行动。司马师让司马昭以安东将军的身份担任征吴各军的总监军。孙吴方面在诸葛恪的指挥下分头予以应对，诸葛恪判断出魏军的主攻方向，亲自率四万大军驰援东兴。东兴距长江要塞濡须口不远，更靠近建业，位于今安徽省含山县境内。在曹操时代，由合肥南征江东，主战场通常在濡须口，孙吴加强东兴要塞的防备后，双方交战的地点前移至东兴。东兴在长江的北岸，位于一处高峻险要的地方，胡遵、诸葛诞以及监军司马昭率七万人马来攻，诸葛恪派老将丁奉率吕据、留赞、唐咨等部为先头部队前去救援。时间紧迫，丁奉亲率一支3000人的快速机动部队突进，时值寒冬，刮着北风，漫天飘雪，经过急行军后丁奉率部到达东兴，占据了要地徐塘。

魏军在胡遵等人的率领下也到达了这里，由于天气恶劣，没有马上发起进攻，在侦察敌情时丁奉发现魏军前锋部队人马并不多，为了取暖有些魏军将领还聚在一起喝酒，经验丰富的丁奉意识到机会来了，他对手下说："想要封侯的，就在今天了！"丁奉命士兵脱下铠甲，扔掉长矛大戟，只戴着头盔，拿着刀和盾牌轻装爬上堤堰，之后击鼓呐喊，趁魏军没有防备发起了全面进击。激战中，吕据等后续部队也先后赶到，魏军惊恐万状，四散逃命，归途中要过一处浮桥，因为

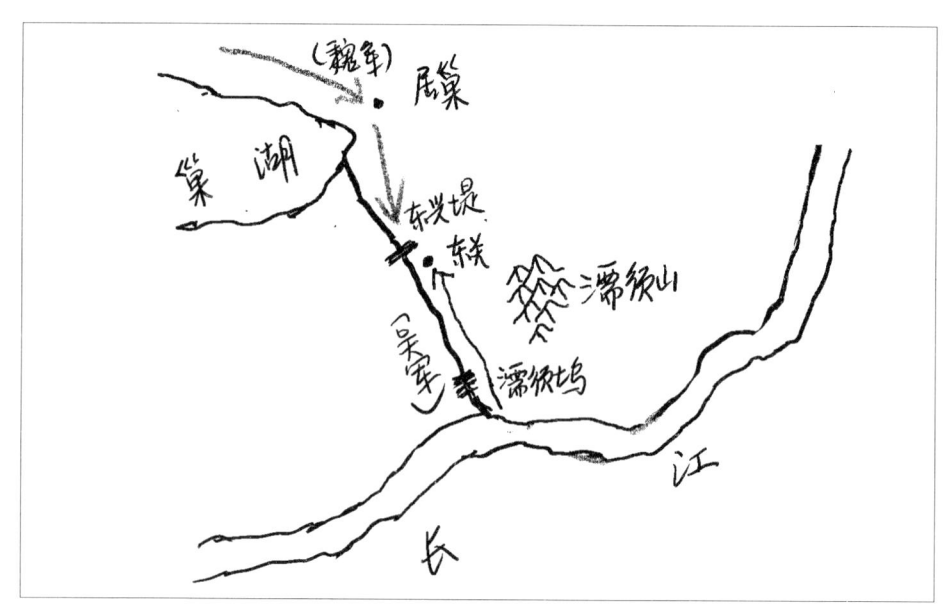

东兴之战示意图

争抢通过，结果浮桥断裂，很多魏军将士掉入水中，魏军前部督韩综、乐安郡太守桓嘉等高级官员也落了水，死者数万人。这位韩综不是一般人，他是孙吴老将韩当的儿子，也曾是一名吴将，后来叛逃，经常危害孙吴，孙权生前曾咬牙切齿发誓要捉拿他，吴军找到韩综的尸体，诸葛恪命人割下他的首级送往建业的太庙，祭祀吴大帝。吴军缴获的车辆、牛马、骡驴等难以计数，各种战利品堆积如山。

另外两路魏军本来只是配合作战，目的是牵制中线战场的敌人，听说主战场已经失利，王昶、毌丘俭下令烧毁各自营地撤退，此次三路大军出击孙吴的作战计划因东兴溃退而全面失败。司马师刚刚全面执掌军权就遇到这次大败，不好追究众将领的责任，只是处罚了弟弟司马昭，将其爵位削除。而此战为诸葛恪大大地长了脸，孙亮下诏晋封他为阳都侯，负责全国的军事（督中外诸军事），还兼任荆、扬两州的州牧。

司马氏兄弟全面掌权似乎开局不利，有人认为司马师、司马昭的水平看来不过如此，所以有了想法。有这种想法的首先是李丰，此人不简单，他也是曹魏的"高干子弟"，他的父亲李义曾任曹魏的卫尉，史书上说李丰善于识人、善于品评人物，社会活动能力很强，备受瞩目，魏明帝时有孙吴降人来投，魏明帝亲自召来问话，询问一些江东的事，魏明帝问在江东那边曹魏什么人知名度最高，降人回答说是"安国"，安国正是李丰的表字。

曹爽执政时期李丰任皇太后永宁太仆，曹爽软禁了郭太后，李丰是具体操办者，按说，曹爽失败后，他会受到诛杀，但李丰和他的弟弟李翼很会来事，能八面玲珑，游走于各方势力之间，李丰的儿子李韬还娶了魏明帝的女儿齐长公主，当时京中有几句顺口溜说他们："曹爽之势热如汤，太傅父子冷如浆，李丰兄弟如游光。"

曹爽集团失败后，李丰到尚书台任职，担任尚书仆射，司马孚是他的顶头上司，日子不太好过。李丰经常请病假，而且一请就是好长时间，当时制度规定，官员连续请病假满百日将解职，李丰总是在快满百日时回到尚书台上几天班，然后再请病假。李丰利用他长袖善舞的特长跟司马师尽量拉近关系，司马师后来要选一个中书台的中书令，有人推荐李丰，司马师同意了。

或许因为对未来心里没底，或许因为跟曹氏是姻亲且怀有感情，所以李丰暗下决心要推翻司马氏，主意打定，李丰就开始秘密联络志同道合者，他首先想到的是夏侯玄。夏侯玄的情况还不如李丰，他虽然侥幸逃过一劫，但从此郁郁不得志，而且整天过着提心吊胆的日子。司马懿死的时候，许允对夏侯玄说："看来你今后不用再这么忧虑了。"许允字士宗，高平陵政变时与陈泰一起在曹爽和司马懿之间传过话，因此后来受到重用，担任了中领军，掌管着禁军，听了他的话，夏侯玄叹道："士宗，你难道看不到吗？此人尚能以通家年少看待我，而子元、子上不容我呀！"夏侯玄的所谓"此人"是指司马懿，子元、子上是司马师和司马昭的字。后来，李丰告诉夏侯玄，如果行动成功就推举他来执政，夏侯玄动心了。

李丰联络的人还有光禄大夫张缉、黄门监苏铄、永宁署令乐敦、冗从仆射刘宝贤等人，其中张缉是曹魏旧臣、凉州刺史张既的儿子，他还是少帝曹芳的岳父，现在的张皇后就是他的女儿。李丰的弟弟李翼此时任兖州刺史，李丰等人打算让李翼找个借口带兵来洛阳，双方内外相合，一举将司马师、司马昭兄弟诛杀，之后推举夏侯玄为大将军、张缉为骠骑将军，共同辅政。

李翼于是向朝廷提出相关请求，找的理由不知为何，但这样的事朝廷通常也不会随便乱批，李翼被拒绝。李丰不死心，又想利用百官入朝参拜贵人的机会在某处密藏心腹，等司马师经过时将其诛杀。

这种套路似乎眼熟，吕布诛杀董卓就是这么干的，论势力董卓比司马师可大多了，不一样灰飞烟灭？所以李丰有理由相信他会一举成功，但他的运气不如吕布好，还没等动手秘密就被泄露出去，司马师在震惊之余更十分愤慨，他对李丰相当不错，把他当成朋友，司马师自认为没有亏待朋友。

司马师立即下令发兵去捉拿李丰，舍人王羕建议："李丰如果不知道事情已败露，他就会来，只有知道事情已败露了他才会挟众自卫，派这么多人去还不如让我先去会会他。"司马师命王羕带上车辆去请李丰，李丰见状就明白了一切，惊惧之下，只得随王羕去见司马师。司马师见到李丰后大声指责他，越骂越气愤，李丰知道必有一死，反而硬气起来。看李丰到这时候了还没有求饶的架势，司马师怒不可遏，抄起旁边武士身上的刀对着李丰就拦腰砍去，李丰被诛杀。

这起发生在少帝嘉平六年（254）二月的未遂政变，就以李丰的被杀而提前结束了。司马师命人把李丰的尸体连夜送到廷尉处，廷尉钟毓表示不能接收，原因是李丰没有经过审判，还不是犯人，司马师无奈，去请来了诏书，钟毓才勉强收下。

少帝曹芳此时已经22岁了，听说李丰死了，他急了，追问李丰是怎么死的，在宫里大吵大闹，司马师听后头痛不已，他后悔没有好好去审审李丰，本来曹芳与此事脱不了干系，现在反而让他抓住了把柄。司马师只好请永宁宫帮助，由郭太后出面才平息了曹芳的愤怒。郭太后虽不是曹芳的母亲，但她是魏明帝的皇后，曹芳是魏明帝的养子，郭太后在名义上是曹芳的长辈。随后夏侯玄、张缉、李翼、苏铄、乐敦、刘宝贤等参与政变的人全部被抓了起来，夷灭三族。

六、选叔父还是侄子

事情虽然过去了，但司马师仍耿耿于怀。如果要追查此次事变的后台，少帝曹芳显然跑不了，但现在却没办法直接去责问他了。不久，有人报告说许允在此次政变中的表现很可疑，同时许允跟少帝之间似乎也很亲近。有人反映，李丰等人被抓后许允曾想马上来见司马师，但不知为何，出门之后又有些犹豫，于是又回家去取衣服，一来二去最后还是没有来，不过估计他是来为李丰等人求情的。还有人反映，许允跟少帝来往很多，二人经常在一起谈话，由于没有其他人在场，所以不知道他们都谈了些什么。

司马师警觉起来，看来禁军再交给许允指挥已经不合适了，恰在这时镇北将军刘静去世，司马师让许允转任该职，论品秩是升了，但论重要性显然大为降低，为打消许允的顾虑，司马师还专门找他谈了一次话："镇北将军平时虽然事情不多，但也镇守一方，足下去上任，可谓震华鼓、建朱节，又能在家乡做官，岂不是锦衣昼行的美事！"许允出生于河间国高阳县，属北部战区的辖区，衣锦还乡倒也值得庆贺，许允的心情好了很多，还把司马师的话告知了一些同僚。许允将要赴任，少帝曹芳提出要专门为他举行一次聚会来送行，席间少帝跟许允非常亲近，分别时还流下了眼泪。

这一切让司马师更加狐疑起来，就在这时西部战场传来军情，蜀汉的姜维又一次出兵攻打陇右，为增加长安的兵力，司马师决定调安东将军司马昭率部驰援，司马昭当时驻守在许昌，路过洛阳时将在平乐观举行一次阅兵行动，少帝亲自主持，朝中重要官员都参加。

许允这时还没走，他突然发现这是个好机会，于是又秘密见到少帝，建议在司马昭前来辞行时把他杀了，之后将其部众收归少帝指挥，据此击退司马师。这个计划看来更不靠谱，不过许允担任禁军统领，想必手下也有一些心腹，把各方面力量联合起来倒也有发起突然一击的可能性，所以少帝同意了。

少帝命人立即书写诏书，正写着有人通报说司马昭来了，少帝没有任何准备，赶紧命人叫来优人进行表演，他自己一边吃着栗子一边看演出，因为司马昭的提前出现，少帝恐慌，诏书最后没能送达许允的手中。

许允还想再等等，有人催他赶快去上任，他只得动身。他刚一离开洛阳，有关部门就举报他有经济犯罪行为，于是许允被追回加以逮捕，经过廷尉的审讯许允先被判处死刑，后减刑为流放边地乐浪郡，妻子和儿女不得同行，但是许允没有到达乐浪郡，在半路上就莫名其妙地死了。许允有两个儿子，分别叫许奇和许猛，许允在流放的路上被杀的消息传来，门生想把这两个孩子藏起来，许允的妻子阮氏不让，她镇定地说，这不关孩子们的事。

过了一段时间果然没事，阮氏就带着孩子们移居到许允的墓前，司马师派钟会去察看，如果许允的儿子们才德超过他们的父亲，就把他们抓起来。许允的儿子也猜出了大概，就与母亲商量，母亲对他们说："你们虽然很优秀，但才能器识比你们的父亲还有差距，跟钟会交谈时，想怎么说就怎么说，不会有问题。另外要注意的是，不要过度悲哀，钟会不说你们就不提，对于朝中的事，可以多少问一些。"许奇和许猛照着母亲说的做了，钟会回去复命，把见面的细节都报告了司马师，结果免于一祸。

李丰、夏侯玄等人被杀，司马师原以为少帝曹芳会冷静下来，抛弃那些不切实际的幻想，好好与他们兄弟合作，哪怕做个像汉献帝那样的帝王呢，双方也可相安无事。但许允这件事让司马师感到失望，司马师觉得少帝很难停下他的冒险行为，指不定后面还会弄出什么事来，看来必须痛下决心，对这个问题来个彻底解决。

少帝嘉平六年（254）九月十九日，司马师以郭太后的名义召集百官，突然向大家宣布，当今天子荒淫无度，裹近倡优，不可以承天绪，建议将其废黜，收回皇帝的玺绶，仍为齐王，归藩于封地，同时另立彭城王曹据为新皇帝。群臣听得目瞪口呆，简直不敢相信这是真的，但也不敢反对。司马师说："既然大家都不反对，那就一致通过。"司马师让郭太后的叔父、宣德将军郭芝到永宁宫报告情况，请郭太后颁发谕旨，并索要皇帝的玺绶。郭芝到了永宁宫，发现少帝曹芳也在那里，正在与郭太后说话，郭芝直截了当地对曹芳说："大将军要废陛下，立彭城王曹据。"

曹芳早有思想准备，听完也不作声，走了。但这件事郭太后显然事先并不知情，或者不完全知情，少帝走后郭太后一脸不高兴。郭芝劝侄女说："大将军主意已定，应该顺着他的意思，咱们不要多说什么。"郭太后仍一脸不痛快，对郭芝说："我要马上见到大将军，有话跟他讲！"郭芝以为侄女真要去给曹芳求情，继续劝她："还是算了，赶紧把皇帝的玺绶拿来吧。"许允事件后皇帝的玺绶被收了起来，交由太后保管，郭芝一再催促，郭太后只得让人取来皇帝的玺绶，但没有马上颁布谕旨。郭芝拿着玺绶先回去复命，司马师让人到库房里把齐王的印绶找出来交给曹芳，让他马上搬出去，仍去当他的齐王。

曹芳搬出了洛阳，当时曹氏的王公都集中在邺县居住，但曹芳的身份毕竟特殊，没去邺县，但也没有到封地齐国，而是去了河内郡，此地距洛阳不远，便于监督，司马师让人在河内郡营建了一处齐王宫，按照诸侯王的礼制让曹芳在这里居住。晋朝建国时曹芳仍在世，曹氏王公相应降低了封爵，他被降为邵陵县公，于西晋泰始十年（274）去世，时年43岁。

郭太后还是去见了司马师，她确实有很要紧的话要说："听说大将军要立彭城王，可彭城王曹据按辈分是我的叔父，他要当了皇上，我往哪里摆？"是啊，太后通常是皇帝的母亲一辈，现在却成了皇帝的侄女，这个关系够乱的，司马师这才发现自己确实考虑得有些不周，郭太后一直是自己坚定的政治同盟，有着不可替代的作用，就拿这次废立来说，有没有郭太后的谕旨效果完全不同。司马师赶紧问："那么，太后认为谁最合适呢？"郭太后的心里早有了人选，对司马师说："高贵乡公曹髦是魏文帝的长孙，明帝弟弟的儿子，他最合适。"曹髦字彦士，魏文帝曹丕之子东海定王曹霖的儿子，此时14岁，按照曹魏的封爵制度，皇帝的儿子初封为亲王，之后嫡长子世袭，而庶子降格再封，亲王的庶子就封为公爵，再往下封侯爵，再下封伯爵，曹髦被封为高贵乡公，封地在兖州刺史部东郡的东武阳，他的父亲曹霖已于少帝嘉平元年（249）去世。

司马师对新人选没有意见，但有一个问题："曹髦毕竟只是小宗，入继大统是否合适？"按照嫡长子继承制，嫡长子一支称为大宗，拥有无可非议的继承权，庶子一支称为小宗，不是在特殊情况下一般都没有继承权，曹霖不是曹丕的嫡长子，曹髦也不是曹霖的嫡长子，在继承权上就大打折扣了，在这一点上似乎不如曹据更有优势，司马师说的就是这个意思，但郭太后并不这么认为："礼法上说，可以让小宗过继给大宗，尊大宗的父母为父母，成为大宗的后嗣，可见小宗仍有入继大统的义务，请大将军务必再议！"

郭太后的说法倒也有一定道理，曹芳既已被废，那么现在讨论继承的就是继魏明帝的大统，魏明帝如果有嫡长子，皇帝就应该是嫡长子的；没有嫡长子就是其他儿子的；没有亲生儿子，有养子也行。但魏明帝的三个亲生儿子都早早地死了，有过两个养子，一个就是曹芳，另一个是曹询，而曹询也在十多年前就死了，魏明帝已绝嗣，那么从他晚辈中再过继一个继承大统是符合礼制的，从辈分上说曹髦是魏明帝的侄子，而曹据是魏明帝的叔父，显然曹髦更合适。

在司马师看来选谁其实都差不多，而郭太后的态度却很重要，于是司马师把郭太后的意见再交群臣讨论，众人当然也说不出什么来，于是就这么定了。司马师命太常卿王肃持节去迎接曹髦，曹髦不在封地高贵乡，他和其他曹氏宗亲一起被集中在邺县居住，王肃到了邺县，将这位毫无思想准备的14岁少年接到洛阳。

这一年的十月四日，曹髦抵达洛阳，进城前先在洛阳以北的玄武馆住了一晚。次日曹髦进洛阳城，文武百官在宫城的西掖门前集体参拜，曹髦下车答拜，有人提醒说天子不必答拜，可曹髦说："我现在仍是臣属，而非天子。"答拜完毕，继续行进至止车门，曹髦命令停车，要步行入宫，有人劝阻说按照制度天子可乘车进宫，曹髦仍然反对："我只是接到太后的征召，并不知道来做什么呀！"听到这些话，人们无不佩服，小小年纪脑子却这么清楚、这么有章法，不知是幸还是不幸。车驾来到太极殿东堂，郭太后亲自在此等候，她本不用来，但不来又不放心，曹髦是她的侄子，小时候见过，她要亲自看一看马上要当皇帝的人是不是曹髦。见了面，确认无误，郭太后才放了心。

七、第二次淮南之叛

嘉平六年（254）十月五日，曹髦在洛阳太极殿登基。曹髦后来也中途被废，没有庙号，史书仍以少帝相称，或称其为高贵乡公。少帝曹髦继位后宣布大赦天下，改年号为正元。授予大将军司马师入朝不趋、奏事不名、剑履上殿的特权。少帝曹髦还授予司马师假黄钺，在天子的各类授权中有假节、持节、使持节、假节钺、假黄钺的不同。其具体内容有所区别。比如："假节"平时无权处置人，只有在战时可斩杀犯军令的人；"持节"平时可杀无官位的人，战时可斩杀二千石以下的官员；"使持节"平时和战时都可以斩杀二千石以下的官员；"假节钺"或"假黄钺"则如同天子本人亲临，就假节、持节、使持节的人都可以斩杀。

少帝曹髦还下诏评定此次废立定策之功，对有功人员一律封爵、增邑、晋位，众人皆大欢喜。但也有人高兴不起来，有个负责执法监察的官员，看到司马氏当权后曹氏一再被欺凌，心里很激愤，对父亲说："大人您负有为国家独当一面的重大责任，现在皇帝被废黜，您跟没事的人一样，恐怕要受到天下人的指责啊！"

说这个话的人名叫毌丘甸，他的父亲就是镇东将军毌丘俭，目前负责整个东线战场，毌丘甸应该在洛阳，毌丘俭应该在寿春，他们二人的这段话应该是通过书信传递的。毌丘俭听完儿子的话深以为然，一方面他是曹魏的忠臣，从他父亲开始就受到曹魏的重用，他本人更得益于魏明帝的破格提拔，在曹氏与司马氏之间他当然更倾向于前者；另一方面司马氏掌权后他的日子表面依旧风光，但面前已经危机四伏了，司马氏把他归为曹魏余党，对他并不信任，他与曹爽、夏侯玄、李丰等人的关系都很好，而这些人被司马氏父子一一铲除，毌丘俭知道自己就是下一个。

一年前，在毌丘俭指挥下东线战场曾取得一场大捷，击退了孙吴方面发起的一次大规模进攻，严重挫败了孙吴的气焰，毌丘俭和扬州刺史文钦立下了大功，但司马氏兄弟事后毫无表示。这是一次很重要的战役，发生在上一年的五月，孙吴方面在诸葛恪亲自指挥下,又一次大张旗鼓地向曹魏发起了进攻,挟之前东兴之战的余威,诸葛恪此次志得意满,抱着必胜之心而来。吴军很快进军到合肥,把合肥新城围了起来,而在西线战场,蜀汉的姜维也同时出击,此时费祎已死,姜维可以放开手脚行动,他集合数万人马从石营出击,包围了曹魏在陇右地区的重要据点狄道。司马师本想命太尉司马孚率20万人马去救援合肥,听说姜维同时在陇右出兵,感到有些紧张,便命令毌丘俭在东线战场加紧防守,而把主要兵力投放到了西线。

吴军主力围攻合肥新城,时间长达两个多月,诸葛恪务求将合肥新城攻下,所以动用了各种攻城的办法进行猛攻,城里的守军则拼命死守,让吴军始终无法破城。时间一久,吴军也有些承受不住,将士疲惫,军营里又流行起疾病,有一半士卒患了病,值日官向诸葛恪报告,诸葛恪认为是谎报军情,要斩值日官。将军朱异与诸葛恪见解不同,诸葛恪大怒,将其撤职,逐回建业。有个叫蔡林的都尉提出一些不同意见,诸葛恪大为反感,蔡林恐惧,临阵投降了魏军。

诸葛恪有些疯狂了,因为他太想取得眼前的大胜,他认为双方都已经到了极限,就看谁能坚持到最后,坚持和撤退是两个完全不同的结果,再坚持一下,把合肥新城拿下,那将是一件了不起的成就,吴大帝孙权生前多次兵临合肥城下,但从未将其攻克,如果他诸葛恪全面指挥攻击合肥就能将其拿下,那将是多么风光的事!而如果退兵,等于宣布这是一场败仗,那些政敌又该有话说了,所以诸葛恪死都不肯退。

一直到了七月,吴军这边士气越来越低落,士卒死的死、伤的伤、病的病,随处可见有士卒在道路上匍匐呻吟,这个仗实在没法打了,诸葛恪这才下令撤退,此战让诸葛恪在孙吴的威望大跌,不少人对他由崇敬变为怨恨。诸葛恪主政以来刚愎自用,对待下属一向苛刻,让不少人产生了怨言,共同辅政的武卫将军孙峻对诸葛恪把持大权也很有意见,看到他声望跌落,于是密谋将其铲除。

孙峻以少帝孙亮的名义召诸葛恪入宫饮宴,并亲自去迎请,诸葛恪虽然有疑心但还是去了,结果在宴会上当场被诛杀。诸葛恪的儿子诸葛竦、诸葛建以及弟弟奋威将军诸葛融等全部被杀。凡与诸葛恪有关系的人都受到了株连,其中还包括前太子孙和。孙和刚被改封为王,好日子还没过几天就传来诏书,将其削去爵位,放逐到新都,原因是他的妃子张氏是诸葛恪的外甥女。孙和只得前往新都,但随后又来了使者,说有人揭发他与诸葛恪密谋,要在武昌建都,诸葛恪推举他为帝，孙和只得自杀。

少帝孙亮任命孙峻为太尉，滕胤为司徒，不久孙峻授意心腹纷纷上疏少帝孙亮，推举孙峻为丞相，兼任大将军。孙吴因为这场合肥之战而元气大伤，孙峻虽然得权，但名望不足，揽权又过于急切，所以权力根基并不稳固，孙吴还将陷入新的内乱之中，对外已基本丧失了攻击的力量。

毌丘俭和文钦在此次合肥之战中立下了大功，在没有强力后援的情况下不仅挫败了敌人的进攻，而且挫伤了对方的国运，扭转了东线战场的形势，按理应该得到奖赏，但事情过去之后，朝廷并无任何反应，反而有一些不利于文钦的消息传来，说他有意虚报俘获的数量，用以邀功请赏，这让文钦很不忿。文钦是曹操当年手下部将文稷之子，祖籍沛国谯县，与曹氏同籍，因为他骁勇威猛、数有战功，在曹爽掌权时深得器重，与毌丘俭一样他也是一个"拥曹派"。类似的遭遇，相同的处境，让毌丘俭和文钦不知不觉地走在了一起，他们决定共同起兵反抗司马氏。

少帝曹髦正元二年（255）正月，吴、楚地界出现了一颗耀眼的彗星，有数十丈长，从吴、楚向西北方的中原地区划去，毌丘俭和文钦认为这是祥兆，是上天要他们起兵的暗示，于是联合在寿春起兵，他们假称得到郭太后的密诏，要他们讨伐司马师。为增加声势，他们还联络了镇南将军诸葛诞，诸葛诞考虑再三，还是把他们派去的人斩了，与他们划清界限。

毌丘俭和文钦集中起来的人马有五六万，渡过淮河后向西攻击，前锋到达项县，河南尹王肃向司马师建议说："之前关羽曾在汉水俘虏了于禁，所以有了北上夺取天下的大志，后来孙权发动突然袭击，俘虏了关羽手下将士们的家属，关羽的大军因此土崩瓦解，毌丘俭、文钦手下不少将士的父母、妻子都在内地，必须紧急行动，一边出兵拦截叛军，一边保护好叛军将士的家属，这样一来叛军就会发生关羽式的失败。"按照当时的制度，镇守边地的将士，家眷都要留在内地，不仅毌丘俭和文钦这样的高级将领，就是一些中下级武官也有家属在内地居住，王肃说的确实是个要害。

王肃以及在中书台任中书侍郎的钟会、在尚书台任尚书的傅嘏等人都劝司马师亲征，但司马师此时正遭受着一场痛苦，他的眼睛里生了瘤子，大夫刚刚给他动过外科手术，伤口还很严重，所以有些犹豫，傅嘏对他说："淮南将士一向战斗力很强，毌丘俭和文钦正是依靠他们才长驱直入，现在他们已到达项县，如果前方稍有差池，敌人就会势如破竹，我们连翻盘的机会都没有，瞬时就将全盘皆输。"司马师听了这话，惊出一身冷汗："就是躺在车子里，我也要去！"司马师让司马昭为中领军，留守洛阳，自己亲征淮南，征召附近州郡的兵马在陈国、许昌一带会师，任命荆州刺史王基代理监军之职，统率已集结于许昌的各路兵马。之后，司马师、王基率魏军主力由许昌过石梁河，占领了重要据点南顿，淮南叛军将领史招、李续先后投降，毌丘俭和文钦还想夺回南顿，但觉得希望渺茫，于是又撤回项县。

在两军相持阶段，司马师先后接到了两个报告。一个报告是从长安传来的，曹魏征西将军郭淮病故，幸好在这个方向父亲司马懿早有准备，陈泰、邓艾都已成长起来，前不久邓艾已调回内地担任兖州刺史，司马师便以少帝曹髦的名义升陈泰为征西将军，假节，全面负责雍州、凉州的军事。另一个报告是，毌丘俭、文钦起兵后孙吴方面也有了行动，孙峻命孙吴的骠骑将军朱据、左将军留赞等率兵袭击曹魏东线战场的大本营寿春，司马师急调豫州、青州、徐州、兖州各地人马，一方面向项县附近集结，准备对叛军发起总攻；另一方面做好防守寿春的准备。

各路大军陆续集结到位，司马师命镇南将军诸葛诞统率豫州的人马从安风向寿春方向的吴军发起攻击，命征东将军胡遵率青州、徐州的人马由谯县、睢阳之间向前攻击叛军，切断其退路，防止叛军四处逃散。司马师率中军进屯汝阳，毌丘俭、文钦此时已无计可施，要进攻，敌人拒不应战；要退走，又怕败退之际被敌人攻击，于是停在项县不能动弹。时间一长，军心涣散，借太后诏书发兵本是假的，秘密慢慢地也无法保住，士卒开始大量逃亡。仓促之下，毌丘俭、文钦向兖州方面求救，兖州刺史邓艾是司马氏坚定的追随者，怎么会和他们同谋？邓艾杀了叛军派来的使臣，率所部进抵乐嘉城，参与围攻战。

虽然形势对叛军极为不利，但叛军也不甘于束手就擒。文钦与毌丘俭分兵，在项县之外寻找战机。文钦有个儿子叫文鸯，只有18岁，但勇力过人，他亲自率领一支突袭队，趁夜杀入司马师的大营，让司马师受惊不小，刚动过手术的那只眼伤口突然崩裂，眼珠子都崩了出来，为了不影响士气，司马师强忍剧痛，用牙咬住被子，把被子都咬破了。最后终因寡不敌众，文鸯冲杀了一阵，只得撤走。

魏军前来追击，文鸯大怒，仅率十余骑又返身杀回，深入敌阵，风驰电掣，摧枯拉朽，无人可挡，魏军只得停止追击。过了一阵，魏将司马班率8000精锐骑兵再追，文鸯毫不惧怕，再次杀回，瞬间斩敌100多人。赵云在长坂坡面对百万

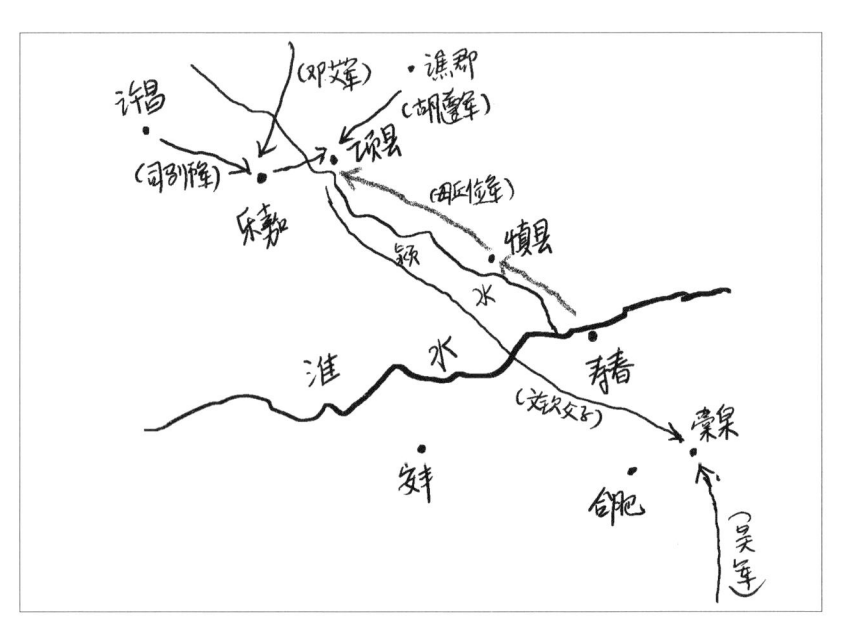

第二次淮南之叛示意图

曹军杀了个"七进七出",不过这只是小说虚构出来的,史书没有相关记载。文鸯面对数千敌军毫不畏惧,单枪匹马杀入敌阵,冲出来又杀了回去,史书上说"如是者六七",是与"七进七出"最相仿的记载。但是,文鸯再勇猛也改变不了战场上的总体格局,文钦只好向项县撤退,去与毌丘俭会合,谁知道此时毌丘俭已从项县撤出了,文钦无奈,又想回寿春,但听说寿春已被诸葛诞占领,走投无路之际文钦投降了孙吴,被孙吴任命为镇北大将军,假节、封为谯侯,同时兼任幽州牧。

毌丘俭就没有这么好的运气,他从项县出来,之后向北方逃去,他在幽州当过刺史,跟北方少数部族首领很熟,想逃到那里,但路上左右亲随越来越少,到达安风渡口时被地方武装阻击,毌丘俭被一个叫张属的人击斩,首级被送往洛阳,朝廷封张属为侯爵。声势浩大的毌丘俭、文钦之叛就这样失败了,这是继王凌之后在淮南地区发生的第二次大规模叛乱,被称为第二次淮南之叛。

八、第三次淮南之叛

毌丘俭、文钦之叛没能重创司马氏的权力体系,却重创了司马师本人,在文鸯发起的那次突袭中司马师的眼伤复发，伤势还挺重，本来他想去寿春，亲眼看一看这个四年前刚刚发生过叛乱的地方为何又发生了叛乱，但由于伤势严重，还是放弃了。司马师赶回洛阳，走到许昌时觉得伤情进一步加重，只好不走了，让人去通知弟弟司马昭，要他来许昌。司马昭得到消息大吃一惊，星夜赶来。见到弟弟后，司马师当即宣布辞去大将军一职，交由弟弟担任，之后让司马昭马上返回洛阳，不得耽误，司马昭还未动身，司马师的病情又突然恶化了。

少帝曹髦正元二年（255）正月二十八，司马师病死于许昌，终年47岁。消息传到洛阳，少帝曹髦素服吊唁，发布诏书，认为司马师有济世宁国之勋、克定祸乱之功，应该加以殊礼，让公卿们商议。有大臣建议按照当年霍光死后所礼遇，应追拜司马师为大司马，增邑五万户，谥号为武公。少帝曹髦同意，诏书送达许昌，司马昭却上表辞让："臣亡父不敢受丞相、相国以及九命之礼，亡兄不敢受相国之位，这是因为丞相是太祖武皇帝生前担任过的职务。当年萧何、张良、霍光都有匡佐之功，萧何的谥号是文终，张良的谥号是文成，霍光的谥号是宣成，如果非要以文武作为谥号的话，请按照萧何等人的标准赐予就行。"少帝曹髦诏准，颁给司马师的谥号为忠武。

但是少帝突然又下了另一份诏书，说南方不断发生叛乱，局势仍不稳定，让司马昭就地在许昌驻守，不必返回洛阳了。诏书在送达司马昭之前先要经过傅嘏之手，他是朝廷尚书台的尚书，本次又随司马师出征，参与机要。傅嘏觉得事关重大，如果按诏书执行，洛阳的局势就有失控的危险；如果不执行诏书，又有违命的嫌疑。傅嘏找钟会商量，钟会也随军出征，他名义上是中书台的中书侍郎，实际是司马师的高级参谋，他建议先不要以司马昭的名义回复，而以傅嘏的名义给少帝曹髦上一份奏章，阐明司马昭回师洛阳的重要性，奏章发出的同时司马昭只管率军回师。

钟会的意思是，司马昭干脆装着不知道有这份诏书，将来说起违诏来那也是傅嘏的错，顶多让傅嘏替司马昭背一次黑锅。司马昭认为钟会的这个主意不错，依计而行。大军行至洛阳近郊，少帝曹髦的诏书又来了，正式拜司马昭为大将军，都督中外诸军事并录尚书事，对于前一份诏书则只字不提了。你不提我也不提，表面上大家仍相安无事。

少帝曹髦正元三年（256）五月，邺县以及上谷等地都报告发现了甘露，即一种凝结在树叶上的甘甜液体，在古人看来这是吉祥之兆。六月初一，少帝曹髦下诏改元为甘露。八月，曹髦再加司马昭为大都督，这是曹魏没有过的一个职务，同时授予其奏事不名的特权，假黄钺。任命司马孚为太傅，司马孚原来的太尉一职由高柔接任，高柔原来的司徒一职由司空郑冲接任，擢升朝廷尚书左仆射卢毓为司空。郑冲字文和，是一名儒学家，出身寒微，有姿貌和声望，司马氏父子对他很看重，其实要的是一个招牌，郑冲并不过问政治。高柔、卢毓之前都有过介绍，他们是司马氏的坚定支持者，除了他们，邓艾、钟会、石苞、胡奋、傅嘏、傅玄、钟毓、贾充等近年来也迅速崛起，他们都追随着司马氏，曹魏时代的一批风云人物渐渐成了故人和旧人。

司马昭盘点了一下地方上的要员，其他地方他都比较放心，唯有东部战区征东大将军诸葛诞让他放心不下。诸葛诞当年也是"浮华党"的重要一员，跟夏侯玄、何晏、邓飏等人交往深厚，如今负责着整个东线战场，司马昭对这个人感到心里没底。但诸葛诞在毌丘俭、文钦谋反事件中立场坚定，率先带兵进入寿春，为平叛立下大功，之后又组织人马反击孙吴方面的进攻，还击斩了孙吴左将军留赞，没有确凿的证据，不好轻易动他。

司马昭把这个顾虑说给了自己的大将军长史贾充听，贾充是曹魏重臣贾逵之子，贾逵是有名的"拥曹派"，贾充还娶了"拥曹派"李丰的女儿，按理内心也应该站在曹氏一边，但他却成了坚定的"反曹派"，处处维护司马氏的利益。

李丰等人谋反事件发生后贾充本应受到株连，但在司马师的庇护下他轻松过关了。贾充的妻子李婉才貌双全，父亲李丰因罪被诛后李婉被流放到乐浪郡，贾充马上与她划清界限，另娶了郭淮的侄女郭槐。李婉后来遇大赦，贾充的母亲柳氏重节义，让贾充前往迎接，贾充害怕郭槐不敢去，只得另找一处房子让李婉居住，郭槐听到风声，每次贾充出门都派人盯梢。贾充就是一个投机分子，他给司马昭出了个主意，建议派人去诸葛诞那里借视察的名义试探一下反应，并自告奋勇前往，司马昭同意。

贾充以大将军长史的身份去了寿春，处理完公事，贾充提出私下里与诸葛诞密谈，谈话中，贾充直奔主题："现在洛阳朝野上下都在谈论，希望皇帝陛下把大位禅让给大将军，不知明公以为如何？"诸葛诞一听勃然大怒，对贾充说："听说你是贾逵的儿子，你们父子世受国恩，怎出此言？这事我坚决反对，如果洛阳再发生政变，我诸葛诞愿以命相报！"贾充回来把诸葛诞的话报告给司马昭，还报告说此次寿春之行，听说诸葛诞变卖财产，赈济施舍，又赦免了不少不该赦免的人，目的都是收买人心，同时还训练了数千人的侠义之士为贴身卫队，形迹十分可疑。司马昭于是决定解决诸葛诞，他以少帝曹髦的名义下诏改任诸葛诞为司空，解除其兵权，即刻来洛阳上任，诸葛诞接到诏书后大惊。

少帝曹髦甘露二年（257）四月，诸葛诞在寿春起兵。诸葛诞分析了王凌、毌丘俭和文钦这两次起事失败的原因，认为没有与孙吴密切配合是最重要的一方面，为此他派自己的长史吴纲去孙吴，表示自己愿意称臣，为了让孙吴方面放心，他还让吴纲专门带上儿子诸葛靓，意思是愿意留在孙吴做人质。

孙吴方面这两年发生了惊天动地的变化。文钦投降后，主持孙吴国政的孙峻一度想利用文钦发起新的军事行动，他让吕据、刘纂、朱异、唐咨等高级将领制订计划，让他们与文钦一起由江都北上进入淮河地区，去攻击曹魏的徐州、青州。孙峻在建业的石头城亲自为众将饯行，但大军还未出发，孙峻突然得了重病，仓促间把后事托付给堂弟孙綝后就死了，少帝孙亮拜孙綝为武卫将军，负责全国的军事指挥，这次军事行动只得中途停止。孙綝之前不过是个偏将军，资历很浅，根本镇不住局面，老将吕据首先不服，联络一些朝臣和将领共同上疏少帝孙亮，推荐司徒滕胤任丞相，主持朝政。孙綝则发起反击，任命滕胤为大司马，让他接替刚刚故去的老将吕岱的职务镇守武昌。

吕据大怒，联络滕胤要联合罢黜孙綝，孙綝则命堂兄孙宪率部北上，在江都拦截吕据所部，同时以少帝孙亮的名义命令文钦、刘纂、唐咨等人讨伐吕据、滕胤。经过一场乱战，滕胤兵败被杀，吕据看到大势已去只得自杀，少帝孙亮拜孙綝为大将军。孙吴的夏口督孙壹是孙坚弟弟孙静之孙，他有两个妹妹分别嫁给了滕胤和吕据，孙綝对他自然不放心，密令朱异率军夺取夏口，用武力解决孙壹，孙壹不敌，率一部人马投降了曹魏，被曹魏任命为车骑将军，同时遥领交州牧。

孙綝刚刚掌权就接到诸葛诞愿意称臣的报告，大喜，命将军全怿、全端、唐咨、王祚等率三万人马与文钦一起北上接应诸葛诞，少帝孙亮任命诸葛诞为孙吴的大司徒、骠骑将军，同时遥领青州牧，封寿春侯。

司马昭亲率大军前来平叛，为防止少帝曹髦趁机异动，司马昭专门把他以及郭太后都带上随征。六月五日，司马昭率魏军主力到达项县，各路平乱大军陆续来此集结，总兵力达到26万人。诸葛诞怀疑新任扬州刺史乐綝是司马昭派来监视他的，于是把乐綝杀了，整合各路人马以及淮南各郡县的部队共10多万人，诸葛诞担心这些人马还不够，又在控制区内紧急招兵，很快又得到四五万人。这样算下来，双方兵力再加上孙吴的人马，参加此战的各方人马总数达到了45万人左右。盘点一下汉末三国的几次著名战役，官渡之战曹军直接投入的兵力有三万多人，袁军12万人；赤壁之战曹军直接投入的有八万人左右，孙刘联军约五万人；夷陵之战蜀军直接投入的兵力约八万人，吴军约五万人。以上这几场著名战役，双方投入的总兵力合计约43万人，尚不及此次诸葛诞起兵及平叛之战。这次叛乱仍以淮南地区为主，被称为第三次淮南之叛。

司马昭让王基行镇东将军，会同安东将军陈骞包围寿春，包围圈尚未形成，孙吴方面的援军也到了，吴军的一部趁乱从东北方向冲入城中，在寿春城不远的安丰，吴军另有一部驻扎在那里，与寿春形成呼应。王基向司马昭建议先不要猛攻，只需将寿春城围困起来，时间长了里面自乱，司马昭同意。王基于是命人深挖壕沟，坚守营垒，不轻易攻城，时间一长，城里的人果然急了。

文钦本来是救援的，结果一冲动就跟全怿等人冲进了城，现在被围，赶紧组织人马发起反攻，试图冲开包围圈，但无法成功。孙綝见状，亲率吴军主力前来增援，前锋推进到镬里，此地在今巢湖以东，孙綝督令朱异、丁奉、黎斐等将领率部前去寿春解围。朱异进军速度最快，所部抵达黎浆，司马昭派石苞、州泰迎击，务必阻止敌人的增援。为加快行进的速度，朱异命部下抛弃了辎重，因为没有重型装备，无法突破敌人的阻击线，只得退往孙綝的大营，他们连给养都没带，一路上靠摘食树叶果腹，狼狈不堪，但到达大营后，孙綝大怒，让他们立即返回去驰援寿春，朱异认为将士们已极度疲乏，无法执行命令，孙綝恼了，把朱异当场诛杀。

但随后孙綝又下达了一个奇怪的命令：将吴军主力撤回江东。寿春城里的诸葛诞以及文钦、全怿还在盼着援军的到来，司马昭让人散布谣言说孙吴大军即将杀到，寿春之围很快将解除，城里的人误以为真，对粮草也就不加控制了。寿春城池坚固，破攻是很困难的，能守多长时间其实取决于城里有多少粮食。

又守了一段时间，仍未见到援军，诸葛诞等人明白上当了，但已经晚了，粮草消耗得差不多了，城里的将领们一部分人主张继续固守待援，一部分人则主张主动出击，以求绝处逢生，文钦和孙吴派来的援军属于前者，文钦对诸葛诞说："我们以及孙吴将士的家属都在江东，即使孙綝不打算来救，皇上和孙吴将士的

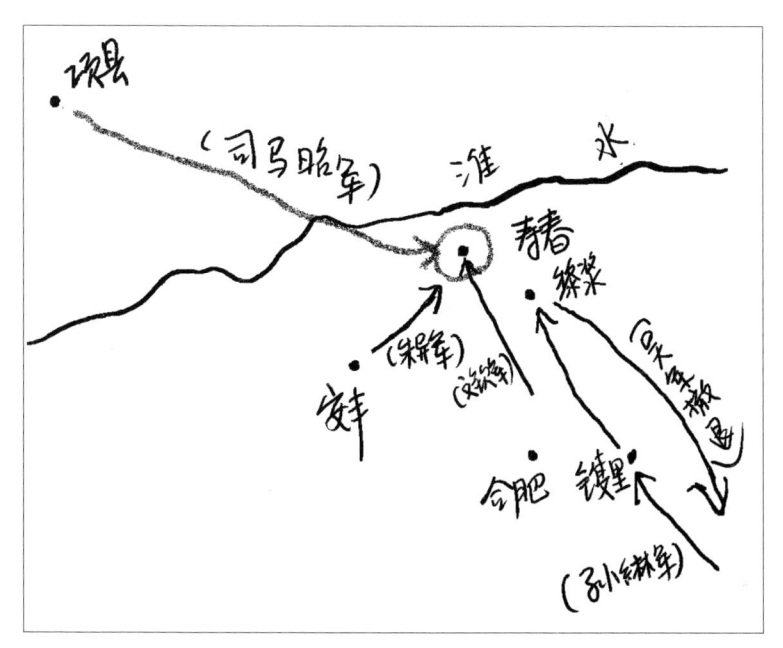

第三次淮南之叛示意图

这些家属岂能愿意？所以援军到达是迟早的事，为何要冒险？"但诸葛诞的部下都主张突围，双方吵得很凶，诸葛诞倾向于文钦的看法，但他劝服不了那些主张突围的人，为控制局面，诸葛诞打算把主张突围的部将杀了，消息走漏，一部分将领翻越城墙出了城，向魏军投降。

又守了几个月，寿春城仍然未被攻破，钟会建议使用离间计，最后吴将全怿率本族数千人打开城门投降了魏军，司马昭以少帝曹髦的名义任命全怿为平东将军，寿春城里深受震动，士气大损。情势越发紧迫，但文钦和诸葛诞却发生了矛盾，诸葛诞一怒之下把文钦杀了，文钦的儿子文鸯和文虎拼死突出城去，也投降了魏军，司马昭上书保举文鸯和文虎为将军，让人往城里喊话，说就连文鸯和文虎这样的人投降后都既往不咎，还拜了将军，你们还害怕什么？经过这番攻心战后，魏军再次发起猛攻。少帝曹髦甘露三年（258）二月二十日寿春城被攻破，诸葛诞在突围时被杀。

第二十一章 三国归晋

一、司马昭之心

从王凌到毌丘俭、文钦，再到诸葛诞，淮南先后三叛，都可以看作是曹氏与司马氏之争的延续，随着曹芳被废和诸葛诞的失败，"曹马之争"已经进入尾声。但这并不意味着斗争再也没有波澜了，少帝曹髦成为这场斗争的新主角，与前任曹芳不同，曹髦是个精力旺盛、十分活跃的年轻人，他经常把那些有学问的大臣集中起来，跟他们谈论经典、评价前代得失，这些大臣惊讶地发现，曹髦的学问和见解与他的年龄极不相称，曹髦跟他们这些素以饱学著称的人在一起谈论丝毫不怯场。

曹髦经常在太极殿东堂宴请侍中荀顗、尚书崔赞、袁亮、钟毓，中书令虞松等人，曹髦和他们边吃边聊，有一次他们聊到了前代帝王的优劣，曹髦对荀顗等人说："夏在位时已呈衰败之象，相在位时被人杀害，只有少康聚集夏的遗老遗少，光复禹的功绩，另外还有高祖皇帝，他拔起于陇亩，驱帅称豪，消灭了秦王和项羽，包举宇内。少康和高祖皇帝才略不同，但都是举世大贤，按照他们的功德，谁该排在前面呢？"

荀顗等人认为高祖皇帝刘邦更优："天下的镇国重器是由上天授予王者的，圣贤的美德应该顺应时机，这样才能接受天命去创立基业。具体到承接前代功业方面，创造和因袭在难易程度上是不同的，少康功德虽然美好，但仍然只是中兴之君，可和汉世祖相提并论，但与高祖皇帝还是有些差距。"荀顗等人说的汉世祖，指的是汉光武帝刘秀，他开创了一个王朝，之所以把他也称为中兴之君，是因为在汉末三国时期通常认为刘秀开创的后汉只是前汉的延续。但曹髦更推崇少康，对刘邦则不以为然："自古以来的帝王，论功绩、德业、言论、行为各有优劣短长，所谓创业之君未必都优秀，继任者也未必都低劣。商汤、周武王、高祖皇帝虽然都受命于天，但贤圣也有不同，我认为他们之间还是有一定悬殊的。少康出生于国家灭亡之后，自己的身份已降低为奴隶，只能四处逃难，但最终复兴了大禹的功业，没有极大的德行和极广的仁义怎能建立这样的功勋？"

曹髦推崇的这位少康是夏朝的第六位国君，他的父亲相被敌人杀死，他成了遗腹子，然而凭借个人的魅力，他后来争取到许多部族的支持，也得到夏人遗民的拥护，最后以弱胜强，战胜了仇敌，重振了夏朝，历史上称为"少康中兴"。曹髦认为，与少康相比刘邦真的算不了什么："汉高祖趁秦朝瓦解之势，倚仗权术和武力成就了功业，但在很多方面都违反了圣人的法度。作为儿子，多次让父亲身处危险之中；作为君主，将贤明的属臣囚禁；作为父亲，不能保护好自己的儿子。汉高祖去世后国家几至灭亡，如果他跟少康互换一下所处的时代和境遇，也许他无法复兴大禹的功业。所以，应该以少康为上而汉高祖为下，各位爱卿还可以再讨论。"

这场讨论一直持续到次日，荀𫖮、袁亮等人认为曹髦所说有道理，确实少康更优秀，但崔赞、钟毓、虞松等人仍坚持汉高祖更胜一筹，曹髦最后进行了总结："说少康凭借已有的本钱创业而汉高祖白手起家，事实并非如此。各位不知道，在上古三代凭借仁德勋业成事是很难的，而在秦朝末年凭借武力成就功业则相对容易。况且最上等是立德，其次才是立功，汉高祖功劳虽高，但比不上少康的大德。诛杀暴君肯定得动用武力，少康在武功方面一定不如汉高祖吗？我看未必，只是夏代古书散佚，少康的丰功伟绩缺失无载罢了，如果三坟五典都能留传下来，少康的事迹也都有详细的记载，难道还会再有异议吗？"

经这么一说，大家都心服口服。曹髦却很谦虚，又对大家说："我的知识面还不够开阔，听到的、看到的还很有限，只是喜欢发发议论罢了，还远没有领悟其中的精髓。"在皇宫里切磋学问还不够，曹髦还跑到太学，与当代的那些大儒探讨《周易》《尚书》《礼记》，这都是最难懂的古书，曹髦与专家学者们讨论起来却头头是道，学者们都惊呼自己已经远远赶不上皇帝陛下的才学了。

大家的反应可能会有些夸张，一个高中生再有天赋也无法一下子盖过博导，但高中生能掺和到博导们的讨论中，就已经不同凡响了。从曹髦褒少康、贬刘邦的观点里隐约可以看出他的一些政治抱负来，少康所遇到的挫折岂不正是曹魏目前的困境？曹髦也许是想借少康中兴来激励自己。至于刘邦，在曹髦看来有的也只是权术和智谋，德行实在不配盛名，这是不是又在暗讽司马氏父子？这些露骨的谈论自然会很快报告到司马昭那里，面对这个思想活跃、精力旺盛又天赋极高的年轻人，司马昭困惑了。

还有一次，曹髦与中护军司马望、侍中王沈、散骑常侍裴秀以及钟会等人又在太极殿东堂讲宴，一边吃喝一边议论学问，俨然一个小沙龙。曹髦丝毫没有当傀儡的压抑和紧张，反而很高兴也很随兴，喝得兴起，他把裴秀称为儒林丈人，把王沈称为文籍先生。曹髦很喜欢司马望，他是司马孚的次子，参加过多次战斗，立有军功，担任中护军的重要职务，平时比较忙，曹髦经常想把司马望叫来说话，干脆赐给他一部追锋车及五名虎贲士，一有聚会就让司马望乘追锋车飞驰而来。司马望似乎对曹髦也很有好感，二人很能谈得来，但司马望脑子还算清醒，知道跟曹髦过分接近很危险，这时陈泰由西线战场调回洛阳担任朝廷尚书右仆射，司马望主动要求出任征西将军，负责西线战场的指挥。

又有一次，曹髦到辟雍①与群臣赋诗，曹髦出题让大家赛诗，看谁写得又好又快，侍中和逌、尚书陈骞写得有点慢，没在规定时间里写完。事后，负责纪律的官员上奏，称他们对天子不敬，建议将二人免职，曹髦在奏折上批复道："我爱好诗赋，目的是从中知得失，没有其他东西，所以要原谅和逌和陈骞。从今往后群臣都应当玩习古义、修明经典，这才符合我的想法。"

看着这个年轻人，司马昭越来越后悔，真不该立他为帝。有一次参加完朝会，司马昭悄悄地问钟会："你觉得当今皇帝如何？"钟会并没有多想，脱口而出说："当今皇上论文采可比陈思王，论武功可追武皇帝！"在那个时代，人们普遍认为陈思王曹植的文采和武皇帝曹操的武功是两座无法逾越的高峰，眼前这位少年天子如果兼而有之，那将多么可怕啊？司马昭心情烦闷，只想骂娘，但说出来的却是："如果像你说的这样，真是社稷之福哇！"权臣与傀儡之间也可以较好地相处，至少也能处成曹操和汉献帝那样，但司马昭不是曹操，曹髦也做不了汉献帝。与父亲和哥哥的行事风格都不同，司马昭做事更喜欢直截了当。

甘露三年（258）五月，司马昭授意心腹大臣上奏，要求给司马昭晋封公爵，曹髦无奈，只得封司马昭为晋公，参照当年曹操封魏公时的做法，用八个郡作为司马昭的食邑，同时拜其为相国，加九锡。

对司马昭的步步紧逼曹髦既反感又无奈，又忍了两年，到甘露五年（260），曹髦实在没法再忍了，就找来几个"心腹"商议对策，包括侍中王沈、尚书王经、散骑常侍王业等，都是一些经常在一块儿谈论学问的人，曹髦觉得跟他们能"谈得来"。把这几个人秘密地召集在一起，曹髦说的第一句话是："司马昭之心，路人所知也！"这句话大概在曹髦心里已憋了很久，所以一说出来就足以振聋发聩，并在后世成了千古名言。说完这句话，曹髦又接着对大家说："他迟早要把我废掉，我不能坐以待毙，我想与众卿讨伐他！"这几个文人估计都吓傻了。王经劝道："当年鲁昭公不能忍受季氏专权，讨伐失败而出走，最终丢掉了国家，被天

---

① 辟雍：古代的一种学宫。

下人耻笑。如今大权在司马昭之手已经掌握了很久，朝廷之内以及四方之臣都为他效命，这也不是一天两天了，而宫中宿卫空缺，兵力弱小，陛下凭借什么讨伐他？您要这样做，不是想除去疾病却反而让病害得更厉害吗？祸患难测，愿陛下好好想想。"

曹髦已无法再忍，他猛然从怀里掏出一块玉版摔到地上，怒吼道："我意已定，即使一死又有何惧，何况也不一定会死！"曹髦不仅要干，而且还要先禀报太后，看来确实是气糊涂了。还没等他去找太后，却发现王沈和王业已经溜了，曹髦知道他们大概是向司马昭告密去了。曹髦豁出去了，带着身边的几百个人连喊带叫地冲了出去，这些人大概是一些宦官、随从甚至宫女，领头的有冗从仆射李昭、黄门从官焦伯等，能一下子拉出来几百人，说明曹髦还真不是吃素的。这时下起了雨，更让此举增添了悲壮的气氛。

司马昭即使已得到了王沈和王业的报告，也来不及专门去部署了，首先与曹髦一行照面的是司马昭的弟弟司马伷，他任屯骑校尉，并不统领禁军，大概有什么事刚好路过东止车门，无意撞上"天子造反"，司马伷不知道该如何应对，曹髦一顿呵斥，居然把司马伷以及他带着的人都训跑了。

曹髦率领队伍继续前行，他们的目标大概是司马昭的相国府，走到南阙下，遇到贾充带着人前来阻挡，司马望外任后，中护军一职由贾充担任，他有守卫京城的职责。曹髦当然认得贾充，他对此人大概最无好感，也不搭理，挥着剑就往前冲，见谁砍谁。众人不知如何是好，纷纷后退，贾充把一个叫成济的头目叫过来，对他说："司马氏如果失败了，还有你等吗？何不出击？"成济立即指挥手下往上冲，曹髦厉声喝道："把武器放下！"虽是快死的人了，但仍是天子，一句话，有人居然就把武器扔到了地上。成济急了，向前猛刺，曹髦应声而倒，当场殒命。

太傅司马孚闻讯赶来，见曹髦已倒在血泊之中，司马孚跑过去大哭。司马昭听到消息也吃了一惊，手里正拿着的东西都掉到了地上，他脱口而出说："天下人该怎么议论我？"司马昭赶紧召集众位大臣商议，大家面面相觑，朝廷尚书右仆射陈泰建议："只能斩贾充，以谢天下。"司马昭沉吟半晌，下不了决心。最后司马昭上报郭太后，把所有罪责都推到成济身上，郭太后同意，将成济斩首，夷三族。

为做好善后工作，郭太后还颁发了一份诏书，历数曹髦的罪状，捏造了曹髦用弩射自己、买通左右给自己下毒等骇人听闻的情节，算是为曹髦被弑降降温。之后，以亲王的礼制把曹髦安葬在洛阳西北的瀍涧。

二、姜维坚持北伐

曹髦死了，还得再选个新皇帝。选来选去，最后选中了只有15岁的曹璜，他是燕王曹宇的儿子、曹操的孙子，论起来与魏明帝曹叡是平辈，对郭太后应该叫声嫂子，但郭太后这一次没有阻拦。曹宇被封亲王，他还在世，他的儿子只能降格封为公爵，曹璜的爵位是常道乡公，常道乡位于幽州刺史部渤海郡的安次县，今属河北省廊坊市，在当时是较为偏远的地方，之所以封得这么偏远，是因为曹璜出生于少帝曹芳正始七年（246），离高平陵之变没有几年，曹氏已经衰微，能有个爵位已经不错了。

曹璜的父亲曹宇的封地也在幽州刺史部，之前说过，魏明帝曹叡临终前曾考虑拜曹宇为大将军，要托孤给他，后来临时改变主意才托孤给曹爽和司马懿。高平陵之变后曹氏宗亲集中在邺县居住，曹宇、曹璜父子都到了邺县。

甘露五年（260）五月八日，司马昭派儿子司马炎去邺县迎接曹璜，司马炎是司马昭的长子，司马师虽然有五个女儿，却没有一个儿子，所以司马炎其实也是司马懿的长孙，他目前已经24岁了，司马望卸任中护军后他继任该职。六月初一，曹璜被接到洛阳城外，郭太后下诏将他的名字改为曹奂。关于改名的原因，史书没做进一步说明，有人认为这是郭太后给曹璜的一个下马威，为的是让他知道连自己的名字他其实都不能做主，所以得始终记得自己是谁，还有人说"璜"与"皇"同音，郭太后内心里并不想承认曹璜是皇帝，而"奂"与"换"同音，预示着将来有一天还要把曹璜的这个皇位换掉。

这样的说法实在过于牵强了，郭太后是以诏书的形式为曹璜改名的，要公诸天下，即使她的心里真有那么一些"小九九"，也不好直接说出来吧，为曹璜更名一定有更充分的理由。推测起来可能还是与避讳有关，古人很讲究避讳，第一类是避国讳，范围涉及全国，避的是皇帝本人及其父祖的名讳；第二类是避家讳，范围主要在本家族之内，避的是父祖的名讳；第三类是避内讳，范围在本家庭内，避的是母祖的名讳。曹璜的名字似乎与第一、第二类都没有关系，但第三类就不一定了。如果曹璜一直是曹宇的儿子，问题当然不会出现，因为在给他起名字的时候肯定已经考虑了以上种种情况，但如果曹璜在法律上的继承关系发生了变化，比如他成为其他人的子嗣，那就得考虑第三类避讳了。与曹髦一样，曹璜也是一个小宗，他要继承大位，必须事先过继给大宗，至于是谁，这一点史书没有记载，有人说过继给了魏明帝曹叡，但他们是平辈，于伦理不符，只能过继给魏文帝曹丕。但无论过继给谁都要重新考虑内讳的问题，郭太后下诏为曹璜更名，应当是这个原因。

六月初二，曹奂进入洛阳，首先拜见了郭太后，之后前往太极殿，就在那里继了帝位，由于他和他的前两任一样最后都没有得到庙号，所以史书称其为少帝或常道乡公。少帝曹奂继位后即宣布大赦天下，改年号为景元。当月，少帝曹奂下诏增两个郡为晋公司马昭的食邑，连同之前的八个郡，司马昭的封地已增至10个郡，成为曹魏的"国中之国"。少帝曹奂还下诏，加司马昭九锡，赐钱千万，帛万匹，所有司马氏子弟中还没有封爵的一律封为亭侯。相较于曹芳和曹髦时期，司马氏的政治基础此时更加牢固，无论朝堂之上还是各州郡，"亲曹派"的势力都基本被清除，四处遍布着司马氏的心腹，曹奂这个皇帝更加傀儡化。

近一段时间，孙吴忙于内斗，曹魏忙于皇位更替和夺权，它们的主要精力都被本国的内部事务所吸引。在蜀汉方面，姜维则始终牢记诸葛亮的遗志，一直矢志于北伐。姜维前后主持的北伐，次数比诸葛亮还要多：第一次，蜀汉后主延熙元年（238），姜维和蒋琬兵出陇右，在南安郡与魏军相持不下；第二次，延熙七年（244），曹爽征汉中，姜维和费祎出兵兴势，与王平一起大败曹爽，这个之前已经讲过；第三次，延熙十年（247），姜维兵出陇西，与魏将郭淮、夏侯霸战于洮西；第四次，延熙十二年（249），姜维再出陇西，以廖化为先锋，与曹魏多名将领在陇西展开会战，双方互有胜负；第五次，延熙十三年（250），姜维以羌人和胡人为辅助，与魏将郭淮战于洮西，双方打成平手；第六次，延熙十六年（253），姜维出兵包围南安，粮尽而退；第七次，延熙十七年（254），姜维出兵陇西的狄道，斩魏将徐质；第八次，延熙十八年（255），姜维率夏侯霸等兵出狄道，在洮西大破魏将王经，后魏将陈泰派兵前来解围；第九次，延熙十九年（256），姜维再次出兵陇西，蜀将胡济进兵迟缓，蜀军被魏将邓艾击破于段谷；第十次，延熙二十年（257），曹魏发生诸葛诞之叛，姜维趁机出兵秦川，魏军坚守不战，至次年蜀兵撤退；第十一次，蜀汉后主景耀五年（262），姜维出兵与魏将邓艾战于侯和，蜀军为邓艾所破，撤往沓中。

一直到曹魏少帝曹奂继位之初，姜维先后主持过的北伐就有11次之多，具体战绩是：大胜两次，小胜三次，相拒不克四次，小败一次，大败一次。仅从战绩看似乎胜多败少，但这说明不了什么问题，因为曹魏在西线战场向来坚持防御作战的原则，能拖就拖、能避就避，不求一城一地得失，更看中大局，这个办法虽然使魏军打了更多的败仗，却以较小的代价维持住了西线战场的总体格局，盘点下来，蜀汉在西线战场并没有太多的实质性进展。魏军两次打败姜维，负责具体指挥的都是邓艾，曹魏征西将军司马望后来被调回洛阳，改任卫将军，邓艾便升任为征西将军，成为曹魏西线战场的负责人。

蜀汉频繁用兵，极大地消耗了财力和国力，最后到了兵困民疲的程度，各种反对用兵的声音也多了起来，姜维面对的压力越来越大。同时，蜀汉内部的情况更让姜维烦心，费祎、董允先后去世，陈祗以侍中的身份兼任朝廷尚书令，成为处理内政的主要负责人，他对姜维北伐还是比较支持的，但相对于蒋琬、费祎和董允，他却有一个致命的缺点：结交宦官。

蜀汉后期宦官逐渐得势，代表人物是黄皓，他善于阿谀献媚，处心积虑地一心往上爬，被后主刘禅所宠信。董允生前担任朝廷尚书令，还能约束黄皓，董允经常劝谏刘禅远离黄皓，对黄皓也常常加以责备，黄皓畏惧董允，尚不敢过分胡来，到董允死时黄皓担任黄门丞，算是宦官中的中级职务。

董允死后黄皓失去了约束，陈祗作为董允的继任者，不仅不能抑制黄皓，还有意跟他结交，黄皓很快升至中常侍，又兼任奉车都尉，成为宦官的首领。黄皓的手越伸越长，开始干预朝政。后主景耀元年（258），陈祗病逝，黄皓进一步把持了朝政，大肆培植自己的势力，打击那些不肯顺从自己的人。后主的弟弟刘永一向看不惯黄皓，黄皓不断在后主面前诋毁刘永，后主对刘永逐渐疏远，以至于刘永竟有十多年不能见到刘禅，刘永尚且如此，其他不顺从黄皓的人会落个什么结果，可想而知。黄皓还插手军队，永安都督阎宇巴结讨好黄皓，黄皓提拔他当上右将军，用以牵制姜维。

景耀五年（262），姜维奏请后主刘禅，要将黄皓处死，但刘禅不同意，对姜维说黄皓只不过是个小人物，不必太在意。刘禅还让黄皓向姜维谢罪，当然这只是装装样子罢了。姜维见黄皓在朝中枝连叶附，上面又有后主的庇护，不仅感到忧虑，甚至有些恐惧，他奏请后主，自己愿常驻沓中，该地是位于岷山、迭山中的一处小型盆地，在今甘肃省舟曲县境内，在陇西郡、天水郡的正南方，距成都十分遥远。不用兵时姜维就在沓中屯田种麦，很长时间都不敢再回成都。

三、蜀汉灭亡

打败仗不可怕，就怕瞎折腾。孙吴经过一番折腾，实力大损；蜀汉经过一番折腾，国势渐衰。相比较而言，曹魏虽然也折腾过，但人家底子厚，抗打击能力强，恢复得也快。司马昭全面掌权后，一方面巩固权力基础，消灭政治对手；另一方面继续扩充军力，积极准备统一之战。

蜀汉和孙吴两个对手得一个一个地来，先灭哪一个呢？司马昭经过认真考虑，认为应该先灭亡蜀汉，少帝曹奂景元四年（263）夏天，司马昭召集群臣，对大家说："自从寿春平叛以来已经六年没有战事了，这几年我们集中精力制造兵器、修缮盔甲，准备对付吴蜀二虏。如果灭吴的话，我大致计算过，造战船、开水道总共得用去1000多万个工日，也就是说10万人得忙100多天才能完成。另外南方地势低下、气候潮湿，必然会遇到疾疫。所以应当先取蜀，灭蜀三年之后，借巴蜀可以顺流而下的有利地势，水陆并进去灭吴，就像历史上晋灭虞定虢、秦吞韩并魏那样，是很容易的。据报告蜀国有九万军队，驻守在成都及守备后方的大约四万，余下五万是机动部队。如今姜维被拖滞在沓中不能东顾，我们的大军可以直指骆谷，趁其空虚袭击汉中。"蜀军如果不采取这样的策略也不要紧，司马昭认为："蜀军如果各自据城守险，必然兵力分散，首尾不能相顾，我们就可以调集大军破其城池，派遣机动部队占据其村野，敌人虽有剑阁却无以为守，虽有雄关却无力自保，以刘禅的昏庸，在边城陷落、内部士民惊慌的情况下，蜀国的灭亡一定指日可待！"

司马昭伐蜀的决心已下，但征西将军邓艾对此有不同意见，他认为最好的出征时机是蜀国内部出现祸乱时，而目前看这个条件还没有到来，所以得等一等，为此他多次陈述了相关看法。但司马昭不想再等了，他做出了两项安排：一项安排是派自己身边的主簿师纂担任邓艾的军司马，之前介绍过军司马相当于武职的长史，等于让师纂这位大将军长史降格为征西长史，用意当然是传达和执行司马昭伐蜀的作战意图和方案；另一项安排是提拔钟会担任镇西将军，"四征将军"高于"四镇将军"，如果邓艾是征西将军的话，钟会就是镇西将军，其意图也是督促邓艾抓紧行动。邓艾只得执行司马昭的命令，积极筹备伐蜀事宜。

少帝曹奂景元四年（263）八月，征蜀大军集结完毕，开始行动。司马昭部署了三路大军：一路由征西将军邓艾指挥，从狄道进攻沓中的姜维，拖住姜维所率领的蜀军主力，让其不得东顾，这路人马约三万人；一路由雍州刺史诸葛绪率领，从祁山方向进攻武街的蜀军，目的是断绝姜维的退路，这路人马也在三万人左右；一路由镇西将军钟会指挥，分别从斜谷和骆谷进攻汉中，这路人马在10万人左右。从以上部署看，钟会这一路是主力，其他两路是配合作战。征蜀大军有一部分是从洛阳出发调往西线战场的，大军离开洛阳前有个叫邓敦的将领力谏不可伐蜀，司马昭大怒，下令将其斩了，为征蜀大军祭旗。

九月，邓艾率天水郡太守王颀等部攻打姜维的沓中大营，同时指挥陇西郡太守牵弘在一旁进行牵制，又让金城郡太守杨顾进攻甘松，多路出击，令姜维四处招架。

钟会率领的一路大军从秦岭栈道进兵，由于兵力充足，可以同时由褒斜道和傥骆道齐进，让蜀军更难防范。钟会命牙门将许仪在前面开路，自己率领大军紧随其后，在经过一座刚修好的桥梁时，钟会坐骑的马蹄陷入坑中，钟会大怒，下令将许仪斩首。许仪的父亲是已故名将许褚，钟会一翻脸谁都不认，魏军将士无不惊骇。钟会在军中资历有限，来西线战场也只有几个月时间，但许仪的一颗人头就为他树立起足够的权威。

进入关中平原后，钟会发现蜀军主动退至各个据点不出来交战，于是命魏将荀恺、李辅等各率一部人马包围了汉城、乐城等要点，自己西出阳安口，在路过定军山时，听说诸葛亮埋在这里，钟会特意派人前往祭拜，并下令军士不得在诸葛亮墓的附近牧马砍柴。姜维率领的蜀军主力在沓中无法抽身，看到汉中情况危急，于是指挥众军拼死回援，邓艾命王颀率部紧追，姜维率张翼、廖化等各军集结于剑阁，之所以没有向汉中驰援，是因为战事发展得太快，钟会已夺取了汉中。

十月，钟会由汉中挥师南下，到达剑阁。剑阁是蜀汉北部的第二道防线，剑阁如果丢失成都平原将无险可守，情势危急，后主刘禅赶紧向孙吴求救，孙吴派老将丁奉进攻曹魏的寿春，命将军留平、施绩进攻南郡，命将军丁封、孙异进攻沔中，也是三路出击，在曹魏的中线和东线两个战场同时发起进攻。司马昭对此早有预料，他命令这两个方向的魏军采取守势，只要顶住敌人的进攻就行，魏军仍倾尽全力在西线战场进行决战。剑阁地势险要，易守难攻，钟会一时无法得手。

邓艾这一路推进到了阴平道的北口，当年夏侯霸逃亡蜀国就走的是这条路，这条路可以避开剑阁进入成都平原，但其险峻程度超过了秦岭中的栈道，加上现在正值隆冬，要从阴平道进攻蜀汉有些不可思议。但邓艾决定冒险，他筛选精锐，要诸葛绪率本部人马前来会合，之后过阴平道，从江油进攻成都，但诸葛绪不同意，他认为从阴平道进攻蜀国不符合既定的作战计划，于是率领本部的三万人马向东行进，在白水与钟会合军，但钟会想独掌军权，他密告诸葛绪畏懦不进，司马昭以少帝曹奂的名义发来诏书，让钟会用囚车押诸葛绪回去受审，诸葛绪的人马就这样归了钟会指挥。

钟会继续率兵进攻剑阁，仍不能攻克，这时魏军后勤保障出了问题，粮食眼看就要吃完了，而粮道险远，补给困难，钟会提出撤军。邓艾不同意，他写信向司马昭建议说："敌人已经疲惫不堪，现在正应该乘势加强攻击。可以从阴平道进军，沿着山中小路经德阳亭奔赴涪城，这里距剑阁以西有百余里，距成都只有300多里，从这里可以派一支精悍的部队直接攻击敌人的心脏。到那时，姜维一定得引兵救援涪城，钟会正好乘虚而入；如果姜维死守剑阁而不救涪城，那么涪城兵力很少，按照兵法所说'攻其不备，出其不意'，一定能打败敌人！"

司马昭批准了邓艾的计划，于是邓艾率本部人马进入700里长的阴平道，一路上凿山通道、攀木缘崖，大军鱼贯而进，历尽了艰险，在最危险的地方，邓艾亲自裹着毯子从山上往下滚。邓艾的冒险取得了成功，蜀军压根儿没料到阴平道里会杀出一支奇兵，等邓艾所率人马出了阴平道直达江油关时，守关的蜀将马邈投降。

江油关失陷，下一个目标就是涪城，后主刘禅急令诸葛瞻率尚书张遵、尚书郎黄崇、羽林右部督李球等前往涪城阻击邓艾。诸葛瞻是诸葛亮的儿子，此时36岁，是蜀汉的卫将军，与辅国大将军董厥共同主持朝政，张遵是张飞的孙子，黄崇是黄权的儿子，李球是李恢的侄子。

诸葛瞻率部到达涪城后一直不敢向前，黄崇劝他迅速出击，抢占险要地势，不让敌人轻易进入平原地带，但诸葛瞻犹豫不决，担心分兵之后涪城更难防守。魏军在邓艾的率领下由江油关长驱直入，蜀军被打败，涪城丢失，诸葛瞻率蜀军主力退守到成都北部重镇绵竹。邓艾派使者给诸葛瞻送信诱降，表示如果诸葛瞻肯投降，可保举他为琅邪王，诸葛瞻大怒，斩了邓艾的使者，率军出战。

这一仗打得很激烈，邓艾派他的儿子邓忠从右翼包抄，派师纂从左翼包抄，结果二人均进攻不利，报告说敌人难以击破，邓艾一听急了，也不管是不是自己的儿子，下令斩杀二人："生死存亡在此一举，有什么不能攻克的！"二人只得再次出战，指挥所部人马拼死进攻，最终蜀军被击破，诸葛瞻、张遵等人战死，诸葛瞻的儿子诸葛尚也在军中，听说父亲战死，也冲入敌阵而死。

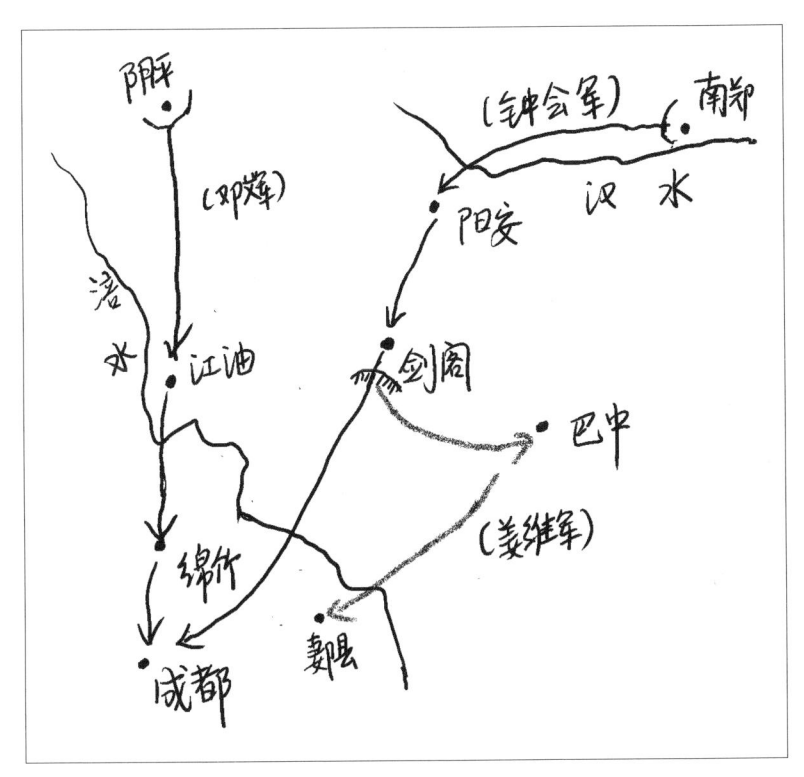

魏灭蜀之战示意图

成都城内一片惊慌，后主刘禅召集群臣商议，有人建议逃往孙吴，有人建议逃往南中，光禄大夫谯周等人建议投降曹魏，大家议来议去，最后大多数人赞成谯周的意见。但刘禅仍狐疑不决，他想逃往南方，谯周上疏说："南方是远夷之地，一向不愿意顺从，多次反叛，是诸葛丞相以兵威相逼，他们才愿意服从。以现在的情况，去了那里对外需要抵御强敌，对内朝廷需要大量供需，只能加倍地从夷人那里索取，到时候他们必然会反叛。"

刘禅默然无语，他承认谯周说得有理，不过也有人担心邓艾率领的魏军已经杀到跟前，他要是不愿意接受投降怎么办？谯周认为不会，他的理由是："现在对曹魏来说，除我们以外孙吴也未臣服，在这种情况下他们一定会接受投降，并且以礼相待。如果陛下降魏，魏不裂土以封陛下，谯周愿只身前往洛阳为陛下去争！"最后，刘禅派侍中张绍等人奉玺绶向邓艾请降，张绍一行走到雒县时遇到邓艾，邓艾大喜，当场表示接纳，刘禅另派太仆卿蒋显赴剑阁向姜维宣布敕书，要他就地向钟会投降。

邓艾随后到达成都城外，刘禅率领太子、诸王以及群臣等60多人绑住自己、抬着棺材出城拜见，邓艾手执魏帝颁发的符节，上前为刘禅解开绑绳，又令人焚烧了棺材，接受投降。邓艾宣布，承曹魏皇帝的旨意拜刘禅为行骠骑将军，刘禅的太子刘璿被任命为奉车都尉，刘禅的其他儿子被任命为驸马都尉，原蜀汉百官也各拜了新官职，同时任命师纂代理益州刺史，陇西郡太守牵弘等人任蜀中各郡的太守。至此，42年前由刘备一手创建的蜀汉政权灭亡了，根据刘禅投降时向邓艾所献的士民籍簿，蜀汉灭亡时的人口共28万户、94万口，甲士共10.2万人，官吏四万人。

正在剑阁与钟会对峙的姜维闻讯惊愕不已，此时益州诸郡县都收到了刘禅罢兵投降的敕书，姜维无奈，只得投降钟会。钟会见到姜维，故意问他："你为何来得这么晚哪？"姜维眼里含着泪水，但一脸正色："今天能来，已经算早的了！"钟会对姜维肃然起敬，不敢再予轻慢，他让姜维仍统率蜀军原有的人马。消息传到洛阳，朝野欢庆。曹奂下诏，命晋公司马昭以相国的身份总揽百官；拜邓艾为太尉，增加其封邑两万户，邓艾的两个儿子都被封为亭侯，各得封邑1000户；拜钟会为司徒，钟会原来只是个亭侯，直接晋封为县侯，食邑增至一万户。

三、掀起一场内斗

消灭了蜀汉，邓艾自认为功劳主要是他的。邓艾越来越自信和傲慢，与钟会的矛盾也越来越深。灭蜀后，邓艾一心筹划灭吴计划，但他不知道的是，钟会在背后搞起了各种小动作，要置他于死地。钟会修改了邓艾与司马昭之间的通信，把邓艾的上表也进行了修改，使人读起来觉得邓艾相当傲慢无礼，司马昭对邓艾产生了反感和戒心。

钟会向司马昭诬告说邓艾要谋反，司马昭以少帝曹奂的名义发来诏书，要钟会把邓艾抓起来送往洛阳审问，钟会此时还没有进入成都，他派卫瓘带人到成都收擒邓艾。卫瓘字伯玉，是曹魏名臣卫觊的儿子，曾任曹魏廷尉，他师从著名书法家张芝，工草书，也是当代著名的书法家，此时以征蜀大军监军的身份在钟会处，钟会让他去成都抓人，是打算借邓艾之手把他杀了，之后把邓艾的谋反罪坐大坐实。

卫瓘知道钟会的阴谋，但又不能抗命不遵，只得带着1000多人去了成都，到了以后，他向邓艾手下的将领们下达了通知，说自己奉诏捕拿邓艾，其他的人一概不予追究，如果按时到自己这里报到，爵位和赏赐一切如旧；如果不肯露面，就诛灭他三族。次日鸡鸣时分，邓艾的部将纷纷赶到卫瓘军营报到，只有邓艾没来，卫瓘于是乘坐使者专车赶往邓艾的住所，邓艾还在睡梦中，结果父子一起被擒。邓艾没料到会是这样的结局，仰天长叹道："我是忠臣啊，居然到了这种地步，白起的悲剧今日重现！"

少帝曹奂景元五年（264）正月十五，钟会进入成都。钟会派人送走了邓艾，此时他大权在握，麾下的魏军以及投降的蜀军加在一起有20多万，这让钟会有了更大的野心。但这时也传来让钟会不安的消息，就在他进入成都的同时司马昭亲率10万大军赶到长安，中护军贾充又率一万步骑进入汉中，驻扎在乐城。

钟会觉得司马昭对他也起了疑心，钟会对心腹说："如果为了抓一个邓艾，相国应该知道我就能做到，他率领大军前来一定是发现了异状，我们应当先动手，如果顺利的话，就可以得到天下。如果不顺利，就退回蜀地，学刘备偏安于一隅。自从淮南之战以来我从未失策，已天下闻名，像我这样功高名盛的人哪能有好归宿呢？"

景元四年（263）十二月，郭太后在洛阳去世，钟会把在成都的魏军将领和重要官员都集中到蜀汉原来的宫殿里，名义上为太后发丧，人到齐之后，钟会突然出示了一份所谓的太后遗诏，说是要他讨伐司马昭，钟会强迫众人在遗诏上写下同意的字样作为凭据。之后，钟会委派亲信领去掌握各路军队，对于不服从的将领，钟会把他们关起来，派兵严加看守。老将胡遵的儿子胡烈也在被看押的人之列，他编造谎言说钟会已经挖好了一个大坑，要把将官们一个个打死埋在坑里，这个消息一传开，被关押的人惊恐悲愤。

正月十八中午，胡烈率儿子胡渊等一部分人从被看押的地方擂鼓呐喊而出，各营官兵为救本部将领也都先后拥来，支持和反对钟会的人在成都城里展开了一场混战，最终前者占了上风，钟会、姜维以及原蜀汉太子刘璿等人被杀。成都群龙无首，监军卫瓘出来收拾残局，钟会谋反让他陷入尴尬，因为不久前他还跟钟会一起联名诬陷邓艾，如果邓艾到洛阳后东山再起，后果不堪设想。此时邓艾还在路上，卫瓘于是派护军田续带人去追赶，田续曾是邓艾的部下，当初在江油关因惧战不前差点儿被邓艾杀了。田续追上邓艾，恶狠狠地说："终于可以报江油之辱了！"一代名将邓艾及儿子被诛杀。

这一年三月，少帝曹奂下诏改元为咸熙，同时封司马昭为晋王，增加10个郡作为封地，加上之前的10个郡司马昭的封地达到了空前绝后的20个郡。少帝曹奂同时下诏追封舞阳侯司马懿为晋宣王，追封忠武侯司马师为晋景王。少帝曹奂还诏令刘禅前来洛阳居住，封其为安乐县公。刘禅只得离开成都前往洛阳，过起了被软禁的生活。

一次，司马昭设宴，刘禅在座，司马昭故意让人演奏蜀乐，在座的蜀汉旧臣们皆掩面而泣，然而刘禅却显得怡然自得，毫不伤悲，司马昭故意问他："安乐公思念蜀国不？"刘禅回答："此间乐，不思蜀！"在没人的地方，蜀汉旧臣郤正对刘禅说："陛下，司马昭若再问这样的话，您就闭目沉思片刻，说'先人的坟墓还在蜀地，我没有一天不想念'，这样司马昭就会让陛下回到蜀国了。"司马昭又设酒宴，果然再提同样的问题，刘禅按郤正教他的说了，司马昭惊讶地说："这些话怎么有点像郤正说的？"刘禅也惊讶地说："你怎么知道的？"司马昭及左右大笑起来。

对于"此间乐，不思蜀"这句话，有两种截然不同的解读：一个是说，刘禅就是扶不起的刘阿斗，无能又昏庸；另外一个是说，刘禅其实有大智慧，他在位41年，是三国时期在位时间最长的皇帝，在司马昭面前不那样说就保不住命。其实这两种说法都有一定偏颇，刘禅没有那么差劲，但是他也没有所谓的"大智慧"。至于说刘禅能成为三国时代在位时间最长的皇帝，主要得益于两个方面：一是诸葛亮打下的基础，另一个是曹魏后期在很长时间里陷入了内斗，没有时间专门针对蜀汉。

蜀汉灭亡对孙吴来说无疑是最悲惨的消息。然而，此时的孙吴君臣们似乎还无法去认真思考这件事将会给自己带来的影响，这些年他们一直都陷入越来越严重的内讧中。孙吴的大权被孙綝掌控了多年，之前在诸葛诞之叛中孙綝亲自率军去接应，非但没有救出诸葛诞等人，反而把将军朱异杀了，引起朝野的一致怨愤。孙綝回到建业，这时少帝孙亮已开始亲政，他派人责问孙綝为何救援不成而诛杀大将，孙綝无法回答，干脆称病不再上朝。为保住权力，孙綝在建业的朱雀桥附近修建屋宇供自己居住，命弟弟威远将军孙据宿卫宫禁，另外的几个弟弟，包括武卫将军孙恩、偏将军孙幹、长水校尉孙闿等分别率军驻守在各处要点。

随着孙亮对掌权的渴望越来越强，孙亮与孙綝之间的矛盾也越来越激化，孙亮突然提出要追查他的姐姐孙鲁育被杀事件，孙鲁育是被孙峻杀的，孙亮下诏怒责虎林督朱熊、外部督朱损等人当年没有劝阻孙峻以致姐姐被杀，朱熊、朱损都是孙綝的亲信，孙亮此举其实剑指孙綝。孙綝为二人求情，孙亮不许，命左将军丁奉杀了朱熊和朱损。

孙亮和大姐孙鲁班、太常卿全尚、将军刘承等人密谋欲除掉孙綝，但事情被孙亮的一个妃子知道了，这个妃子是孙綝的从外甥女，她向孙綝密报了此事，孙綝连夜带兵捉拿全尚，派孙恩去杀了刘承，之后举兵包围皇宫。孙綝命光禄勋卿孟宗到宗庙祭祀先帝，之后召集群臣，宣布废黜孙亮，群臣无不震惊，但也没人敢违抗。孙綝派中书郎李崇到孙亮处收回皇帝的玉玺，然后以诏书的形式向全国公布孙亮的所谓罪状，将孙亮贬为会稽王。

孙亮被废后，孙綝立孙权的第六个儿子琅邪王孙休为皇帝，孙休下诏拜孙綝为丞相、大将军兼领荆州牧，任命孙恩为御史大夫、卫将军，孙据为右将军，孙幹为将军，孙和的几个弟弟都被封为侯爵，他们手中掌握着军队，权势达到了顶峰。孙休不甘于做个傀儡，后来在张休、张布和老将军丁奉等人的协助下将孙綝诛杀，并夷灭其三族，孙休认为与孙峻、孙綝这样的人同族简直是耻辱，特将二人从族谱中除名，把他们的名字改为"故峻""故綝"，对之前受过他们迫害的人，包括诸葛恪、滕胤、吕据等都给予平反。

公元264年是农历的甲申年，在中国的历史上这一年至少用过四个年号，分别是曹魏的景元五年和咸熙元年，孙吴的永安七年和元兴元年，这一年发生的大事实在太多，可以算得上三国后期最为忙碌的一年。也是在这一年，孙吴的皇帝孙休得病死了，孙吴的权臣濮阳兴、张布、万彧等人拥立孙权的孙子孙皓为皇帝。孙皓是以故太子孙和的儿子，孙权生前很喜欢这个孙子，给他起了个小名叫彭祖。孙和在"南鲁之争"中失势，遭到废黜，后又被封为南阳王，孙峻杀诸葛恪时，由于诸葛恪是孙和的妻舅，孙和也受到了株连，被赐死，孙和的正妃张妃殉情自杀，孙皓的生母何姬说都死了谁来养遗孤呢？于是坚强地活了下来，抚养孙皓和孙和的其他三个儿子。

孙休继位后改变了对孙和等人的态度，认为他们是被孙峻迫害的，于是封孙皓为乌程侯。孙休死时本来有儿子，但这时蜀汉刚刚灭国，加上南方的交趾郡发生了叛乱，孙吴国内深感震惊，大家都认为应该立一位年长些的君主，权臣万彧之前担任过乌程县令，即孙皓封地所在的那个县，与孙皓关系很好，就向掌握实权的丞相濮阳兴、左将军张布等人推荐了孙皓，孙皓这才当上的皇帝。孙皓继位之初励志革新、抚恤人民、开仓赈贫，使孙吴呈现出一定起色，濮阳兴、张布等人一看有些后悔，就在孙皓继位的当年，他们密谋要除掉孙皓，但有人提前报告给孙皓，孙皓将濮阳兴、张布等人诛杀。

还是在这一年，司马昭派孙吴降人徐绍、孙彧回到江东，把灭蜀的过程向孙皓做了通报，等于是来提醒和警告的，孙皓于次年派使者纪陟去洛阳，向曹魏皇帝贡献方物。灭亡蜀汉、压迫孙吴，对曹魏来说这是几代人的梦想，这一切几乎发生在一年之内，不过主持这件事的人姓司马而不姓曹了。

四、三国归晋

曹魏少帝曹奂咸熙二年（265）二月，太行山发生了地震。人们议论纷纷，认为曹魏的气数这一回算是到头了。五月，晋王司马昭立长子司马炎为王太子，几个月前司马炎已被任命为副相国、抚军大将军。司马昭大约觉得自己身体出现了异样，所以加快了向儿子交班的步伐。这一年司马昭55岁，司马炎29岁。

八月里的一天，司马昭病死，司马炎立即继晋王位，任命曹魏的司徒何曾担任晋国丞相，这时曹魏仍实行三公制，晋国是曹魏的"国中之国"，依照当年曹操当魏王时设相国的旧例，晋国设丞相一职。司马炎指派一些心腹到少帝曹奂处游说，要曹奂学习当年汉献帝禅让的故事把皇位让给司马炎，曹奂巴不得早点儿解脱，于当年十二月下诏给司马炎："晋王，你们家世代辅佐皇帝，功勋盖天、四海蒙恩，上天要我把皇位让给你，请顺应天命，不要推辞！"当年曹丕接受禅让，让来让去有近20个来回，司马炎倒没有那么多的讲究，象征性地客气一下就"笑纳"了，于是曹奂从皇宫搬了出来，暂时居住于金墉城。离开时，太傅司马孚前来拜辞，拉着曹奂的手流泪不止。

当月司马炎继皇帝位，定国号为晋，后世称他为晋武帝，同时追尊晋宣王司马懿为宣皇帝，晋景王司马师为景皇帝，晋文王司马昭为文皇帝。晋武帝司马炎还下诏改年号为泰始。泰始，如泰山般稳固的基业就从今天开始！继蜀汉之后，曹魏政权也灭亡了，这一天发生在少帝曹奂咸熙二年即265年的农历十二月，曹魏建立于220年十二月，算起来有45年。

司马炎又下诏奉魏帝曹奂为陈留王，命其迁往邺县居住，各项礼节参照当年曹魏优待汉献帝的做法执行，同样被集中在邺县居住的原曹氏诸王、公一律降为侯。从曹操到曹丕、曹叡，奋斗了几十年，皇位没了，只剩下最后一个象征性的陈留王，而司马氏一族却一夜之间诞生出一大批王来：晋武帝的叔祖父司马孚为安平王，叔父司马榦为平原王、司马亮为扶风王、司马伷为东莞王、司马骏为汝阴王、司马彤为梁王、司马伦为琅邪王，弟弟司马攸为齐王、司马鉴为乐安王、司马机为燕王，加上堂兄弟、堂伯父、堂叔父，司马氏一族共有27个人被封王。晋武帝任命石苞为大司马、郑冲为太傅、王祥为太保、何曾为太尉，任命安平王司马孚为太宰，任命贾充为车骑将军，王沈为骠骑将军。

后世对司马炎评价较一般，原因主要出在他执政后期，但至少在登基之初他还是很有作为的，曾制定了五项基本国策："一曰正身，二曰勤百姓，三曰抚孤寡，四曰敦本息末，五曰去人事。"这些政策的核心思想就是休养生息、爱护百姓、发展生产。他还下诏释放奴婢，把他们组织起来代替士兵军屯，同时整治军队贪腐、要求百官廉洁、减少赋役课丁、推崇节俭等。由于政策得力，司马炎在位前期晋朝国力大增，农业生产上升，国家赋税充裕，人口增加，司马炎后来有个年号叫太康，人们把这一时期称为"太康盛世"。

在内政上司马炎也有一套，他总结前代治政的得失，在中央不断加强尚书台的建设，在尚书台内设置吏部、三公、客曹、驾部、度支、屯田六个部，以后又改为吏部、殿中、五兵、田曹、度支、左民等部，让他们分别执掌35个曹，部里设尚书，曹里设郎中，各有职守，掌握各项实权，九卿及地方官员均奉尚书台之命行事，太宰、太傅、太保、太尉、司徒、司空以及大司马、大将军被称为"八公"，却渐渐成为尊崇虚衔，司马炎通过掌握尚书台直接控制着权力。

除尚书台外还加强了中书台和门下省的建设，中书台掌管诏令、文书的撰定，负责参议政事，地位较之前有很大提高；门下省是在原侍中、散骑常侍等顾问类职务基础上设置的，负责向皇帝提供政策咨询和决策参考，同时获得审查尚书台文案的职权。上面这三个部门逐渐发展成尚书省、中书省、门下省，是日后"三省六部制"的基础。

登基的第三年即泰始三年（267），司马炎下诏颁布了一份经过多年编定而完成的法律，后世称《泰始律》，这是中国封建社会的第一部儒家化法典，分为20篇、620条，涉及刑名、盗律、贼律、诈伪、请赇、告劾、捕律、系讯、断狱、杂律、户律、擅兴、毁亡、卫宫、水火、厩律、关市、违制以及诸侯律等各方面，与前代律令相比，其刑罚部分均有所减轻，起到缓和社会矛盾的作用。

蜀汉虽然灭亡了，司马炎并没有藐视原来的蜀汉官员，而是从他们中间选拔出一批人继续在晋朝为官，如曾在蜀汉任职的《三国志》作者陈寿，入晋后历任著作郎、长广郡太守、治书侍御史、太子中庶子等职，这种稳定官吏队伍的措施也保证了社会的稳定过渡。

晋朝取代曹魏后国力不断上升，统治更加稳固。而在长江的对岸孙吴却日益走下坡路，孙皓继位后虽然也有要干一番大事的雄心，继位之初也展现了一定的志向和才干，但随着权力得到巩固，其荒淫、残暴的一面逐步暴露出来。孙皓最恨别人看自己，有人敢看他几眼或者在他面前乱说话都会被定罪，他的后宫有几千人，如果哪个姬妾让他瞧着不顺眼，就马上杀掉扔进水中，杀人的花样更多，有剥面皮、挖眼睛、砍双脚等，中书台的长官贺邵向他进谏，本应受到表扬，反而被他命人用烧红的锯条残忍地锯下了舌头。

晋武帝咸宁五年（279），孙吴方面到处流传着一个预言，说孙吴即将灭亡，军队会从南方发起进攻，灭亡吴国的人姓公孙，孙皓大为紧张，命令把姓公孙的人都找出来，从大臣到士卒一个不放过，全部流放到交州。

看到这种情况，晋武帝司马炎开始筹划灭吴行动。但是，晋朝内部对于是否立即伐吴意见还不统一，以征南大将军羊祜为代表的"伐吴派"积极主张发起灭吴之战，但权臣贾充、荀勖、冯紞等人不愿看到将领们立功，以西北地区鲜卑未平、不应两线作战为理由反对出兵伐吴。羊祜看到自己主张伐吴的建议一再被否决，禁不住仰天长叹。当时，朝廷中只有度支尚书杜预、中书令张华等少数大臣赞成羊祜的计划，其中杜预也多次向晋武帝上奏，主张立即伐吴。

司马懿至少有两个女儿，长女南阳公主嫁给了名臣荀彧的孙子荀寓，次女高陆公主嫁给了杜预，所以杜预是司马懿的女婿。高平陵之变前司马懿长期受到曹爽等人的排斥，这门婚事一开始给杜预带来的是麻烦。杜预的祖父、父亲都是曹魏重臣，他生活在官宦人家，但不是纨绔子弟。杜预从小就爱读书，是一个肯钻研的人，所涉猎的范围极为广泛，对经济、政治、历法、法律、数学、史学甚至工程等都有研究，有些方面还达到了很高水平，杜预撰写的《春秋左氏经传集解》被公认是流传至今注解《左传》最早的一种，很受推崇。因为知识太渊博，人们给杜预起了一个"杜武库"的雅号，称赞他懂得太多，脑子里就像有个武器库一样，无所不有。

高平陵之变后杜预的处境得到改善，在司马昭当权时期，因为杜预是司马昭的妹夫，又是公认的优秀人才，所以成为司马昭重用的人。司马昭担任相国时，让杜预到相国府任职，杜预成为司马昭的重要智囊之一。泰始六年（270），司马昭任命杜预为秦州刺史兼东羌校尉，后改任度支尚书，掌管经济、财政等事宜，在此期间杜预向晋武帝提出了50多项治国治军的建议，包括兴建常平仓、调整谷价、加强盐运管理、调整税收以及安定边防等。杜预还发挥自己的聪明才智，发明了一种名叫"欹器"的计时器，并改革了历法。为解决首都洛阳的交通问题，在杜预坚持下，晋武帝下令在附近的黄河上修建了一座大桥。

咸宁四年（278）十一月，名将羊祜病重，临终前荐举杜预代替自己。晋武帝于是任命杜预为镇南大将军，让他南下襄阳，着手准备灭吴之战。杜预到任后立即挑选精兵，加强训练，积极备战。杜预面对的直接对手是孙吴的西陵督张政，杜预主动发起进攻，张政大败。张政也是一位名将，之所以战败，主要原因是没有防备。张政没把打败仗的事上报给孙吴朝廷，而是私下里加紧准备，想等打一场大胜仗后再报告。杜预了解到这些情况，使用反间计，故意把战斗中缴获的物资以很隆重的方式归还给孙吴方面，并特意派人送到孙吴的首都建业，这样一来张政打败仗的事情就无法隐瞒了。孙吴皇帝孙皓大怒，召回张政，派名气与能力都小得多的留宪接任。就这样，杜预轻松地就除掉了一个劲敌。

咸宁五年（279），伐吴的各项准备工作差不多了，杜预上表，请求组织军队大规模伐吴。一个月过去了，没有得到晋武帝的批复。杜预于是又上了一份奏表，其中说，自从入秋以来伐吴的举动越来越显露出来，现在如果中止，吴主孙皓或许会迁都武昌，修整长江以南的各座城池，那么再想伐吴就更困难了。这份奏表上达时，晋武帝正跟张华下围棋。听说是杜预关于伐吴的奏表，张华一下子推开了棋盘，坚决赞成伐吴。晋武帝接受了张华的意见，任命张华为度支尚书，负责为伐吴大军筹运军粮。贾充、荀勖、冯紞等人仍不同意伐吴，晋武帝当场动怒，贾充等才被迫改变立场。

咸宁五年（279）十一月，在杜预建议下晋朝出动七路大军攻吴，总兵力有20多万。这七路大军分别是：镇军将军、琅邪王司马伷从涂中出兵，安东将军王浑从江西出兵，建威将军王戎从武昌出兵，平南将军胡奋从夏口出兵，镇南大将军杜预从江陵出兵，龙骧将军王濬、巴东监军唐彬从巴蜀出兵。

太康元年（280）春天，杜预率兵向江陵进发，除负责指挥本路兵马外，还负责指挥王浑这一路。出兵后，连续攻占孙吴多座兵镇及营寨，攻无不克。杜预派部将周旨率领800名奇兵，在夜里乘船渡过长江，袭击乐乡。杜预交代周旨，要他们过江后多树旗帜，同时在巴山点起火，制造声势。吴军都督孙歆看到后十分恐惧，写信给江陵督伍延说从北边过来这么多军队，难道他们是飞过来的吗？周旨等人埋伏在乐乡城外，孙歆派兵出城攻打王濬，大败而回，周旨等便尾随孙歆的军队进了城。孙歆丝毫没有觉察，周旨领兵一直来到孙歆的军帐外，将孙歆活捉。

杜预随后率军进攻荆州重镇江陵，将其攻克，孙吴所任命的附近各郡县官员，甚至远在交州、广州等地的官员，都纷纷把印绶送来，表示归附。伐吴开始后，短短几个月时间里杜预指挥的晋军便俘获、斩杀吴军都督、监军14人，牙门将、郡太守120多人，成为各路伐吴大军中战绩最突出的一路。晋武帝下诏，除王浑这一路外，王濬这一路也归杜预指挥。晋武帝虽然任命贾充担任大都督，负责各路大军的指挥，但贾充一来对伐吴十分消极，二来在军事上也缺乏经验，所以杜预事实上成为七路伐吴大军的核心人物。

各路大军分别取得进展，杜预与众将领商议下一步的行动。有将领说孙吴是百年寇贼，不可能一下子被消灭，现在正值春季，雨水较多，军队行动不便，最好等冬季来临再大举进兵。杜预不同意这样的看法，认为目前我军士气旺盛，现在的形势就像用快刀劈竹子一样，劈过几节后，竹子就会迎着刀刃而迅速破裂，正是进兵的好时候。"势如破竹"的典故，就来自这里。杜预随即向将领们传授了进兵的谋略，率领人马继续前进。这时孙吴政权已摇摇欲坠，灭亡只是时间问题了。吴人最痛恨的对手就是杜预，杜预有"大脖子病"，也就是甲状腺肿大，吴人就给狗脖子上戴个水瓢，或者看见长包的树，就写上"杜预颈"几个字挂在上面，然后砍掉，借以发泄对杜预的仇恨。

能率领军队首先攻入孙吴的都城、将孙吴皇帝俘虏，将是一件彪炳千秋的大功，杜预无疑是最有希望建立这项功勋的人，但他并不在意这一点。杜预不争功,也不嫉妒别人立功。按照晋武帝的诏令,王濬的水军应接受杜预指挥,但杜预认为水军可根据战场情况自行行动。杜预对将领们说,如果王濬攻克了建平,就会顺着长江长驱直进,到时候他威名显著,就不适合再让我来指挥他了;如果不能取胜,那我也没有缘分再去指挥他。杜预给王濬写信,鼓励他加快进兵,建立旷古未有的大功。杜预的态度与王浑形成鲜明对比,王浑怕王濬夺去头功,对他百般刁难。所以,王濬看到杜预的信,非常高兴。

太康元年(280)三月十五日,王濬率领水军率先攻入孙吴都城建业。走投无路的孙皓听从臣下的建议,仿效刘禅的做法备上亡国之礼,素车白马、肉袒面缚并带上棺材,之后率领太子孙瑾等21人到王濬军营前请降。至此,三国中的最后一个政权也灭亡了,从孙权建国到孙皓投降,一共经历了51年。据史料记载,孙吴灭国时共有53万户、230万人,官吏32000人、军队23万人、后宫5000余人。

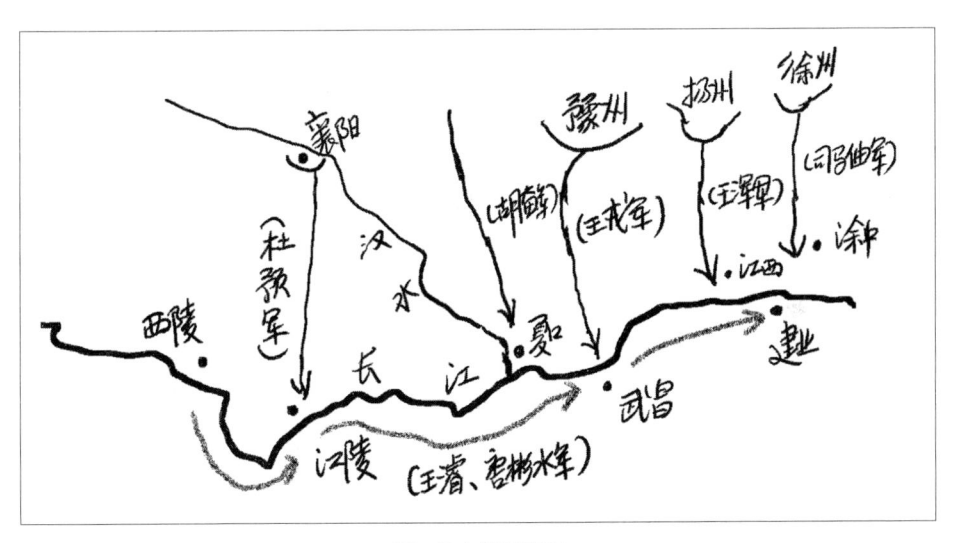

晋灭吴之战示意图

孙皓到洛阳后被赐号为归命侯,命运跟蜀汉后主刘禅差不多,都过着寄人篱下的生活。不过,孙皓这位暴君倒比刘禅更硬气些。司马炎在洛阳接见孙皓及孙吴降人,指着旁边的一个座位对孙皓说:"朕设此座以待卿久矣!"孙皓不卑不亢地回道:"臣于南方,亦设此座以待陛下。"贾充问孙皓:"闻君在南方凿人目,剥人面皮,此何等刑也?"孙皓回答:"人臣有弑其君及奸回不忠者,则加此刑耳。"这里提到弑君,正戳中贾充的痛处,贾充"默然甚愧"。

不过，跟刘禅一样，孙皓知道自己的处境，所以也经常会借机会巴结晋朝皇帝一下。司马炎在一次宴会上问孙皓："闻南人好作尔汝歌，颇能为不？"孙皓立即举起酒杯，献上了自己即席所作的一首《尔汝歌》："昔与汝为邻，今与汝为臣。上汝一杯酒，令汝寿万春！"太康五年（284）孙皓死在洛阳，时年42岁，距投降只不过四年，想必在洛阳的日子并不怎么好吧。

孙吴的灭亡，标志着三国鼎立局面的结束。三国是一个分裂时期，但最终仍以统一宣告结束，其后中国的历史也总是在治乱交错中前行，但"治"与"乱"并不是无序的，也不是任意反复的，它们之间也有一定规律可以总结。"乱"终归于"治"，即所谓"分久必合"，这缘于中国自古就有"大一统"的思想理念并根深蒂固。东汉末年，社会出现了大动荡，大一统王朝变得支离破碎，在诸葛亮所说的"跨州连郡者不可胜数"的情况下，国家随时面临被彻底分裂的危险。然而，分裂带来的灾难让人刻骨铭心，人们维护统一的观念反而更为坚定和执着，反分裂、谋求统一始终是那个时代最强的声音。

无论蜀汉、孙吴、曹魏还是取代了曹魏的西晋政权，虽然承认国家被分裂的事实，但都不承认永远分裂下去的结果，受客观条件所限，蜀汉和孙吴联手消灭曹魏的目标未能达成，但他们都为之做出了巨大努力。回顾汉末三国的历史，令人印象最深刻的不是那些斗智斗勇的故事，而是战乱中的人们心中那种坚定不移的家国情怀，在最容易产生分裂的年代统一反而成为时代最强的声音，这种"分久必合"的坚定信念成为当时许多人奋斗牺牲的精神支柱。

如果从汉灵帝中平元年（184）黄巾起义算起，到晋武帝咸宁六年（280）三国归晋，历史走过了近100年。对中国人来讲，这充满离乱与痛苦的一个世纪也太漫长了……

而现在，终于结束了！

主要参考书目

[1] 陈寿. 三国志 [M]. 北京：中华书局，1982.

[2] 陈寿. 三国志 [M]. 上海：上海古籍出版社，1980.

[3] 范晔. 后汉书 [M]. 北京：中华书局，1965.

[4] 房玄龄等. 晋书 [M]. 北京：中华书局，1965.

[5] 常璩. 华阳国志 [M]. 北京：商务印书馆，1958.

[6] 司马光等. 资治通鉴 [M]. 上海：上海古籍出版社，1980.

[7] 熊方等. 后汉书三国志补表三十种 [M]. 北京：中华书局，1984.

[8] 钱仪吉. 三国会要 [M]. 上海：上海古籍出版社，1991.

[9] 卢弼. 三国志集解 [M]. 上海：上海古籍出版社，2009.

[10] 梁章钜. 三国志旁证 [M]. 福建：福建人民出版社，2000.

[11] 严耕望. 两汉太守刺史表 [M]. 上海：上海古籍出版社，2007.

[12] 郦道元. 水经注 [M]. 上海：上海古籍出版社，1990.

[13] 刘义庆. 世说新语 [M]. 北京：中华书局，2011.

[14] 李昉编. 太平广记 [M]. 北京：中华书局，1961.

[15] 严可均辑. 全后汉文 [M]. 北京：商务印书馆，1999.

[16] 严可均辑. 全三国文 [M]. 北京：商务印书馆，1999.

[17] 诸葛亮. 诸葛亮集 [M]. 北京：中华书局，2002.

[18] 曹操等. 三曹诗集 [M]. 山西：山西古籍出版社，2008.

[19] 俞绍初校. 建安七子集 [M]. 北京：中华书局，2005.